JavaScript

**Marijn Haverbeke** ist eine begeisterter polyglotter Programmierer. Er hat an einer breiten Palette von Softwaresystemen gearbeitet, von Datenbanken über Compiler bis hin zu Editoren. Außerdem führt er ein kleines Unternehmen rund um seine Open-Source-Projekte.

Marijn Haverbeke

# JavaScript

## Richtig gut programmieren lernen – Von der ersten Codezeile bis zum eigenen Projekt

dpunkt.verlag

Marijn Haverbeke

Lektorat: Melanie Feldmann
Übersetzung & Satz: G&U Language & Publishing Services GmbH, Flensburg, *www.GundU.com*
Copy-Editing: Alexander Reischert, *www.aluan.de*
Herstellung: Stefanie Weidner
Umschlaggestaltung: Helmut Kraus, *www.exclam.de*
Druck und Bindung: mediaprint solutions GmbH, 33100 Paderborn

Bibliografische Information der Deutschen Nationalbibliothek
Die Deutsche Nationalbibliothek verzeichnet diese Publikation in der Deutschen Nationalbibliografie; detaillierte bibliografische Daten sind im Internet über *http://dnb.d-nb.de* abrufbar.

ISBN:
Print 978-3-86490-728-9
PDF 978-3-96088-911-3
ePub 978-3-96088-912-0
mobi 978-3-96088-913-7

1. Auflage 2020


*Hinweis:*
Dieses Buch wurde auf PEFC-zertifiziertem Papier aus nachhaltiger Waldwirtschaft gedruckt. Der Umwelt zuliebe verzichten wir zusätzlich auf die Einschweißfolie.

PEFC zertifiziert
Das Papier für dieses Buch stammt aus nachhaltig bewirtschafteten Wäldern und kontrollierten Quellen.
PEFC/04-31-0810 www.pefc.de

*Schreiben Sie uns:*
Falls Sie Anregungen, Wünsche und Kommentare haben, lassen Sie es uns wissen: hallo@dpunkt.de



5 4 3 2 1 0

# Inhaltsübersicht

# Inhaltsverzeichnis

*Für Lotte und Jan*

»Wir glauben, dass wir das System zu unserem eigenen Nutzen erstellen. Wir glauben, dass wir es nach unserem eigenen Bilde erschaffen. [...] Aber der Computer ist nicht wie wir. Er ist eine Projektion eines sehr kleinen Teils von uns: des Teils, der Logik, Ordnung, Regeln und Klarheit zugetan ist.«

– Ellen Ullman, *Close to the Machine: Technophilia and its Discontents* (auf Deutsch erschienen als *Close to the Machine: Mein Leben mit dem Computer*)

# Einleitung

In diesem Buch geht es darum, Computern Anweisungen zu geben. Computer sind heutzutage so alltäglich geworden wie Schraubenzieher, allerdings deutlich komplizierter. Deshalb ist es nicht immer einfach, sie auch wirklich das tun zu lassen, was man will.

Wenn Sie Ihren Computer für eine übliche und klar umrissene Aufgabe einsetzen möchten, z.B. um E-Mails anzuzeigen oder Berechnungen wie mit einem Taschenrechner durchzuführen, können Sie einfach die entsprechende Anwendung öffnen und loslegen. Für besondere Aufgaben gibt es dagegen möglicherweise noch keine Anwendung.

An dieser Stelle kommt die *Programmierung* ins Spiel. Dabei handelt es sich um den Vorgang, ein *Programm* zu erstellen, also eine Folge genauer Anweisungen, die dem Computer sagen, was er tun soll. Da Computer stumpfsinning und pedantisch sind, ist Programmierung im Grunde zunächst mühselig und frustrierend.

Wenn Sie jedoch darüber hinwegkommen und vielleicht sogar Freude an einer Denkweise in strengen Bahnen finden, die auch eine stumpfe Maschine versteht, kann Programmierung lohnenswert sein. Denn damit lassen sich in Sekunden Dinge erledigen, die sonst ewig dauern würden. Sie bietet eine Möglichkeit, Ihr Werkzeug, den Computer, Aufgaben ausführen zu lassen, die er zuvor nicht beherrschte. Und außerdem ist es eine hervorragende Übung für abstraktes Denken.

Programmierung erfolgt mithilfe einer *Programmiersprache*. Dabei handelt es sich um eine künstliche Sprache, die dazu dient, Computern Anweisungen zu erteilen. Es ist schon bemerkenswert, dass sich die effektivste Möglichkeit zur Kommunikation mit Computern, die wir erfunden haben, so stark an die Art und Weise anlehnt, wie wir miteinander kommunizieren. Ebenso wie in menschlichen Sprachen können auch in Computersprachen Wörter und Ausdrücke kombiniert werden, um Ideen auszudrücken.

Textschnittstellen wie die BASIC- und DOS-Eingabeaufforderungen der 80er und 90er bildeten einst die Hauptmethode für die Kommunikation mit Computern. Mittlerweile wurden sie größtenteils durch grafische Schnittstellen ersetzt, die leichter zu erlernen sind, aber weniger Freiheiten bieten. Die Computersprachen jedoch sind immer noch vorhanden. Sie müssen nur wissen, wo Sie danach zu suchen haben. Eine dieser Sprachen, nämlich JavaScript, ist in jeden modernen Webbrowser eingebaut und steht daher auf fast jedem Gerät zur Verfügung.

Dieses Buch soll Ihnen helfen, sich so weit mit dieser Sprache vertraut zu machen, dass Sie sie für nützliche und unterhaltsame Zwecke einsetzen können.

## Programmierung

Neben JavaScript werde ich auch die Grundlagen der Programmierung erklären. Programmieren ist schwer. Die Grundregeln sind zwar einfach und deutlich, aber die nach diesen Regeln aufgebauten Programme geraten gewöhnlich so vielschichtig, dass sie ihre eigenen Regeln und eine eigene Komplexität aufweisen. In gewissem Sinne bauen Sie ein Labyrinth, in dem Sie sich selbst auch verirren können.

Bei der Lektüre dieses Buches werden Sie sich hin und wieder furchtbar frustriert fühlen. Wenn Programmierung ganz neu für Sie ist, gibt es viel Stoff zu verdauen. Eine Menge dieses Stoffs wird dann auf eine Weise miteinander kombiniert, die es erfordert, zusätzliche Verbindungen herzustellen.

Dazu müssen Sie sich anstrengen. Wenn Sie Schwierigkeiten haben, dem Text zu folgen, dann gehen Sie nicht vorschnell mit sich selbst ins Gericht. Mit Ihnen ist alles in Ordnung – Sie dürfen nur nicht aufgeben! Legen Sie eine Pause ein, lesen Sie etwas erneut und achten Sie darauf, die Beispielprogramme und Übungen nachzuvollziehen und zu begreifen. Lernen ist harte Arbeit. Aber alles, was Sie lernen, gehört zu Ihnen und macht das weitere Lernen einfacher.

> »Wenn Aktionen unrentabel werden, sammeln Sie Informationen; wenn Informationen unrentabel werden, legen Sie sich schlafen.«
>
> – Ursula K. LeGuin, *The Left Hand of Darknes* (auf Deutsch erschienen als *Winterplanet* und als *Die linke Hand der Dunkelheit*)

Ein Programm ist vieles zugleich: ein von einem Programmierer geschriebener Text; ein Datenpaket im Arbeitsspeicher des Computers, wo es Aktionen desselben steuert – und damit die lenkende Kraft, die dafür sorgt, dass der Computer das macht, was er tut. Alle Analogien, die Programme mit vertrauten Objekten des Alltags vergleichen, greifen zu kurz. Ein oberflächlicher Vergleich ist der mit einer Maschine: Viele einzelne Teile arbeiten zusammen, damit das Ganze läuft, und wir müssen Möglichkeiten finden, um diese Teile zu verzahnen, damit sie ihren Beitrag zum Funktionieren der Gesamtheit leisten können.

Ein Computer ist eine physische Maschine, die als Wirt solcher immateriellen Maschinen dient. Für sich allein genommen können Computer lediglich ganz einfache Dinge tun. Sie sind nur deshalb so nützlich, weil sie das mit unglaublich hoher Geschwindigkeit erledigen. Ein Programm kann nun auf raffinierte Art und Weise enorme Mengen solcher einfachen Aktionen kombinieren, um so äußerst komplizierte Aufgaben zu erfüllen.

Ein Programm ist ein Gedankenkonstrukt. Seine Erstellung kostet nichts, es ist gewichtslos und wächst rasch, während Sie die Tastatur bearbeiten. Wenn Sie nicht aufpassen, können Größe und Komplexität eines Programms rasch unkontrolliert zunehmen, sodass schließlich selbst die Person, die es geschrieben hat, den Überblick verliert und es nicht mehr richtig versteht. Das größte Herausforderung der Programmierung besteht darin, die Programme unter Kontrolle zu halten. Wenn ein Programm funktioniert, ist es schön. Die Kunst der Programmierung ist die Fähigkeit, die Komplexität im Zaum zu halten. Großartige Programme sind schlicht – also in all ihrer Komplexität möglichst einfach gestaltet.

Manche Programmierer sind der Meinung, dass sie dieser Komplexität am besten Herr werden, indem sie nur einige wenige, gut verstandene Techniken für ihre Programme verwenden. Dazu haben sie strenge Regeln (»empfohlene Vorgehensweisen«, auch »Best Practices«) aufgestellt, die vorschreiben, welche Form Programme haben sollen, und achten sorgfältig darauf, nicht aus dieser eng begrenzten Sicherheitszone auszubrechen.

Das ist jedoch nicht nur langweilig, sondern auch ineffektiv. Neue Probleme erfordern oft neue Lösungen. Programmierung ist eine junge Disziplin, die sich immer noch rasant weiterentwickelt, und sie ist vielgestaltig genug, um Platz für sehr unterschiedliche Vorgehensweisen zu bieten. Es gibt viele furchtbare Fehler, die einem bei der Programmgestaltung unterlaufen können. Sie sollten diese Fehler ruhig machen, damit Sie sie verstehen. Ein Gespür dafür, wie ein gutes Programm auszusehen hat, entwickeln Sie durch praktische Anwendung. Aus einem Satz von Regeln lernen Sie das nicht.

## Warum es auf die Sprache ankommt

In den Anfangstagen der Computer gab es noch keine Programmiersprachen. Programme sahen damals wie folgt aus:

```
00110001 00000000 00000000
00110001 00000001 00000001
00110011 00000001 00000010
01010001 00001011 00000010
00100010 00000010 00001000
01000011 00000001 00000000
01000001 00000001 00000001
00010000 00000010 00000000
01100010 00000000 00000000
```

Dieses Programm (für einen sehr einfachen, hypothetischen Computer) addiert die Zahlen von 1 bis 10 und gibt das Resultat aus: `1 + 2 + ... + 10 = 55`. Um die ersten Computer zu programmieren, musste man lange Reihen von Schaltern in die richtige Stellung bringen oder Löcher in Kartonkarten knipsen und in die Maschine einspeisen. Sie können sich vorstellen, wie mühselig und fehleranfällig das war. Selbst um einfache Programme zu schreiben, waren sehr viel Geschick und Disziplin erforderlich. Komplexe Programme waren damals geradezu unvorstellbar.

Allerdings verlieh die manuelle Eingabe dieser obskuren Muster aus Bits (Nullen und Einsen) den Programmierern das tiefe Gefühl, mächtige Zauberer zu sein. Das war schon viel wert, was die Zufriedenheit am Arbeitsplatz anging.

Jede Zeile des vorigen Programms bildet eine einzige Anweisung. Ins Deutsche übersetzt sehen diese Anweisungen wie folgt aus:

1. Speichere die Zahl 0 am Speicherort 0.
2. Speichere die Zahl 1 am Speicherort 1.
3. Speichere den Wert von Speicherort 1 im Speicherort 2.
4. Subtrahiere die Zahl 11 von dem Wert im Speicherort 2.
5. Wenn der Wert in Speicherort 2 die Zahl 0 ist, fahre mit Anweisung 9 fort.
6. Addiere den Wert von Speicherort 1 zu Speicherort 0.
7. Addiere die Zahl 1 zum Wert von Speicherort 1.
8. Fahre mit Anweisung 3 fort.
9. Gib den Wert von Speicherort 0 aus.

Das ist zwar schon besser lesbar als die Bit-Suppe, aber immer noch ziemlich unverständlich. Es wird besser, wenn wir für die Anweisungen und Speicherorte Namen statt Zahlen verwenden:

```
 Set "total" to 0.
 Set "count" to 1.
[loop]
 Set "compare" to "count".
 Subtract 11 from "compare".
 If "compare" is zero, continue at [end].
 Add "count" to "total".
 Add 1 to "count".
 Continue at [loop].
[end]
 Output "total".
```

Können Sie erkennen, wie das Programm abläuft? Die ersten beiden Zeilen geben zwei Speicherorten ihre Startwerte: `total` wird verwendet, um nach und nach das Ergebnis der Berechnung aufzubauen, während sich `count` jeweils merkt, welche Zahl wir uns gerade ansehen. Die Zeilen, in denen `compare` verwendet wird, sind wahrscheinlich die absonderlichsten. Das Programm prüft hier, ob `count` gleich 11 ist, um zu entscheiden, ob es die Ausführung beenden kann. Da unser hypothetischer Computer ziemlich primitiv ist, kann er nur prüfen, ob eine Zahl gleich 0 ist, und seine Entscheidung darauf gründen. Daher verwendet er den Speicherort `compare`, um den Wert von `count - 11` zu berechnen, und stellt den Vergleich damit an. Die nächsten beiden Zeilen addieren den Wert von `count` zu dem Ergebnis und setzen `count` um 1 herauf, solange dieser Wert noch ungleich 11 ist.

In JavaScript sieht das gleiche Programm wie folgt aus:

```
let total = 0, count = 1;
while (count <= 10) {
 total += count;
 count += 1;
}
console.log(total);
// → 55
```

Diese Version bietet einige weitere Verbesserungen. Vor allem haben wir es hier nicht mehr nötig, das Programm ausdrücklich anzuweisen, vor- oder zurückzuspringen. Darum kümmert sich das `while`-Konstrukt. Es setzt die Ausführung des dahinter stehenden Blocks (in geschweiften Klammern) so lange fort, wie die ihm übergebene Bedingung zutrifft. Diese Bedingung lautet `count <= 10`, was bedeutet: »`count` ist kleiner oder gleich 10.« Wir müssen hier nicht mehr einen Zwischenwert berechnen und mit 0 vergleichen, was ohnehin ein für das eigentliche Ziel unbedeutender Detailmechanismus war. Programmiersprachen sind unter anderem deshalb so leistungsfähig, weil sie uns solche uninteressanten Einzelheiten abnehmen. Am Ende des Programms, nach dem Abschluss des `while`-Konstruktors, sorgt die Operation `console.log` dafür, dass das Resultat ausgegeben wird.

Wenn uns die bequemen Operationen `range` und `sum` zur Verfügung stehen, die eine Zahlenmenge aus einem gegebenen Bereich zusammenstellen bzw. die Summe einer Menge von Zahlen berechnen können, sind wir in der Lage, das Programm wie folgt zu schreiben:

```
console.log(sum(range(1, 10)));
// → 55
```

Die Moral von der Geschichte ist, dass sich Programme auf verschiedene Weisen ausdrücken lassen – lang und kurz, unverständlich und verständlich. Die erste Version des Programms war extrem obskur, während die letzte schon fast wie Deutsch aussieht: »*Protokolliere* die *Summe* des *Bereichs* der Zahlen von 1 bis 10.« Wie sich Operationen wie `sum` und `range` definieren lassen, werden wir uns in den späteren Kapiteln noch ansehen.

Eine gute Programmiersprache unterstützt Programmierer, indem sie ihnen erlaubt, die groben Aktionen, die der Computer durchführen soll, zu beschreiben, und die Details wegzulassen. Sie stellt komfortable Bausteine bereit (wie `while` und `console.log`), ermöglicht die Definition eigener Bausteine (wie `sum` und `range`) und erleichtert es, diese Bausteine zu kombinieren.

## Was ist JavaScript?

JavaScript wurde 1995 als eine Möglichkeit eingeführt, um Webseiten im Netscape Navigator Programme hinzuzufügen. Die Sprache wurde seitdem von allen anderen wichtigen grafischen Browsern übernommen. Sie hat moderne Webanwendungen möglich gemacht, mit denen Sie direkt arbeiten können, ohne nach jeder Aktion auf einen neuen Seitenaufbau warten zu müssen. JavaScript wird auch auf herkömmlichen Webseiten eingesetzt, um verschiedenen Formen der Interaktivität und ausgeklügelte Funktionen zu bieten.

Beachten Sie jedoch, dass JavaScript so gut wie nichts mit der Programmiersprache Java zu tun hat. Der Name wurde eher aus Marketinggründen gewählt. Bei der Einführung von JavaScript wurde Java stark angepriesen und nahm an Beliebtheit zu. Jemand hielt es für eine gute Idee, auf der Erfolgswelle mitzuschwimmen. Bei dem Namen ist es dann geblieben.

Nach der Übernahme in andere Browser als Netscape wurde ein Normdokument verfasst, um zu beschreiben, wie sich JavaScript verhalten soll, damit auch tatsächlich immer die gleiche Sprache gemeint ist, wenn Software behauptet, JavaScript zu unterstützen. Dieser Standard wird nach der Organisation Ecma International, die die Normung vorgenommen hat, als ECMAScript bezeichnet. In der Praxis können die Begriffe ECMAScript und JavaScript synonym verwendet werden – es sind zwei Bezeichnungen für dieselbe Sprache.

Manche Personen werden Ihnen *fürchterliche* Dinge über JavaScript erzählen. Viele davon sind wahr. Als ich zum ersten Mal etwas in JavaScript schreiben musste, lernte ich die Sprache sehr schnell zu hassen. Sie akzeptierte fast alles, was ich eingab, deutete es dann aber völlig anders, als ich es gemeint hatte. Dies lag zu einem großen Teil natürlich auch daran, dass ich damals keine Ahnung hatte, was ich da eigentlich tat. Aber es ist auch das Symptom eines echten Problems: JavaScript ist absurd freizügig. Dahinter stand die Idee, dass es das Programmieren in JavaScript für Anfänger erleichtern würde. In Wirklichkeit aber erschwert dies, Probleme in Programmen zu finden, da das System Sie nicht darauf hinweist.

Diese Flexibilität hat jedoch auch ihre Vorteile. Sie erlaubt viele Techniken, die in strengeren Sprachen unmöglich sind. Wie Sie noch sehen werden (etwa in Kapitel 10), kann sie auch dazu genutzt werden, einige der Mängel von JavaScript auszubügeln. Nachdem ich die Sprache gründlich gelernt und eine Weile damit gearbeitet hatte, begann ich JavaScript sogar zu *mögen*.

Es gibt verschiedene Versionen von JavaScript. ECMAScript Version 3 war während des Aufstiegs von JavaScript etwa zwischen 2000 und 2010 sehr weit verbreitet. In dieser Zeit wurde an der anspruchsvolleren Version 4 gearbeitet, bei der es einige radikale Verbesserungen und Erweiterungen geben sollte. Es erwies sich jedoch als politisch schwierig, eine lebendige, weiträumig genutzte Sprache so einschneidend zu verändern, weshalb die Arbeiten an Version 4 im Jahre 2008 eingestellt wurden. Stattdessen wurde 2009 die weniger ambitionierte Version 5 veröffentlicht, die nur einige nichtkontroverse Verbesserungen bot. 2015 kam die stark überarbeitete Version 6 heraus, die einige der für Version 4 geplanten Aspekte enthielt. Seitdem gab es jedes Jahr kleinere Aktualisierungen.

Da sich die Sprache weiterentwickelt, müssen die Browser mithalten. Wenn Sie einen älteren Browser verwenden, kann es sein, dass er nicht alle Funktionen unterstützt. Die Entwickler der Sprache achten sorgfältig darauf, keine Änderungen einzuführen, die bestehende Programme funktionsunfähig machen würden. Daher können neue Browser immer noch ältere Programme ausführen. In diesem Buch verwendete ich die JavaScript-Version von 2017.

Browser sind jedoch nicht die einzigen Plattformen, auf denen JavaScript eingesetzt wird. Auch einige Datenbanken wie MongoDB oder CouchDB nutzen JavaScript als Skripterstellungs- und Abfragesprache. Verschiedene Plattformen für die Desktop- und Serverprogrammierung, insbesondere das Projekt Node.js (um das es in Kapitel 20 geht), bieten eine Umgebung für die JavaScript-Programmierung außerhalb des Browsers.

## Die Codebeispiele

*Code* ist der Text eines Programms. Die meisten Kapitel dieses Buches enthalten eine Menge Code. Ich bin der Meinung, dass das Lesen und Schreiben von Code unverzichtbar ist, um Programmieren zu lernen. Überfliegen Sie die Beispiele nicht einfach, sondern lesen Sie sie aufmerksam, um sie auch wirklich zu verstehen. Das kann zu Anfang langsam und verwirrend sein. Aber ich verspreche Ihnen, dass Sie den Bogen schon bald heraushaben werden. Das Gleiche gilt auch für die Übungen. Sie haben diese erst dann richtig verstanden, wenn Sie eine Lösung dafür geschrieben haben.

Ich empfehle Ihnen, Ihre Lösungen zu den Übungsaufgaben tatsächlich in einem JavaScript-Interpreter auszuprobieren. Dadurch erhalten Sie unmittelbar eine Rückmeldung, ob sie funktionieren, und werden hoffentlich auch dazu animiert, über die Aufgabenstellung hinaus noch weiter zu experimentieren.

Die einfachste Möglichkeit, den Beispielcode in diesem Buch auszuführen und damit zu experimentieren, besteht darin, ihn in der Online-Version des Buchs auf *https://eloquentjavascript.net* anzusehen. Dort können Sie auf die Codebeispiele klicken, um sie zu bearbeiten, auszuführen und sich die Ausgaben anzusehen. Um die Übungen zu bearbeiten, besuchen Sie *https://eloquentjavascript.net/code*. Dort erhalten Sie den Ausgangscode für alle Programmierübungen und können auch einen Blick auf die Lösungen werfen.

Wollen Sie die Programme aus diesem Buch außerhalb der Begleitwebseite ausführen, ist etwas Vorsicht geboten. Viele der Beispiele sind eigenständig und sollten in jeder JavaScript-Umgebung funktionieren. Code in den hinteren Kapiteln ist jedoch oft für eine bestimmte Umgebung geschrieben (den Browser oder Node.js) und kann nur dort ausgeführt werden. Außerdem werden in einigen Kapiteln umfangreichere Programme erstellt, deren einzelne Teile voneinander und manchmal auch von externen Dateien abhängen. Die Sandbox auf der Webseite stellt Links zu Zip-Dateien mit allen Skript- und Datendateien bereit, die erforderlich sind, um den Code zu einem Kapitel auszuführen.

## Übersicht über dieses Buch

Dieses Buch besteht aus drei Teilen. Die ersten zwölf Kapitel beschreiben die Sprache JavaScript, in den nächsten sieben geht es um Webbrowser und ihre Programmierung mit JavaScript, und die beiden letzten sind Node.js gewidmet, einer weiteren Programmierumgebung für JavaScript.

Über das ganze Buch verstreut sind fünf *Projektkapitel*, in denen umfangreiche Beispielprogramme beschrieben werden, um Ihnen einen Vorgeschmack auf die tatsächliche Programmierarbeit zu geben. In diesen Kapiteln programmieren wir einen Zustellroboter, eine Programmiersprache, ein Jump'n'Run-Spiel, ein Malprogramm und eine dynamische Webseite.

Der erste Teil des Buches beginnt mit vier Kapiteln, die die Grundstruktur von JavaScript vorstellen. Sie geben eine Einführung in Steuerstrukturen (z.B. das `while`-Konstrukt, das Sie bereits in dieser Einleitung kennengelernt haben), Funktionen (von Ihnen selbst geschriebene Bausteine) und Datenstrukturen. Damit sind Sie schon in der Lage, einfache Programme zu schreiben. Anschließend werden in den Kapiteln 5 und 6 Techniken eingeführt, um mithilfe von Funktionen und Objekten *abstrakteren* Code zu schreiben und die Komplexität zu reduzieren.

Nach einem ersten Projektkapitel geht es im ersten Teil des Buches mit Kapiteln über Fehlerbehandlung und -behebung, reguläre Ausdrücke (ein wichtiges Instrument für die Arbeit mit Text), Modularität (eine weitere Maßnahme gegen zu hohe Komplexität) und asynchrone Programmierung (Umgang mit Ereignissen, die einige Zeit dauern) weiter. Das zweite Projektkapitel schließt den ersten Teil ab.

Der zweite Teil – die Kapitel 13 bis 19 – beschreibt die Werkzeuge, auf die JavaScript im Browser Zugriff hat. Sie erfahren hier, wie Sie etwas auf dem Bildschirm darstellen (Kapitel 14 bis 17), wie Sie auf Benutzereingaben reagieren (Kapitel 15) und wie Sie über das Netzwerk kommunizieren (Kapitel 18). Auch in diesem Teil gibt es wieder zwei Projektkapitel.

Im Anschluss daran wird in Kapitel 20 Node.js beschrieben und in Kapitel 21 eine kleine Webseite damit erstellt.

In Kapitel 22 finden Sie schließlich einige Überlegungen dazu, wie Sie JavaScript-Programme optimieren können, um die Ausführung zu beschleunigen.

## Schreibweisen

Text in einer `nichtproportionalen Schrift` kennzeichnet in diesem Buch Programmelemente – sowohl eigenständige Fragmente als auch »Zitate« aus einem in der Nähe abgedruckten Programm. Die Programme selbst (von denen Sie inzwischen ja schon einige gesehen haben) werden wie folgt dargestellt:

```
function factorial(n) {
  if (n == 0) {
    return 1;
  } else {
    return factorial(n - 1) * n;
  }
}
```

Um die erwartete Ausgabe eines Programms zu zeigen, wird sie manchmal hinter zwei Schrägstrichen und einem Pfeil angegeben:

```
console.log(factorial(8));
// → 40320
```

Viel Glück!

# Teil I

## Die Sprache

»Unter der Oberfläche der Maschine bewegt sich das Programm. Mühelos dehnt es sich aus und zieht sich zusammen. In großer Harmonie zerstreuen sich Elektronen und kommen wieder zusammen. Die Formen auf dem Monitor sind nur Wellen auf dem Wasser. Das Wesentliche bleibt unsichtbar darunter.«

– Meister Yuan-Ma, *The Book of Programming*

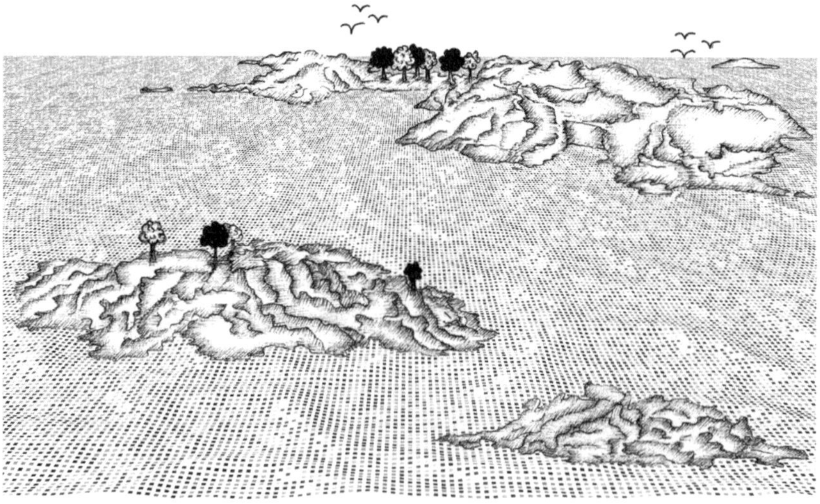

# 1 Werte, Typen und Operatoren

In der Welt der Computer gibt es nichts anderes als Daten. Daten können gelesen, geändert und neu erstellt werden, aber es ist nicht möglich, Dinge, die keine Daten sind, auch nur zu erwähnen. Alle diese Daten werden als lange Folgen von Bits gespeichert und sind einander dadurch grundsätzlich ähnlich.

*Bits* sind alle Dinge, die zwei Werte annehmen können, wobei diese Werte gewöhnlich als 0 und 1 dargestellt werden. Innerhalb des Computers nehmen sie die Form einer hohen oder niedrigen elektrischen Ladung, eines starken oder schwachen Signals bzw. eines hellen oder dunklen Punkts auf einer CD an. Jede diskrete Information kann auf eine Folge von Nullen und Einsen reduziert und damit durch Bits dargestellt werden.

Beispielsweise können wir eine Zahl wie 13 durch Bits ausdrücken. Das funktioniert genauso wie bei Dezimalzahlen, allerdings verwenden wir dazu nur zwei statt zehn verschiedene Ziffern und der Betrag wächst von rechts nach links mit jeder Stelle um den Faktor 2. Die folgende Darstellung zeigt die Bits, die die Zahl 13 bilden, mit dem Betrag der jeweiligen Stellen darunter:

```
   0  0  0  0 1 1 0 1
 128 64 32 16 8 4 2 1
```

Die Binärzahl lautet also 00001101. Die von 0 verschiedenen Stellen stehen darin für die Beträge 8, 4, und 1, deren Addition 13 ergibt.

## 1.1 Werte

Stellen Sie sich ein Meer von Bits vor. Der flüchtige Datenspeicher (Arbeitsspeicher) eines typischen modernen Computers enthält über 30 Milliarden Bits. Im nichtflüchtigen Speicher (also auf der Festplatte oder einer vergleichbaren Einrichtung) sind es gewöhnlich einige Größenordnungen mehr.

Um solche Mengen von Bits handhaben zu können, ohne die Orientierung zu verlieren, müssen wir sie daher in Blöcke aufteilen, die für einzelne Informationen stehen. In einer JavaScript-Umgebung nennen wir diese Blöcke *Werte*. Obwohl alle Werte aus Bits bestehen, können sie verschiedene Rollen einnehmen, wobei die Rolle eines Werts durch seinen Typ bestimmt wird. Einige Werte sind Zahlen, andere sind Texte, wieder andere Funktionen usw.

Um einen Wert zu erstellen, müssen Sie lediglich seinen Namen angeben. Das ist praktisch, denn dies bedeutet, dass es nicht nötig ist, Material für Werte heranzuschaffen oder gar dafür zu bezahlen. Sie fordern einfach den Wert an und – Simsalabim – da ist er. Natürlich werden die Werte in Wirklichkeit nicht so einfach aus dem Hut gezaubert. Jeder Wert muss irgendwo gespeichert werden, und wenn Sie gleichzeitig eine riesige Menge von Werten verwenden, geht Ihnen irgendwann der Speicher aus. Glücklicherweise ist das jedoch nur dann ein Problem, wenn Sie die Werte wirklich alle gleichzeitig benötigen. Wenn Sie einen Wert nicht brauchen, löst er sich auf und lässt seine Bits zurück, die dann als Baumaterial für die nächste Generation von Werten wiederverwendet werden können.

In diesem Kapitel lernen Sie die kleinsten Elemente von JavaScript-Programmen kennen, nämlich die einfachen Wertetypen und die Operatoren, die diese Werte bearbeiten können.

## 1.2 Zahlen

Werte, die Zahlen darstellen, sind sogenannte *numerische Werte*. In einem JavaScript-Programm werden sie gewöhnlich wie folgt geschrieben:

```
13
```

Wenn Sie das in ein Programm eingeben, wird innerhalb des Computerarbeitsspeichers das Bitmuster für die Zahl 13 gebildet.

Um einen numerischen Wert zu speichern, verwendet JavaScript stets eine feste Anzahl von Bits, nämlich 64. Daraus lässt sich nur eine begrenzte Anzahl von Mustern bilden, was die Menge der darstellbaren Zahlen beschränkt. Mit $n$ Dezimalstellen lassen sich $10^n$ Zahlen ausdrücken, mit 64 Binärstellen $2^{64}$ Zahlen, also 18 Trillionen (eine 18 mit 18 Nullen). Das ist eine ganze Menge.

Computerarbeitsspeicher waren früher viel kleiner, weshalb zur Darstellung von Zahlen gewöhnlich 8 oder 16 Bits verwendet wurden. Dabei war es leicht möglich, versehentlich einen *Überlauf* zu verursachen, also eine Zahl zu bekommen, die nicht in die gegebene Anzahl von Bits passt. Heute haben sogar Computer für die Westentasche eine Menge Arbeitsspeicher, sodass es möglich ist, 64-Bit-Blöcke zu verwenden. Um Überläufe muss man sich nur dann Gedanken machen, wenn mit wirklich astronomischen Zahlen gearbeitet wird.

Allerdings passen nicht alle Zahlen kleiner als 18 Trillionen in den numerischen Typ von JavaScript. Da es auch möglich sein muss, negative Zahlen zu speichern, wird ein Bit zur Angabe des Vorzeichens verwendet. Ein noch größeres Problem ist die Darstellung nicht ganzzahliger Werte. Dann müssen einige der Bits dafür genutzt werden, die Position des Kommas festzuhalten. Die größte ganze Zahl, die tatsächlich gespeichert werden kann, liegt daher im Bereich von 9 Billiarden (15 Nullen), was immer noch angenehm groß ist.

Bruchzahlen werden mit einem Punkt (statt Komma) geschrieben:

```
9.81
```

Für sehr große und sehr kleine Zahlen kann auch die wissenschaftliche Schreibweise verwendet werden. Dazu schreiben Sie *e* (für Exponent), gefolgt vom Exponenten:

```
2.998e8
```

Das entspricht $2{,}998 \times 10^8 = 299.800.000$.

Berechnungen mit ganzen Zahlen (sogenannten *Integer*-Zahlen) kleiner als die zuvor genannten 9 Billiarden sind garantiert präzise, Berechnungen mit Bruchzahlen im Allgemeinen jedoch nicht. Ebenso wie es nicht möglich ist, π durch eine endliche Anzahl von Dezimalstellen genau darzustellen, verlieren viele Zahlen etwas von ihrer Präzision, wenn nur 64 Bits zu ihrer Speicherung zur Verfügung sehen. Das ist schade, führt in der Praxis aber nur in besonderen Situationen zu Problemen. Wichtig ist, dass Sie sich dieses Umstands bewusst sind und Bruchzahlen nur als Näherungen und nicht als exakte Werte betrachten.

### Berechnungen

Das Wichtigste, was man mit Zahlen anstellt, sind Berechnungen. Arithmetische Operationen wie Addition oder Multiplikation nehmen zwei numerische Werte entgegen und produzieren daraus eine neue Zahl. In JavaScript sieht das wie folgt aus:

```
100 + 4 * 11
```

Die Symbole + und * werden *Operatoren* genannt. Der erste steht für die Addition, der zweite für die Multiplikation. Ein Operator zwischen zwei Werten wird auf diese beiden angewendet und produziert einen neuen Wert.

Aber bedeutet dieses Beispiel »addiere 100 und 4 und multipliziere das Ergebnis mit 11« oder erfolgt die Multiplikation vor der Addition? Wie Sie wahrscheinlich wissen, wird die Multiplikation zuerst ausgeführt. Allerdings können Sie wie in der Mathematik die Reihenfolge ändern, indem Sie die Addition in Klammern setzen:

```
(100 + 4) * 11
```

Für die Subtraktion gibt es den Operator - und für die Division den Operator /.

Wenn keine Klammern gesetzt sind, werden Operatoren in der Reihenfolge angewendet, die durch ihren *Rang* bestimmt ist. In unserem Beispiel erfolgt die Multiplikation vor der Addition. Der Operator / hat den gleichen Rang wie *. Auch + und - haben den gleichen Rang. Folgen Operatoren des gleichen Rangs aufeinander, z.B. in `1 - 2 + 1`, werden sie von links nach rechts ausgewertet: `(1 - 2) + 1`.

Machen Sie sich aber keine Sorgen über die Rangfolge von Operatoren. Im Zweifelsfall fügen Sie einfach Klammern hinzu.

Es gibt noch einen weiteren arithmetischen Operator, den Sie aber möglicherweise nicht sofort erkennen. Das Symbol `%` wird oft für die *Restoperation* verwendet. `X % Y` ist der Rest der Division von `X` durch `Y`. Beispielsweise ergibt `314 % 100` den Wert `14` und `144 % 12` den Wert `0`. Der Restoperator hat denselben Rang wie Multiplikation und Division. Meistens wird er als *Modulo* bezeichnet.

### Besondere Zahlen

In JavaScript gibt es drei besondere Werte, die zwar als Zahlen angesehen werden, sich aber nicht so verhalten.

Die ersten beiden sind `Infinity` und `-Infinity`, die für positive bzw. negative Unendlichkeit stehen. `Infinity - 1` ist immer noch `Infinity` usw. Verlassen Sie sich aber nicht zu sehr auf Berechnungen mit unendlichen Werten. Sie sind mathematisch zweifelhaft und führen schnell zu der dritten besonderen Zahl, nämlich `NaN`.

`NaN` steht für »not a number«, also »keine Zahl«, obwohl dieser Wert tatsächlich zu den numerischen Werten gehört. Dieses Ergebnis erhalten Sie beispielsweise, wenn Sie versuchen, `0 / 0` zu berechnen (null dividiert durch null), `Infinity - Infinity` oder irgendeine andere numerische Operation durchführen, die kein sinnvolles Ergebnis liefert.

## 1.3 Strings

Den nächsten grundlegenden Datentyp bilden die *Strings*. Sie dienen zur Darstellung von Text. Um sie zu schreiben, wird der Inhalt in Anführungszeichen gesetzt:

```
`Down on the sea`
"Lie on the ocean"
'Float on the ocean'
```

Um Strings zu kennzeichnen, können Sie Backticks, doppelte oder einfache Anführungszeichen verwenden. Wichtig ist, dass Sie am Anfang und am Ende des Strings jeweils das gleiche Zeichen setzen.

Zwischen Anführungszeichen können Sie fast alles schreiben. JavaScript macht automatisch einen String-Wert daraus. Allerdings gibt es bei einigen Zeichen Probleme. Sie können sich vorstellen, dass es knifflig wird, wenn Sie versuchen, Anführungszeichen zwischen Anführungszeichen zu setzen. *Zeilenumbrüche* (also die Zeichen, die Sie erhalten, wenn Sie die Eingabetaste drücken) lassen sich nur dann ohne Maskierung eingeben, wenn der String in Backticks (`) eingeschlossen ist.

Um auch solche problematischen Zeichen in Strings einschließen zu können, wird die folgende Schreibweise verwendet: Tritt innerhalb von Text in Anführungszeichen ein Backslash (umgekehrter Schrägstrich, \) auf, dann bedeutet dies, dass das darauffolgende Zeichen eine besondere Bedeutung hat. Auf diese Weise wird das Zeichen *maskiert*. Ein Anführungszeichen mit einem vorausgehenden Backslash beendet den String nicht, sondern ist ein Teil von ihm. Steht das Zeichen `n` hinter einem Backslash, wird es als Zeilenumbruch gedeutet, und ein `t` hinter einem Backslash steht für den Tabulator. Betrachten Sie als Beispiel den folgenden String:

```
"This is the first line\nAnd this is the second"
```

Der enthaltene Text lautet:

```
This is the first line
And this is the second
```

Es kann natürlich auch vorkommen, dass ein Backslash in einem String als Backslash wiedergegeben werden soll, anstatt eine besondere Funktion auszuüben. Wenn zwei Backslashes aufeinander folgen, maskiert der erste den zweiten, sodass im resultierenden String-Wert nur der zweite übrigbleibt. Um beispielsweise den String `"A newline character is written like "\n"."` auszudrücken, können Sie Folgendes schreiben:

```
"A newline character is written like \"\\n\"."
```

Um innerhalb eines Computers existieren zu können, müssen auch Strings als Folge von Bits modelliert werden. JavaScript zieht dazu den *Unicode*-Standard heran. Er weist Zahlen praktisch jedem Zeichen zu, das Sie jemals brauchen könnten, darunter auch griechischen, arabischen, japanischen und armenischen Buchstaben usw. Wenn es für jedes Zeichen eine Zahl gibt, kann ein String als Folge von Zahlen ausgedrückt werden.

Genau das ist es, was JavaScript macht. Es gibt jedoch ein Problem: In der JavaScript-Darstellung werden 16 Bits pro String-Element genutzt, womit sich $2^{16}$ verschiedene Zeichen beschreiben lassen. Unicode aber definiert noch mehr Zeichen, zurzeit etwa doppelt so viele. Daher nehmen manche Zeichen, etwa Emojis, in JavaScript zwei Zeichenpositionen ein. Auf Strings und Zeichencodes werden wir auf *S. 64* zurückkommen.

Strings können nicht dividiert, multipliziert oder subtrahiert werden, aber es ist möglich, den Operator `+` auf sie anzuwenden. In diesem Fall dient er nicht zur Addition, sondern zur *Verkettung* – er verbindet die beiden Strings. Die folgende Zeile produziert den String `"Verkettung"`:

```
"Ver" + "ket" + "t" + "ung"
```

Es gibt eine Reihe von zugehörigen Funktionen (*Methoden*), um noch andere Operationen an String-Werten auszuführen. Mehr über Methoden erfahren Sie auf *S. 64*.

Strings in einfachen oder doppelten Anführungszeichen verhalten sich sehr ähnlich. Der einzige Unterschied besteht darin, welche Art von Anführungszeichen Sie in ihnen maskieren müssen. Strings in Backticks dagegen, die gewöhnlich als

*Template-Literale* bezeichnet werden, leisten noch mehr. Sie können nicht nur mehrere Zeilen überspannen, sondern auch andere Werte enthalten:

```
`half of 100 is ${100 / 2}`
```

Wenn Sie in einem Template-Literal etwas in `${}` schreiben, wird das Ergebnis berechnet, in einen String umgewandelt und an dieser Stelle eingeführt. In dem Beispiel ergibt sich `half of 100 is 50`.

## 1.4 Unäre Operatoren

Nicht alle Operatoren sind Symbole. Einige werden auch als Wörter geschrieben. Ein Beispiel dafür ist der Operator `typeof`. Er erzeugt einen String-Wert mit dem Namen des Typs, den der übergebene Wert hat:

```
console.log(typeof 4.5)
// → number
console.log(typeof "x")
// → string
```

In unserem Beispielcode verwenden wir `console.log` um anzugeben, dass wir das Ergebnis einer Auswertung sehen wollen. Mehr darüber erfahren Sie im nächsten Kapitel.

Alle anderen bisher vorgestellten Operatoren nehmen zwei Werte entgegen, `typeof` dagegen nur einen. Operatoren, die zwei Werte verwenden, werden als *binäre* Operatoren bezeichnet, Operatoren mit nur einem Eingangswert als *unäre*. Der Minusoperator kann sowohl als binärer als auch als unärer Operator eingesetzt werden:

```
console.log(- (10 - 2))
// → -8
```

## 1.5 Boolesche Werte

Oft ist es praktisch, einen Wert zur Verfügung zu haben, der nur zwei mögliche Formen annehmen kann, etwa »ja« und »nein« oder »ein« und »aus«. Für diesen Zweck gibt es in JavaScript den *booleschen* Datentyp mit nur zwei Werten, nämlich »wahr« und »falsch«, geschrieben als `true` und `false`.

### Vergleiche

Eine Möglichkeit, um boolesche Werte zu erzeugen, sieht wie folgt aus:

```
console.log(3 > 2)
// → true
console.log(3 < 2)
// → false
```

Die Zeichen > und < sind die herkömmlichen Symbole für »ist größer als« bzw. »ist kleiner als«. Die Anwendung dieser binären Operatoren ergibt einen booleschen Wert, der anzeigt, ob die Vergleiche wahr sind oder nicht.

Auch Strings lassen sich auf diese Weise vergleichen:

```
console.log("Aardvark" < "Zoroaster")
// → true
```

Die Sortierung von Strings ist grob gesehen alphabetisch, allerdings weicht sie von der Reihenfolge ab, wie man sie aus einem Wörterbuch kennt: Großbuchstaben sind immer »kleiner« als Kleinbuchstaben (es gilt also `"Z" < "a"`) und die Sortierung schließt auch Zeichen ein, die keine Buchstaben sind (wie `!`, `-` usw.). Beim String-Vergleich geht JavaScript die Zeichen von links nach rechts durch und vergleicht ihre Unicode-Codes einen nach dem anderen.

Weitere Operatoren dieser Art sind `>=` (größer oder gleich), `<=` (kleiner oder gleich), `==` (gleich) und `!=` (ungleich).

```
console.log("Itchy" != "Scratchy")
// → true
console.log("Apple" == "Orange")
// → false
```

Es gibt nur einen Wert in JavaScript, der nicht gleich sich selbst ist, und das ist `NaN` (»not a number«):

```
console.log("NaN" == "NaN")
// → false
```

`NaN` kennzeichnet das Ergebnis einer unsinnigen Berechnung und ist daher nicht gleich dem Ergebnis einer *anderen* unsinnigen Berechnung.

## Logische Operatoren

Auf die booleschen Werte selbst können ebenfalls Operationen angewendet werden. Dazu gibt es in JavaScript die drei logischen Operatoren *und*, *oder* und *nicht*. Damit lassen sich Schlussfolgerungen über boolesche Werte anstellen.

Der Operator `&&` steht für das logische *und*. Es handelt sich bei ihm um einen binären Operator, und das Ergebnis lautet nur dann `true`, wenn beide gegebenen Werte wahr sind:

```
console.log(true && false)
// → false
console.log(true && true)
// → true
```

Der Operator `||`, das logische *oder*, ergibt `true`, wenn wenigstens einer der beiden gegebenen Werte wahr ist:

```
console.log(false || true)
// → true
console.log(false || false)
// → false
```

*Nicht* wird als Ausrufezeichen geschrieben. Dieser unäre Operator kehrt den gegebenen Wahrheitswert um: `!true` ergibt `false`, `!false` ergibt `true`.

Werden boolesche Operatoren zusammen mit arithmetischen und anderen Operatoren verwendet, ist nicht immer offensichtlich, wo Klammern benötigt werden. In der Praxis reicht es meistens, sich zu merken, dass von den bisher betrachteten Operatoren `||` den geringsten Rang hat, gefolgt von `&&`, dann den Vergleichsoperatoren (`>`, `==` usw.) und schließlich dem Rest. Die Reihenfolge wurde so festgelegt, dass in einem typischen Ausdruck wie dem folgenden so wenig Klammern wie möglich erforderlich sind:

```
1 + 1 == 2 && 10 * 10 > 50
```

Der letzte logische Operator, den ich hier besprechen möchte, ist weder unär noch binär, sondern *ternär*, d.h., er nimmt drei Werte entgegen. Geschrieben wird er wie folgt mit einem Fragezeichen und einem Doppelpunkt:

```
console.log(true ? 1 : 2);
// → 1
console.log(false ? 1 : 2);
// → 2
```

Dieser Operator wird als *Bedingungsoperator* bezeichnet (manchmal auch nur als »der ternäre Operator«, da er der einzige dieser Art in JavaScript ist). Der Wert auf der linken Seite des Fragezeichens bestimmt, welcher der beiden anderen Werte ausgegeben werden soll. Ist er wahr, so wird der mittlere genommen, ist er falsch, der rechte.

## 1.6 Leere Werte

Um die Abwesenheit eines *sinnvollen* Werts zu kennzeichnen, werden die beiden besonderen Werte `null` und `undefined` verwendet. Es handelt sich bei ihnen zwar um Werte, allerdings haben sie keinen Informationsgehalt.

Viele Operationen, die keinen sinnvollen Wert produzieren (einige davon werden Sie später noch kennenlernen), geben `undefined` zurück, da sie schließlich irgendeinen Wert zurückgeben müssen.

Der Bedeutungsunterschied zwischen `undefined` und `null` ist eher ein Missgriff im Design von JavaScript und spielt meistens keine Rolle. Wenn Sie mit diesen Werten zu tun haben, sollten Sie sie als größtenteils austauschbar betrachten.

## 1.7 Automatische Typumwandlung

In der Einleitung habe ich schon erwähnt, dass JavaScript alles versucht, um möglichst jedes Programm zu akzeptieren, das Sie übergeben, auch wenn dieses Programm merkwürdige Dinge tut. Die folgenden Beispielausdrücke machen das schön deutlich:

```
console.log(8 * null)
// → 0
console.log("5" - 1)
// → 4
console.log("5" + 1)
// → 51
console.log("five" * 2)
// → NaN
console.log(false == 0)
// → true
```

Wird ein Operator auf einen Wert eines unpassenden Typs angewendet, wandelt JavaScript diesen Wert stillschweigend in den erforderlichen Typ um. Die Regeln dafür entsprechend aber nicht immer dem, was Sie beabsichtigen oder erwarten. Dieser Vorgang wird *implizite Typumwandlung* genannt. Aus `null` im ersten Ausdruck wird `0`. Der String `"5"` im zweiten Ausdruck wird in die Zahl `5` umgewandelt. Im dritten Ausdruck dagegen wird erst versucht, `+` für eine String-Verkettung und nicht für eine Addition zu verwenden, weshalb die Zahl `1` hier in den String `"1"` umgewandelt wird.

Wenn Werte, die nicht offensichtlich Zahlen entsprechen (wie `"five"` oder `"undefined"`), dennoch in Zahlen umgewandelt werden, erhalten Sie den Wert `NaN`. Arithmetische Operationen mit `NaN` ergeben immer wieder `NaN`. Wenn Sie diesen Wert an unerwarteter Stelle erhalten, sollten Sie daher nach versehentlichen Typ umwandlungen Ausschau halten.

Beim Vergleich von Werten desselben Typs mit `==` ist das Ergebnis leicht vorhersehbar: Sind die Werte identisch, erhalten Sie `true`. Die einzige Ausnahme bildet `NaN`. Weisen die Werte aber unterschiedliche Typen auf, wendet JavaScript komplizierte und verwirrende Regeln an, um zu bestimmen, was zu tun ist. Meistens versucht es, einen der Werte in den Typ des anderen umzuwandeln. Steht auf einer Seite des Operators aber `null` oder `undefined`, ergibt sich nur dann `true`, wenn die andere Seite ebenfalls einen dieser Werte aufweist:

```
console.log(null == undefined);
// → true
console.log(null == 0);
// → false
```

Dieses Verhalten ist oft nützlich. Wenn Sie prüfen wollen, ob etwas ein »echter« Wert ist und nicht `null` oder `undefined`, können Sie es mit dem Operator `==` (oder mit `!=`) mit `null` vergleichen.

Was aber, wenn Sie herausfinden wollen, ob etwas tatsächlich den Wert `false` hat? Ausdrücke wie `0 = false` und `"" == false` sind immer `true`. Für den Fall, dass Sie die automatische Typumwandlung *nicht* durchführen lassen wollen, gibt es die beiden zusätzlichen Operatoren `===` und `!==`. Der erste prüft, ob zwei Werte *exakt* gleich sind, der andere, ob sie *exakt* ungleich sind. Daher ergibt `"" === false` wie erwartet `false`.

Ich rate dazu, diese aus drei Zeichen bestehenden Operatoren als Schutzvorkehrung zu nutzen, um unbeabsichtigte Typumwandlungen zu verhindern. Wenn Sie aber sicher sind, dass auf beiden Seiten Werte desselben Typs stehen, können Sie problemlos die kürzeren Operatoren verwenden.

### Kurzschließen logischer Operatoren

Die logischen Operatoren `&&` und `||` handhaben Werte unterschiedlichen Typs auf eigenartige Weise. Sie konvertieren den Wert auf der linken Seite in einen booleschen Typ, um zu entscheiden, was sie tun sollen, aber je nach Operator und dem Ergebnis dieser Umwandlung geben sie entweder den *ursprünglichen* linken oder den rechten Wert zurück.

Beispielsweise gibt der Operator `||` den Wert auf der linken Seite zurück, wenn dieser in `true` umgewandelt werden kann, und sonst den Wert auf der rechten Seite. Bei booleschen Werten führt das zu dem zu erwartenden Ergebnis, und Werte anderer Typen werden in ähnlichem Sinne behandelt:

```
console.log(null || "user")
// → user
console.log("Agnes" || "user")
// → Agnes
```

Diese Vorgehensweise können wir als eine Möglichkeit nutzen, um auf einen Standardwert zurückzugreifen. Besteht die Gefahr, dass ein Wert leer ist, können Sie hinter `||` einen Ersatzwert angeben. Falls der ursprüngliche Wert in `false` konvertiert wird, erhalten Sie dann den Ersatzwert. Nach den Regeln für die Umwandlung von Strings und Zahlen in boolesche Werte werden `0`, `NaN` und der leere String (`""`) als `false` aufgefasst, alle anderen als `true`. Das Ergebnis von `0 || -1` lautet daher `-1`, und `!! || "!?"` wird zu `"!?"` ausgewertet.

Der Operator `&&` geht ähnlich vor, aber anderes herum. Kann der Wert auf der linken Seite in `false` umgewandelt werden, so wird dieser Wert zurückgegeben, anderenfalls der Wert auf der rechten Seite.

Eine weitere wichtige Eigenschaft dieser beiden Operatoren besteht darin, dass der Teil auf ihrer rechten Seite nur dann ausgewertet wird, wenn es notwendig ist. So spielt es bei `true || X` keine Rolle, was `X` ist – selbst wenn es ein Teil eines Programms ist, der irgendetwas wirklich Fürchterliches tut. Das Ergebnis lautet in jedem Fall `true`, und `X` wird niemals ausgewertet. Das Gleiche gilt auch für `false && X`, was stets `false` ist, weshalb `X` ignoriert wird. Dies wird als *kurzgeschlossene Auswertung* bezeichnet.

Der Bedingungsoperator verhält sich ähnlich. Von den beiden hinteren Werten wird nur derjenige ausgewertet, der ausgewählt wird.

## 1.8 Zusammenfassung

In diesem Kapitel haben wir uns vier Typen von JavaScript-Werten angesehen: Zahlen, Strings, boolesche Werte und nichtdefinierte Werte.

Um diese Werte zu erstellen, geben Sie ihre Bezeichnung (`true`, `null`) oder ihren Wert (`13`, `"abc"`) an. Mithilfe von Operatoren können Sie Werte kombinieren und transformieren. Wir haben Binäroperatoren für arithmetische Berechnungen (`+`, `-`, `*`, `/` und `%`), für die String-Verkettung (`+`) und für Vergleiche (`==`, `!=`, `===`, `!==`, `<`, `>`, `<=`, `>=`), logische binäre Operatoren (`&&`, `||`), verschiedene unäre Operatoren (`-` zur Negation einer Zahl, `!` zur Negation eines logischen Werts und `typeof`, um den Typ eines Werts zu ermitteln) sowie einen ternären Operator (`?:`) kennengelernt, der auf der Grundlage eines Wertes zwischen zwei anderen auswählt.

Mit diesen Kenntnissen können Sie JavaScript wie einen Taschenrechner verwenden, aber noch nicht viel mehr tun. Im nächsten Kapitel beginnen wir, diese Ausdrücke zu einfachen Programmen zu kombinieren.

»Mein Herz glüht hellrot unter meiner dünnen, durchscheinenden Haut, und sie müssen mir 10 cm³ JavaScript injizieren, um mich zurückzuholen. (Ich reagiere gut auf Giftstoffe im Blut.) Mann, dieser Stoff haut dir echt die Pfirsiche aus den Kiemen!«

– _why, *Why's (Poignant) Guide to Ruby*

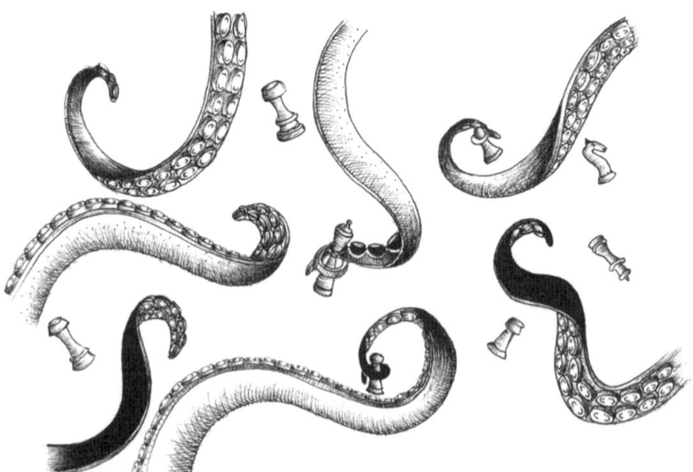

# 2 Programmstruktur

In diesem Kapitel beginnen wir damit, Aufgaben zu erledigen, die tatsächlich die Bezeichnung *Programmierung* verdienen. Wir erweitern unsere Kenntnisse der Sprache JavaScript über die Nomen und Satzfragmente hinaus, die wir bereits kennengelernt haben, sodass wir sinnvolle Prosa schreiben können.

## 2.1 Ausdrücke und Anweisungen

In Kapitel 1 haben wir Werte erstellt und Operatoren darauf angewendet, um neue Werte zu erhalten. Werte auf diese Weise zu erstellen, ist ein wesentlicher Bestandteil aller JavaScript-Programme. Um nützlich zu sein, muss dieser Bestandteil aber in eine umfassende Struktur eingebettet werden. Das ist es, womit wir uns als Nächstes beschäftigen werden.

Ein Codefragment, das einen Wert produziert, wird als *Ausdruck* bezeichnet. Jeder explizit niedergeschriebene Wert (z.B. `22` oder `"psychoanalysis"`) ist ein Ausdruck. Steht ein Ausdruck in Klammern, so ist dies ebenfalls ein Ausdruck. Wird ein binärer Operator auf zwei Ausdrücke oder ein unärer Operator auf einen Ausdruck angewendet, ist auch das ein Ausdruck.

Das macht die Schönheit einer sprachgestützten Schnittstelle deutlich: Ausdrücke können andere Ausdrücke auf eine ähnliche Weise enthalten, wie Teilsätze in menschlichen Sprachen verschachtelt werden. Auch hier kann jeder Teilsatz wiederum seine eigenen Teilsätze enthalten usw. Damit können wir Ausdrücke erstellen, die beliebig komplizierte Berechnungen beschreiben.

Wenn ein Ausdruck einem Teilsatz entspricht, so entspricht eine JavaScript-*Anweisung* einem vollständigen Satz. Ein Programm wiederum ist eine Folge von Anweisungen.

Die einfachste Art von Anweisung ist ein Ausdruck mit einem abschließenden Semikolon. Das Folgende ist bereits ein Programm:

```
1;
!false;
```

Allerdings ist dies ein völlig nutzloses Programm. Ein Ausdruck braucht lediglich einen Wert hervorzurufen, der dann vom umgebenden Code genutzt werden kann. Eine Anweisung aber steht für sich allein. Daher ist sie nur dann sinnvoll, wenn sie sich auf die Welt auswirkt. Beispielsweise kann sie etwas auf dem Bildschirm darstellen, was sich als eine Änderung der Welt sehen lässt. Sie kann auch den internen Zustand des Computers auf eine Weise ändern, die sich auf nachfolgende Anweisungen auswirkt. Solche Änderungen werden als *Nebenwirkungen* bezeichnet (meistens leider jedoch aufgrund einer wortwörtlichen Fehlübersetzung aus dem Englischen als *Seiteneffekte*). Die Anweisungen im vorigen Beispiel dagegen produzieren nur die Werte `1` und `true` und verwerfen sie dann sofort wieder, ohne eine bleibenden Eindruck in der Welt zu hinterlassen. Wenn Sie dieses Programm ausführen, geschieht nichts, was man beobachten könnte.

In manchen Fällen erlaubt Ihnen JavaScript, auf das Semikolon am Ende einer Anweisung zu verzichten, in anderen Fällen dagegen muss es unbedingt vorhanden sein, da die nächste Zeile sonst als ein weiterer Bestandteil der Anweisung aufgefasst wird. Die Regeln dafür, wann das Semikolon gefahrlos weggelassen werden kann, sind ziemlich kompliziert und fehleranfällig. In diesem Buch erhält jede Anweisung ein Semikolon. Ich rate Ihnen, genauso vorzugehen, zumindest so lange, bis Sie mehr über die Feinheiten fehlender Semikolons gelernt haben.

## 2.2 Bindungen

Wie erhält ein Programm seinen internen Status aufrecht? Wie merkt es sich etwas? Wir wissen bereits, wie wir aus alten Werten neue produzieren, aber dabei werden die alten Werte nicht geändert und die neuen müssen sofort verwendet werden, da sie sich sonst wieder in Wohlgefallen auflösen. Um Werte zu erfassen und festzuhalten, gibt es in JavaScript *Bindungen* oder *Variablen*:

```
let caught = 5 * 5;
```

Dies ist eine zweite Art von Anweisung. Das besondere Wort (*Schlüsselwort*) `let` gibt an, dass in diesem Satz eine Bindung definiert wird. Darauf folgt der Name der Bindung. Wenn wir ihr sofort einen Wert geben wollen, können wir den Operator `=` und einen Ausdruck anschließen.

Im vorstehenden Beispiel wird die Bindung `caught` erstellt und dazu genutzt, die Zahl festzuhalten, die durch die Multiplikation von 5 mit 5 produziert wird.

Nachdem eine Bindung definiert wurde, kann ihr Name als Ausdruck verwendet werden. Der Wert dieses Ausdrucks ist der Wert, den die Bindung zurzeit festhält. Betrachten Sie dazu das folgende Beispiel:

```
let ten = 10;
console.log(ten * ten);
// → 100
```

Wenn eine Bindung auf einen Wert zeigt, heißt das jedoch nicht, dass sie unlöslich mit ihm verknüpft ist. Der Operator `=` kann jederzeit auf eine vorhandene Bindung angewendet werden, um sie von ihrem aktuellen Wert zu trennen und auf einen anderen zeigen zu lassen:

```
let mood = "light";
console.log(mood);
// → light
mood = "dark";
console.log(mood);
// → dark
```

Stellen Sie sich Bindungen eher wie Tentakel und nicht wie Kisten vor. Sie *enthalten* keine Werte, sondern *halten sie fest*. Zwei Bindungen können auch auf denselben Wert verweisen. Ein Programm kann nur auf die Werte zugreifen, zu denen es noch einen Verweis hat. Wenn es sich an etwas erinnern muss, lässt es einen Tentakel wachsen, um es festzuhalten, oder greift mit einem bereits vorhandenen Tentakel danach.

Sehen wir uns dazu ein weiteres Beispiel an. Um sich zu merken, wie viele Euro Luigi Ihnen noch schuldet, erstellen Sie eine Bindung. Wenn er Ihnen 35 Euro zurückzahlt, geben Sie dieser Bindung einen neuen Wert:

```
let luigisDebt = 140;
luigisDebt = luigisDebt - 35;
console.log(luigisDebt);
// → 105
```

Falls Sie eine Bindung definieren, ohne ihr einen Wert zu geben, hat der Tentakel nichts, was er festhalten kann, sondern endet in der Luft. Wenn Sie dann nach dem Wert dieser leeren Bindung fragen, erhalten Sie den Wert `undefined`.

Mit einer einzigen `let`-Anweisung können Sie mehrere Bindungen definieren, wobei die einzelnen Bindungen durch Kommata zu trennen sind:

```
let one = 1, two = 2;
console.log(one + two);
// → 3
```

Auch mit den Wörtern `var` und `const` lassen sich ähnlich wie mit `let` Bindungen erstellen:

```
var name = "Ayda";
const greeting = "Hello ";
console.log(greeting + name);
// → Hello Ayda
```

Die erste Möglichkeit, `var` (kurz für »Variable«), ist die Art und Weise, in der Bindungen in JavaScript vor 2015 deklariert wurden. Auf die genauen Unterschiede zwischen `var` und `let` werde ich im nächsten Kapitel eingehen. Merken Sie sich zunächst nur, dass `var` größtenteils das Gleiche macht wie `let`. Wir werden es in diesem Buch allerdings selten verwenden, da es einige verwirrende Eigenschaften hat.

Das Wort const definiert eine *konstante* Bindung, die während ihrer gesamten Existenz auf denselben Wert zeigt. Das ist praktisch, um einem Wert einen Namen zu geben, sodass Sie später leichter darauf verweisen können.

## 2.3 Namen von Bindungen

Als Namen von Bindungen können Sie beliebige Wörter verwenden. Die Namen können auch Ziffern enthalten – so ist etwa catch22 ein gültiger Name –, dürfen aber nicht mit einer Ziffer beginnen. Ebenfalls erlaubt sind Dollarzeichen und Unterstriche, aber keine anderen Satz- oder Sonderzeichen.

Wörter wie let, die eine besondere Bedeutung haben, sind *Schlüsselwörter* und dürfen nicht als Namen für Bindungen verwendet werden. Es gibt auch eine Reihe von Wörtern, die für die Verwendung in zukünftigen Versionen von JavaScript »reserviert« sind und ebenfalls nicht als mögliche Bindungsnamen bereitstehen. Die vollständige Liste der Schlüsselwörter ist ziemlich lang:

```
break case catch class const continue debugger default
delete do else enum export extends false finally for
function if implements import interface in instanceof let
new package private protected public return static super
switch this throw true try typeof var void while with yield
```

Machen Sie sich aber nicht die Mühe, diese Liste auswendig zu lernen! Wenn der Versuch, eine Bindung zu erstellen, zu einem unerwarteten Syntaxfehler führt, schauen Sie nach, ob Sie ein reserviertes Wort verwendet haben.

## 2.4 Die Umgebung

Die Gesamtheit der Bindungen und ihrer Werte, die zu einem gegebenen Zeitpunkt vorhanden sind, wird als *Umgebung* bezeichnet. Auch beim Start eines Programms ist die Umgebung nicht leer, denn sie enthält immer die Bindungen, die zum Sprachstandard gehören, und Bindungen zur Interaktion mit dem umgebenden System. In einem Browser gibt es beispielsweise Funktionen zur Interaktion mit der gerade geladenen Website und zum Erfassen der Maus- und Tastatureingaben.

## 2.5 Funktionen

Viele Werte, die in der Standardumgebung zur Verfügung stehen, haben den Typ von *Funktionen*. Eine Funktion ist ein Programmteil, der in einen Wert eingeschlossen ist. Solche Werte können *angewendet* werden, um das eingeschlossene Programm auszuführen. Beispielsweise hält in einer Browserumgebung die Bindung prompt eine Funktion fest, die ein kleines Dialogfeld anzeigt, um den Benutzer zu einer Eingabe aufzufordern. Diese Bindung wird wie folgt verwendet:

```
prompt("Enter passcode");
```

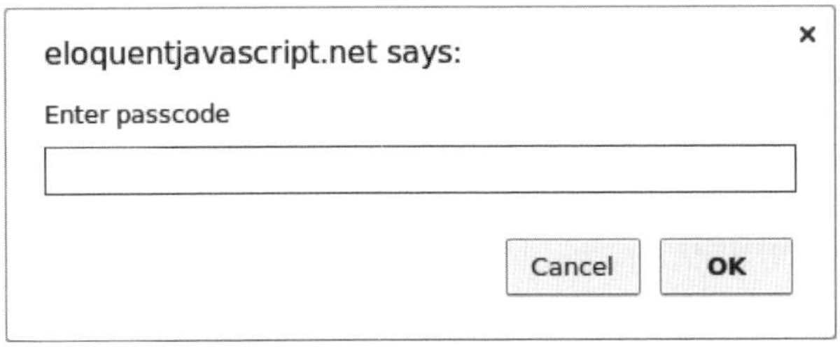


Bei der Ausführung einer Funktion wird davon gesprochen, dass sie *aufgerufen* oder *angewendet* wird. Um eine Funktion aufzurufen, können Sie ein Paar Klammern hinter einen Ausdruck setzen, der einen Funktionswert produziert. Gewöhnlich verwenden Sie dazu den Namen der Bindung, die die Funktion festhält. Die Werte in den Klammern werden dem Programm in der Funktion übergeben. In dem vorigen Beispiel nutzt die Funktion `prompt` den übergebenen String als den Text, den sie in dem Dialogfeld anzeigt. An Funktionen übergebene Werte werden als *Argumente* bezeichnet. Die Anzahl und der Typ der Argumente sind von Funktion zu Funktion unterschiedlich.

Die Funktion `prompt` wird in der modernen Webprogrammierung kaum verwendet, weil Sie dabei keine Kontrolle darüber haben, wie das resultierende Dialogfeld aussieht. Zum Herumspielen und Ausprobieren allerdings ist sie ganz nützlich.

## 2.6 Die Funktion console.log

In den Beispielen habe ich `console.log` verwendet, um Werte auszugeben. Die meisten JavaScript-Systeme (darunter alle modernen Webbrowser und Node.js) weisen eine Funktion namens `console.log` auf, die ihre Argumente an ein Textausgabegerät schicken. In Browsern landet diese Ausgabe in der JavaScript-Konsole. Dieser Teil der Browseroberfläche ist normalerweise ausgeblendet, kann in den meisten Browsern aber mit `F12` bzw. auf dem Mac mit `Befehl` + `Option` + `I` geöffnet werden. Wenn das nicht funktioniert, suchen Sie im Menü nach einem Eintrag, der »Entwicklertools« o. ä. heißt.

Bindungsnamen dürfen keine Punkte enthalten, aber in `console.log` ist einer vorhanden. Das liegt daran, dass es sich bei `console.log` nicht um eine einfache Bindung handelt, sondern um einen Ausdruck, der die Eigenschaft `log` von dem Wert abruft, der von der Bindung `console` festgehalten wird. Was das genau bedeutet, erfahren Sie im Abschnitt »***Eigenschaften***« auf *S. 63*.

## 2.7 Rückgabewerte

Ein Dialogfeld einzublenden oder Text auf den Bildschirm zu schreiben, ist lediglich ein Seiteneffekt. Viele Funktionen sind gerade wegen ihrer Seiteneffekte nützlich. Funktionen können jedoch auch Werte produzieren. In diesem Fall müssen sie keine Seiteneffekte haben, um nützlich zu sein. Beispielsweise nimmt die Funktion Math.max eine beliebige Anzahl von Argumenten entgegen und gibt das größte davon zurück:

```
console.log(Math.max(2, 4));
// → 4
```

In diesem Fall spricht man davon, dass die Funktion einen Wert *zurückgibt*. Alles, was einen Wert produziert, wird in JavaScript als Ausdruck angesehen. Das wiederum bedeutet, dass Funktionsaufrufe innerhalb umfangreicherer Ausdrücke verwendet werden können. Im folgenden Beispiel wird Math.min, das Gegenteil von Math.max, innerhalb eines Additionsausdrucks verwendet:

```
console.log(Math.min(2, 4) + 100);
// → 102
```

Im nächsten Kapitel erfahren Sie, wie Sie Ihre eigenen Funktionen schreiben.

## 2.8 Ablaufsteuerung

Wenn ein Programm mehrere Anweisungen enthält, werden diese von vorn nach hinten ausgeführt. Das folgende Beispielprogramm hat zwei Anweisungen, von denen die erste zur Eingabe einer Zahl auffordert und die zweite, die danach ausgeführt wird, das Quadrat dieser Zahl anzeigt:

```
let theNumber = Number(prompt("Pick a number"));
console.log("Your number is the square root of " +
            theNumber * theNumber);
```

Die Funktion Number wandelt einen Wert in eine Zahl um. Diese Konvertierung ist erforderlich, da das Ergebnis von prompt ein String-Wert ist, wir aber eine Zahl brauchen. Es gibt ähnliche Funktionen wie String und Boolean, die Werte in die entsprechenden Typen umwandeln.

Dieser geradlinige Programmablauf lässt sich durch das folgende, ziemlich triviale Diagramm darstellen:

## 2.9 Bedingte Ausführung

Nicht alle Programme verlaufen geradlinig. Wir können beispielsweise eine Verzweigung einbauen, an der sich das Programm je nach vorliegender Situation einen von mehreren möglichen Pfaden nimmt. Hierbei spricht man von einer *bedingten Ausführung*.

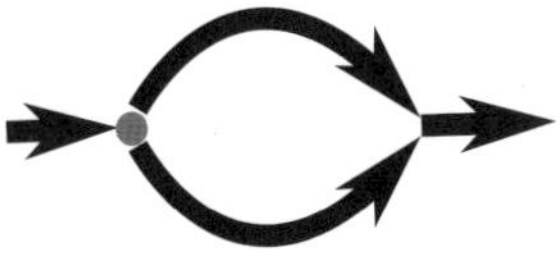

Eine bedingte Ausführung wird in JavaScript mit dem Schlüsselwort `if` ausgelöst. Im einfachsten Fall wollen wir dafür sorgen, dass bestimmter Code dann und nur dann ausgeführt wird, wenn eine bestimmte Bedingung erfüllt ist. Beispielsweise können wir das Quadrat der Eingabe nur dann anzeigen lassen, wenn es sich bei der Eingabe auch wirklich um eine Zahl handelt:

```
let theNumber = Number(prompt("Pick a number"));
if (!Number.isNaN(theNumber)) {
  console.log("Your number is the square root of " +
              theNumber * theNumber);
}
```

Wenn Sie jetzt etwa `"Papagei"` eingeben, erfolgt keine Anzeige.

Das Schlüsselwort `if` sorgt dafür, dass die nachfolgende Anweisung je nach dem Wert eines gegebenen booleschen Ausdrucks ausgeführt oder übersprungen wird. Der Ausdruck, der als Entscheidungsgrundlage dient, steht in Klammern hinter dem Schlüsselwort, gefolgt von der bedingt auszuführenden Anweisung.

Bei `Number.isNaN` handelt es sich um eine Standardfunktion von JavaScript, die nur dann `true` zurückgibt, wenn das übergebene Argument `NaN` ist. Wenn Sie ihr einen String übergeben, der nicht einer gültigen Zahl entspricht, gibt sie dagegen `NaN` zurück. Die Bedingung lautet also: »Mache dies, es sei den, `theNumber` ist keine Zahl.«

Die Anweisung hinter `if` steht in diesem Beispiel in geschweiften Klammern. Mit solchen geschweiften Klammern können Sie eine beliebige Anzahl von Anweisungen zu einer einzigen kombinieren, einem sogenannten *Block*. In diesem Fall hätten Sie auf die geschweiften Klammern auch verzichten können, da sie schließlich nur eine einzige Anweisung enthalten, aber um nicht immer wieder überlegen zu müssen, ob die Klammern nötig sind oder nicht, verwenden JavaScript-Programmierer sie grundsätzlich bei eingeschlossenen Anweisungen wie diesem. In diesem Buch werden wir dieser Vereinbarung größtenteils folgen – mit Ausnahme des einen oder anderen Einzeilers:

```
if (1 + 1 == 2) console.log("It's true");
// → It's true
```

Sehr oft aber haben Sie nicht nur Code, der ausgeführt werden soll, wenn die Bedingung wahr ist, sondern auch Code für den gegenteiligen Fall. Dieser alternative Pfad wird durch den zweiten Pfeil im Diagramm dargestellt. Um zwei getrennte, alternative Ausführungspfade anzulegen, verwenden Sie das Schlüsselwort `else` in Kombination mit `if`:

```
let theNumber = Number(prompt("Pick a number"));
if (!Number.isNaN(theNumber)) {
```

```
  console.log("Your number is the square root of " +
              theNumber * theNumber);
} else {
  console.log("Hey. Why didn't you give me a number?");
}
```

Stehen mehr als zwei Pfade zur Auswahl, können Sie sie mit mehreren `if/else`-Paaren verketten wie im folgenden Beispiel:

```
let num = Number(prompt("Pick a number"));

if (num < 10) {
  console.log("Small");
} else if (num < 100) {
  console.log("Medium");
} else {
  console.log("Large");
}
```

Dieses Programm prüft zunächst, ob `num` kleiner als 10 ist. Wenn ja, wird der entsprechende Pfad ausgewählt und `"Small"` angezeigt. Damit endet die Ausführung. Wenn nicht, folgt das Programm dem `else`-Zweig, der wiederum ein zweites `if` enthält. Trifft die zweite Bedingung zu (`< 100`), so liegt die Zahl zwischen 10 und 100, weshalb `"Medium"` angezeigt wird. Ist auch dies nicht der Fall, wird der zweite und letzte `else`-Zweig genommen.

Das Schema für ein solches Programm sieht wie folgt aus:

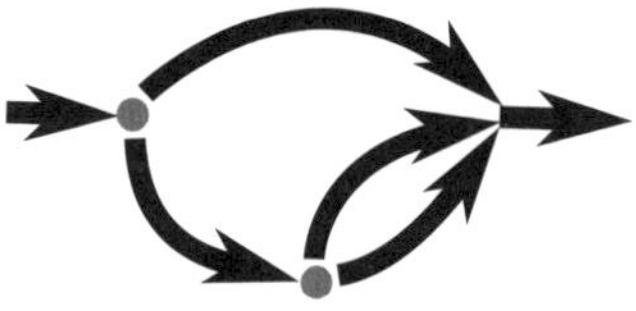

## 2.10 While- und do-Schleifen

Stellen Sie sich ein Programm vor, das alle geraden Zahlen von 0 bis 12 ausgeben soll. Eine Möglichkeit dazu sieht wie folgt aus:

```
console.log(0);
console.log(2);
console.log(4);
console.log(6);
console.log(8);
console.log(10);
console.log(12);
```

Das funktioniert zwar, aber der Sinn von Programmen besteht ja gerade darin, sich *weniger* Arbeit zu machen und nicht mehr. Wenn wir alle geraden Zahlen unter 1000 benötigten, wäre diese Vorgehensweise nicht mehr praktikabel. Stattdessen müssen wir dafür sorgen, dass bestimmter Code wiederholt ausgeführt wird. Diese Art von Ablaufsteuerung nennen wir *Schleife*.

Mithilfe von Schleifen können wir zu einem vorherigen Punkt im Programm zurückkehren und ihn unter Berücksichtigung des aktuellen Programmzustands wiederholen. Wenn wir das mit einer zählenden Bindung kombinieren, können wir Folgendes tun:

```
let number = 0;
while (number <= 12) {
  console.log(number);
  number = number + 2;
}
// → 0
// → 2
// ... usw.
```

Eine Anweisung, die mit dem Schlüsselwort `while` beginnt, legt eine Schleife an. Auf das Wort `while` folgen ähnlich wie bei `if` ein Ausdruck in Klammern und dann eine Anweisung. Die Schleife führt die Anweisung so lange aus, wie der Ausdruck einen Wert produziert, der bei der Konvertierung in einen booleschen Wert `true` ergibt.

Das vorstehende Beispiel zeigt, wie eine Bindung – hier `number` – dazu genutzt werden kann, den Fortschritt eines Programms zu verfolgen. Bei jedem Durchlauf durch die Schleife erhält `number` einen Wert, der um 2 größer ist als der vorherige. Zu Beginn jedes Durchlaufs wird sie mit der Zahl 12 verglichen, um zu entscheiden, ob die Arbeit des Programms abgeschlossen ist.

Damit können wir ein Beispielprogramm schreiben, das auch tatsächlich etwas Sinnvolles tut, nämlich den Wert von $2^{10}$ zu berechnen und anzuzeigen. Dabei verwenden wir zwei Bindungen: Die eine hält sich über das Ergebnis auf dem Laufenden, während die andere zählt, wie oft wir bereits eine Multiplikation mit 2 durchgeführt haben. Die Schleife prüft, ob die zweite Bindung den Wert 10 erreicht hat. Wenn nicht, aktualisiert sie beide.

```
let result = 1;
let counter = 0;
while (counter < 10) {
  result = result * 2;
  counter = counter + 1;
}
console.log(result);
// → 1024
```

Wir hätten den Zähler auch bei 1 beginnen und als Bedingung auf <= 10 prüfen können, aber aus Gründen, die in Kapitel 4 deutlich werden, ist es gut, sich anzugewöhnen, beim Zählen mit 0 anzufangen.

Eine do-Schleife ist eine ähnliche Steuerstruktur wie eine while-Schleife. Es gibt nur einen einzigen Unterschied: Eine do-Schleife wird immer mindestens einmal ausgeführt, da die Bedingung erst nach dem ersten Durchlauf überprüft wird. Um das deutlich zu machen, wird die Bedingung hinter den Rumpf der Schleife geschrieben:

```
let yourName;
do {
  yourName = prompt("Who are you?");
} while (!yourName);
console.log(yourName);
```

Dieses Programm zwingt Sie, Ihren Namen einzugeben. Es fordert Sie immer wieder auf, bis es irgendeine Eingabe bekommt, die kein leerer String ist. Bei der Anwendung des Operators ! wird ein Wert in einen booleschen Typ umgewandelt und dann negiert. Alle Strings außer "" werden dabei zu true ausgewertet. Das führt dazu, dass die Schleife immer wieder ausgeführt wird, bis Sie einen nichtleeren Namen eingeben.

## 2.11 Einrückungen

In den Beispielen habe ich Leerzeichen vor die Anweisungen eingefügt, die Teil einer umfassenderen Anweisung sind. Diese Leerzeichen sind jedoch nicht erforderlich. Der Computer würde das Programm auch ohne sie ohne Murren akzeptieren. Sogar die Zeilenumbrüche sind optional. Wenn Sie wollen, können Sie ein Programm auch in einer einzigen langen Zeile schreiben.

Einrückungen innerhalb von Blöcken dienen dazu, die Struktur des Codes sichtbar zu machen. Wenn neue Blöcke innerhalb von anderen Blöcken beginnen, kann es schwierig werden zu erkennen, wo ein Block endet und ein anderer beginnt. Bei sauberer Einrückung entspricht die sichtbare Struktur des Programmcodes der Anordnung der Blöcke. Ich verwende zur Einrückung eines Blocks jeweils zwei Leerzeichen, aber die Geschmäcker sind verschieden. Manche nehmen vier Leerzeichen, andere bevorzugen Tabulatoren. Wichtig ist, dass jeder neue Block um den gleichen Betrag eingerückt wird.

```
if (false != true) {
  console.log("That makes sense.");
  if (1 < 2) {
    console.log("No surprise there.");
  }
}
```

Die meisten Codeeditoren unterstützen Sie dabei, indem sie neue Zeilen automatisch um den richtigen Betrag einrücken.

## 2.12 for-Schleifen

Viele Schleifen folgen dem Muster, das Sie in den `while`-Beispielen gesehen haben: Erst wird eine »Zähler«-Bindung erstellt, um den Fortschritt der Schleife zu verfolgen, und dann folgt die `while`-Schleife, deren Bedingung gewöhnlich prüft, ob der Zähler seinen Endwert erreicht hat. Am Ende des Schleifenrumpfes wird der Zähler aktualisiert.

Da dieses Muster so weit verbreitet ist, bieten JavaScript und ähnliche Sprachen eine etwas kürzere Form, nämlich die `for`-Schleife:

```
for (let number = 0; number <= 12; number = number + 2) {
  console.log(number);
}
// → 0
// → 2
// ... usw.
```

Dieses Programm entspricht genau dem früheren Beispiel zur Ausgabe gerade Zahlen (*S. 32*). Der einzige Unterschied besteht darin, dass alle Anweisungen, die sich auf die Schleife selbst beziehen, hinter `for` gruppiert sind.

Innerhalb der Klammern hinter dem Schlüsselwort `for` müssen zwei Semikolons stehen. Der Teil vor dem ersten Semikolon *initialisiert* die Schleife, gewöhnlich durch die Definition einer Bindung. Der zweite Teil ist die Bedingung, die *prüft*, ob die Schleife fortgesetzt werden soll. Der letzte Teil *aktualisiert* den Schleifenstatus nach jedem Durchlauf. In den meisten Fällen ist diese Schreibweise kürzer und klarer als die mit `while`.

Der folgende Code zeigt die Berechnung von $2^{10}$ ohne `while`:

```
let result = 1;
for (let counter = 0; counter < 10; counter = counter + 1) {
  result = result * 2;
}
console.log(result);
// → 1024
```

## 2.13 Eine Schleife abbrechen

Die Schleifenbedingung den Wert `false` produzieren zu lassen, ist nicht die einzige Möglichkeit, um eine Schleife zu beenden. Mit der besonderen Anweisung `break` ist es möglich, die umgebende Schleife sofort zu verlassen.

Das folgende Programm veranschaulicht die Verwendung von `break`. Es findet die erste Zahl, die sowohl größer oder gleich 20 als auch durch 7 teilbar ist:

```
for (let current = 20; ; current = current + 1) {
  if (current % 7 == 0) {
    console.log(current);
    break;
  }
```

```
}
// → 21
```

Der Restoperator (%) bietet eine einfache Möglichkeit, um zu prüfen, ob eine Zahl durch eine andere teilbar ist. Wenn ja, ist der Rest ihrer Division null.

Im for-Konstrukt dieses Beispiels fehlt der Teil mit der Bedingung für das Ende der Schleife. Das bedeutet, dass die Schleife niemals endet, es sei denn, in ihr wird die Anweisung break ausgeführt.

Wenn Sie die Anweisung break entfernen oder versehentlich eine Beendigungsbedingung schreiben, die immer true ergibt, bleibt Ihr Programm in einer *Endlosschleife* hängen. Es kommt also nie zum Schluss, was gewöhnlich eine schlechte Sache ist.

Ebenso wie break wirkt sich auch das Schlüsselwort continue auf den Fortschritt einer Schleife auf. Tritt im Rumpf einer Schleife continue auf, so verlässt die Programmausführung den Schleifenrumpf und fährt mit dem nächsten Schleifendurchlauf fort.

## 2.14 Kurzschreibweisen für die Aktualisierung von Bindungen

Insbesondere in Schleifen muss ein Programm oft Bindungen aktualisieren, wobei der neue Wert der Bindung in einem bestimmten Zusammenhang zu dem steht, den sie zuvor festhielt:

```
counter = counter + 1;
```

In JavaScript gibt es dafür eine Abkürzung:

```
counter += 1;
```

Viele Operatoren bieten ähnliche Kurzschreibweisen, etwa result *= 2, um den Wert von result zu verdoppeln, oder counter -= 1, um abwärts zu zählen.

Damit können wir unser Zählbeispiel noch etwas weiter verkürzen:

```
for (let number = 0; number <= 12; number += 2) {
  console.log(number);
}
```

Es gibt sogar Abkürzungen für counter += 1 und counter -= 1, nämlich counter++ und counter--.

## 2.15 Werte mithilfe von switch auswählen

Es ist nicht ungewöhnlich, dass Code so aussieht:

```
if (x == "value1") action1();
else if (x == "value2") action2();
else if (x == "value3") action3();
else defaultAction();
```

Um eine solche Auswahl weniger umständlich auszudrücken, gibt es das Konstrukt switch. Leider ist die Syntax, die in JavaScript dafür verwendet wird (und die aus der C- und Java-Familie von Programmiersprachen stammt) etwas unbeholfen, sodass eine Kette von if-Anweisungen besser aussehen kann. Betrachten Sie das folgende Beispiel:

```
switch (prompt("What is the weather like?")) {
  case "rainy":
    console.log("Remember to bring an umbrella.");
    break;
  case "sunny":
    console.log("Dress lightly.");
  case "cloudy":
    console.log("Go outside.");
    break;
  default:
    console.log("Unknown weather type!");
    break;
}
```

In dem von switch eröffneten Block können Sie beliebig viele case-Labels unterbringen. Die Programmausführung beginnt an dem Label, das dem an switch übergebenen Wert entspricht, bzw. bei default, wenn kein passender Wert gefunden wurde. Sie fährt mit der Ausführung fort – sogar über andere Labels hinweg –, bis sie auf eine break-Anweisung stößt. Manchmal – in diesem Beispiel etwa bei "sunny" – kann das dazu genutzt werden, um Code von mehreren Fällen gemeinsam nutzen zu lassen (wie hier, um sowohl bei Sonne als auch bei Bewölkung dazu zu raten, nach draußen zu gehen). Vorsicht ist jedoch geboten, denn man vergisst nur zu leicht ein break, sodass das Programm Code ausführt, den es gar nicht ausführen soll.

## 2.16 Groß- und Kleinschreibung

Die Namen von Bindungen dürfen keine Leerzeichen enthalten. Doch manchmal ist es hilfreich, mehrere Wörter dafür zu verwenden, um deutlich zu beschreiben, wofür die Bindung steht. Um Bindungsnamen zu schreiben, die aus mehreren Wörtern bestehen, haben Sie folgende Möglichkeiten:

```
fuzzylittleturtle
fuzzy_little_turtle
FuzzyLittleTurtle
fuzzyLittleTurtle
```

Die erste Variante lässt sich nur schwer lesen. Mir persönlich gefällt die Version mit Unterstrichen, allerdings sind diese Namen etwas mühselig einzugeben. Die Standardfunktionen von JavaScript folgen der untersten Variante, die auch von den meisten JavaScript-Programmierern verwendet wird. Dabei wird jedes Wort außer dem ersten mit großem Anfangsbuchstaben geschrieben. Es ist nicht schwer, sich solche Kleinigkeiten anzugewöhnen. Code mit einer Mischung aus verschiedenen Schreibweisen kann sehr mühselig zu lesen sein.

In einigen Fällen, etwa bei der Funktion `Number`, wird auch der erste Buchstabe einer Bindung großgeschrieben. Das wurde so festgelegt, um die Funktion als Konstruktor zu kennzeichnen. Was das ist, erfahren Sie in Kapitel 6. Fürs Erste machen Sie sich keine Gedanken über diesen scheinbaren Mangel an Einheitlichkeit.

## 2.17 Kommentare

Oft bietet der nackte Code nicht alle Informationen, die Sie einem Leser vermitteln wollen, oder er vermittelt diese auf so verschlungene Weise, dass er unverständlich wirkt. Manchmal möchten Sie auch einige Überlegungen im Zusammenhang mit Ihrem Programm festhalten. Dazu dienen *Kommentare*.

Ein Kommentar ist ein Text, der zum Programm gehört, vom Computer aber völlig ignoriert wird. JavaScript bietet zwei Möglichkeiten für Kommentare. Um einen einzeiligen Kommentar einzufügen, schreiben Sie zwei Schrägstriche, gefolgt vom Kommentartext:

```
let accountBalance = calculateBalance(account);
// It's a green hollow where a river sings
accountBalance.adjust();
// Madly catching white tatters in the grass.
let report = new Report();
// Where the sun on the proud mountain rings:
addToReport(accountBalance, report);
// It's a little valley, foaming like light in a glass.
```

Der Kommentar, der auf // folgt, geht nur bis zum Ende der Zeile. Dagegen wird ein Text, der zwischen /* und */ steht, komplett ignoriert, auch wenn er Zeilenumbrüche enthält. Damit können Sie umfangreichere Informationen über eine Datei oder einen größeren Abschnitt des Programms einfügen:

```
/*
  I first found this number scrawled on the back of
  an old notebook. Since then, it has often dropped by,
  showing up in phone numbers and the serial numbers of
  products that I've bought. It obviously likes me, so I've
  decided to keep it.
*/
const myNumber = 11213;
```

## 2.18 Zusammenfassung

Sie wissen jetzt, dass ein Programm aus Anweisungen besteht, die ihrerseits weitere Anweisungen enthalten können. Gewöhnlich enthalten Anweisungen Ausdrücke, die wiederum aus kleineren Ausdrücken aufgebaut sein können.

Wenn Sie Anweisungen hintereinanderschreiben, erhalten Sie ein Programm, das von vorn nach hinten ausgeführt wird. Diesen Ablauf können Sie ändern, indem Sie Anweisungen für die bedingte Ausführung (`if`, `else` und `switch`) und für Schleifen (`while`, `do` und `for`) einfügen.

Mithilfe von Bindungen können Sie Daten unter einem Namen ablegen und den Zustand des Programms verfolgen. Die Umgebung ist die Menge der definierten Bindungen. JavaScript-Systeme stellen immer eine Reihe von nützlichen Standardbindungen in die Umgebung.

Funktionen sind besondere Werte, die ein kleines Programm kapseln. Sie können Sie aufrufen, indem Sie `functionName(argument1, argument2)` schreiben. Ein solcher Funktionsaufruf ist ein Ausdruck und kann einen Wert hervorrufen.

## 2.19 Übungsaufgaben

Wenn Ihnen nicht ganz klar ist, wie Sie Ihre Lösungen der Übungsaufgaben testen sollen, werfen Sie einen Blick in die Einleitung.

Jede Übung beginnt mit der Beschreibung der Aufgabenstellung. Lesen Sie diese genau durch und versuchen dann, die Aufgabe zu lösen. Wenn Sie Schwierigkeiten dabei haben, lesen Sie die Hinweise am Ende des Buches. Die kompletten Lösungen sind hier nicht enthalten, aber sie lassen sich online auf *https://eloquentjavascript.net/code* finden. Wenn Sie etwa aus den Übungen lernen wollen, sollten Sie sich die Lösungen erst dann ansehen, wenn Sie zu einer eigenen Lösung gekommen sind – oder zumindest bis Sie sich so lange und intensiv daran versucht haben, dass Ihnen schon der Kopf brummt.

### Schleifendurchlauf zur Anzeige eines Dreiecks

Schreiben Sie eine Schleife, die `console.log` siebenmal aufruft, um das folgende Dreieck auszugeben:

```
#
##
###
####
#####
######
#######
```

Dazu kann es hilfreich sein zu wissen, dass Sie die Länge eines Strings ermitteln können, indem Sie `.length` anhängen:

```
let abc = "abc";
console.log(abc.length);
// → 3
```

### FizzBuzz

Schreiben Sie ein Programm, das mithilfe von `console.log` alle Zahlen von 1 bis 100 ausgibt – mit zwei Ausnahmen: Anstelle von durch 3 teilbaren Zahlen soll `"Fizz"` erscheinen, anstelle von durch 5 (aber nicht durch 3) teilbaren Zahlen `"Buzz"`.

Wenn Sie das geschafft haben, ändern Sie das Programm so ab, dass es anstelle der Zahlen, die durch 3 und 5 teilbar sind, `"FizzBuzz"` ausgibt (aber nach wie vor `"Fizz"` bzw. `"Buzz"` für die nur durch 3 oder 5 teilbaren Zahlen).

Es handelt sich hierbei übrigens um eine Aufgabe, die bei Vorstellungsgesprächen verwendet wird und an der angeblich ein erheblicher Prozentsatz von Programmiereraspiranten scheitert. Wenn Sie sie lösen können, erhöht sich damit also Ihr Wert auf dem Arbeitsmarkt!

### Schachbrett

Schreiben Sie ein Programm, um einen String auszugeben, der ein 8 x 8-Raster ausgibt und Zeilenumbruchzeichen zur Trennung der einzelnen Reihen enthält. An den einzelnen Positionen des Rasters soll sich jeweils entweder ein Leerzeichen oder das Zeichen # befinden, und zwar so, dass sich ein Schachbrettmuster ergibt.

Wenn dieser String an `console.log` übergeben wird, soll sich also Folgendes ergeben:

```
 # # # #
# # # #
 # # # #
# # # #
 # # # #
# # # #
 # # # #
# # # #
```

Wenn Sie ein Programm geschrieben haben, das dieses Muster erzeugt, definieren Sie die Bindung `size = 8`. Ändern Sie das Programm dann so, dass es für jeden Wert von `size` funktioniert und dabei jeweils ein Raster der gegebenen Breite und Höhe ausgibt.

»Viele glauben, dass Informatik eine Kunst sei, die von Genies ausgeübt wird, aber in Wirklichkeit ist das Gegenteil der Fall: Es sind einfach nur viele Leute, die jeweils auf den Tätigkeiten anderer aufbauen, so wie eine große Wand aus lauter kleinen Steinchen entsteht.«

– Donald Knuth

# 3 Funktionen

Funktionen sind das A und O der JavaScript-Programmierung. Das Prinzip, einen Programmteil in einen Wert zu packen, hat viele mögliche Verwendungszwecke. Damit können wir umfangreichere Programme strukturieren, Wiederholungen vermeiden, Unterprogramme mit Namen versehen und diese Unterprogramme voneinander trennen.

Die naheliegende Anwendung von Funktionen besteht in der Erweiterung des Vokabulars durch neue Definitionen. In der Prosa gilt es gewöhnlich als schlechter Stil, neue Wörter zu erfinden, doch in der Programmierung ist dies unverzichtbar.

Der aktive Wortschatz eines durchschnittlichen deutschen Muttersprachlers wird auf 12.000 bis 16.000 Wörter geschätzt. Nur wenige Programmiersprachen haben so viele eingebaute Befehle. Das vorhandene Vokabular ist außerdem gewöhnlich präziser definiert und damit weniger flexibel als das natürlicher Sprachen. Daher müssen wir häufig neue Begriffe einführen, um uns nicht zu oft zu wiederholen.

## 3.1 Funktionen definieren

Eine Funktionsdefinition ist eine reguläre Bindung, bei der der Wert eine Funktion ist. Der folgende Beispielcode definiert `square` als Verweis auf eine Funktion, die das Quadrat einer gegebenen Zahl produziert:

```
const square = function(x) {
  return x * x;
};

console.log(square(12));
// → 144
```

Eine Funktion wird mithilfe eines Ausdrucks erstellt, der mit dem Schlüsselwort `function` beginnt. Funktionen haben einen Satz von *Parametern* (in diesem Fall nur einen, nämlich `x`) sowie einen *Rumpf* mit den Anweisungen, die beim Aufruf der Funktion ausgeführt werden. Der Rumpf einer auf diese Weise erstellten Funktion muss stets in geschweifte Klammern eingeschlossen werden, auch wenn er nur aus einer einzigen Anweisung besteht.

Eine Funktion kann auch mehrere oder gar keine Parameter haben. Im folgenden Beispiel sind für `makeNoise` keine Parameter aufgeführt, für `power` dagegen zwei:

```
const makeNoise = function() {
  console.log("Pling!");
};

makeNoise();
// → Pling!

const power = function(base, exponent) {
  let result = 1;
  for (let count = 0; count < exponent; count++) {
    result *= base;
  }
  return result;
};

console.log(power(2, 10));
// → 1024
```

Manche Funktionen produzieren einen Wert, wie es hier bei `power` und `square` der Fall ist, während bei anderen, z. B. `makeNose`, das einzige Ergebnis aus einem Seiteneffekt besteht. Die Anweisung `return` bestimmt, welchen Wert die Funktion zurückgibt. Wenn die Programmausführung diese Anweisung erreicht, verlässt sie sofort die aktuelle Funktion und übergibt den zurückgegebenen Wert an den Code, der die Funktion aufgerufen hat. Folgt auf das Schlüsselwort `return` kein Ausdruck, gibt die Funktion `undefined` zurück. Funktionen, die keine `return`-Anweisung haben, etwa `makeNoise`, geben ebenfalls `undefined` zurück.

Die Parameter einer Funktion verhalten sich wie reguläre Bindungen, allerdings werden ihre Anfangswerte vom *Aufrufer* der Funktion festgelegt und nicht vom Code in der Funktion selbst.

## 3.2 Gültigkeitsbereiche von Bindungen

Jede Bindung hat einen *Gültigkeitsbereich*. Das ist der Teil des Programms, in dem sie sichtbar ist. Der Gültigkeitsbereich von Bindungen, die außerhalb einer Funktion oder eines Blocks definiert werden, ist das gesamte Programm. Auf diese sogenannten *globalen* Bindungen können Sie an beliebiger Stelle verweisen.

Auf Bindungen, die für Funktionsparameter erstellt oder innerhalb einer Funktion deklariert werden, kann dagegen nur innerhalb dieser Funktion verwiesen werden, weshalb sie als *lokale* Bindungen bezeichnet werden. Bei jedem Aufruf der Funktion werden neue Instanzen dieser Bindungen erstellt. Das sorgt für eine gewisse Isolierung der Funktionen voneinander. Jeder Funktionsaufruf spielt sich in seiner eigenen kleinen Welt (seiner lokalen Umgebung) ab und ist oft auch verständlich, ohne viel darüber zu wissen, was in der globalen Umgebung vor sich geht.

Mit `let` und `const` deklarierte Bindungen gelten sogar nur innerhalb des Blocks, in dem sie deklariert werden. Wenn Sie eine solche Bindung in einer Schleife erstellen, kann der Code vor und hinter der Schleife sie nicht sehen. In JavaScript-Versionen vor 2015 konnten jedoch nur Funktionen neue Gültigkeitsbereiche erstellen, weshalb mit dem Schlüsselwort `var` erstellte Bindungen der alten Art in der gesamten Funktion sichtbar sind, in der sie erscheinen, bzw. im globalen Gültigkeitsbereich, wenn sie sich nicht in einer Funktion befinden.

```
let x = 10;
if (true) {
  let y = 20;
  var z = 30;
  console.log(x + y + z);
  // → 60
}
// y ist hier nicht sichtbar
console.log(x + z);
// → 40
```

Jeder Gültigkeitsbereich kann einen Blick auf den ihn umgebenden Gültigkeitsbereich werfen. Aus diesem Grund ist `x` in dem Beispiel innerhalb des Blocks sichtbar. Eine Ausnahme besteht, wenn mehrere Bindungen denselben Namen haben. In diesem Fall kann der Code nur die innerste Bindung erkennen. Wenn etwa im folgenden Beispiel der Code in der Funktion `halve` auf `n` verweist, sieht er nur sein *eigenes* `n` und nicht das globale `n`.

```
const halve = function(n) {
  return n / 2;
};

let n = 10;
console.log(halve(100));
// → 50
console.log(n);
// → 10
```

## Verschachtelte Gültigkeitsbereiche

In JavaScript wird nicht nur zwischen *globalen* und *lokalen* Bindungen unterschieden. Da es möglich ist, Blöcke und Funktionen auch innerhalb von anderen Blöcken und Funktionen zu erstellen, können mehrere Grade an Lokalität entstehen.

Beispielsweise enthält die folgende Funktion, die die Zutaten für eine Portion Hummus ausgibt, eine weitere Funktion:

```
const hummus = function(factor) {
  const ingredient = function(amount, unit, name) {
    let ingredientAmount = amount * factor;
    if (ingredientAmount > 1) {
      unit += "s";
    }
    console.log(`${ingredientAmount} ${unit} ${name}`);
  };
  ingredient(1, "can", "chickpeas");
  ingredient(0.25, "cup", "tahini");
  ingredient(0.25, "cup", "lemon juice");
  ingredient(1, "clove", "garlic");
  ingredient(2, "tablespoon", "olive oil");
  ingredient(0.5, "teaspoon", "cumin");
};
```

Der Code in der Funktion `ingredient` kann die Bindung `factor` der äußeren Funktion sehen. Ihre eigenen lokalen Bindungen wie `unit` und `ingredientAmount` sind dagegen für die äußere Funktion nicht sichtbar.

Die Menge der in einem Block sichtbaren Bindungen hängt von der Stellung des Blocks im Programmtext ab. Jeder lokale Gültigkeitsbereich kann alle lokalen Gültigkeitsbereiche sehen, die er enthält, und alle Gültigkeitsbereiche sehen den globalen. Diese Form der Sichtbarkeit von Bindungen wird als *lexikaler Gültigkeitsbereich* bezeichnet.

## 3.3 Funktionen als Werte

Eine Funktionsbindung dient gewöhnlich als Name für einen bestimmten Programmteil. Eine solche Bindung wird einmal definiert und dann nicht mehr geändert. Dadurch ist es leicht möglich, die Funktion und ihren Namen zu verwechseln.

Es gibt aber einen Unterschied! Ein Funktionswert kann alles tun, wozu auch andere Werte in der Lage sind. Sie können ihn in beliebigen Ausdrücken verwenden, nicht nur in Aufrufen. Es ist möglich, einen Funktionswert in einer neuen Bindung zu speichern, als Argument an eine andere Funktion zu übergeben usw. Außerdem ist eine Bindung, die eine Funktion festhält, immer noch eine reguläre Bindung, weshalb ihr – sofern es keine Konstante ist – wie folgt ein neuer Wert zugewiesen werden kann:

```
let launchMissiles = function() {
  missileSystem.launch("now");
};
if (safeMode) {
  launchMissiles = function() {/* do nothing */};
}
```

In Kapitel 5 werden wir uns ansehen, was sich durch die Übergabe von Funktionswerten an andere Funktionen erreichen lässt.

## 3.4 Schreibweise von Deklarationen

Es gibt auch eine etwas kürzere Möglichkeit, um eine Funktionsbindung zu erstellen. Dabei steht das Schlüsselwort `function` am Anfang einer Anweisung:

```
function square(x) {
  return x * x;
}
```

Hierbei handelt es sich um eine Funktions*deklaration*. Die Anweisung definiert die Bindung `square` und lässt sie auf die gegebene Funktion zeigen. Das ist etwas einfacher zu schreiben und es ist auch nicht nötig, ein Semikolon hinter die Funktion zu setzen.

Bei dieser Form von Funktionsdefinition gibt es jedoch eine Feinheit zu beachten:

```
console.log("The future says:", future());

function future() {
  return "You'll never have flying cars";
}
```

Der vorige Code funktioniert, obwohl die Funktion erst *nach* dem Code definiert wird, der sie verwendet. Funktionsdeklarationen stehen außerhalb des regulären Programmflusses vom Anfang zum Ende. Sie werden gedanklich an den Anfang ihres Gültigkeitsbereichs gestellt und können daher vom gesamten Code in diesem Bereich verwendet werden. Das ist manchmal praktisch, um den Code in einer Reihenfolge anzuordnen, die sinnvoll erscheint, ohne sich darum kümmern zu müssen, dass auch alle Funktionen vor ihrer Verwendung definiert werden.

## 3.5 Pfeilfunktionen

Es gibt noch eine dritte Schreibweise für Funktionen, die sich erheblich von den anderen unterscheidet. Anstelle des Schlüsselworts `function` wird ein Pfeil verwendet, der aus einem Gleichheits- und einem Größer-als-Zeichen gebildet wird (`=>`; nicht zu verwechseln mit dem Größer-oder-gleich-Operator `>=`).

```
const power = (base, exponent) => {
  let result = 1;
  for (let count = 0; count < exponent; count++) {
    result *= base;
  }
  return result;
};
```

Der Pfeil steht *hinter* der Parameterliste und wird selbst wiederum vom Funktionsrumpf gefolgt. Damit wird in etwa gesagt: »Diese Eingabe (die Parameter) ruft dieses Ergebnis (den Rumpf) hervor.«

Bei nur einem Parameternamen können Sie die Klammern um die Parameterliste auch weglassen. Ist der Rumpf ein einzelner Ausdruck – also kein Block in geschweiften Klammern –, gibt die Funktion diesen Ausdruck zurück. Die beiden folgenden Definitionen von `square` sind daher gleichwertig:

```
const square1 = (x) => { return x * x; };
const square2 = x => x * x;
```

Hat eine Pfeilfunktion überhaupt keine Parameter, ist die Parameterliste einfach ein leeres Klammerpaar:

```
const horn = () => {
  console.log("Toot");
};
```

Es gibt keinen wichtigen Grund dafür, dass die Sprache sowohl Pfeilfunktionen als auch `function`-Ausdrücke hat. Abgesehen von einer Kleinigkeit, die wir in Kapitel 6 besprechen, sind sie gleichwertig. Pfeilfunktionen wurden 2015 hinzugefügt, hauptsächlich um kurze Funktionsausdrücke mit weniger Aufwand schreiben zu können. Wir werden sie in Kapitel 5 noch häufig verwenden.

## 3.6 Der Aufrufstack

Der Steuerungsfluss durch Funktionen ist ein bisschen verzwickt. Das wollen wir uns etwas genauer ansehen. Das folgende einfache Programm nimmt einige Funktionsaufrufe vor:

```
function greet(who) {
  console.log("Hello " + who);
}
greet("Harry");
console.log("Bye");
```

Das Programm läuft etwa auf die folgende Weise ab: Durch den Aufruf von `greet` springt das Programm zum Beginn der Funktion (Zeile 2). Die Funktion wiederum ruft `console.log` auf, die die Kontrolle übernimmt, ihre Aufgabe erledigt und die Kontrolle dann wieder an Zeile 2 abgibt. Dort erreicht der Programmfluss das Ende der Funktion `greet`, weshalb er zu der Stelle mit dem Aufruf zurückkehrt, also zu Zeile 4. In der darauffolgenden Zeile wird erneut `console.log` aufgerufen. Wenn das Ergebnis ausgegeben wurde, erreichen wir das Ende des Programms.

Schematisch lässt sich der Steuerungsfluss wie folgt darstellen:

```
nicht in einer Funktion
  in greet
    in console.log
  in greet
nicht in einer Funktion
  in console.log
nicht in einer Funktion
```

Da das Programm beim Aufruf einer Funktion zu der Stelle zurückspringen muss, an der sie aufgerufen wurde, muss sich der Computer den Kontext merken, in dem dieser Aufruf stattfand. Von `console.log` aus ist in einem Fall ein Rücksprung zur Funktion `greet` erforderlich, im anderen Fall ein Rücksprung zum Programmende.

Der Platz, an dem der Computer diesen Kontext speichert, ist der *Aufrufstack*. Bei jedem Funktionsaufruf wird der aktuelle Kontext oben auf diesem Stack abgelegt. Sobald die Funktion ausgeführt wird, wird der obere Kontext vom Stack entfernt und dazu verwendet, die Ausführung wieder aufzunehmen.

Dieser Stack braucht Platz im Arbeitsspeicher des Computers. Wenn er zu groß wird, gibt der Computer eine Fehlermeldung wie »out of stack space« oder »too much recursion« aus. Der folgende Code führt dies vor, indem er dem Computer eine äußerst knifflige Frage stellt, die einen niemals endenden, ständigen Wechsel zwischen den beiden Funktionen auslöst. Genauer gesagt, *würde* dieser Wechsel niemals enden, *wenn* der Computer einen unendlich großen Stack hätte. Da das nicht der Fall ist, geht ihm jedoch irgendwann der Speicher für den Stack aus.

```
function chicken() {
  return egg();
}
function egg() {
  return chicken();
}
console.log(chicken() + " came first.");
// → ??
```

## 3.7 Optionale Argumente

Der folgende Code ist zulässig und wird ohne Probleme ausgeführt:

```
function square(x) { return x * x; }
console.log(square(4, true, "hedgehog"));
// → 16
```

Wir haben `square` mit nur einem Parameter definiert. Doch wenn wir die Funktion mit drei Parametern aufrufen, beschwert sich JavaScript nicht, sondern ignoriert einfach die zusätzlichen Argumente und berechnet das Quadrat des ersten.

Was die Anzahl der Argumente angeht, die Sie an eine Funktion übergeben, ist JavaScript äußerst tolerant. Übergeben Sie zu viele, werden die überzähligen ignoriert; übergeben Sie zu wenige, wird den fehlenden Parametern der Wert `undefined` zugewiesen.

Das hat den Nachteil, dass Sie möglicherweise – sogar wahrscheinlich – versehentlich die falsche Anzahl von Argumenten an Funktionen übergeben, ohne darauf hingewiesen zu werden. Der Vorteil dagegen ist, dass Sie dieses Verhalten nutzen können, um eine Funktion mit unterschiedlich vielen Argumenten aufzurufen. Beispielsweise stellt die folgende Funktion `minus` das Verhalten des Operators `-` nach, wobei sie entweder ein oder zwei Argumente verarbeitet:

```
function minus(a, b) {
  if (b === undefined) return -a;
  else return a - b;
}

console.log(minus(10));
// → -10
console.log(minus(10, 5));
// → 5
```

Wenn Sie hinter einem Parameter den Operator = gefolgt von einem Ausdruck angeben, wird der Wert dieses Ausdrucks als Argument verwendet, falls keines angegeben ist.

Bei der folgenden Version von `power` wird dadurch das zweite Argument optional gemacht. Wenn Sie es nicht angeben oder den Wert `undefined` übergeben, nimmt es den Standardwert 2 an, sodass sich die Funktion in diesem Fall wie `square` verhält.

```
function power(base, exponent = 2) {
  let result = 1;
  for (let count = 0; count < exponent; count++) {
    result *= base;
  }
  return result;
}

console.log(power(4));
// → 16
console.log(power(2, 6));
// → 64
```

Im nächsten Kapitel schauen wir uns eine Möglichkeit an, mit der der Funktionsrumpf die komplette Liste der übergebenen Argumente abrufen kann (siehe Abschnitt »*Restparameter*« auf *S. 77*). Das ist praktisch, da die Funktion damit eine beliebige Anzahl von Argumenten übernehmen kann. Auch `console.log` geht so vor: Sie gibt alle ihr übergebenen Werte aus:

```
console.log("C", "O", 2);
// → C O 2
```

## 3.8 Closures

Die Möglichkeit, Funktionen als Werte zu behandeln, wirft zusammen mit der Tatsache, dass lokale Bindungen bei jedem Funktionsaufruf neu erstellt werden, die Frage auf: Was geschieht mit lokalen Bindungen, wenn der Funktionsaufruf, durch den sie erstellt wurden, nicht mehr aktiv ist?

Der folgende Code zeigt ein Beispiel dafür. Er definiert die Funktion `wrapValue`, die eine lokale Bindung erstellt und dann eine Funktion zurückgibt, die auf diese lokale Bindung zugreift und sie zurückgibt.

```
function wrapValue(n) {
  let local = n;
  return () => local;
}

let wrap1 = wrapValue(1);
let wrap2 = wrapValue(2);
console.log(wrap1());
// → 1
console.log(wrap2());
// → 2
```

Das ist zulässig und funktioniert wie gewünscht: Beide Instanzen der Bindung sind immer noch zugänglich. Dies zeigt deutlich, dass lokale Bindungen bei jedem Aufruf neu erstellt werden und ein Aufruf die lokalen Bindungen eines anderen nicht beeinträchtigen kann.

Dieses Merkmal – die Möglichkeit, auf eine bestimmte Instanz einer lokalen Bindung innerhalb eines umgebenden Gültigkeitsbereichs zu verweisen – wird *Closure* (lineare Hülle) genannt. Eine Funktion, die auf Bindungen aus den sie umgebenden lokalen Gültigkeitsbereichen zugreift, wird ebenfalls als eine Closure bezeichnet. Dieses Verhalten nimmt Ihnen nicht nur die Mühe ab, sich über die Lebensdauer von Bindungen Gedanken zu machen, sondern macht es auch möglich, Funktionswerte auf kreative Weise zu nutzen.

Mit einer einfachen Änderung können wir das vorherige Beispiel umgestalten, um Funktionen zu erstellen, die eine Multiplikation um einen willkürlichen Betrag vornehmen:

```
function multiplier(factor) {
  return number => number * factor;
}

let twice = multiplier(2);
console.log(twice(5));
// → 10
```

Die explizite lokale Bindung `local` aus `wrapValue` wird gar nicht benötigt, da der Parameter selbst eine lokale Bindung ist.

Es erfordert Übung, gedanklich auf diese Weise an Programme heranzugehen. Stellen Sie sich Funktionswerte als etwas vor, das sowohl den Code im Rumpf als auch die Umgebung einschließt, in dem sie erstellt werden. Beim Aufruf der Funktion sieht der Rumpf die Umgebung, in der sie erstellt wurde, nicht die Umgebung, in der sie aufgerufen wurde.

In diesem Beispiel wird `multiplier` aufgerufen und erstellt eine Umgebung, in der der Parameter `factor` an 2 gebunden ist. Der zurückgegebene Funktionswert, der in twice gespeichert wird, merkt sich diese Umgebung. Wenn er aufgerufen wird, multipliziert er daher sein Argument mit 2.

## 3.9 Rekursion

Es ist kein Problem, wenn sich eine Funktion selbst aufruft, solange sie das nicht so oft tut, dass der Stack überläuft. Eine Funktion, die sich selbst aufruft, wird als *rekursiv* bezeichnet. Mithilfe der Rekursion können einige Funktionen anders geschrieben werden. Betrachten Sie zum Beispiel die folgende alternative Implementierung von power:

```
function power(base, exponent) {
  if (exponent == 0) {
    return 1;
  } else {
    return base * power(base, exponent - 1);
  }
}

console.log(power(2, 3));
// → 8
```

Das ist ziemlich nah an der mathematischen Definition der Potenzierung und beschreibt den Vorgang wahrscheinlich deutlicher als die Variante mit der Schleife. Die Funktion ruft sich selbst mehrere Male mit immer kleineren Exponenten auf, um die wiederholte Multiplikation zu erreichen.

Allerdings gibt es bei dieser Variante ein Problem: In einer typischen JavaScript-Implementierung ist sie etwa um den Faktor 3 langsamer als die Schleifenversion. Der Durchlauf einer einfachen Schleife ist im Allgemeinen kostengünstiger als der mehrfache Aufruf einer Funktion.

Dieser Konflikt zwischen Geschwindigkeit auf der einen und Eleganz auf der anderen Seite kann als eine Form des Konflikts zwischen Benutzer- und Maschinenfreundlichkeit gesehen werden. Fast jedes Programm kann beschleunigt werden, indem man es größer und komplizierter macht. Der Programmierer muss einen geeigneten Kompromiss finden.

Im Fall der Funktion power ist die unelegante Version mit Schleife immer noch einfach und verständlich genug, weshalb es nicht sehr sinnvoll ist, sie durch die rekursive Version zu ersetzen. Oft laufen in Programmen jedoch so komplizierte Vorgänge ab, dass es hilfreich sein kann, Effizienz zu opfern, um größere Verständlichkeit zu erreichen.

Man verzettelt sich leicht, wenn man sich zu viele Gedanken über die Effizienz macht. Daher sollten Sie Ihren Code zu Beginn stets korrekt und leicht verständlich schreiben. Wenn Sie dann befürchten, dass er zu langsam sein könnte – was gewöhnlich nicht der Fall ist, da der meiste Code nicht häufig genug ausgeführt wird, um merkbar Zeit zu beanspruchen –, können Sie anschließend Messungen anstellen und bei Bedarf Verbesserungen vornehmen.

Die Rekursion ist nicht immer eine ineffiziente Alternative zu Schleifen. Manche Probleme lassen sich mit Rekursion sogar einfacher lösen als mit Schleifen. Meistens sind das Probleme, bei denen es erforderlich ist, verschiedene »Zweige« zu untersuchen oder zu verarbeiten, die ihrerseits wiederum weiter verzweigt sein können.

Betrachten Sie das folgende Problem: Wenn Sie bei 1 beginnen und wiederholt entweder 5 addieren oder mit 3 multiplizieren, können Sie eine unendliche Menge an Zahlen produzieren. Wie würden Sie eine Funktion schreiben, die eine Folge von Additionen und Multiplikationen findet, mit denen sich eine gegebene Zahl erzeugen lässt?

Beispielsweise kann die Zahl 13 dadurch gebildet werden, dass man erst mit 3 multipliziert und dann zweimal 5 addiert. Die Zahl 15 dagegen ist überhaupt nicht erreichbar.

Eine rekursive Lösung sieht wie folgt aus:

```
function findSolution(target) {
  function find(current, history) {
    if (current == target) {
      return history;
    } else if (current > target) {
      return null;
    } else {
      return find(current + 5, `(${history} + 5)`) ||
             find(current * 3, `(${history} * 3)`);
    }
  }
  return find(1, "1");
}

console.log(findSolution(24));
// → (((1 * 3) + 5) * 3)
```

Beachten Sie, dass dieses Programm nicht unbedingt die *kürzeste* Folge von Operationen findet. Es gibt sich damit zufrieden, überhaupt eine passende Folge zu ermitteln.

Machen Sie sich keine Sorgen, wenn Ihnen nicht gleich klar ist, wie es funktioniert. Wir werden es schrittweise durchgehen, da es eine hervorragende Übung in rekursivem Denken ist.

Die innere Funktion `find` führt die eigentliche Rekursion durch. Sie nimmt zwei Argumente entgegen, nämlich die aktuelle Zahl und einen String, in dem aufgezeichnet ist, wie wir diese Zahl erreicht haben. Wenn die Funktion eine Lösung findet, gibt sie den String zurück, der zeigt, wie man zu dem Zielwert gelangt. Wenn ausgehend von dieser Zahl keine Lösung gefunden werden kann, gibt sie `null` zurück.

Dazu führt die Funktion eine von drei möglichen Aktionen aus. Ist die aktuelle Zahl der Zielwert, ist die bisherige Operationsfolge eine Möglichkeit, um diesen zu erreichen, und wird daher als Lösung zurückgegeben. Ist die aktuelle Zahl größer als der Zielwert, hat es keinen Sinn, diesen Zweig weiter zu untersuchen, da die Zahl sowohl durch Addition als auch durch Multiplikation nur größer werden kann. In diesem Fall gibt die Funktion also `null` zurück. Befinden wir uns aber immer noch unter dem Zielwert, probiert die Funktion beide Pfade aus, die von der aktuellen Zahl ausgehen, indem sie sich selbst zweimal aufruft, einmal für die Addition und einmal für die Multiplikation. Gibt der erste Aufruf einen von `null` verschiedenen Wert zurück, wird dieser zurückgegeben. Anderenfalls wird der zweite Aufruf zurückgegeben, unabhängig davon, ob er einen String oder `null` produziert.

Um besser zu verstehen, wie diese Funktion das von uns gewünschte Verhalten erzielt, schauen wir uns alle Aufrufe von `find` an, die bei der Suche nach einer Lösung für die Zahl 13 erfolgen:

```
find(1, "1")
  find(6, "(1 + 5)")
    find(11, "((1 + 5) + 5)")
      find(16, "(((1 + 5) + 5) + 5)")
        too big
      find(33, "(((1 + 5) + 5) * 3)")
        too big
    find(18, "((1 + 5) * 3)")
      too big
  find(3, "(1 * 3)")
    find(8, "((1 * 3) + 5)")
      find(13, "(((1 * 3) + 5) + 5)")
        found!
```

Die Einrückung gibt hier die Tiefe des Aufrufstacks an. Zunächst ruft sich `find` selbst auf, um die Lösung zu erkunden, die mit `(1 + 5)` beginnt. Dieser Aufruf wird durch Rekursion fortgesetzt, um *jede* weitere Lösung zu untersuchen, die eine Zahl kleiner oder gleich dem Zielwert ergibt. Da sich damit keine Lösung finden lässt, die die gewünschte Zahl produziert, wird schließlich `null` für den ersten Aufruf zurückgegeben. Dort sorgt der Operator `||` nun dafür, dass der Aufruf zur Untersuchung von `(1 * 3)` erfolgt. Dieser Suche ist mehr Erfolg beschieden – der erste rekursive Aufruf erreicht durch einen weiteren rekursiven Aufruf den Zielwert. Der innerste Aufruf gibt einen String zurück, und jeder der `||`-Operatoren in den dazwischen liegenden Aufrufen gibt diesen String weiter, sodass schließlich die Lösung zurückgegeben wird.

## 3.10 Funktionen einführen

Wenn Sie in einem Programm eine Funktion schreiben, geschieht dies gewöhnlich aus einem von zwei Gründen. Erstens kann es sein, dass Sie sich dabei ertappen, den gleichen Code mehrere Male zu schreiben. Das möchten Sie eigentlich nicht tun, denn mehr Code bedeutet mehr Stellen, an denen sich Fehler verbergen können, und mehr Text, den andere lesen müssen, um das Programm zu verstehen.

Daher stellen Sie die wiederholte Funktionalität in eine Funktion mit einem passenden Namen. Die zweite Möglichkeit besteht darin, dass Sie eine Funktionalität benötigen, die Sie noch nicht geschrieben haben, die aber durchaus ihre eigene Funktion verdient. In einem solchen Fall benennen Sie zunächst die Funktion und schreiben dann ihren Rumpf. Es ist sogar möglich, dass Sie erst den Code schreiben, der die Funktion verwendet, bevor Sie die Funktion selbst definieren.

Wie schwierig es ist, einen guten Namen für eine Funktion zu finden, ist ein gutes Zeichen dafür, wie klar umrissen der Vorgang ist, den Sie damit beschreiben wollen.

Sehen wir uns das an einem Beispiel an. Wir wollen ein Programm schreiben, das zwei Zahlen ausgibt, nämlich die Anzahl der Kühe und Hühner auf einem Bauernhof, gefolgt von der Bezeichnung `Cows` bzw. `Chicken` und mit vorangestellten Nullen, sodass alle Angaben drei Stellen lang sind:

```
007 Cows
011 Chickens
```

Das verlangt nach einer Funktion mit zwei Argumenten, nämlich der Anzahl der Kühe und der Anzahl der Hühner. Wir können nun folgenden Code schreiben:

```
function printFarmInventory(cows, chickens) {
  let cowString = String(cows);
  while (cowString.length < 3) {
    cowString = "0" + cowString;
  }
  console.log(`${cowString} Cows`);
  let chickenString = String(chickens);
  while (chickenString.length < 3) {
    chickenString = "0" + chickenString;
  }
  console.log(`${chickenString} Chickens`);
}
printFarmInventory(7, 11);
```

Wenn wir `.length` hinter einen String-Ausdruck setzen, erhalten wir die Länge des Strings. Daher fügt die `while`-Schleife Nullen vorn an die Zahlenstrings an, bis diese mindestens drei Zeichen lang sind.

Auftrag ausgeführt! Aber gerade als wir dem Landwirt unseren Code schicken wollen (zusammen mit einer gesalzenen Rechnung), ruft er an und teilt uns mit, dass er jetzt auch Schweine hält. Ob wir wohl bitte die Software erweitern könnten, um auch die Anzahl der Schweine auszugeben?

Natürlich können wir das. Aber während wir die vier Zeilen ein weiteres Mal kopieren und einfügen, halten wir inne und denken nach. Es muss doch eine bessere Möglichkeit geben! Unser erster Versuch sieht wie folgt aus:

```
function printZeroPaddedWithLabel(number, label) {
  let numberString = String(number);
  while (numberString.length < 3) {
```

```
    numberString = "0" + numberString;
  }
  console.log(`${numberString} ${label}`);
}

function printFarmInventory(cows, chickens, pigs) {
  printZeroPaddedWithLabel(cows, "Cows");
  printZeroPaddedWithLabel(chickens, "Chickens");
  printZeroPaddedWithLabel(pigs, "Pigs");
}

printFarmInventory(7, 11, 3);
```

Es funktioniert – aber der Name `printZeroPaddedWithLabel` wirkt etwas umständlich. Wir haben drei Vorgänge – Ausgabe, Auffüllen mit Nullen und Hinzufügen der Bezeichnung – in einer Funktion verschmolzen.

Anstatt den sich wiederholenden Teil des Programms in die Funktion pauschal auszulagern, greifen wir uns einen einzelnen Vorgang heraus:

```
function zeroPad(number, width) {
  let string = String(number);
  while (string.length < width) {
    string = "0" + string;
  }
  return string;
}

function printFarmInventory(cows, chickens, pigs) {
  console.log(`${zeroPad(cows, 3)} Cows`);
  console.log(`${zeroPad(chickens, 3)} Chickens`);
  console.log(`${zeroPad(pigs, 3)} Pigs`);
}

printFarmInventory(7, 16, 3);
```

Wenn eine Funktion einen deutlichen Namen wie `zeroPad` hat, lässt sich beim Lesen des Codes leichter herausfinden, wozu sie gut ist. Eine solche Funktion ist auch in viel mehr Situationen nützlich als nur in einem ganz bestimmten Programm. Beispielsweise können Sie sie auch heranziehen, um Zahlentabellen sauber formatiert auszugeben.

Wie intelligent und vielseitig sollte eine Funktion sein? Wir können alle möglichen Arten von Funktionen schreiben: von einer furchtbar einfachen, die ausschließlich in der Lage ist, eine Zahl mit Nullen auf drei Stellen zu erweitern, bis zu einem komplizierten allgemeinen Zahlenformatierungssystem, das auch Bruchzahlen, negative Zahlen, die Ausrichtung von Dezimalpunkten, das Auffüllen mit verschiedenen Zeichen usw. beherrscht.

Eine sinnvolle Regel besagt, keine anspruchsvolle Funktionalität hinzuzufügen, wenn Sie nicht absolut sicher sind, dass Sie sie brauchen. Die Versuchung ist groß, allgemein gültige »Frameworks« für jede mögliche Funktionalität zu schreiben, die denkbar ist. Widerstehen Sie dieser Versuchung! Wenn Sie so vorgehen, werden Sie mit Ihrer eigentlichen Arbeit nicht fertig werden, sondern nur an Code schrauben, den Sie nie benötigen.

## 3.11 Seiteneffekte

Funktionen lassen sich grob in diejenigen unterteilen, die wegen ihrer Seiteneffekte aufgerufen werden, und diejenigen, bei denen es auf den Rückgabewert ankommt (wobei es durchaus möglich ist, dass eine Funktion sowohl Seiteneffekte als auch einen Rückgabewert hat).

Die erste Hilfsfunktion des Bauernhof-Beispiels, nämlich `printZeroPaddedWithLabel`, wird wegen ihres Seiteneffekts aufgerufen: Sie gibt eine Zeile aus. Die zweite Version dagegen, `zeroPad`, wird wegen ihres Rückgabewerts aufgerufen. Es ist kein Zufall, dass die zweite in mehr Situationen nützlich ist als die erste. Funktionen, die Werte erzeugen, lassen sich leichter auf neue Weise kombinieren als Funktionen, die unmittelbar Seiteneffekte hervorrufen.

Eine *reine* Funktion ist ein Sonderfall einer werteproduzierenden Funktion, die nicht nur keine Seiteneffekte aufweist, sondern auch nicht von den Seiteneffekten von anderem Code abhängt. Beispielsweise liest sie keine globalen Bindungen, deren Wert sich ändern könnte. Eine reine Funktion weist die angenehme Eigenschaft auf, dass sie stets denselben Wert liefert, wenn sie mit denselben Argumenten aufgerufen wird (und sonst nichts tut). Ein Aufruf einer solchen Funktion kann auch durch ihren Rückgabewert ersetzt werden, ohne die Bedeutung des Codes zu ändern. Wenn Sie nicht sicher sind, ob eine reine Funktion korrekt funktioniert, können Sie sie einfach testen, indem Sie sie aufrufen. Wenn sie in dem vorliegenden Kontext funktioniert, dann wissen Sie, dass sie auch in jedem anderen Kontext funktionieren wird. Zum Testen von nicht reinen Funktionen ist mehr Aufwand erforderlich.

Es ist jedoch nicht nötig, sich Sorgen zu machen, wenn Sie Funktionen schreiben, die nicht rein sind, oder eine groß angelegte Säuberungsaktion zu starten, um solche Funktion aus Ihrem Code auszumerzen. Seiteneffekte sind oft nützlich. Beispielsweise gibt es keine Möglichkeit, eine reine Version von `console.log` zu schreiben, einer äußerst praktischen Funktion. Manche Operationen lassen sich einfacher und effizienter ausdrücken, wenn wir Seiteneffekte nutzen. Die Rechengeschwindigkeit kann daher ein Grund sein, um Reinheit zu vermeiden.

## 3.12 Zusammenfassung

In diesem Kapitel haben Sie erfahren, wie Sie Ihre eigenen Funktionen schreiben. Wird das Schlüsselwort `function` als Ausdruck verwendet, kann es einen Funktionswert erstellen. Bei der Verwendung als Anweisungen kann es dagegen genutzt werden, um eine Bindung zu deklarieren und ihr eine Funktion als Wert mitzugeben. Pfeilfunktionen sind eine weitere Möglichkeit, um Funktionen zu erstellen.

```
// Definiert die Bindung f, die einen Funktionswert festhält
const f = function(a) {
  console.log(a + 2);
};

// Deklariert g als Funktion
function g(a, b) {
  return a * b * 3.5;
}

// Ein kompakterer Funktionswert
let h = a => a % 3;
```

Ein wichtiger Aspekt zum Verständnis von Funktionen ist der Gültigkeitsbereich. Jeder Block erstellt einen neuen Gültigkeitsbereich. In einem gegebenen Gültigkeitsbereich deklarierte Parameter und Bindungen sind lokal und von außen nicht sichtbar. Mit `var` deklarierte Bindungen verhalten sich anders – sie landen im nahesten Gültigkeitsbereich oder im globalen.

Es ist sinnvoll, die Aufgaben, die ein Programm ausführt, zu trennen und in verschiedene Funktionen auszulagern. Dadurch müssen Sie sich auch nicht so oft wiederholen. Außerdem helfen Funktionen bei der Gliederung eines Programms, da sie Code zu Abschnitten gruppieren, die bestimmte Aufgaben ausführen.

## 3.13 Übungen

### Minimum

In Kapitel 2 haben Sie die Standardfunktion `Math.min` kennengelernt, die ihr kleinstes Argument zurückgibt (siehe »*Rückgabewerte*« auf *S. 29*). Wir können jetzt etwas Ähnliches selbst machen. Schreiben Sie die Funktion `min`, die zwei Argumente annimmt und das kleinere zurückgibt.

### Rekursion

Mit dem Restoperator `%` können wir ermitteln, ob eine Zahl gerade oder ungerade ist, indem wir mit `% 2` prüfen, ob sie durch 2 teilbar ist. Es gibt jedoch noch eine andere Möglichkeit, um herauszufinden, ob eine positive ganze Zahl gerade oder ungerade ist:

- 0 ist gerade.
- 1 ist ungerade.
- Jede andere Zahl *N* hat die gleiche Geradheit wie *N* – 2.

Definieren Sie die rekursive Funktion `isEven`, die dieser Beschreibung folgt. Sie soll einen Parameter entgegennehmen (eine positive ganze Zahl) und einen booleschen Wert zurückgeben.

Prüfen Sie sie mit 50 und 75. Testen Sie dann, wie sie sich für –1 verhält. Warum ist das so? Fällt Ihnen eine Möglichkeit ein, um dies zu beheben?

### Bohnen zählen

Um das *N*-te Zeichen eines Strings abzurufen, können Sie `"string"[N]` schreiben. Der Rückgabewert ist wiederum ein String, der nur ein einziges Zeichen enthält (z. B. `"b"`). Da das erste Zeichen die Position 0 hat, befindet sich das letzte an der Position `string.length - 1`. Ein String aus zwei Zeichen hat also die Länge 2, und seine Zeichen nehmen die Positionen 0 und 1 ein.

Schreiben Sie die Funktion `countBs`, die als einziges Argument einen String entgegennimmt und die Anzahl der großen B in diesem String zurückgibt.

Schreiben Sie anschließend die Funktion `countChar`, die sich ebenso verhält wie `countB`, aber als zweites Argument das Zeichen entgegennimmt, das gezählt werden soll (statt immer nur B). Schreiben Sie `countBs` so um, dass sie diese neue Funktion nutzt.

»Zweimal wurde ich gefragt: Sagen Sie, Herr Babbage, wenn man falsche Zahlen in die Maschine eingibt, kommt dann eine richtige Antwort heraus? [...] Ich sehe mich außerstande, die Art von irrigen Vorstellungen zu begreifen, die jemanden zu einer solchen Frage veranlassen können.«

– Charles Babbage, *Passages from the Life of a Philosopher* (1894; auf Deutsch erschienen als *Passagen aus einem Philosophenleben*)

# 4 Datenstrukturen: Objekte und Arrays

Zahlen, boolesche Werte und Strings sind die Atome, aus denen Datenstrukturen aufgebaut sind. Für manche Art von Informationen ist jedoch mehr als ein Atom erforderlich. Mithilfe von *Objekten* können wir Werte – einschließlich anderer Objekte – gruppieren, um komplexere Strukturen aufzubauen.

Die Programme, die wir bisher geschrieben haben, waren dadurch beschränkt, dass sie nur einfache Datentypen verarbeiteten. In diesem Kapitel erhalten Sie eine Einführung in grundlegende Datenstrukturen. Mit den hier vermittelten Kenntnissen können Sie schon beginnen, eigene nützliche Programme zu schreiben.

In diesem Kapitel arbeiten wir ein mehr oder weniger realistisches Programmierbeispiel durch und führen dabei nach und nach verschiedene Konzepte ein, wenn wir sie für das vorliegende Problem benötigen. Der Beispielcode baut dabei oft auf Funktionen und Bindungen auf, die zuvor im Text eingeführt wurden.

Die Online-Programmier-Sandbox zu diesem Buch (*https://eloquentjavascript.net/code*) bietet Ihnen die Möglichkeit, Code im Kontext eines bestimmten Kapitels auszuführen. Wenn Sie die Beispiele in einer anderen Umgebung durcharbeiten möchten, sollten Sie zuvor den gesamten Code für dieses Kapitel von der Sandbox-Seite herunterladen.

## 4.1 Das Wereichhörnchen

Hin und wieder, gewöhnlich irgendwann zwischen 20 und 22 Uhr, verwandelt sich Jacques in ein kleines, pelziges Nagetier mit buschigem Schwanz. Einerseits ist Jacques ganz froh, dass er nicht an klassischer Lykanthropie leidet, denn eine Verwandlung in ein Eichhörnchen verursacht weniger Probleme als die Verwandlung in einen Wolf. Anstatt sich Sorgen darüber zu machen, dass er versehentlich seinen Nachbarn auffressen könnte (na, das wäre vielleicht peinlich!), muss er jetzt jedoch befürchten, dass ihn die Katze des Nachbarn frisst. Nachdem er schon zweimal nackt und völlig orientierungslos auf einem gefährlich dünnen Ast in der Krone einer Eiche aufgewacht ist, verriegelt er jetzt jede Nacht Türen und Fenster seines

Schlafzimmers und streut ein paar Nüsse auf den Boden, um sich beschäftigt zu halten. Damit ist er zwar das Katzen- und das Baumproblem losgeworden, allerdings würde Jacques nur zu gern komplett auf diese Verwandlungen verzichten. Deren unregelmäßiges Auftreten gibt zu der Vermutung Anlass, dass sie durch irgendeinen Reiz ausgelöst werden. Eine Zeit lang hat Jacques vermutet, dass es nur an Tagen geschieht, in denen er sich in der Nähe von Eichen aufgehalten hat. Allerdings hat auch eine strikte Vermeidung von Eichen sein Problem nicht lösen können.

Jacques verfolgt jetzt einen wissenschaftlicheren Ansatz und führt ein Tagesprotokoll all der Dinge, die er tut, mit dem Vermerk, ob er sich an dem jeweiligen Tag verwandelt hat. Er hofft, mithilfe dieser Daten die Umstände eingrenzen zu können, die die Verwandlungen auslösen.

Als Erstes braucht er dazu eine Datenstruktur, um diese Informationen zu speichern.

## 4.2 Datenmengen

Um mit einer Menge digitaler Daten arbeiten zu können, brauchen wir zunächst eine Möglichkeit, um sie im Arbeitsspeicher darzustellen. Betrachten wir als Beispiel die Zahlen 2, 3, 5, 7 und 11.

Da Strings eine beliebige Länge annehmen können, lassen sich viele Daten darin speichern. Wir könnten daher Strings auf kreative Weise nutzen und `"2 3 5 7 11"` als Darstellung unserer Zahlenmenge verwenden. Das wäre aber umständlich, denn um auf die Zahlen zugreifen zu können, müssen wir sie erst irgendwie aus dem String entnehmen und wieder in Zahlen umwandeln.

Glücklicherweise bietet JavaScript jedoch einen eigenen Datentyp, um Folgen von Werten zu speichern. Dieser Typ wird als *Array* bezeichnet und als eine in eckige Klammern eingeschlossene Liste von Werten geschrieben, die durch Kommata getrennt sind:

```
let listOfNumbers = [2, 3, 5, 7, 11];
console.log(listOfNumbers[2]);
// → 5
console.log(listOfNumbers[0]);
// → 2
console.log(listOfNumbers[2 - 1]);
// → 3
```

Auch zum Abrufen der Elemente in einem Array wird die Schreibweise mit eckigen Klammern verwendet. Steht ein Paar eckiger Klammern unmittelbar hinter einem Ausdruck und enthält selbst einen weiteren Ausdruck, so wird das Element im linken Ausdruck nachgeschlagen, das dem durch den Ausdruck in Klammern gegebenen *Index* entspricht.

Der erste Index eines Arrays ist 0, nicht 1, weshalb das erste Element mit `listOfNumbers[0]` abgerufen wird. Eine mit 0 beginnende Zählung hat in der Technik eine lange Tradition und ist sicherlich sehr sinnvoll, allerdings muss man sich erst daran gewöhnen. Stellen Sie sich den Index als die Anzahl der vom Anfang des Arrays an zu überspringenden Elemente vor.

## 4.3 Eigenschaften

In den vorherigen Kapiteln haben Sie schon einige sonderbare Ausdrücke wie `myString.length` (um die Länge eines Strings zu bestimmen) und `Math.max` (die Maximum-Funktion) gesehen. Solche Ausdrücke greifen auf eine *Eigenschaft* eines Werts zu. Im ersten Fall greifen wir auf die Eigenschaft `length` des Wertes in `myString` zu, im zweiten auf die Eigenschaft `max` des Objekts `Math` (bei dem es sich um eine Sammlung von mathematischen Konstanten und Funktionen handelt).

Fast alle JavaScript-Werte weisen Eigenschaften auf. Die einzigen Ausnahmen sind `null` und `undefined`. Wenn Sie bei diesen Nichtwerten versuchen, auf eine Eigenschaft zuzugreifen, erhalten Sie eine Fehlermeldung:

```
null.length;
// → TypeError: null has no properties
```

Die beiden Hauptmöglichkeiten für den Zugriff auf Eigenschaften in JavaScript sind die Schreibweise mit Punkt und die mit eckigen Klammern. Sowohl `value.x` als auch `value[x]` greifen auf eine Eigenschaft von `value` zu – allerdings nicht unbedingt auf dieselbe. Der Unterschied liegt darin, wie `x` interpretiert wird. Das Wort hinter dem Punkt ist der buchstäbliche Name der Eigenschaft, doch der Ausdruck in den eckigen Klammern wird erst *ausgewertet*, um den Namen der Eigenschaft zu bestimmen. Während `value.x` die Eigenschaft `x` von `value` abruft, wird bei `value[x]` erst der Ausdruck `x` ausgewertet und dann das in einen String konvertierte Ergebnis als Eigenschaftenname verwendet.

Wenn Sie also bereits wissen, dass die gewünschte Eigenschaft `color` heißt, schreiben Sie einfach `value.color`. Brauchen Sie aber die Eigenschaft, deren Name der von der Bindung `i` festgehaltene Wert ist, dann verwenden Sie `value[i]`. Eigenschaftennamen sind Strings. Es kann sich dabei um beliebige Strings handeln. Allerdings funktioniert die Punktschreibweise nur bei Namen, die wie gültige Bindungsnamen aussehen. Wenn Sie also auf Eigenschaften mit Namen wie 2 oder `John Doe` zugreifen wollen, müssen Sie die Schreibweise mit eckigen Klammern verwenden, also `value[2]` bzw. `value["John Doe"]`.

Die Elemente eines Arrays werden als dessen Eigenschaften gespeichert, wobei Zahlen als Eigenschaftennamen verwendet werden. Da Sie die Punktschreibweise für Zahlen nicht einsetzen können und Sie gewöhnlich ohnehin eine Bindung verwenden möchten, die den Index festhält, müssen Sie die Klammerschreibweise nutzen.

Die Eigenschaft `length` eines Arrays gibt die Anzahl der Elemente an. Da dieser Eigenschaftenname auch ein gültiger Bindungsname ist und wir ihn im Voraus kennen, verwenden wir, um die Länge eines Arrays herauszufinden, gewöhnlich `array.length`. Schließlich lässt sich das einfacher schreiben als `array["length"]`.

## 4.4 Methoden

Neben der Eigenschaft `length` enthalten sowohl String- als auch Array-Objekte mehrere Eigenschaften, die Funktionswerte festhalten.

```
let doh = "Doh";
console.log(typeof doh.toUpperCase);
// → function
console.log(doh.toUpperCase());
// → DOH
```

Jeder String verfügt über die Eigenschaft `toUpperCase`. Wird sie aufgerufen, gibt sie eine Kopie des Strings zurück, bei der alle Buchstaben in Großbuchstaben umgewandelt wurden. Es gibt auch die Eigenschaft `toLowerCase`, die umgekehrt vorgeht.

Obwohl beim Aufruf von `toUpperCase` keine Argumente übergeben werden, hat die Funktion trotzdem irgendwie Zugriff auf den String `"Doh"`, also den Wert, dessen Eigenschaft aufgerufen wurde. Wie das funktioniert, erfahren Sie im Abschnitt »*Methoden*« auf *S. 102*. Eigenschaften, die Funktionen enthalten, werden allgemein als *Methoden* des Werts bezeichnet, zu dem sie gehören. Somit ist `toUpperCase` also eine Methode von Strings.

Das folgende Beispiel führt zwei Methoden vor, die Sie zur Bearbeitung von Arrays verwenden können:

```
let sequence = [1, 2, 3];
sequence.push(4);
sequence.push(5);
console.log(sequence);
// → [1, 2, 3, 4, 5]
console.log(sequence.pop());
// → 5
console.log(sequence);
// → [1, 2, 3, 4]
```

Die Methode `push` fügt Werte am Ende eines Arrays hinzu, während die Methode `pop` den letzten Wert eines Arrays entfernt und zurückgibt.

Diese etwas albernen Namen sind die traditionellen Bezeichnungen für Operationen auf einem *Stack*. In der Programmierung versteht man unter einem Stack (wörtlich »Stapel«) eine Datenstruktur, auf der Sie Werte ablegen und anschließend in umgekehrter Reihenfolge wieder herunternehmen können, sodass das letzte hinzugefügte Element als Erstes wieder entfernt wird. Solche Strukturen sind in der Programmierung üblich. Der Funktionsaufrufstack, den wir auf *S. 48* behandelt haben, ist ebenfalls eine Anwendung dieses Prinzips.

## 4.5 Objekte

Zurück zu unserem Wereichhörnchen! Die Menge der täglichen Protokolleinträge kann zwar als Array dargestellt werden, wobei die einzelnen Einträge aber nicht einfach nur Zahlen oder Strings sind. Stattdessen muss jeder Eintrag eine Liste von Tätigkeiten sowie einen booleschen Wert enthalten, der angibt, ob sich Jacques in ein Eichhörnchen verwandelt hat oder nicht. Am besten wäre es, wenn wir alle diese Angaben zu einem Wert gruppieren und die gruppierten Werte dann in Arrays aus Protokolleinträgen aufnehmen könnten.

Werte vom Typ eines *Objekts* sind beliebige Mengen von Eigenschaften. Eine Möglichkeit, um ein Objekt zu erstellen, besteht darin, einen Ausdruck mit geschweiften Klammern zu verwenden:

```
let day1 = {
  squirrel: false,
  events: ["work", "touched tree", "pizza", "running"]
};
console.log(day1.squirrel);
// → false
console.log(day1.wolf);
// → undefined
day1.wolf = false;
console.log(day1.wolf);
// → false
```

In den geschweiften Klammern steht eine Liste von Eigenschaften, die durch Kommata getrennt sind. Jede Eigenschaft wiederum hat einen Namen, gefolgt von einem Doppelpunkt und einem Wert. Wird ein Objekt über mehrere Zeilen angegeben, so erhöht eine Einrückung wie in diesem Beispiel die Lesbarkeit. Eigenschaften, deren Namen weder gültige Bindungsnamen noch gültige Zahlen sind, müssen in Anführungszeichen stehen.

```
let descriptions = {
  work: "Went to work",
  "touched tree": "Touched a tree"
};
```

Geschweifte Klammern haben also *zwei* Bedeutungen in JavaScript. Stehen sie am Anfang einer Anweisung, so leiten sie einen Anweisungsblock ein. An allen anderen Stellen dagegen beschreiben sie ein Objekt. Glücklicherweise ist es nur selten sinnvoll, eine Anweisung mit einem Objekt in geschweiften Klammern zu beginnen, weshalb diese Mehrdeutigkeit kein großes Problem darstellt.

Der Versuch, eine Eigenschaft zu lesen, die es gar nicht gibt, resultiert in dem Wert `undefined`.

Mit dem Operator `=` ist es möglich, einem Eigenschaftsausdruck einen Wert zuzuweisen. Existiert die Eigenschaft bereits, wird ihr bestehender Wert dadurch ersetzt. Anderenfalls wird eine neue Eigenschaft erstellt.

Um noch einmal kurz zu unserem Tentakelmodell von Bindungen zurückzukehren: Eigenschaften verhalten sich ebenso. Auch sie *halten Werte fest*, wobei auch andere Bindungen und Eigenschaften dieselben Werte ergreifen können. Sie können sich ein Objekt als einen Kraken mit beliebiger Anzahl von Armen vorstellen, auf die jeweils ein Name tätowiert ist.

Der Operator `delete` schneidet einen dieser Tentakel von dem Kraken ab. Es handelt sich dabei um einen unären Operator, der bei der Anwendung auf eine Objekteigenschaft die benannte Eigenschaft von dem Objekt entfernt. Das wird zwar nicht häufig gebraucht, ist aber möglich:

```
let anObject = {left: 1, right: 2};
console.log(anObject.left);
// → 1
delete anObject.left;
console.log(anObject.left);
// → undefined
console.log("left" in anObject);
// → false
console.log("right" in anObject);
// → true
```

Wird der binäre Operator `in` auf einen String und ein Objekt angewendet, teilt er Ihnen mit, ob das Objekt über eine Eigenschaft des gegebenen Namens verfügt. Der Unterschied dazwischen, eine Eigenschaft auf `undefined` zu setzen und sie tatsächlich zu löschen, besteht darin, dass das Objekt im ersten Fall nach wie vor über die Eigenschaft verfügt (sie hat lediglich keinen interessanten Wert mehr), wohingegen die Eigenschaft im zweiten Fall nicht mehr vorhanden ist, weshalb `in` den Wert `false` zurückgibt.

Um herauszufinden, über welche Eigenschaften ein Objekt verfügt, können Sie die Funktion `Object.keys` verwenden. Wenn Sie ihr ein Objekt übergeben, gibt sie ein Array aus Strings zurück, bei denen es sich um die Eigenschaftennamen des Objekts handelt:

```
console.log(Object.keys({x: 0, y: 0, z: 2}));
// → ["x", "y", "z"]
```

Die Funktion `Object.assign` kopiert alle Eigenschaften eines Objekts zu einem anderen:

```
let objectA = {a: 1, b: 2};
Object.assign(objectA, {b: 3, c: 4});
console.log(objectA);
// → {a: 1, b: 3, c: 4}
```

Arrays sind also lediglich spezialisierte Objekte für die Speicherung von Aufzählungen von Dingen. Wenn Sie `typeof []` auswerten, erhalten Sie `"object"`. Sie können sich Arrays als lange, plattgedrückte Kraken vorstellen, deren Tentakel alle sauber in einer Reihe ausgerichtet und mit Zahlen beschriftet sind.

Jacques' Tagebuch können wir nun als Array von Objekten darstellen:

```
let journal = [
  {events: ["work", "touched tree", "pizza",
            "running", "television"],
   squirrel: false},
  {events: ["work", "ice cream", "cauliflower",
            "lasagna", "touched tree", "brushed teeth"],
   squirrel: false},
  {events: ["weekend", "cycling", "break", "peanuts",
            "beer"],
   squirrel: true},
  /* usw. */
];
```

## 4.6 Veränderbarkeit

Wir werden nun *wirklich* bald zur richtigen Programmierung kommen. Zunächst aber müssen wir uns noch mit einem weiteren Aspekt der Theorie befassen. Wie Sie gesehen haben, können Objekte verändert werden. Die Arten von Werten, die wir in früheren Kapiteln besprochen haben, etwa Zahlen, Strings und boolesche Werte, sind *unveränderbar*. Es ist nicht möglich, den Wert dieser Typen zu ändern. Sie können sie zwar kombinieren und neue Werte von ihnen ableiten, aber wenn sie einen bestimmten Stringwert haben, dann bleibt er immer derselbe. Der enthaltene Text lässt sich nicht ändern. Wenn Sie einen String mit dem Inhalt `"cat"` haben, ist anderer Code nicht in der Lage, die Zeichen in diesem String etwa in `"rat"` zu ändern.

Objekte dagegen verhalten sich anders. Deren Eigenschaften *können* Sie ändern, weshalb ein Objektwert zu unterschiedlichen Zeiten verschiedene Inhalte aufweisen kann.

Wenn wir zwei Zahlen wie 120 und 120 haben, dann betrachten wir sie als dieselbe Zahl, und zwar unabhängig davon, ob sie auf dieselben physischen Bits verweisen. Bei Objekten ist es jedoch einen Unterschied, ob wir zwei Verweise auf dasselbe Objekt oder zwei verschiedene Objekte mit den gleichen Eigenschaften haben. Betrachten Sie dazu den folgenden Code:

```
let object1 = {value: 10};
let object2 = object1;
let object3 = {value: 10};

console.log(object1 == object2);
// → true
console.log(object1 == object3);
// → false

object1.value = 15;
console.log(object2.value);
// → 15
```

```
console.log(object3.value);
// → 10
```

Die Bindungen `object1` und `object2` halten *dasselbe* Objekt fest, weshalb sich die Änderung von `object1` auch auf den Wert von `object2` auswirkt. Diese Bindungen haben dieselbe *Identität*. Die Bindung `object3` dagegen zeigt auf ein anderes Objekt, das zwar ursprünglich die gleichen Eigenschaften hat wie `object1`, aber von ihm unabhängig ist.

Auch Bindungen können veränderbar oder konstant sein, aber das hat nichts damit zu tun, wie sich ihre Werte verhalten. Ein Zahlenwert ändert sich zwar nicht, doch bei einer `let`-Bindung können Sie den Wert ändern, auf den sie zeigt, und damit eine sich ändernde Zahl verfolgen. Ähnliches gilt für eine `const`-Bindung an ein Objekt: Auch wenn sie selbst nicht geändert werden kann, sondern immer auf dasselbe Objekt zeigt, ist es möglich, dass sich der *Inhalt* dieses Objekts ändert.

```
const score = {visitors: 0, home: 0};
// Zulässig
score.visitors = 1;
// Unzulässig
score = {visitors: 1, home: 1};
```

Wenn Sie Objekte mit dem JavaScript-Operator `==` vergleichen, untersucht er die Identitäten. Er gibt daher nur dann `true` zurück, wenn beide Objekte tatsächlich derselbe Wert sind. Ein Vergleich verschiedener Objekte ergibt `false`, auch wenn sie die gleichen Eigenschaften haben. In JavaScript gibt es keine »tiefe« Vergleichsoperation, bei der die Objekte anhand ihrer Inhalte verglichen werden, aber Sie können sie selbst schreiben (was eine der Übungsaufgaben am Ende dieses Kapitels ist).

## 4.7 Das Tagebuch des Wereichhörnchens

Jacques wirft nun also seinen JavaScript-Interpreter an und richtet die Umgebung ein, die er für sein Tagebuch benötigt:

```
let journal = [];

function addEntry(events, squirrel) {
  journal.push({events, squirrel});
}
```

Das Objekt, das er dem Tagebuch hinzufügt, sieht ein bisschen merkwürdig aus. Anstatt Eigenschaften wie `events: events` zu deklarieren, sind hier nur die Eigenschaftennamen angegeben. Das ist eine Kurzschreibweise, die aber das Gleiche bedeutet. Wenn auf einen Eigenschaftenname in geschweiften Klammern kein Wert folgt, wird dieser Wert aus der Bindung mit demselben Namen übernommen.

Jeden Abend um 22 Uhr – oder am nächsten Morgen, nachdem er vom obersten Brett seines Bücherregals heruntergeklettert ist – zeichnet Jacques also seinen Tag auf:

```
addEntry(["work", "touched tree", "pizza", "running",
          "television"], false);
addEntry(["work", "ice cream", "cauliflower", "lasagna",
          "touched tree", "brushed teeth"], false);
addEntry(["weekend", "cycling", "break", "peanuts",
          "beer"], true);
```

Sobald er genügend Datenpunkte gesammelt hat, möchte er statistische Methoden anwenden, um herauszufinden, mit welcher dieser Tätigkeiten seine Eichhörnchenisierung zusammenhängen könnte.

Die *Korrelation* ist ein Maß für die Abhängigkeit zwischen statischen Variablen. In der Statistik ist eine Variable etwas anderes als in der Programmierung. Gewöhnlich haben Sie in der Statistik eine Menge von *Messungen*, bei denen jeweils alle Variablen erfasst werden. Die Korrelation zwischen den Variablen wird normalerweise als Wert aus dem Bereich von –1 bis 1 ausgedrückt. Eine Korrelation von 0 bedeutet, dass kein Zusammenhang zwischen den Variablen besteht. Bei einer Korrelation von 1 ist der Zusammenhang vollkommen – wenn Sie die eine Variable kennen, dann kennen Sie auch die andere. Das gilt ebenfalls bei einer Korrelation von –1, wobei die Variablen dann jeweils das Gegenteil voneinander sind. Ist die eine wahr, so ist die andere falsch.

Um die Korrelation zwischen zwei booleschen Variablen zu berechnen, können wir den *Phi-Koeffizienten* (Φ) verwenden. In diese Formel geht eine Häufigkeitstabelle ein, die angibt, wie oft die verschiedenen Kombinationen der Variablen beobachtet wurden. Das Ergebnis der Formel ist eine Zahl zwischen –1 und 1, die die Korrelation wiedergibt.

Betrachten wir als Beispiel das Ereignis, Pizza zu essen. Das können wir wie folgt in eine Häufigkeitstabelle aufnehmen, wobei die einzelnen Zahlen angeben, wie oft die jeweiligen Kombinationen bei unseren Messungen aufgetreten sind:

Wenn wir die Tabelle *n* kennen, können wir Φ wie folgt berechnen:

$$\Phi = \frac{n_{11}n_{00} - n_{10}n_{01}}{\sqrt{n_{1\bullet}n_{0\bullet}n_{\bullet 1}n_{\bullet 0}}}$$

Wenn Sie jetzt das Buch beiseitelegen wollen, um sich an das zu erinnern, was Sie mal in der Mittelstufe in Mathematik gelernt haben – lassen Sie es sein! Ich will Sie hier nicht seitenlang mit kryptischen Formeln quälen. Diese eine reicht, und selbst die brauchen wir nur, um sie in JavaScript umzuwandeln.

Die Schreibweise $n_{01}$ steht für die Anzahl der Messungen, bei denen die erste Variable (Verwandlung in ein Eichhörnchen) falsch ist (0), die zweite Variable (Pizza) dagegen wahr (1). In unserer Häufigkeitstabelle hat $n_{01}$ den Wert 9.

Der Wert $n_{1\bullet}$ bezieht sich auf die Summe aller Messungen, bei denen die erste Variable wahr ist. In der Beispieltabelle ist das 5. Ebenso bedeutet $n_{\bullet 0}$ die Summe aller Messungen, in denen die zweite Variable falsch ist.

Für unsere Pizza-Tabelle ist der Term über dem Bruchstrich (der Dividend) also $1 \times 76 - 4 \times 9 = 40$ und der Term unter dem Bruchstrich (Divisor) die Quadratwurzel von $5 \times 85 \times 10 \times 80$, also $\sqrt{340.000}$. Das führt zu $\Phi \approx 0{,}069$, was ziemlich gering ist. Der Verzehr von Pizza hat also wahrscheinlich keinen Einfluss auf die Verwandlungen.

## 4.8 Korrelationen berechnen

In JavaScript können wir eine Tabelle aus zwei Spalten und zwei Zeilen als Array mit vier Elementen darstellen (`[76, 9, 4, 1]`). Wir können auch andere Darstellungen wählen, etwa ein Array, das wiederum zwei Arrays mit je zwei Elementen enthält (`[[76, 9], [4, 1]]`), oder ein Objekt mit Eigenschaftennamen wie `"11"` und `"01"`. Aber das lineare Array ist einfach und macht die Ausdrücke für den Zugriff auf die Tabelle angenehm kurz. Die Indizes im Array interpretieren wir als zweistellige Binärzahlen, wobei sich die linke (signifikanteste) Stelle auf die Verwandlungsvariable bezieht und die rechte (am wenigsten signifikante) auf die Ereignisvariable. Beispielsweise verweist die Binärzahl `10` auf den Fall, in dem Jacques sich in ein Eichhörnchen verwandelt hat, das Ereignis (etwa `"pizza"`) aber nicht eingetreten ist. Das ist viermal geschehen. Da die Binärzahl `10` einer 2 in Dezimalschreibweise entspricht, speichern wir diese Zahl daher im Index 2 des Arrays.

Aus einem solchen Array können wir nun den Koeffizienten Φ mit der folgenden Funktion berechnen:

```
function phi(table) {
  return (table[3] * table[0] - table[2] * table[1]) /
    Math.sqrt((table[2] + table[3]) *
              (table[0] + table[1]) *
              (table[1] + table[3]) *
              (table[0] + table[2]));
}
```

```
console.log(phi([76, 9, 4, 1]));
// → 0.068599434
```

Dies ist eine direkte Übersetzung der Formel für Φ in JavaScript. Bei `Math.sqrt` handelt es sich um die Quadratwurzelfunktion, die das Objekt `Math` in der Standardumgebung von JavaScript bereitstellt. Da die Summen der Zeilen und Spalten nicht direkt in unserer Datenstruktur gespeichert werden, müssen wir jeweils zwei Felder der Tabelle addieren, um Terme wie $n_{1\bullet}$ darzustellen.

Jacques führt sein Tagebuch drei Monate lang. Die resultierende Datenmenge finden Sie in der Programmier-Sandbox für dieses Kapitel (*https://eloquentjavascript.net/code#4*). Sie ist dort in der Bindung `JOURNAL` sowie als herunterladbare Datei gespeichert.

Um dem Tagebuch eine 2 × 2-Tabelle für ein bestimmtes Ereignis zu entnehmen, müssen wir alle Einträge in einer Schleife durchlaufen und zählen, wie oft das Ereignis in Zusammenhang mit einer Verwandlung in ein Eichhörnchen auftritt:

```
function tableFor(event, journal) {
  let table = [0, 0, 0, 0];
  for (let i = 0; i < journal.length; i++) {
    let entry = journal[i], index = 0;
    if (entry.events.includes(event)) index += 1;
    if (entry.squirrel) index += 2;
    table[index] += 1;
  }
  return table;
}

console.log(tableFor("pizza", JOURNAL));
// → [76, 9, 4, 1]
```

Arrays verfügen über die Methode `includes`, die prüft, ob ein gegebener Wert in dem Array vorhanden ist. Unsere Funktion nutzt diese Methode, um zu bestimmen, ob der Ereignisname, an dem wir interessiert sind, in der Ereignisliste eines gegebenen Tages vorkommt.

Der Rumpf der Schleife in `tableFor` ermittelt, in welche Tabellenzelle die einzelnen Tagebucheinträge jeweils fallen. Dazu wird jeweils geprüft, ob ein Eintrag das gewünschte Ereignis enthält und ob es zusammen mit einer Eichhörnchenverwandlung aufgetreten ist. Anschließend fügt die Schleife den Eintrag in die richtige Tabellenzelle ein.

Damit haben wir jetzt ein Werkzeug, um die verschiedenen Korrelationen zu berechnen. Jetzt müssen wir nur noch die Korrelation für jeden aufgezeichneten Ereignistyp ermitteln und prüfen, ob dabei irgendetwas hervorsticht.

## 4.9 Array-Schleifen

Die Funktion `tableFor` enthält eine Schleife der folgenden Form:

```
for (let i = 0; i < JOURNAL.length; i++) {
```

```
    let entry = JOURNAL[i];
    // Macht irgendetwas mit dem Eintrag
  }
```

Diese Art von Schleife ist in klassischem JavaScript üblich. Es kommt häufig vor, dass Arrays elementweise durchlaufen werden. Dazu wird ein Zähler über die ganze Länge des Arrays geführt und nacheinander jedes Element herausgegriffen.

In modernem JavaScript gibt es jedoch eine einfachere Möglichkeit, um solche Schleifen zu schreiben:

```
for (let entry of JOURNAL) {
  console.log(`${entry.events.length} events.`);
}
```

Eine `for`-Schleife dieser Art, bei der hinter einer Variablendefinition das Wort `of` steht, durchläuft die Elemente des Wertes, der hinter `of` angegeben ist. Das funktioniert nicht nur bei Arrays, sondern auch bei Strings und einigen anderen Datenstrukturen. Wie es funktioniert, sehen wir uns in Kapitel 6 an.

## 4.10 Die endgültige Analyse

Wir müssen jetzt noch die Korrelation für jeden Ereignistyp berechnen, der in der Datenmenge vorkommt. Dazu müssen wir zunächst jeden Ereignistyp *finden*:

```
function journalEvents(journal) {
  let events = [];
  for (let entry of journal) {
    for (let event of entry.events) {
      if (!events.includes(event)) {
        events.push(event);
      }
    }
  }
  return events;
}

console.log(journalEvents(JOURNAL));
// → ["carrot", "exercise", "weekend", "bread", ...]
```

Die Funktion geht alle Ereignisse durch und fügt diejenigen zum Array `events` hinzu, die sich noch nicht darin befinden. Dadurch sammelt sie sämtliche Ereignistypen.

Damit können wir nun alle Korrelationen berechnen:

```
for (let event of journalEvents(JOURNAL)) {
  console.log(event + ":", phi(tableFor(event, JOURNAL)));
}
// → carrot: 0.0140970969
// → exercise: 0.0685994341
```

```
// → weekend: 0.1371988681
// → bread: -0.0757554019
// → pudding: -0.0648203724
// usw.
```

Die meisten Korrelationen liegen sehr nah an null. Der Verzehr von Karotten, Brot und Pudding löst offensichtlich keine Wereichhörnchen aus. Allerdings *scheinen* die Verwandlungen an Wochenenden häufiger vorzukommen. Wir wollen die Ergebnisse nun so filtern, dass nur Korrelationen größer als 0,1 oder kleiner als –0,1 angezeigt werden:

```
for (let event of journalEvents(JOURNAL)) {
  let correlation = phi(tableFor(event, JOURNAL));
  if (correlation > 0.1 || correlation < -0.1) {
    console.log(event + ":", correlation);
  }
}
// → weekend: 0.1371988681
// → brushed teeth: -0.3805211953
// → candy: 0.1296407447
// → work: -0.1371988681
// → spaghetti: 0.2425356250
// → reading: 0.1106828054
// → peanuts: 0.5902679812
```

Aha! Es gibt zwei Faktoren, deren jeweilige Korrelation deutlich stärker ist als die der anderen. Der Verzehr von Erdnüssen hat eine starke positive Auswirkung auf die Wahrscheinlichkeit einer Verwandlung in ein Eichhörnchen, das Zähneputzen dagegen eine signifikant negative.

Das ist bemerkenswert. Probieren wir also Folgendes aus:

```
for (let entry of JOURNAL) {
  if (entry.events.includes("peanuts") &&
     !entry.events.includes("brushed teeth")) {
    entry.events.push("peanut teeth");
  }
}
console.log(phi(tableFor("peanut teeth", JOURNAL)));
// → 1
```

Das Ergebnis ist eindeutig. Das Phänomen tritt genau dann auf, wenn Jacques Erdnüsse isst und vergisst, sich die Zähne zu putzen. Wenn er nicht so schlampig wäre, was die Zahnpflege angeht, hätte er seine Veranlagung nicht einmal bemerkt! Angesichts dieser Erkenntnisse verzichtet Jacques fortan komplett auf Erdnüsse, woraufhin die Verwandlungen nicht mehr auftreten.

Einige Jahre lang geht alles gut. Dann aber verliert er seinen Job. Da er in einem ungemütlichen Land lebt, in dem Arbeitslosigkeit auch bedeutet, keine medizinische Versorgung zu haben, sieht er sich gezwungen, eine Stellung als »der unglaubliche Eichhörnchenmann« bei einem Zirkus anzunehmen. Vor jedem Auftritt stopft er sich den Mund mit Erdnussbutter voll. Eines Tages jedoch, als er von seiner erbärmlichen Existenz schon genug hat, verwandelt er sich nicht mehr in seine menschliche Form zurück, sondern hoppelt durch einen Riss im Zirkuszelt, verschwindet im Wald und ward nie mehr gesehen.

## 4.11 Arrayologie für Fortgeschrittene

Bevor ich mit diesem Kapitel zum Abschluss komme, möchte ich noch einige weitere Dinge im Zusammenhang mit Objekten erwähnen. Als Erstes möchte ich dabei einige allgemein nützliche Array-Methoden vorstellen.

Im Abschnitt »*Methoden*« auf *S. 64* haben Sie bereits die Methoden `push` und `pop` kennengelernt, mit denen Sie Elemente am Ende eines Arrays hinzufügen und entfernen können. Die entsprechenden Methoden zum Hinzufügen und Entfernen von Elementen am Anfang eines Arrays heißen `unshift` und `shift`:

```
let todoList = [];
function remember(task) {
  todoList.push(task);
}
function getTask() {
  return todoList.shift();
}
function rememberUrgently(task) {
  todoList.unshift(task);
}
```

Dieses Programm verwaltet eine Warteschlange mit Aufgaben. Um Aufgaben am Ende der Warteschlange hinzufügen, rufen Sie z.B. `remember("groceries")` auf. Wenn Sie bereit sind, etwas zu erledigen, rufen Sie `getTask()` auf, um das erste Element der Warteschlange abzurufen (und zu entfernen). Auch die Funktion `rememberUrgently` fügt eine Aufgabe hinzu, allerdings nicht am Ende der Warteschlange, sondern vorn.

Um nach einem bestimmten Wert zu suchen, gibt es die Array-Methode `indexOf`. Sie durchsucht das Array von Anfang bis Ende und gibt den Index zurück, an dem sich der angegebene Wert befindet, oder -1, falls der Wert nicht zu finden ist. Um das stattdessen von hinten nach vorn zu durchsuchen, verwenden Sie die Methode `lastIndexOf`.

```
console.log([1, 2, 3, 2, 1].indexOf(2));
// → 1
console.log([1, 2, 3, 2, 1].lastIndexOf(2));
// → 3
```

Sowohl `indexOf` als auch `lastIndexOf` nehmen ein optionales zweites Argument entgegen, das angibt, wo mit der Suche begonnen werden soll.

Eine weitere grundlegende Array-Methode ist `slice`, die einen Start- und einen Endindex entgegennimmt und ein Array zurückgibt, das nur die dazwischen liegenden Elemente enthält, wobei der Startindex in dem Bereich eingeschlossen ist, der Endindex dagegen nicht:

```
console.log([0, 1, 2, 3, 4].slice(2, 4));
// → [2, 3]
console.log([0, 1, 2, 3, 4].slice(2));
// → [2, 3, 4]
```

Wird kein Endindex angegeben, nimmt `slice` alle Elemente beginnend mit dem Startindex. Sie können auch den Startindex weglassen, um das gesamte Array zu kopieren.

Die Methode `concat` dient dazu, Arrays zu einem neuen Array zusammenzufügen. Sie funktioniert ähnlich wie der Operator + für Strings.

Im folgenden Beispiel sehen Sie sowohl `slice` als auch `concat` in Aktion. Die Funktion nimmt ein Array und einen Index entgegen und gibt ein neues Array zurück, das eine Kopie des ursprünglichen ist, wobei allerdings das Element am angegebenen Index entfernt wurde:

```
function remove(array, index) {
  return array.slice(0, index)
    .concat(array.slice(index + 1));
}
console.log(remove(["a", "b", "c", "d", "e"], 2));
// → ["a", "b", "d", "e"]
```

Wenn Sie `concat` ein Argument übergeben, das kein Array ist, wird der Wert zu dem neuen Array hinzugefügt, als wäre er ein Array aus einem einzigen Element.

## 4.12 Eigenschaften von Strings

Bei Stringwerten können Sie Eigenschaften wie `length` und `toUpperCase` nutzen. Dagegen ist es nicht möglich, ihnen eine neue Eigenschaft hinzuzufügen:

```
let kim = "Kim";
kim.age = 88;
console.log(kim.age);
// → undefined
```

String-, numerische und boolesche Werte sind keine Objekte. Es gibt zwar keine Fehlermeldung, wenn Sie versuchen, ihnen neue Eigenschaften hinzuzufügen, doch werden diese Eigenschaften nicht gespeichert. Wie bereits erwähnt, sind Werte dieser Art unveränderbar.

Allerdings haben diese Typen eingebaute Eigenschaften. Jeder String verfügt über eine Reihe von Methoden. Zu den besonders nützlichen zählen `slice` und `indexOf`, die den gleichnamigen Array-Methoden ähneln:

```
console.log("coconuts".slice(4, 7));
// → nut
```

```
console.log("coconut".indexOf("u"));
// → 5
```

Ein Unterschied besteht darin, dass die Stringmethode `indexOf` nach einem String aus mehr als einem Zeichen suchen kann, wohingegen die vergleichbare Array-Methode nur nach einem einzelnen Element Ausschau hält:

```
console.log("one two three".indexOf("ee"));
// → 11
```

Die Methode `trim` entfernt Weißraum (Leerzeichen, Zeilenumbrüche, Tabulatoren u.Ä.) vom Anfang und Ende eines Strings:

```
console.log(" okay \n ".trim());
// → okay
```

Die Funktion `zeroPad` aus dem vorherigen Kapitel gibt es auch als Methode. Sie heißt `padStart` und nimmt die gewünschte Länge und das Auffüllzeichen als Argumente entgegen:

```
console.log(String(6).padStart(3, "0"));
// → 006
```

Mit `split` können Sie einen String bei jedem Vorkommen eines gegebenen enthaltenen Strings trennen. Umgekehrt lassen sich Strings mit `join` zusammensetzen:

```
let sentence = "Secretarybirds specialize in stomping";
let words = sentence.split(" ");
console.log(words);
// → ["Secretarybirds", "specialize", "in", "stomping"]
console.log(words.join(". "));
// → Secretarybirds. specialize. in. stomping
```

Um einen String zu wiederholen, verwenden Sie die Methode `repeat`. Sie erstellt einen neuen String, der aus mehreren zusammengefügten Kopien des ursprünglichen Strings besteht:

```
console.log("LA".repeat(3));
// → LALALA
```

Die Stringeigenschaft `length` haben Sie bereits kennengelernt. Der Zugriff auf einzelne Zeichen eines Strings erfolgt ähnlich wie der Zugriff auf Array-Elemente (wobei es einen kleinen Haken gibt, den wir in »*Strings und Zeichencodes*« auf *S. 94* besprechen werden).

```
let string = "abc";
console.log(string.length);
// → 3
console.log(string[1]);
// → b
```

## 4.13 Restparameter

Manchmal muss eine Funktion auch in der Lage sein, eine beliebige Anzahl von Argumenten entgegenzunehmen. So berechnet beispielsweise `Math.max` das Maximum aller ihr übergebenen Argumente.

Um eine solche Funktion zu schreiben, setzen Sie vor Ihren letzten Parameter drei Punkte:

```
function max(...numbers) {
  let result = -Infinity;
  for (let number of numbers) {
    if (number > result) result = number;
  }
  return result;
}
console.log(max(4, 1, 9, -2));
// → 9
```

Beim Aufruf einer solchen Funktion wird der *Restparameter* an ein Array gebunden, das alle weiteren Argumente enthält. Stehen vor diesem Parameter noch andere, gehören deren Werte nicht zu dem Array. Ist der Restparameter der einzige Parameter, wie es bei `max` der Fall ist, so enthält das Array alle Argumente.

Eine ähnliche Schreibweise mit drei Punkten können Sie auch verwenden, um eine Funktion mit einem Argument-Array *aufzurufen*:

```
let numbers = [5, 1, 7];
console.log(max(...numbers));
// → 7
```

Dadurch wird das Array in dem Funktionsausruf ausgepackt, d.h., seine Elemente werden als einzelne Argumente übergeben. Es ist auch möglich, ein Array wie dieses zusammen mit anderen Argumenten anzugeben, etwa wie in `max(9, ...numbers, 2)`.

Bei der Verwendung eckiger Klammern kann der Drei-Punkte-Operator ein Array in ausgepackter Form in ein neues Array einbauen:

```
let words = ["never", "fully"];
console.log(["will", ...words, "understand"]);
// → ["will", "never", "fully", "understand"]
```

## 4.14 Das Objekt Math

Wie Sie bereits gesehen haben, ist `Math` eine Wundertüte voller arithmetischer Hilfsfunktionen wie `Math.max` (Maximum), `Math.min` (Minimum) und `Math.sqrt` (Quadratwurzel). Das Objekt `Math` dient als Container, um verwandte Funktionen zu bündeln. Es gibt nur ein einziges `Math`-Objekt, und als Wert hat es praktisch keine sinnvolle Bedeutung. Stattdessen bietet es einen *Namespace* oder *Namensraum*, damit all seine Funktionen und Werte keine globalen Bindungen aufweisen müssen. Durch zu viele globale Bindungen wird ein Namensraum »verunreinigt«. Je mehr Namen genutzt werden, umso wahrscheinlicher ist es, dass man versehentlich den Wert einer bereits vorhandenen Bindung überschreibt. Beispielsweise kann es durchaus vorkommen, dass in Ihrem Programm etwas vorkommt, das Sie `max` nennen möchten. Da die eingebaute JavaScript-Funktion `max` sicher im Objekt `Math` liegt, müssen Sie sich keine Sorgen darüber machen, dass Sie sie überschreiben könnten.

Viele Sprachen hindern Sie daran, eine Bindung mit einem Namen zu definieren, den es bereits gibt, oder werfen in einem solchen Fall zumindest eine Warnung aus. JavaScript macht das bei Bindungen, die Sie mit `let` oder `const` deklarieren, aber absurderweise nicht bei Standardbindungen oder solchen, die mit `var` oder `function` deklariert werden.

Nun aber zurück zu `Math`! Auch wenn Sie trigonometrische Berechnungen durchführen müssen, kann Ihnen dieses Objekt helfen. Es enthält die Funktionen `cos` (Kosinus), `sin` (Sinus) und `tan` (Tangens) sowie die Umkehrfunktionen `acos`, `asin` und `atan`. Die Zahl Pi – oder zumindest die genaueste Näherung, die in eine JavaScript-Zahl passt – steht als `Math.PI` zur Verfügung. Nach einer alten Programmiertradition werden die Namen von Konstanten in Großbuchstaben geschrieben.

```
function randomPointOnCircle(radius) {
  let angle = Math.random() * 2 * Math.PI;
  return {x: radius * Math.cos(angle),
          y: radius * Math.sin(angle)};
}
console.log(randomPointOnCircle(2));
// → {x: 0.3667, y: 1.966}
```

Machen Sie sich keine Sorgen, wenn Sie mit Sinus und Kosinus nicht vertraut sind. Wenn wir diese Funktionen in Kapitel 14 verwenden, werde ich sie erklären.

Im vorstehenden Beispiel wurde auch `Math.random` verwendet. Diese Funktion gibt bei jedem Aufruf eine neue Pseudozufallszahl zwischen einschließlich 0 und ausschließlich 1 zurück:

```
console.log(Math.random());
// → 0.36993729369714856
console.log(Math.random());
// → 0.727367032552138
console.log(Math.random());
// → 0.40180766698904335
```

Computer sind zwar deterministische Maschinen, d. h., sie reagieren auf dieselben Eingaben stets auf dieselbe Weise, aber es ist trotzdem möglich, sie Zahlen produzieren zu lassen, zu zufällig erscheinen. Wenn Sie den Computer nach einem Zufallswert fragen, führt er komplizierte Berechnungen an einem gespeicherten verborgenen Wert aus, um einen neuen zu erzeugen. Er speichert diesen neuen Wert und gibt eine davon abgeleitete Zahl zurück. Dadurch kann er immer neue, schwer vorherzusehende Zahlen produzieren, die zufällig zu sein *scheinen*.

Wenn Sie zufällige ganze Zahlen statt Bruchzahlen brauchen, können Sie `Math.floor` auf das Ergebnis von `Math.random` anwenden. Dadurch wird es auf die nächste ganze Zahl abgerundet:

```
console.log(Math.floor(Math.random() * 10));
// → 2
```

Durch die Multiplikation der Zufallszahl mit 10 erhalten wir eine Zahl, die größer oder gleich 0 und kleiner als 10 ist. Da `Math.floor` nach unten rundet, ergibt dieser Ausdruck eine beliebige Zahl von 0 bis 9.

Darüber hinaus gibt es noch die Funktionen `Math.ceil` (für »ceiling«, also »Decke«), die auf die nächste ganze Zahl aufrundet, `Math.round`, die eine reguläre Rundung auf die nächste ganze Zahl durchführt, und `Math.abs`, die den Absolutwert einer Zahl zurückgibt, also negative Zahlen negiert, aber positive unverändert lässt.

## 4.15 Zerlegung

Sehen wir uns noch einmal unsere Funktion `phi` an:

```
function phi(table) {
  return (table[3] * table[0] - table[2] * table[1]) /
    Math.sqrt((table[2] + table[3]) *
              (table[0] + table[1]) *
              (table[1] + table[3]) *
              (table[0] + table[2]));
}
```

Diese Funktion ist etwas umständlich zu lesen, was unter anderem daran liegt, dass hier eine Bindung auf das Array zeigt. Es wäre besser, wenn wir Bindungen für die *Elemente* des Arrays hätten, also `let n00 = table[0]` usw. Glücklicherweise gibt es in JavaScript eine Möglichkeit, um dies kurz und bündig zu tun:

```
function phi([n00, n01, n10, n11]) {
  return (n11 * n00 - n10 * n01) /
    Math.sqrt((n10 + n11) * (n00 + n01) *
              (n01 + n11) * (n00 + n10));
}
```

Das funktioniert auch bei Bindungen, die mit `let`, `var` oder `const` erstellt wurden. Wenn Sie wissen, dass der Wert, den Sie binden möchten, ein Array ist, können Sie eckige Klammern verwenden, um »in den Wert hineinzusehen« und seine Inhalte zu binden.

Einen ähnlichen Trick gibt es auch für Objekte, wobei jedoch geschweifte statt eckiger Klammern verwendet werden:

```
let {name} = {name: "Faraji", age: 23};
console.log(name);
// → Faraji
```

Wenn Sie versuchen, `null` oder `undefined` zu zerlegen, erhalten Sie ebenso eine Fehlermeldung, als würden Sie versuchen, direkt auf Eigenschaften dieser Werte zuzugreifen.

## 4.16 JSON

Da Eigenschaften ihre Werte nur festhalten und nicht enthalten, werden Objekte und Arrays im Arbeitsspeicher als Folgen von Bits gespeichert, die die *Adressen* – also den Speicherort im Arbeitsspeicher – ihrer Inhalte angeben. Ein Array, das ein anderes Array enthält, besteht also aus (mindestens) einer Speicherregion für das innere Array sowie einer für das äußere, die (unter anderem) eine Binärzahl zur Angabe der Position des inneren Arrays enthält.

Wenn Sie die Daten in einer Datei speichern oder über das Netzwerk an einen anderen Computer senden möchten, müssen Sie dieses Gewirr von Speicheradressen in eine Beschreibung umwandeln, die sich auch tatsächlich speichern bzw. senden lässt. Sie *könnten* zwar Ihren gesamten Arbeitsspeicher zusammen mit der Adresse des Wertes senden, an dem Sie interessiert sind, aber das ist offensichtlich nicht gerade eine ideale Vorgehensweise.

Stattdessen *serialisieren* wir die Daten, d.h., wir wandeln sie in eine lineare Beschreibung um. Ein weit verbreitetes Serialisierungsformat ist *JSON* (ausgesprochen wie der englische Name »Jason«), was für JavaScript Object Notation steht. Es wird im Web weiträumig als Format zur Datenspeicherung und Kommunikation genutzt, auch in anderen Sprachen als JavaScript.

JSON ähnelt der JavaScript-Schreibweise von Arrays und Objekten, wobei es jedoch einige Einschränkungen gibt. Alle Eigenschaftennamen müssen in doppelte Anführungszeichen eingeschlossen sein, und nur einfache Datenausdrücke sind erlaubt, keine Funktionsaufrufe, Bindungen oder irgendetwas anderes, das eine Berechnung erfordert. Auch Kommentare sind in JSON nicht zulässig.

In JSON-Form kann einer unserer Tagebucheinträge wie folgt aussehen:

```
{
  "squirrel": false,
  "events": ["work", "touched tree", "pizza", "running"]
}
```

JavaScript enthält die Funktionen `JSON.stringify` und `JSON.parse`, um Daten in dieses Format bzw. aus ihm zu konvertieren. Die erste nimmt einen JavaScript-Wert entgegen und gibt einen JSON-String zurück, die zweite wandelt einen solchen String in den entsprechenden Wert um:

```
let string = JSON.stringify({squirrel: false,
                             events: ["weekend"]});
console.log(string);
```

```
// → {"squirrel":false,"events":["weekend"]}
console.log(JSON.parse(string).events);
// → ["weekend"]
```

## 4.17 Zusammenfassung

Objekte und Arrays (bei denen es sich um eine besondere Art von Objekten handelt) bieten Möglichkeiten, um Werte zu einem einzigen Wert zu gruppieren. Das ist so, als würden wir mehrere zusammengehörige Gegenstände in einen Sack stecken und diesen Sack mit uns führen, anstatt alle einzelnen Gegenstände auf unseren Armen zu balancieren und zu versuchen, sie festzuhalten.

In JavaScript haben alle Werte mit Ausnahme von `null` und `undefined` Eigenschaften. Der Zugriff auf diese Eigenschaften erfolgt mit `value.prop` oder `value["prop"]`. Objekte haben gewöhnlich einen mehr oder weniger festen Satz von Eigenschaften, die üblicherweise Namen tragen. Arrays dagegen enthalten gewöhnlich verschiedene Mengen gleichartiger Werte und nutzen Zahlen (beginnend mit 0) zur Bezeichnung ihrer Eigenschaften.

Es gibt jedoch auch einige benannte Eigenschaften in Arrays, z.B. `length` und eine Reihe von Methoden. Bei Letzteren handelt es sich um Funktionen, die in Eigenschaften untergebracht sind und sich (gewöhnlich) auf den Wert auswirken, dessen Eigenschaft sie sind.

Arrays lassen sich mit einer besonderen Art von `for`-Schleife durchlaufen: `for (let element of array)`.

## 4.18 Übungen

### Summe eines Bereichs

In der Einleitung dieses Buches wurde der folgende Code als praktische Möglichkeit angesprochen, um die Summe eines Zahlenbereichs zu berechnen:

```
console.log(sum(range(1, 10)));
```

Schreiben Sie eine Funktion namens `range`, die die beiden Argumente `start` und `end` entgegennimmt und ein Array mit allen Zahlen von `start` bis einschließlich `end` zurückgibt.

Schreiben Sie dann die Funktion `sum`, die ein Array aus Zahlen entgegennimmt und die Summe dieser Zahlen zurückgibt. Führen Sie ein Beispielprogramm aus und vergewissern Sie sich, dass das Ergebnis tatsächlich 55 lautet.

Als Zusatzaufgabe ändern Sie die Funktion `range` so ab, dass Sie als optionales drittes Argument eine Schrittweite zum Aufbau des Arrays entgegennimmt, wobei die Elemente wie zuvor jeweils um 1 inkrementiert werden, wenn keine Schrittweite angegeben ist. Beispielsweise sollte der Funktionsaufruf `range(1, 10, 2)` das Array `[1, 3, 5, 7, 9]` zurückgeben. Sorgen Sie dafür, dass dies auch bei negativen Schrittweiten funktioniert, sodass `range(5, 2, -1)` das Array `[5, 4, 3, 2]` ergibt.

### Arrays umkehren

Arrays verfügen über die Methode `reverse`, die die Reihenfolge der Elemente umkehrt. Schreiben Sie die beiden Funktionen `reverseArray` und `reverseArrayInPlace`. Dabei soll `reverseArray` ein Array als Argument entgegennehmen und ein *neues* Array mit denselben Elementen, aber in umgekehrter Reihenfolge, zurückgeben. Die zweite Funktion, `reverseArrayInPlace`, soll sich dagegen genauso verhalten wie `reverse`, also das als Argument übergebene Array *ändern*, indem sie die Reihenfolge der Elemente umkehrt. Für keine dieser beiden Funktionen darf die Standardmethode `reverse` verwendet werden.

Denken Sie an das zurück, was Sie im Abschnitt »*Seiteneffekte*« auf *S. 57* über Seiteneffekte und reine Funktionen gelesen haben. Welche Version sollte demnach in mehr Situationen nützlich sein? Welche läuft schneller?

### Listen

Da Objekte ganz allgemein Mengen von Werten sind, lassen sich damit alle möglichen Arten von Datenstrukturen erstellen. Eine häufig verwendete Datenstruktur ist die *Liste* (nicht zu verwechseln mit einem Array). Eine Liste ist eine Menge verschachtelter Objekte, wobei das erste Objekt einen Verweis auf das zweite festhält, das zweite einen Verweis auf das dritte usw.

```
let list = {
  value: 1,
  rest: {
    value: 2,
    rest: {
      value: 3,
      rest: null
    }
  }
};
```

Die resultierenden Objekte bilden eine Kette:

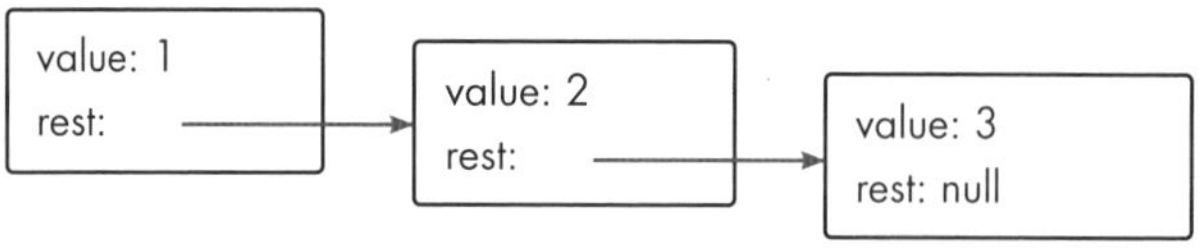


Eine schöne Sache von Listen ist, dass sie einen Teil ihrer Struktur gemeinsam verwenden können. Wenn ich beispielsweise die beiden neuen Werte `{value: 0, rest: list}` und `{value: -1, rest: list}` erstelle (wobei `list` auf die zuvor definierte Bindung verweist), habe ich zwei unabhängige Listen, die aber gemeinsam die Struktur verwenden, die ihre letzten drei Elemente ausmacht. Auch die ursprüngliche Liste ist nach wie vor eine gültige Liste aus drei Elementen.

Schreiben Sie die Funktion `arrayToList`, die eine Listenstruktur wie die hier gezeigte erstellt, wenn ihr `[1, 2, 3]` als Argument übergeben wird. Schreiben Sie des Weiteren die Funktion `listToArray`, die ein Array aus einer Liste gewinnt. Fügen Sie die Hilfsfunktion `prepend` hinzu, die ein Element und eine Liste entgegennimmt und eine neue Liste erstellt, bei der das Element vorn an die übergebene Liste angefügt ist. Schreiben Sie auch die Hilfsfunktion `nth`, die eine Liste und eine Zahl entgegennimmt und das Element an der gegebenen Position in der Liste zurückgibt (wobei das erste Element die Position 0 hat) bzw. `undefined`, wenn es kein solches Element gibt.

Schreiben Sie außerdem eine rekursive Version von `nth`, falls Sie das noch nicht getan haben.

### Tiefer Vergleich

Der Operator `==` vergleicht Objekte anhand ihrer Identität. Manchmal ist es jedoch sinnvoll, die tatsächlichen Werte der Eigenschaften zu vergleichen.

Schreiben Sie die Funktion `deepEqual`, die zwei Werte entgegennimmt und nur dann `true` zurückgibt, wenn die Werte gleich sind oder Objekte mit den gleichen Eigenschaften sind und sich die Werte dieser Eigenschaften wiederum bei einem rekursiven Aufruf von `deepEqual` als gleich erweisen.

Um herauszufinden, ob die Werte direkt verglichen werden sollen (mit dem Operator `===`) oder ihre Eigenschaften, können Sie den Operator `typeof` verwenden. Wenn er für beide Werte `"object"` zurückgibt, müssen Sie einen tiefen Vergleich durchführen. Beachten Sie dabei aber eine absurde Ausnahme: Aufgrund einer historischen Fehlentscheidung ergibt `typeof null` ebenfalls `"object"`.

Um die Eigenschaften eines Objekts für den Vergleich zu durchlaufen, ist die Funktion `Object.keys` hilfreich.

»Es gibt zwei Arten des Softwaredesigns: Eine Möglichkeit besteht darin, sie so einfach zu machen, dass es offensichtlich keine Mängel gibt. Die andere besteht darin, sie so kompliziert zu machen, dass es keine offensichtlichen Mängel gibt.«

– C. A. R. Hoare, Rede anlässlich der Verleihung des ACM Turing Award 1980

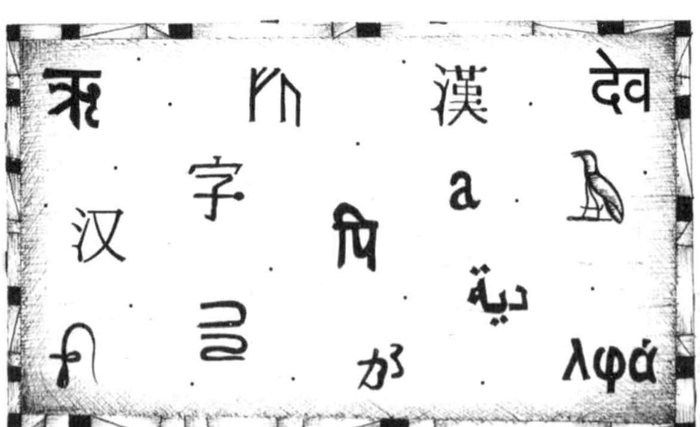

# 5 Funktionen höherer Ordnung

Umfangreiche Programme sind teuer, und das nicht nur wegen der Zeit, die es braucht, um sie zu erstellen. Bei zunehmender Größe steigt auch gewöhnlich die Komplexität, Komplexität verwirrt die Programmierer und verwirrte Programmierer wiederum fügen ungewollt Fehler (*Bugs*) in die Programme ein. Bei einem umfangreichen Programm gibt es außerdem viel Platz, in dem sich Bugs verstecken können.

Sehen wir uns noch einmal kurz die beiden letzten Beispielprogramme aus der Einleitung an. Das erste ist völlig in sich abgeschlossen und sechs Zeilen lang:

```
let total = 0, count = 1;
while (count <= 10) {
  total += count;
  count += 1;
}
console.log(total);
```

Das zweite Beispielprogramm nutzt zwei externe Funktionen und umfasst nur eine Zeile:

```
console.log(sum(range(1, 10)));
```

Bei welchem dieser beiden Programme ist die Wahrscheinlichkeit für einen Bug größer? Wenn wir den Umfang der Definitionen von `sum` und `range` berücksichtigen, ist das zweite Programm ebenfalls umfangreich, sogar noch mehr als das erste. Trotzdem behaupte ich, dass es mit höherer Wahrscheinlichkeit fehlerfrei ist. Das liegt daran, dass die Lösung mit einem Vokabular ausgedrückt wird, das dem vorliegenden Problem entspricht. Bei der Summierung eines Zahlenbereichs geht es nun einmal um Summen und Bereiche und nicht um Schleifen und Zähler. Die Definitionen dieser Vokabeln (die Funktionen `sum` und `range`) enthalten zwar Schleifen, Zähler und andere Einzelheiten, doch da sie einfachere Konzepte ausdrücken als das Programm als Ganzes, lassen sie sich auch leichter korrekt schreiben.

## 5.1 Abstraktion

In der Programmierung werden solche Vokabulare gewöhnlich als *Abstraktionen* bezeichnet. Durch Abstraktion werden Einzelheiten verborgen, sodass wir Probleme von einer höheren (oder abstrakteren) Ebene betrachten können. Betrachten Sie zur Veranschaulichung die beiden folgenden Suppenrezepte. Das erste lautet wie folgt:

> Geben Sie pro Person 1 Tasse getrockneter Erbsen in einen Behälter. Fügen Sie Wasser hinzu, bis die Erbsen vollständig bedeckt sind, und lassen Sie die Erbsen mindestens 12 Stunden lang im Wasser liegen. Nehmen Sie die Erbsen aus dem Wasser und geben Sie sie in einen Kochtopf. Fügen Sie pro Person 4 Tassen Wasser hinzu. Schließen Sie den Topf und lassen Sie die Erbsen 2 Stunden lang garziehen. Nehmen Sie pro Person eine halbe Zwiebel, schneiden Sie sie mit dem Messer in Stücke und fügen Sie sie den Erbsen hinzu. Nehmen Sie pro Person eine Stange Sellerie, schneiden Sie sie mit dem Messer in Stücke und fügen Sie sie den Erbsen hinzu. Nehmen Sie pro Person eine Karotte. Schneiden Sie sie in Stücke, und zwar mit einem Messer. Fügen Sie sie den Erbsen hinzu. Kochen Sie alles weitere 10 Minuten lang.

Das zweite dagegen sieht wie folgt aus:

> Pro Person: 1 Tasse getrockneter Erbsen, eine halbe gehackte Zwiebel, eine Stange Sellerie und eine Karotte.
>
> Weichen Sie die Erbsen 12 Stunden lang ein. Lassen Sie sie 2 Stunden lang in 4 Tassen Wasser (pro Person) garziehen. Hacken Sie das Gemüse und fügen Sie es hinzu. Kochen Sie alles weitere 10 Minuten lang.

Die zweite Version ist kürzer und leichter verständlich, allerdings müssen Sie dazu die Bedeutung von einigen küchentechnischen Begriffen mehr kennen, z.B. *einweichen*, *hacken* und *Gemüse*.

Beim Programmieren können wir uns nicht darauf verlassen, dass alle Wörter, die wir brauchen, im Wörterbuch stehen. Daher verfallen wir leicht in das Muster des ersten Rezepts, indem wir genau die Schritte ausarbeiten, die der Computer ausführen soll – einen nach dem anderen und ohne Rücksicht auf die allgemeineren Prinzipien, die sie ausdrücken. Die Fähigkeit zu erkennen, ob man auf einer zu niedrigen Abstraktionsebene arbeitet, ist in der Programmierung sehr nützlich.

## 5.2 Wiederholungen abstrahieren

Einfache Funktionen, wie wir sie bisher betrachtet haben, bilden eine gute Möglichkeit zur Abstraktion. Manchmal aber reichen sie nicht aus. Es kommt in Programmen häufig vor, dass ein Vorgang in einer festgelegten Anzahl von Durchläufen wiederholt werden muss. Dazu können Sie wie folgt eine `for`-Schleife schreiben:

```
for (let i = 0; i < 10; i++) {
  console.log(i);
}
```

Können wir »mache etwas *n*-mal« als Funktion abstrahieren? Es ist zumindest einfach, eine Funktion zu schreiben, die `console.log` *n*-mal aufruft:

```
function repeatLog(n) {
  for (let i = 0; i < n; i++) {
    console.log(i);
  }
}
```

Was aber machen wir, wenn wir etwas anderes tun wollen als Zahlen zu protokollieren? Da »irgendetwas tun« als Funktion dargestellt werden kann und Funktionen auch nur Werte sind, können wir unsere Aktion als Funktionswert übergeben:

```
function repeat(n, action) {
  for (let i = 0; i < n; i++) {
    action(i);
  }
}
repeat(3, console.log);
// → 0
// → 1
// → 2
```

Wir müssen aber keine vordefinierte Funktion an `repeat` übergeben. Häufig ist es einfacher, stattdessen einen Funktionswert an Ort und Stelle anzulegen:

```
let labels = [];
repeat(5, i => {
  labels.push(`Unit ${i + 1}`);
});
console.log(labels);
// → ["Unit 1", "Unit 2", "Unit 3", "Unit 4", "Unit 5"]
```

Die Struktur ähnelt hier ein wenig einer `for`-Schleife: Als Erstes wird die Art der Schleife beschrieben und dann der Rumpf bereitgestellt. Der Rumpf ist jedoch als Funktionswert geschrieben, der in die Klammern eines Aufrufs von `repeat` eingepackt ist. Aus diesem Grund muss er mit der schließenden geschweiften *und* der schließenden runden Klammer beendet werden. In Fällen wie in diesem Beispiel, bei denen der Rumpf ein einziger kleiner Ausdruck ist, können Sie die geschweiften Klammern jedoch auch weglassen und die Schleife in einer einzigen Zeile schreiben.

## 5.3 Funktionen höherer Ordnung

Funktionen, die auf anderen Funktionen operieren, indem sie sie entweder als Argument entgegennehmen oder sie zurückgeben, werden als *Funktionen höherer Ordnung* bezeichnet. Da wir bereits wissen, dass Funktionen reguläre Werte sind, ist die Tatsache, dass es solche Funktionen gibt, an sich nicht bemerkenswert. Der Begriff stammt aus der Mathematik, in der stärker zwischen Funktionen und anderen Werten unterschieden wird. Mithilfe von Funktionen höherer Ordnung können wir nicht nur Werte, sondern auch *Aktionen* abstrahieren. Es gibt verschiedene Arten dieser Funktionen, beispielsweise solche, die neue Funktionen erstellen:

```
function greaterThan(n) {
  return m => m > n;
}
let greaterThan10 = greaterThan(10);
console.log(greaterThan10(11));
// → true
```

Es gibt auch Funktionen, die andere Funktionen ändern:

```
function noisy(f) {
  return (...args) => {
    console.log("calling with", args);
    let result = f(...args);
    console.log("called with", args, ", returned", result);
    return result;
  };
}
noisy(Math.min)(3, 2, 1);
// → calling with [3, 2, 1]
// → called with [3, 2, 1] , returned 1
```

Wir können sogar Funktionen für neue Formen des Programmablaufs schreiben:

```
function unless(test, then) {
  if (!test) then();
}

repeat(3, n => {
  unless(n % 2 == 1, () => {
    console.log(n, "is even");
  });
});
```

```
// → 0 is even
// → 2 is even
```

Die eingebaute Array-Methode `forEach` stellt eine Art `for/of`-Schleife als Funktion höherer Ordnung zur Verfügung:

```
["A", "B"].forEach(l => console.log(l));
// → A
// → B
```

## 5.4 Die Schriftbeispieldaten

Ein Gebiet, auf dem Funktionen höherer Ordnung glänzen, ist die Datenverarbeitung. Um so etwas zu tun, brauchen wir jedoch erst einmal Daten. In diesem Kapitel verwenden wir Daten zu Schriftsystemen wie Lateinisch, Kyrillisch oder Arabisch.

In Kapitel 1 haben Sie Unicode kennengelernt, ein System, das jedem Zeichen einer Schrift eine Zahl zuweist. Die meisten Unicode-Zeichen gehören jeweils zu einer bestimmten Schrift. Der Standard umfasst 140 verschiedene Schriften, von denen 81 heute noch in Gebrauch und 59 historisch sind. Ich kann zwar nur lateinische Buchstaben fließend lesen, aber ich finde es faszinierend, dass Menschen Texte in wenigstens 80 anderen Schriftsystemen verfassen, von denen ich viele nicht einmal erkennen könnte. Das folgende Beispiel zeigt einen Text in tamilischer Handschrift:

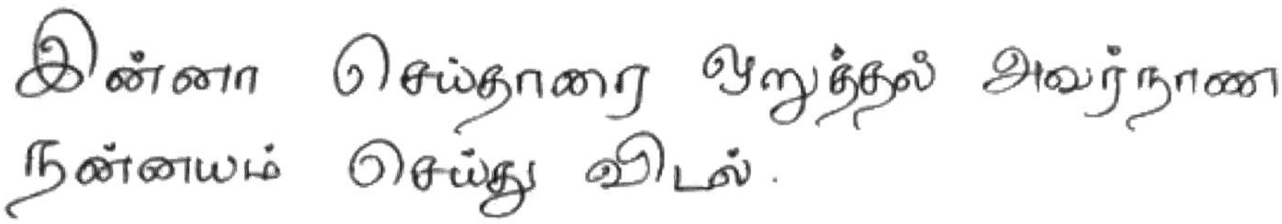

Die Beispieldaten enthalten einige Informationen der 140 in Unicode enthaltenen Schriften. Sie stehen in der Programmier-Sandbox zu diesem Kapitel (*https://eloquentjavascript.net/code#5*) unter der Bindung `SCRIPTS` zur Verfugung. Diese Bindung enthält ein Array aus Objekten, die jeweils eine Schrift beschreiben:

```
{
  name: "Coptic",
  ranges: [[994, 1008], [11392, 11508], [11513, 11520]],
  direction: "ltr",
  year: -200,
  living: false,
  link: "https://en.wikipedia.org/wiki/Coptic_alphabet"
}
```

Ein solches Objekt enthält den Namen der Schrift, den ihr zugewiesenen Unicode-Bereich, die Schreibrichtung und das (ungefähre) Ursprungsdatum, die Angabe, ob sie noch in Gebrauch ist, sowie einen Link zu weiteren Informationen.

Bei der Schreibrichtung werden die Bezeichnungen "ltr" für »von links nach rechts«, "rtl" für »von rechts nach links« (wie arabische und hebräische Texte geschrieben werden) und "ttb" für »von oben nach unten« verwendet (z.B. mongolische Schrift).

Die Eigenschaft ranges enthält ein Array aus Unicode-Zeichenbereichen, die jeweils Zwei-Elemente-Arrays aus einer unteren und einer oberen Grenze sind. Alle Zeichencodes innerhalb dieser Bereiche sind der Schrift zugewiesen. Die untere Grenze ist dabei eingeschlossen (Code 994 ist ein koptischer Buchstabe), die obere dagegen nicht (Code 1008 ist keiner).

## 5.5 Arrays filtern

Um in den Daten die Schriften zu finden, die immer noch gebraucht werden, können Sie die folgende Funktion einsetzen. Sie filtert alle Elemente aus einem Array heraus, die den Test nicht bestehen:

```
function filter(array, test) {
  let passed = [];
  for (let element of array) {
    if (test(element)) {
      passed.push(element);
    }
  }
  return passed;
}

console.log(filter(SCRIPTS, script => script.living));
// → [{name: "Adlam", ...}, ...]
```

Diese Funktion nutzt das Argument test (einen Funktionswert), um eine Lücke in der Berechnung zu füllen, nämlich die Entscheidung, welche Elemente gesammelt werden sollen. Die Funktion filter löscht jedoch nicht die Elemente aus dem vorhandenen Array, sondern erstellt ein neues mit nur den Elementen, die den Test bestehen. Die Funktion ist also *rein*; sie ändert das übergebene Array nicht.

Ebenso wie forEach ist auch filter eine Standardmethode von Arrays. Der Code ist hier nur angegeben, um zu zeigen, wie diese Funktion intern vorgeht. Im weiteren Verlauf verwende ich sie dagegen wie folgt:

```
console.log(SCRIPTS.filter(s => s.direction == "ttb"));
// → [{name: "Mongolian", ...}, ...]
```

## 5.6 Transformationen mit map

Wir haben nun also durch die Filterung des Arrays SCRIPTS ein Array aus Objekten gewonnen, die Schriften repräsentieren. Allerdings möchten wir lieber ein Array aus Namen haben, da es sich leichter untersuchen lässt. Die Methode map transformiert ein Array, indem es eine Funktion auf sämtliche Elemente anwendet und aus den Rückgabewerten ein neues Array erstellt. Das neue Array hat dieselbe Länge wie das ursprüngliche, aber sein Inhalt wird durch die Funktion auf die neue Form *abgebildet* (englisch »to map«).

```
function map(array, transform) {
  let mapped = [];
  for (let element of array) {
    mapped.push(transform(element));
  }
  return mapped;
}

let rtlScripts = SCRIPTS.filter(s => s.direction == "rtl");
console.log(map(rtlScripts, s => s.name));
// → ["Adlam", "Arabic", "Imperial Aramaic", ...]
```

Ebenso wie `forEach` und `filter` ist auch `map` eine Standardmethode von Arrays.

## 5.7 Zusammenfassungen mit reduce

Ein weiterer Vorgang, der häufig an Arrays vorgenommen wird, besteht darin, einen einzelnen Wert aus ihnen zu berechnen. Unser bereits mehrfach erwähntes Beispiel, die Summe eines Arrays aus Zahlen zu bilden, ist ein solcher Fall. Auch der Versuch, die Schrift mit den meisten Zeichen zu finden, fällt in diese Kategorie.

Die Operation höherer Ordnung für dieses Verhaltensmuster wird als *Reduzierung* bezeichnet (manchmal auch *Faltung*). Sie erstellt einen Wert, indem sie wiederholt einzelne Werte aus dem Array entnimmt und mit dem aktuellen Wert kombiniert. Beim Summieren beginnen Sie mit der Zahl 0 und addieren jedes Element zu der Summe.

Die Parameter von `reduce` sind das Array, die Kombinationsfunktion und ein Startwert. Diese Funktion ist nicht so einfach zu verstehen wie `filter` und `map`, weshalb Sie sie sich etwas genau ansehen sollten:

```
function reduce(array, combine, start) {
  let current = start;
  for (let element of array) {
    current = combine(current, element);
  }
  return current;
}

console.log(reduce([1, 2, 3, 4], (a, b) => a + b, 0));
// → 10
```

Die Standard-Array-Methode `reduce`, die der hier gezeigten Funktion entspricht, bietet noch einen zusätzlichen Vorteil: Wenn das Array mindestens ein Element enthält, können Sie das Argument `start` auch weglassen. Die Methode nimmt dann das erste Array-Element als Startwert und beginnt beim zweiten Element mit der Reduzierung.

```
console.log([1, 2, 3, 4].reduce((a, b) => a + b));
// → 10
```

Um reduce (zweimal) anzuwenden und damit die Schrift mit den meisten Zeichen zu finden, können wir Folgendes schreiben:

```
function characterCount(script) {
  return script.ranges.reduce((count, [from, to]) => {
    return count + (to - from);
  }, 0);
}

console.log(SCRIPTS.reduce((a, b) => {
  return characterCount(a) < characterCount(b) ? b : a;
}));
// → {name: "Han", ...}
```

Die Funktion characterCount reduziert die einer Schrift zugewiesenen Bereiche, indem sie ihre Größen summiert. Beachten Sie die Zerlegung in der Parameterliste der Reduzierfunktion. Der zweite Aufruf von reduce nutzt dieses Ergebnis dann, um die umfangreichste Schrift zu finden, indem er wiederholt zwei Schriften vergleicht und jeweils die größere zurückgibt.

Der Han-Schrift sind im Unicode-Standard über 89.000 Zeichen zugewiesen. Das macht sie zu der bei Weitem umfangreichsten Schrift in den Beispieldaten. Sie wird (manchmal) für chinesische, japanische und koreanische Texte verwendet. Die einzelnen Schriften dieser Sprachen haben eine Menge Zeichen gemeinsam, die allerdings meistens jeweils etwas anders geschrieben werden. Das (in den USA beheimatete) Unicode-Konsortium hat entschieden, sie als ein einziges Schriftsystem zu behandeln, um Zeichencodes zu sparen. Diese sogenannte *Han-Vereinheitlichung* sorgt bei manchen immer noch für böses Blut.

## 5.8 Komponierbarkeit

Wie hätten wir das vorherige Beispiel (die Suche nach der umfangreichsten Schrift) ohne Funktionen höherer Ordnung geschrieben? Der Code dafür sieht nicht sehr viel schlimmer aus:

```
let biggest = null;
for (let script of SCRIPTS) {
  if (biggest == null ||
      characterCount(biggest) < characterCount(script)) {
    biggest = script;
  }
}
console.log(biggest);
```

```
// → {name: "Han", ...}
```

Es gibt einige Bindungen mehr und das Programm ist vier Zeilen länger, aber es ist immer noch gut lesbar.

Funktionen höherer Ordnung glänzen dann, wenn wir Operationen *zusammensetzen* oder *komponieren* müssen. Als Beispiel wollen wir Code schreiben, um das durchschnittliche Ursprungsjahr lebender und toter Schriften in den Daten zu finden:

```
function average(array) {
  return array.reduce((a, b) => a + b) / array.length;
}

console.log(Math.round(average(
  SCRIPTS.filter(s => s.living).map(s => s.year))));
// → 1188
console.log(Math.round(average(
  SCRIPTS.filter(s => !s.living).map(s => s.year))));
// → 188
```

Die toten Schriften sind also im Durchschnitt älter als die lebenden. Das ist zwar keine besonders nützliche oder gar überraschende Erkenntnis, aber ich hoffe, Sie pflichten mir bei, dass der Code für die Berechnung nicht allzu schwer zu lesen ist. Sie können ihn wie eine Pipeline betrachten: Wir beginnen mit allen Schriften, filtern die lebenden (bzw. toten) heraus, rufen deren Ursprungsjahre ab, bilden den Durchschnitt und runden das Ergebnis.

Diese Berechnung ließe sich sicher auch in Form einer großen Schleife schreiben:

```
let total = 0, count = 0;
for (let script of SCRIPTS) {
  if (script.living) {
    total += script.year;
    count += 1;
  }
}
console.log(Math.round(total / count));
// → 1188
```

Hier ist jedoch viel schwerer zu erkennen, was hier wie berechnet wird. Da die Zwischenergebnisse nicht als kohärente Werte dargestellt werden, erfordert es auch viel mehr Arbeit, etwas wie `average` in eine eigene Funktion auszulagern.

Die beiden Vorgehensweisen unterscheiden sich ziemlich stark in dem, was der Computer tatsächlich macht. Bei der ersten Version werden bei der Ausführung von `filter` und `map` neue Arrays erstellt, während bei der zweiten nur einige Zahlen berechnet werden. Das ist weniger Arbeit. Gewöhnlich können Sie es sich leisten, dem besser lesbaren Ansatz zu folgen. Wenn Sie jedoch umfangreiche Arrays verarbeiten müssen, und das auch noch mehrmals, kann es sich lohnen, für den Geschwindigkeitsgewinn auf den weniger stark abstrahierten Stil auszuweichen.

## 5.9 Strings und Zeichencodes

Eine Anwendung der Beispieldaten besteht darin, herauszufinden, in welcher Schrift ein Text abgefasst ist. Schauen wir uns ein solches Programm im Einzelnen an!

Mit jeder Schrift ist ein Array von Zeichencodebereichen verknüpft. Zu einem gegebenen Zeichencode können wir also mit einer Funktion wie der folgenden die zugehörige Schrift herausfinden (falls vorhanden):

```
function characterScript(code) {
  for (let script of SCRIPTS) {
    if (script.ranges.some(([from, to]) => {
      return code >= from && code < to;
    })) {
      return script;
    }
  }
  return null;
}

console.log(characterScript(121));
// → {name: "Latin", ...}
```

Die Methode `some` ist eine weitere Funktion höherer Ordnung. Sie nimmt die Funktion `test` entgegen und sagt Ihnen, ob diese Funktion für eines der Elemente in dem Array `true` zurückgibt. Aber wie kommen wir an die Zeichencodes in einem String?

In Kapitel 1 habe ich bereits erwähnt, dass JavaScript-Strings als Folgen von 16-Bit-Zeichen codiert sind, sogenannten *Codeeinheiten*. Ursprünglich sollten die Unicode-Zeichencodes jeweils in eine solche Einheit passen, womit etwas mehr als 65.000 Zeichen möglich sind. Als klar wurde, dass das nicht ausreicht, wurden Bedenken dagegen laut, mehr Speicher pro Zeichen zu verwenden. Als Reaktion darauf wurde das für JavaScript-Strings verwendete Format UTF-16 entwickelt. Darin werden die häufigsten Zeichen durch eine 16-Bit-Codeeinheit beschrieben, andere aber jeweils durch ein Paar solcher Einheiten.

UTF-16 wird heute im Allgemeinen als eine schlechte Idee angesehen. Es scheint fast mit Absicht dafür entworfen zu sein, Fehlern Tür und Tor zu öffnen. So ist es keine Schwierigkeit, Programme zu schreiben, die so tun, als wären Codeeinheiten und Zeichen ein und dasselbe. Solange Ihre Sprache keine Zeichen aus zwei Einheiten verwendet, scheint auch alles gut zu gehen. Sobald aber jemand versucht, in einem solchen Programm weniger gebräuchliche chinesische Schriftzeichen zu verwenden, versagt es. Seit dem Aufkommen von Emojis hat zum Glück jeder angefangen, Zeichen aus zwei Einheiten zu berücksichtigen, weshalb solche Probleme seltener geworden sind.

Leider werden aber bei gängigen Operationen mit JavaScript-Strings, etwa dem Abruf der Länge über die Eigenschaft `length` oder dem Zugriff auf ihren Inhalt mit eckigen Klammern, nur Codeeinheiten verwendet.

```
// Zwei Emojis, Pferd und Schuh
let horseShoe = "🐴👟";
console.log(horseShoe.length);
// → 4
console.log(horseShoe[0]);
// → (Invalid half-character)
console.log(horseShoe.charCodeAt(0));
// → 55357 (Code of the half-character)
console.log(horseShoe.codePointAt(0));
// → 128052 (Actual code for horse emoji)
```

Die JavaScript-Methode `charCodeAt` gibt eine Codeeinheit zurück, keinen vollständigen Zeichencode. Mit der später hinzugefügten Methode `codePointAt` dagegen erhalten Sie das komplette Unicode-Zeichen. Damit haben wir eine Möglichkeit, die Zeichencodes aus einem String abzurufen. Allerdings handelt es sich bei dem an `codePointAt` übergebenen Argument um den Index in der Folge der Codeeinheiten. Um die Zeichen in einem String zu durchlaufen, müssen wir daher immer noch wissen, welche Zeichen eine und welche zwei Einheiten einnehmen.

In »*Array-Schleifen*« auf *S. 71* habe ich erwähnt, dass eine `for/of`-Schleife auch für Strings verwendet werden kann. Ebenso wie `codePointAt` wurde diese Art von Schleife zu einer Zeit eingeführt, als man sich der Probleme von UTF-16 bewusst war. Wenn Sie damit einen String durchlaufen, erhalten Sie die echten Zeichen, nicht die Codeeinheiten:

```
let roseDragon = "🌹🐉";
for (let char of roseDragon) {
console.log(char);
}
// → 🌹
// → 🐉
```

Wenn Sie ein Zeichen vorliegen haben (bei dem es sich um einen String aus ein oder zwei Codeeinheiten handelt), können Sie mit `codePointAt(0)` seinen Code abrufen.

## 5.10 Text erkennen

Damit haben wir jetzt die Funktion `characterScript` sowie eine Möglichkeit, die Zeichen korrekt zu durchlaufen. Der nächste Schritt besteht darin, die Zeichen zu zählen, die jeweils zu einer Schrift gehören. Die folgende Zählabstraktion ist dabei hilfreich:

```
function countBy(items, groupName) {
  let counts = [];
  for (let item of items) {
    let name = groupName(item);
    let known = counts.findIndex(c => c.name == name);
    if (known == -1) {
      counts.push({name, count: 1});
    } else {
      counts[known].count++;
    }
  }
  return counts;
}

console.log(countBy([1, 2, 3, 4, 5], n => n > 2));
// → [{name: false, count: 2}, {name: true, count: 3}]
```

Die Funktion `countBy` erwartet eine Sammlung (irgendetwas, das wir mit `for/of` durchlaufen können) sowie eine Funktion, die einen Gruppennamen für ein gegebenes Element bestimmt. Sie gibt ein Array aus Objekten zurück, die jeweils eine Gruppe benennen und angeben, wie viele Elemente sich in der betreffenden Gruppe befinden.

Dabei wendet die Funktion selbst eine weitere Array-Methode an, nämlich `findIndex`. Sie ähnelt `indexOf`, sucht aber nicht nach einem bestimmten Wert, sondern nach dem ersten Wert, für den die gegebene Funktion `true` zurückgibt. Ebenso wie `indexOf` gibt sie `-1` zurück, wenn ein solches Element nicht gefunden werden kann.

Mit `countBy` können wir eine Funktion schreiben, die uns mitteilt, welche Schriften in einem Text verwendet werden:

```
function textScripts(text) {
  let scripts = countBy(text, char => {
    let script = characterScript(char.codePointAt(0));
    return script ? script.name : "none";
  }).filter(({name}) => name != "none");

  let total = scripts.reduce((n, {count}) => n + count, 0);
  if (total == 0) return "No scripts found";

  return scripts.map(({name, count}) => {
    return `${Math.round(count * 100 / total)}% ${name}`;
  }).join(", ");
}

console.log(textScripts('英国的狗说"woof", 俄罗斯的狗"тяв"'));
// → 61% Han, 22% Latin, 17% Cyrillic
```

Diese Funktion zählt zunächst die Zeichen nach Schriftnamen. Dabei weist sie den Namen mithilfe von `characterScript` zu und weicht für Zeichen, die zu keiner

Schrift gehören, auf `"none"` aus. Der Aufruf von `filter` entfernt den Eintrag für `"none"` aus dem resultierenden Array, da wir an solchen Zeichen nicht interessiert sind.

Um die prozentualen Anteile berechnen zu können, brauchen wir zunächst die Gesamtanzahl der Zeichen im Text, die zu einer Schrift gehören. Das können wir mit `reduce` berechnen. Wenn keine solchen Zeichen gefunden werden, gibt die Funktion einen konkreten String zurück. Anderenfalls transformiert sie die gültigen Einträge mit `map` in lesbare Strings und kombiniert sie dann mit `join`.

## 5.11 Zusammenfassung

Die Möglichkeit, Funktionswerte an andere Funktionen zu übergeben, ist ein äußerst praktischer Aspekt von JavaScript. Damit können wir Funktionen schreiben, die Berechnungen mit »Lücken« modellieren. Der Code, der diese Funktionen aufruft, füllt dann die Lücken, indem er Funktionswerte bereitstellt.

Arrays bieten eine Reihe nützlicher Methoden höherer Ordnung. Mit `forEach` können Sie die Elemente in einem Array durchlaufen. Die Methode `filter` gibt ein neues Array mit nur den Elementen zurück, die die Prädikatfunktion erfüllen. Eine Transformation des Arrays durch Verarbeitung aller Elemente mit einer Funktion erfolgt mit `map`. Mit `reduce` können Sie alle Elemente eines Arrays zu einem einzigen Wert kombinieren. Die Methode `some` prüft, ob irgendwelche Array-Elemente mit einer gegebenen Prädikatfunktion übereinstimmen. Mit `findIndex` ermitteln Sie die Position des ersten Elements, das mit einem Prädikat übereinstimmt.

## 5.12 Übungen

### Abflachen

Verwenden Sie die Methode `reduce` zusammen mit `concat`, um ein Array aus Arrays zu einem einzigen Array »abzuflachen«, das alle Elemente der ursprünglichen Arrays enthält.

### Eine eigene Schleifenfunktion

Schreiben Sie eine Funktion höherer Ordnung namens `loop`, die ein ähnliches Verhalten bietet wie eine `for`-Schleifenanweisung. Sie nimmt einen Wert, eine Testfunktion, eine Aktualisierungsfunktion und eine Rumpffunktion entgegen. Bei jeder Iteration führt sie erst die Testfunktion am aktuellen Schleifenwert aus und hält an, wenn diese Funktion `false` zurückgibt. Anderenfalls ruft sie die Rumpffunktion auf und übergibt ihr den aktuellen Wert. Abschließend ruft sie die Aktualisierungsfunktion auf, um einen neuen Wert zu erstellen und von vorn zu beginnen. Bei der Definition der Funktion können Sie für die eigentlichen Schleifendurchläufe eine reguläre Schleife verwenden.

## Every

Arrays haben neben der Methode `some` auch die Methode `every`. Sie gibt nur dann `true` zurück, wenn die gegebene Funktion ihrerseits `true` für *alle* Elemente in dem Array zurückgibt. In gewisser Weise ist `some` eine Version des Operators `||` für Arrays und `every` eine Art von `&&`. Implementieren Sie `every` als eine Funktion, die ein Array und eine Prädikatfunktion als Parameter entgegennimmt. Schreiben Sie zwei Versionen, eine mit einer Schleife und eine mit der Methode `some`.

## Vorherrschende Schreibrichtung

Schreiben Sie eine Funktion, die die vorherrschende Schreibrichtung in einem Text-String ermittelt. Jedes Schriftobjekt verfügt über die Eigenschaft `direction`, die `"ltr"` (von links nach rechts), `"rtl"` (von rechts nach links) oder `"ttb"` (von oben nach unten) sein kann. Die vorherrschende Schreibrichtung ist diejenige der meisten Zeichen, die zu einer Schrift gehören. Die weiter vorn in diesem Kapitel definierten Funktionen `characterScript` und `countBy` können sich hierfür als nützlich erweisen.

»Ein abstrakter Datentyp wird dadurch realisiert, dass man eine besondere Art von Programm schreibt [...], das den Typ in Form der Operationen beschreibt, die an ihm ausgeführt werden können.«

– Barbara Liskov, *Programming with Abstract Data Types*

# 6 Das geheime Leben der Objekte

In Kapitel 4 haben Sie Objekte in JavaScript kennengelernt. In der Programmierung gibt es auch die sogenannte *objektorientierte Programmierung*. Dabei handelt es sich um Techniken, bei denen Objekte (und verwandte Dinge) die zentralen Prinzipien der Programmgestaltung bilden. Es herrscht zwar keine Einigkeit über die genaue Definition, doch trotzdem hat die objektorientierte Programmierung das Design vieler Programmiersprachen geformt, darunter auch JavaScript. In diesem Kapitel sehen wir uns an, wie diese Prinzipien in JavaScript angewandt werden können.

## 6.1 Kapselung

Die Grundidee der objektorientierten Programmierung besteht darin, Programme in kleinere Stücke aufzuteilen, die jeweils für die Verwaltung ihres eigenen Status verantwortlich sind. Dadurch kann das Wissen darüber, wie ein Programmteil funktioniert, *lokal* auf diesen Teil beschränkt bleiben. Jemand, der am Rest des Programms arbeitet, muss sich dieses Wissen nicht aneignen. Er muss sich dessen nicht einmal bewusst sein! Wenn sich lokale Einzelheiten ändern, muss nur der unmittelbar benachbarte Code aktualisiert werden.

Die einzelnen Teile eines solchen Programms interagieren miteinander über *Schnittstellen* oder *Interfaces*. Dies sind eingeschränkte Sätze von Funktionen oder Bindungen, die eine praktische Funktionalität auf einer abstrakteren Ebene bereitstellen, die genaue Implementierung aber verbergen.

Die Programmteile werden mithilfe von Objekten modelliert. Die Schnittstellen bestehen aus einem besonderen Satz von Methoden und Eigenschaften. Die Eigenschaften, die zu einer Schnittstelle gehören, werden als *öffentlich* bezeichnet. Andere Eigenschaften, auf die kein externer Code zugreifen darf, sind *privat*. Viele Sprachen bieten eine Möglichkeit, um zwischen öffentlichen und privaten Eigenschaften zu unterscheiden und externen Code daran zu hindern, auf die privaten zuzugreifen. JavaScript geht wiederum minimalistisch vor und verzichtet darauf –

jedenfalls zurzeit noch. Es wird daran gearbeitet, diese Aspekte zur Sprache hinzuzufügen.

Auch wenn diese Unterscheidung nicht in die Sprache eingebaut ist, wenden JavaScript-Programmierer dieses Prinzip jedoch bereits erfolgreich an. Gewöhnlich werden die verfügbaren Schnittstellen in der Dokumentation oder in Kommentaren beschrieben. Es ist außerdem üblich, an den Anfang von Eigenschaftennamen einen Unterstrich zu stellen, um anzugeben, dass die Eigenschaft privat ist. Die Trennung der Schnittstellen von der Implementierung ist eine hervorragende Idee. Sie wird gewöhnlich als *Kapselung* bezeichnet.

## 6.2 Methoden

Methoden sind nichts anderes als Eigenschaften, die Funktionswerte festhalten. Im Folgenden sehen Sie eine einfache Methode:

```
let rabbit = {};
rabbit.speak = function(line) {
  console.log(`The rabbit says '${line}'`);
};

rabbit.speak("I'm alive.");
// → The rabbit says 'I'm alive.'
```

Gewöhnlich muss eine Methode irgendetwas mit dem Objekt machen, für das es aufgerufen wurde. Wird eine Funktion als Methode aufgerufen, also als Eigenschaft nachgeschlagen und sofort aufgerufen wie in `object.method()`, dann zeigt die Bindung `this` in ihrem Rumpf automatisch auf das Objekt, für das sie aufgerufen wurde:

```
function speak(line) {
  console.log(`The ${this.type} rabbit says '${line}'`);
}
let whiteRabbit = {type: "white", speak};
let hungryRabbit = {type: "hungry", speak};

whiteRabbit.speak("Oh my ears and whiskers, " +
                  "how late it's getting!");
// → The white rabbit says 'Oh my ears and whiskers, how
// late it's getting!'

hungryRabbit.speak("I could use a carrot right now.");
// → The hungry rabbit says 'I could use a carrot right now.'
```

Sie können sich `this` als einen zusätzlichen Parameter denken, der in anderer Form als üblich übergeben wird. Wenn Sie ihn explizit übergeben wollen, können Sie die Methode `call` einer Funktion verwenden. Sie nimmt den Wert `this` als erstes Argument entgegen und behandelt alle weiteren Argumente als normale Parameter:

```
speak.call(hungryRabbit, "Burp!");
// → The hungry rabbit says 'Burp!'
```

Da jede Funktion ihre eigene `this`-Bindung hat, deren Wert davon abhängt, wie die Funktion aufgerufen wird, können Sie in einer regulären Funktion, die mit dem Schlüsselwort `function` definiert wurde, nicht auf das `this` im umgebenden Gültigkeitsbereich verweisen.

Bei Pfeilfunktionen ist das anders. Sie binden nicht ihr eigenes `this`, sondern können die `this`-Bindung des umgebenden Gültigkeitsbereichs sehen. Dadurch können Sie etwas wie den folgenden Code schreiben, der aus einer lokalen Funktion heraus auf `this` verweist:

```
function normalize() {
  console.log(this.coords.map(n => n / this.length));
}
normalize.call({coords: [0, 2, 3], length: 5});
// → [0, 0.4, 0.6]
```

Hätte ich das Argument für `map` mit dem Schlüsselwort `function` geschrieben, würde der Code nicht funktionieren.

## 6.3 Prototypen

Schauen Sie genau hin:

```
let empty = {};
console.log(empty.toString);
// → function toString(){...}
console.log(empty.toString());
// → [object Object]
```

Ich habe gerade eine Eigenschaft aus einem leeren Objekt abgerufen! Zauberei? Nein, eigentlich nicht. Ich habe Ihnen lediglich einige Informationen über JavaScript-Objekte vorenthalten. Neben ihren Eigenschaften haben die meisten Objekte auch einen *Prototyp*. Dabei handelt es sich um ein anderes Objekt, auf das als Quelle für Eigenschaften zurückgegriffen werden kann. Wenn ein Objekt eine Anforderung für eine Eigenschaft erhält, die es nicht hat, wird in dem Prototyp nach dieser Eigenschaft gesucht, anschließend im Prototyp des Prototyps usw.

Wer oder was ist nun aber der Prototyp des leeren Objekts? Es ist der Urahn aller Prototypen, die Entität, die hinter fast jedem Objekt steht: `Object.prototype`.

```
console.log(Object.getPrototypeOf({}) ==
            Object.prototype);
// → true
console.log(Object.getPrototypeOf(Object.prototype));
// → null
```

Wie unschwer zu erraten, gibt `object.getPrototypeOf` den Prototyp eines Objekts zurück.

Die Prototypbeziehungen von JavaScript-Objekten bilden eine Baumstruktur, deren Wurzel `Object.prototype` ist. Dieses Objekt stellt eine Reihe von Methoden bereit, die in allen Objekten vorhanden sind, z.B. `toString`, die ein Objekt in seine Stringdarstellung umwandelt.

Für viele Objekte ist `Object.prototype` nicht der unmittelbare Prototyp. Stattdessen haben sie andere direkte Prototypen, die eine unterschiedliche Zusammenstellung von Standardeigenschaften bieten. So sind Funktionen von `Function.prototype` abgeleitet und Arrays von `Array.prototype`.

```
console.log(Object.getPrototypeOf(Math.max) ==
            Function.prototype);
// → true
console.log(Object.getPrototypeOf([]) ==
            Array.prototype);
// → true
```

Diese Prototypobjekte haben selbst einen Prototyp. Meistens ist das `Object.prototype`, sodass sie indirekt ebenfalls Methoden wie `toString` bereitstellen.

Mit `Object.create` können Sie ein Objekt mit einem bestimmten Prototyp erstellen:

```
let protoRabbit = {
  speak(line) {
    console.log(`The ${this.type} rabbit says '${line}'`);
  }
};
let killerRabbit = Object.create(protoRabbit);
killerRabbit.type = "killer";
killerRabbit.speak("SKREEEE!");
// → The killer rabbit says 'SKREEEE!'
```

Eine Eigenschaft wie `speak(line)` in einem Objektausdruck ist eine Kurzschreibweise zur Definition einer Methode. Sie erstellt eine Eigenschaft namens `speak` und übergibt ihr eine Funktion als Wert.

Das Protokaninchen in unserem Code fungiert als Container für die Eigenschaften, die allen Kaninchen gemeinsam sind. Ein individuelles Kaninchenobjekt wie das Killerkaninchen enthält Eigenschaften, die nur für es selbst gelten – in diesem Fall sein Typ –, und leitet die gemeinsamen Eigenschaften von seinem Prototyp ab.

## 6.4 Klassen

Das Prototypsystem von JavaScript kann als eine informelle Version von *Klassen* verstanden werden, ein Konzept aus der objektorientierten Programmierung. Eine Klasse legt die Form eines Typs von Objekt fest, also welche Methoden und Eigenschaften es hat. Ein solches Objekt wird eine *Instanz* der Klasse genannt. Prototypen eignen sich, um Eigenschaften zu definieren, die in allen Instanzen einer

Klasse den gleichen Wert haben, z.B. Methoden. Dagegen müssen Eigenschaften, die sich von einer Instanz zur anderen unterscheiden – wie die Eigenschaft `type` unseres Kaninchens –, unmittelbar in den Objekten selbst gespeichert werden.

Um eine Instanz einer bestimmten Klasse zu bilden, müssen Sie ein Objekt erstellen, das von dem entsprechenden Prototyp abgeleitet ist, aber *auch* dafür sorgen, dass es selbst über die Eigenschaften verfügt, die Instanzen dieser Klasse haben sollten. Dazu ist eine *Konstruktorfunktion* da:

```
function makeRabbit(type) {
  let rabbit = Object.create(protoRabbit);
  rabbit.type = type;
  return rabbit;
}
```

In JavaScript gibt es jedoch auch eine einfachere Möglichkeit, um Funktionen dieser Art zu definieren. Wenn Sie vor einen Funktionsaufruf `new` stellen, wird die Funktion als Konstruktor behandelt. Das heißt, es wird automatisch ein Objekt mit dem richtigen Prototyp erstellt, in der Funktion an `this` gebunden und am Ende der Funktion zurückgegeben.

Das bei der Konstruktion von Objekten verwendete Prototypobjekt kann über die Eigenschaft `prototype` der Konstruktorfunktion ermittelt werden.

```
function Rabbit(type) {
  this.type = type;
}
Rabbit.prototype.speak = function(line) {
  console.log(`The ${this.type} rabbit says '${line}'`);
};

let weirdRabbit = new Rabbit("weird");
```

Konstruktoren (tatsächlich sogar alle Funktionen) erhalten automatisch die Eigenschaft `prototype`, die standardmäßig ein einfaches, leeres, von `Object.prototype` abgeleitetes Objekt festhält. Dieses Objekt können Sie bei Bedarf mit einem anderen Objekt überschreiben. Sie können auch wie in dem vorigen Beispiel Eigenschaften zu dem bestehenden Objekt hinzufügen. Vereinbarungsgemäß werden die Namen von Konstruktoren mit großem Anfangsbuchstaben geschrieben, sodass sie sich leicht von anderen Funktionen unterscheiden lassen.

Es ist wichtig, den Unterschied zwischen der Art und Weise zu verstehen, wie ein Prototyp mit einem Konstruktor assoziiert wird (durch seine Prototypeigenschaft), und der Art und Weise, wie Objekte einen Prototyp *haben* (der mit `Object.getPrototypeOf` gefunden werden kann). Der eigentliche Prototyp eines Konstruktors ist `Function.prototype`, da Konstruktoren Funktionen sind. Ihre *Eigenschaft* `prototype` hält den Prototyp fest, der für die durch sie erstellten Instanzen verwendet wird.

```
console.log(Object.getPrototypeOf(Rabbit) ==
            Function.prototype);
```

```
// → true
console.log(Object.getPrototypeOf(weirdRabbit) ==
            Rabbit.prototype);
// → true
```

## 6.5 Klassenschreibweise

In JavaScript sind Klassen also Konstruktorfunktionen mit einer Prototypeigenschaft. Das ist die Art und Weise, in der sie funktionieren, und das war bis 2015 auch die Art und Weise, in der sie geschrieben werden mussten. Inzwischen gibt es jedoch eine weniger umständliche Schreibweise:

```
class Rabbit {
  constructor(type) {
    this.type = type;
  }
  speak(line) {
    console.log(`The ${this.type} rabbit says '${line}'`);
  }
}

let killerRabbit = new Rabbit("killer");
let blackRabbit = new Rabbit("black");
```

Das Schlüsselwort `class` leitet eine Klassendeklaration ein. Darin können Sie einen Konstruktor und einen Satz von Methoden zusammen an einer Stelle definieren. In die geschweiften Klammern der Deklaration können Sie eine beliebige Anzahl von Methoden schreiben. Dabei wird die Methode mit dem Namen `constructor` gesondert behandelt: Sie stellt die Konstruktorfunktion bereit, die an den Namen `Rabbit` gebunden wird. Die anderen werden in den Prototyp des Konstruktors gepackt. Damit ist die frühere Klassendeklaration gleichwertig mit der Konstruktordefinition aus dem vorigen Beispiel. Die neue Version sieht lediglich übersichtlicher aus.

In Klassendeklarationen ist es zurzeit nur zulässig, dem Prototyp *Methoden* hinzuzufügen, also Eigenschaften, die Funktionen festhalten. Das kann ziemlich unbequem sein, wenn Sie darin auch Eigenschaften speichern möchten, die keine Funktionswerte sind. In der nächsten Version der Sprache wird hier wahrscheinlich nachgebessert. Vorläufig können Sie solche Eigenschaften dadurch erstellen, dass Sie nach der Definition der Klasse den Prototyp direkt bearbeiten.

Ebenso wie `function` kann auch `class` sowohl in Anweisungen als auch in Ausdrücken verwendet werden. In Ausdrücken definiert dieses Schlüsselwort keine Bindung, sondern produziert lediglich den Konstruktor als Wert. In einem Klassenausdruck dürfen Sie den Klassennamen weglassen.

```
let object = new class { getWord() { return "hello"; } };
console.log(object.getWord());
// → hello
```

## 6.6 Abgeleitete Eigenschaften überschreiben

Wenn Sie einem Objekt eine Eigenschaft hinzufügen, wird sie dem Objekt *selbst* zugeschlagen. Gibt es bereits eine Eigenschaft desselben Namens im Prototyp, wirkt sich diese Prototypeigenschaft nicht mehr auf das Objekt aus, sondern wird hinter der eigenen Eigenschaft des Objekts verborgen.

```
Rabbit.prototype.teeth = "small";
console.log(killerRabbit.teeth);
// → small
killerRabbit.teeth = "long, sharp, and bloody";
console.log(killerRabbit.teeth);
// → long, sharp, and bloody
console.log(blackRabbit.teeth);
// → small
console.log(Rabbit.prototype.teeth);
// → small
```

Die folgende Skizze zeigt die Situation nach der Ausführung dieses Codes. Hinter killerRabbit stehen die Prototypen Rabbit und Object. Darin können Eigenschaften nachgeschlagen werden, die im Objekt selbst nicht zu finden sind.

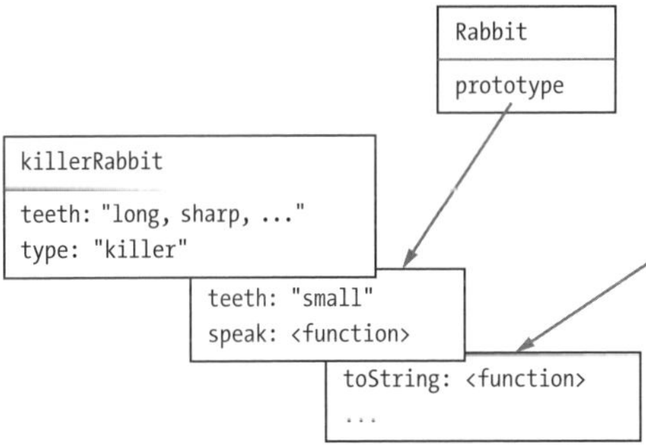


Die Möglichkeit, Prototypeigenschaften überschreiben zu können, ist sehr praktisch. Wie unser Beispiel mit den Kaninchenzähnen zeigt, lassen sich damit Ausnahmeeigenschaften in Instanzen einer allgemeiner gehaltenen Klasse von Objekten ausdrücken, während die regulären Objekte Standardwerte vom Prototyp beziehen.

Durch Überschreiben erhalten auch die Standardprototypen von Funktionen und Arrays eine andere toString-Methode als der grundlegende Objektprototyp.

```
console.log(Array.prototype.toString ==
Object.prototype.toString);
// → false
console.log([1, 2].toString());
// → 1,2
```

Der Aufruf von toString für ein Array verhält sich ähnlich wie ein Aufruf von .join(","): Die Werte in dem Array werden durch Kommata getrennt. Ein direkter Aufruf von `Object.prototype.toString` für ein Array ruft dagegen einen anderen String hervor. Da diese Funktion nichts über Arrays weiß, stellt sie lediglich das Wort *object* und den Typnamen in eckige Klammern:

```
console.log(Object.prototype.toString.call([1, 2]));
// → [object Array]
```

## 6.7 Maps

Das Wort *map* haben Sie bereits in »*Transformationen mit map*« auf *S. 90* für eine Operation kennengelernt, die eine Datenstruktur durch Anwendung einer Funktion auf deren Elemente transformiert. Verwirrenderweise wird dieses Wort in der Programmierung auch für etwas verwendet, was zwar damit verwandt, aber doch deutlich verschieden ist. Eine *Map* (Abbildung oder Zuordnung) ist eine Datenstruktur, die Werte (Schlüssel) mit anderen Werten verknüpft. Nehmen wir an, Sie wollen Namen Altersangaben zuordnen. Eine Möglichkeit besteht darin, das mit Objekten zu tun:

```
let ages = {
  Boris: 39,
  Liang: 22,
  Júlia: 62
};

console.log(`Júlia is ${ages["Júlia"]}`);
// ! Júlia is 62
console.log("Is Jack's age known?", "Jack" in ages);
// → Is Jack's age known? false
console.log("Is toString's age known?", "toString" in ages);
// → Is toString's age known? true
```

Hier sind die Namen der Objekteigenschaften die Personennamen und die Werte der Eigenschaften die Altersangaben zu diesen Personen. Allerdings haben wir nirgendwo jemanden namens toString aufgelistet! Trotzdem sieht es so aus, als wäre eine solche Eigenschaft vorhanden. Das liegt daran, dass einfache Objekte von `Object.prototype` abgeleitet sind.

Einfache Objekte für Zuordnungen zu verwenden, ist also nicht ungefährlich. Es gibt verschiedene Möglichkeiten, um ein solches Problem zu vermeiden. Erstens könnten Sie Objekte *ohne* Prototyp erstellen. Wenn Sie `null` an `Object.create` übergeben, ist das resultierende Objekt nicht von `Object.prototype` abgeleitet und kann daher gefahrlos für Zuordnungen verwendet werden.

```
console.log("toString" in Object.create(null));
// → false
```

Da die Namen von Objekteigenschaften Strings sein müssen, können Sie für eine Zuordnung jedoch keine Objekte verwenden, wenn sich Schlüssel nicht so einfach in Strings umwandeln lassen (etwa wenn diese Schlüssel ebenfalls Objekte sind).

Zum Glück gibt es in JavaScript die Klasse Map, die eigens für diesen Zweck geschrieben ist. Sie speichert eine Zuordnung, wobei Schlüssel jeglicher Art zulässig sind.

```
let ages = new Map();
ages.set("Boris", 39);
ages.set("Liang", 22);
ages.set("Júlia", 62);

console.log(`Júlia is ${ages.get("Júlia")}`);
// → Júlia is 62
console.log("Is Jack's age known?", ages.has("Jack"));
// → Is Jack's age known? false
console.log(ages.has("toString"));
// → false
```

Die Methoden set, get und has gehören zur Schnittstelle des Objekts Map. Es ist nicht einfach, eine Datenstruktur zu schreiben, die eine große Menge von Werten schnell aktualisieren und durchsuchen kann. Aber darüber müssen wir uns keine Gedanken machen. Jemand anderes hat die Arbeit schon für uns erledigt, weshalb wir einfach diese simple Schnittstelle nutzen können.

Wenn Sie ein einfaches Objekt aus irgendeinem Grund als Zuordnung nutzen müssen, ist es wichtig zu wissen, dass Object.keys nur die *eigenen* Schlüssel eines Objekts zurückgibt, aber nicht die des Prototyps. Als Alternative zum Operator in können wir auch die Methode hasOwnProperty verwenden, die den Prototyp des Objekts ignoriert:

```
console.log({x: 1}.hasOwnProperty("x"));
// → true
console.log({x: 1}.hasOwnProperty("toString"));
// → false
```

## 6.8 Polymorphismus

Wenn Sie die Funktion String für ein Objekt aufrufen (die einen Wert in einen String umwandelt), ruft sie ihrerseits die Methode toString für das Objekt auf, um zu versuchen, einen sinnvollen String daraus zu erstellen. Ich habe bereits erwähnt, dass einige der Standardprototypen ihre eigene Version von toString definieren, damit sie einen nützlicheren String als "[object Object]" produzieren können. Sie können dies auch selbst tun:

```
Rabbit.prototype.toString = function() {
  return `a ${this.type} rabbit`;
};
console.log(String(blackRabbit));
// → a black rabbit
```

Dies ist ein sehr einfaches Beispiel für ein vielseitiges Prinzip. Code, der für Objekte mit einer bestimmten Schnittstelle geschrieben ist – in diesem Fall mit einer `toString`-Methode –, kann auch von jedem anderen Objekt verwendet werden, das diese Schnittstelle unterstützt. Diese Technik wird als *Polymorphismus* bezeichnet. Polymorpher Code funktioniert für Werte unterschiedlicher Arten, solange sie nur die erwartete Schnittstelle unterstützen.

In *»Array-Schleifen«* auf *S. 71* habe ich erwähnt, dass eine `for/of`-Schleife verschiedene Arten von Datenstrukturen durchlaufen kann. Das ist ein weiterer Fall von Polymorphismus: Diese Schleife erwartet eine Datenstruktur mit einer bestimmten Schnittstelle, die sowohl Arrays als auch Strings aufweist. Darüber hinaus können wir diese Schnittstelle auch zu unseren eigenen Objekten hinzufügen. Aber bevor wir das tun, müssen wir erst einmal wissen, was Symbole sind.

## 6.9 Symbole

Es ist möglich, dass mehrere Schnittstellen denselben Eigenschaftennamen für verschiedene Dinge verwenden. Beispielsweise könnte ich eine Schnittstelle definieren, in der die Methode `toString` ein Objekt in eine Längenangabe für Garn umwandelt. Ein Objekt wäre dann nicht in der Lage, sowohl diese Schnittstelle als auch die Standardverwendung von `toString` zu erfüllen.

Eine solche Vorgehensweise wäre nicht sehr sinnvoll. Deshalb tritt dieses Problem auch nicht häufig auf. Die meisten JavaScript-Programmierer denken nicht einmal über so etwas nach. Die Sprachentwickler aber, deren Aufgabe es ist, darüber nachzudenken, haben trotzdem eine Lösung bereitgestellt.

Meine Behauptung, dass Eigenschaftennamen Strings sind, ist nicht ganz korrekt. Gewöhnlich sind sie zwar Strings, aber sie können auch *Symbole* sein. Das sind Werte, die mit der Funktion `Symbol` erstellt wurden. Anders als Strings sind neu erstellte Symbole einzigartig. Es ist nicht möglich, dasselbe Symbol zweimal zu erstellen:

```
let sym = Symbol("name");
console.log(sym == Symbol("name"));
// → false
Rabbit.prototype[sym] = 55;
console.log(blackRabbit[sym]);
// → 55
```

Der String, den Sie an `Symbol` übergeben, wird bei der Umwandlung des Symbols in einen String eingeschlossen. Damit lässt sich ein Symbol einfacher erkennen, wenn es beispielsweise in der Konsole angezeigt wird. Darüber hinaus hat dieser String jedoch keine Bedeutung. Mehrere Symbole können denselben Namen haben.

Da Symbole einzigartig und als Eigenschaftennamen geeignet sind, lassen sich damit Schnittstellen definieren, die konfliktfrei neben anderen Eigenschaften unabhängig von deren Namen bestehen können:

```
const toStringSymbol = Symbol("toString");
Array.prototype[toStringSymbol] = function() {
  return `${this.length} cm of blue yarn`;
};

console.log([1, 2].toString());
// → 1,2
console.log([1, 2][toStringSymbol]());
// → 2 cm of blue yarn
```

Um Symboleigenschaften in Objektausdrücken und Klassen zu verwenden, wird der Eigenschaftenname in eckige Klammern gesetzt. Ähnlich wie bei der Klammerschreibweise für den Zugriff auf Eigenschaften wird dabei der Eigenschaftenname ausgewertet. Dadurch können wir auf eine Bindung verweisen, die das Symbol festhält.

```
let stringObject = {
  [toStringSymbol]() { return "a jute rope"; }
};
console.log(stringObject[toStringSymbol]());
// → a jute rope
```

## 6.10 Die Iteratorschnittstelle

Das Objekt, das einer `for/of`-Schleife übergeben wird, muss *iterierbar* sein. Das heißt, es muss über eine Methode verfügen, die mit dem Symbol `Symbol.iterator` benannt ist (ein in der Sprache definierter und als Eigenschaft der Funktion `Symbol` gespeicherter Symbolwert).

Wird diese Methode aufgerufen, gibt sie ein Objekt zurück, das eine zweite Schnittstelle bereitstellt, den *Iterator*. Diese Schnittstelle ist es, die die eigentliche Iteration durchführt. Ihre Methode `next` gibt das nächste Ergebnis zurück. Das Ergebnis sollte ein Objekt mit der Eigenschaft `value` sein, die den nächsten Wert angibt, falls einer vorhanden ist, und der Eigenschaft `done`, die `true` ist, wenn es keine weiteren Ergebnisse mehr gibt, und anderenfalls `false`.

Die Eigenschaftennamen `next`, `value` und `done` sind einfache Strings, keine Symbole. Nur bei dem Namen `Symbol.iterator`, der sehr wahrscheinlich zu einer *Menge* verschiedener Objekte hinzugefügt wird, handelt es sich um ein Symbol.

Diese Schnittstelle können Sie unmittelbar nutzen:

```
let okIterator = "OK"[Symbol.iterator]();
console.log(okIterator.next());
// → {value: "O", done: false}
console.log(okIterator.next());
// → {value: "K", done: false}
console.log(okIterator.next());
// → {value: undefined, done: true}
```

Damit wollen wir nun eine iterierbare Datenstruktur implementieren. Wir erstellen eine Klasse für Matrizen, also zweidimensionale Arrays:

```
class Matrix {
  constructor(width, height, element = (x, y) => undefined) {
    this.width = width;
    this.height = height;
    this.content = [];

    for (let y = 0; y < height; y++) {
      for (let x = 0; x < width; x++) {
        this.content[y * width + x] = element(x, y);
      }
    }
  }

  get(x, y) {
    return this.content[y * this.width + x];
  }
  set(x, y, value) {
    this.content[y * this.width + x] = value;
  }
}
```

Diese Klasse speichert ihre Inhalte in einem einzigen Array mit `width x height` Elementen. Die Elemente werden dabei zeilenweise gespeichert, wobei die Indexzählung bei 0 beginnt. Daher befindet sich beispielsweise das dritte Element der fünften Zeile an der Position 4 x `width` + 2.

Die Konstruktorfunktion nimmt eine Breite, eine Höhe und optional eine Inhaltsfunktion entgegen, die zum Ausfüllen mit Anfangswerten dient. Des Weiteren gibt es die Methoden `get` und `set`, um Elemente in der Matrix abzurufen und zu aktualisieren.

Beim Durchlaufen der Matrix sind wir gewöhnlich an der Position der Elemente sowie an den Elementen selbst interessiert. Daher sorgen wir dafür, dass unser Iterator Objekte mit den Eigenschaften `x`, `y` und `value` produziert:

```
class MatrixIterator {
  constructor(matrix) {
    this.x = 0;
    this.y = 0;
    this.matrix = matrix;
  }

  next() {
    if (this.y == this.matrix.height) return {done: true};

    let value = {x: this.x,
                 y: this.y,
                 value: this.matrix.get(this.x, this.y)};
```

```
      this.x++;
      if (this.x == this.matrix.width) {
        this.x = 0;
        this.y++;
      }
      return {value, done: false};
    }
  }
```

Diese Klasse verfolgt den Fortschritt der Iteration über eine Matrix in ihren Eigenschaften `x` und `y`. Die Methode `next` prüft als Erstes, ob der untere Rand der Matrix erreicht ist. Wenn nicht, erstellt sie *erst* das Objekt, das den aktuellen Wert festhält, und aktualisiert *dann* dessen Position. Dabei rückt bei Bedarf in die nächste Zeile vor.

Als Nächstes sorgen wir dafür, dass die Klasse `Matrix` iterierbar ist. In diesem Buch werde ich gelegentlich nachträgliche Änderungen am Prototyp durchführen, um Methoden zu Klassen so hinzuzufügen. Das mache ich, damit die einzelnen Teile des Codes klein und voneinander unabhängig bleiben. In regulären Programmen, bei denen keine Notwendigkeit besteht, den Code in kleine Stücke aufzuteilen, können Sie die Methoden stattdessen auch unmittelbar in der Klasse deklarieren.

```
Matrix.prototype[Symbol.iterator] = function() {
  return new MatrixIterator(this);
};
```

Jetzt können wir die Matrix mit `for/of` durchlaufen:

```
let matrix = new Matrix(2, 2, (x, y) => `value ${x},${y}`);
for (let {x, y, value} of matrix) {
  console.log(x, y, value);
}
// → 0 0 value 0,0
// → 1 0 value 1,0
// → 0 1 value 0,1
// → 1 1 value 1,1
```

## 6.11 Get-, Set- und statische Methoden

Schnittstellen bestehen meistens aus Methoden. Es ist aber auch zulässig, Eigenschaften darin aufzunehmen, die andere Werte als Funktionen festhalten. Beispielsweise verfügen `Map`-Objekte über die Eigenschaft `size`, die angibt, wie viele Schlüssel darin gespeichert sind.

Es ist nicht einmal notwendig, dass ein solches Objekt eine Eigenschaft direkt in der Instanz berechnet und speichert. Selbst wenn unmittelbar auf eine Eigenschaft zurückgegriffen wird, kann sich dahinter der Aufruf einer Methode verbergen, nämlich einer sogenannten *Get-Methode* (oder *Getter*). Um eine solche Methode zu definieren, schreiben Sie in einem Objektausdruck oder einer Klassendeklaration `get` vor den Methodennamen:

```
let varyingSize = {
  get size() {
    return Math.floor(Math.random() * 100);
  }
};

console.log(varyingSize.size);
// → 73
console.log(varyingSize.size);
// → 49
```

Liest jemand die Eigenschaft `size` dieses Objekts, wird die zugehörige Methode aufgerufen. Wird eine Eigenschaft geschrieben, können Sie mit einer *Set-Methode* (*Setter*) etwas Vergleichbares tun.

```
class Temperature {
  constructor(celsius) {
    this.celsius = celsius;
  }
  get fahrenheit() {
    return this.celsius * 1.8 + 32;
  }
  set fahrenheit(value) {
    this.celsius = (value - 32) / 1.8;
  }

  static fromFahrenheit(value) {
    return new Temperature((value - 32) / 1.8);
  }
}

let temp = new Temperature(22);
console.log(temp.fahrenheit);
// → 71.6
temp.fahrenheit = 86;
console.log(temp.celsius);
// → 30
```

Mit der Klasse `Temperature` können Sie Temperaturen sowohl in Celsius als auch in Fahrenheit lesen und schreiben. Dabei werden jedoch die Werte intern nur in Celsius gespeichert und durch die Get- und Set-Methode `fahrenheit` automatisch umgerechnet.

Es kann vorkommen, dass Sie Eigenschaften unmittelbar zu einer Konstruktorfunktion statt zum Prototyp hinzufügen möchten. Solche Methoden haben keinen Zugriff auf die Instanz der Klasse, können aber z.B. zusätzliche Möglichkeiten bereitstellen, um Instanzen zu erstellen.

Methoden, deren Namen in der Klassendeklaration `static` vorangestellt wird, werden im Konstruktor gespeichert. Die Klasse `Temperature` ermöglicht es Ihnen damit, `Temperature.fromFahrenheit(100)` zu schreiben, um eine Temperatur in der Einheit Fahrenheit zu erstellen.

## 6.12 Vererbung

*Symmetrische* Matrizen zeichnen sich dadurch aus, dass sie bei einer Spiegelung um die Diagonale von links oben nach rechts unten unverändert bleiben. Anders ausgedrückt: Der Wert an der Position *x,y* ist der gleiche wie der an *y,x*.

Stellen Sie sich vor, wir brauchen eine Datenstruktur wie `Matrix`, aber eine, die dafür sorgt, dass die Matrix symmetrisch ist und bleibt. Wir könnten es von Grund auf neu schreiben, aber das würde bedeuten, Code zu wiederholen, der dem entspricht, was wir bereits geschrieben haben.

Das Prototypsystem von JavaScript macht es möglich, eine *neue* Klasse zu erstellen, die einer anderen ähnelt, aber für einige der Eigenschaften neue Definitionen aufweist. Der Prototyp der neuen Klasse ist vom alten Prototyp abgeleitet, fügt aber neue Definitionen hinzu, z.B. für die Set-Methode.

In der objektorientierten Programmierung wird dies *Vererbung* genannt: Die neue Klasse erbt Eigenschaften und Verhalten der alten.

```
class SymmetricMatrix extends Matrix {
  constructor(size, element = (x, y) => undefined) {
    super(size, size, (x, y) => {
      if (x < y) return element(y, x);
      else return element(x, y);
    });
  }

  set(x, y, value) {
    super.set(x, y, value);
    if (x != y) {
      super.set(y, x, value);
    }
  }
}

let matrix = new SymmetricMatrix(5, (x, y) => `${x},${y}`);
console.log(matrix.get(2, 3));
// → 3,2
```

Die Verwendung von `extends` zeigt, dass diese Klasse nicht unmittelbar auf dem Standardprototyp von `Object` basiert, sondern auf einer anderen Klasse, der sogenannten *Oberklasse*. Die abgeleitete Klasse ist die *Unterklasse*.

Um eine Instanz von `SymmetricMatrix` zu initialisieren, ruft der Konstruktor mit dem Schlüsselwort `super` den Konstruktor seiner Oberklasse auf. Das ist notwendig, weil sich das neue Objekt (ungefähr) so verhalten soll wie `Matrix`. Dazu braucht es die Instanzeigenschaften von Matrizen. Um sicherzustellen, dass die Matrix symmetrisch ist, schließt der Konstruktor die Methode `element` ein, die für Werte unter der Diagonalen die Koordinaten vertauscht.

Auch die Methode `set` verwendet `super`, aber nicht um den Konstruktor aufzurufen, sondern eine der Methoden der Oberklasse. Wir definieren `set` zwar neu, wollen aber das ursprüngliche Verhalten bewahren. Da `this.set` auf die *neue* `set`-Methode verweist, würde dieser Aufruf nicht funktionieren. Innerhalb von Klassenmethoden bietet `super` eine Möglichkeit, Methoden so aufzurufen, wie sie in der Oberklasse definiert sind.

Mithilfe der Vererbung können wir mit wenig Aufwand einen Datentyp erstellen, der sich nur leicht von einem vorhandenen Datentyp unterscheidet. Dies ist neben Kapselung und Polymorphismus ein weiterer grundlegender Aspekt der objektorientierten Programmierung. Aber während die beiden anderen im Allgemeinen als hervorragende Vorgehensweisen betrachtet werden, ist die Vererbung umstritten.

Kapselung und Polymorphismus können verwendet werden, um einzelne Codeteile voneinander zu *trennen*, was das Programm im Ganzen weniger verworren macht. Durch die Vererbung dagegen werden Klassen verknüpft, was das Durcheinander noch *verstärkt*. Bei der Vererbung von einer Klasse müssen Sie gewöhnlich mehr über die Klasse wissen, als wenn wie Sie sie nur einfach verwenden. Vererbung kann ein nützliches Werkzeug sein. Auch ich verwende sie hin und wieder in meinen eigenen Programmen. Aber sie sollte nicht das erste Werkzeug sein, nach dem Sie greifen, und Sie sollten wahrscheinlich nicht aktiv nach Möglichkeiten suchen, Klassenhierarchien (Familienstammbäume von Klassen) aufzubauen.

## 6.13 Der Operator instanceof

Gelegentlich ist es gut zu wissen, ob ein Objekt von einer bestimmten Klasse abgeleitet wurde. In JavaScript gibt es dafür den binären Operator `instanceof`:

```
console.log(
  new SymmetricMatrix(2) instanceof SymmetricMatrix);
// → true
console.log(new SymmetricMatrix(2) instanceof Matrix);
// → true
console.log(new Matrix(2, 2) instanceof SymmetricMatrix);
// → false
console.log([1] instanceof Array);
// → true
```

Dieser Operator überblickt auch die Vererbungshierarchie. Deshalb erkennt er, dass `SymmnetricMatrix` eine Instanz von `Matrix` ist. Er kann auch auf Standardkonstruktoren wie `Array` angewendet werden. Fast jedes Objekt ist eine Instanz von `Object`.

## 6.14 Zusammenfassung

Objekte halten nicht nur ihre eigenen Eigenschaften fest. Sie haben Prototypen, die selbst wiederum Objekte sind. Und solange ihr Prototyp über eine bestimmte Eigenschaft verfügt, verhalten sie sich so, als hätten sie selbst diese Eigenschaft, auch wenn das gar nicht der Fall ist. Der Prototyp einfacher Objekte ist `Object.prototype`.

Konstruktoren sind besondere Funktionen, die gewöhnlich mit großem Anfangsbuchstaben geschrieben werden und zusammen mit dem Operator `new` verwendet werden können, um neue Objekte zu erstellen. Der Prototyp des neuen Objekts ist das Objekt, das in der Eigenschaft `prototype` des Konstruktors angegeben ist. Das können Sie nutzen, indem Sie Eigenschaften, die alle Werte eines bestimmten Typs haben sollen, in deren Prototyp packen. Die Schreibweise mit `class` bietet eine übersichtliche Möglichkeit, um einen Konstruktor und den zugehörigen Prototyp zu definieren.

Get- und Set-Methoden erstellen Sie, um bei jedem Zugriff auf eine Eigenschaft eines Objekts insgeheim Methoden aufzurufen. Statische Methoden werden im Konstruktor einer Klasse statt in deren Prototyp gespeichert.

Der Operator `instanceof` nimmt ein Objekt und einen Konstruktor entgegen und gibt an, ob das Objekt eine Instanz dieses Konstruktors ist.

Sehr praktisch ist es, für ein Objekt eine Schnittstelle anzugeben, und allen mitzuteilen, dass die Kommunikation mit diesem Objekt ausschließlich über diese Schnittstelle erfolgen darf. Alle anderen Einzelheiten des Objekts sind dadurch *gekapselt*, also hinter der Schnittstelle verborgen.

Dabei können mehrere verschiedene Typen die gleiche Schnittstelle implementieren. Code, der für die Verwendung einer Schnittstelle geschrieben wurde, weiß automatisch, wie er mit allen verschiedenen Objekten umgehen muss, die diese Schnittstelle bereitstellen. Dies wird *Polymorphismus* genannt.

Bei der Implementierung mehrerer Klassen, die sich nur in einigen Einzelheiten unterscheiden, kann es hilfreich seine, die neuen Klassen als *Unterklassen* einer bestehenden Klasse zu schreiben, von der sie einen Teil ihres Verhaltens *erben*.

## 6.15 Übungen

### Ein Vektortyp

Schreiben Sie die Klasse `Vec` zur Darstellung eines Vektors im zweidimensionalen Raum. Sie nimmt die Parameter `x` und `y` (Zahlen) entgegen und speichert sie als gleichnamige Eigenschaften.

Schreiben Sie für den Prototyp `Vec` die beiden Methoden `plus` und `minus`, die einen weiteren Vektor als Parameter entgegennehmen und einen neuen Vektor zurückgeben, der die Summe bzw. Differenz der x- und y-Werte der beiden Vektoren (`this` und des Parameters) zurückgibt.

Fügen Sie dem Prototyp die Get-Eigenschaft `length` hinzu, die die Länge des Vektors berechnet, also den Abstand des Punkts $(x, y)$ vom Ursprung $(0, 0)$.

## Gruppen

Die Standardumgebung von JavaScript stellt mit `Set` (Menge) eine weitere Datenstruktur bereit. Ähnlich wie Instanzen von `Map` enthält ein Set auch eine Zusammenstellung von Werten. Im Gegensatz zu `Map` werden diese Werte jedoch nicht mit anderen verknüpft. Es wird lediglich festgehalten, welche Werte zu der Menge gehören. Ein Wert kann nur einmal zum Teil einer Menge gemacht werden. Ihn erneut hinzuzufügen, hat keine Auswirkung.

Schreiben Sie die Klasse `Group` (da der Name `Set` bereits existiert). Ebenso wie `Set` verfügt sie über die Methoden `add`, `delete` und `has`. Ihr Konstruktor erstellt eine leere Gruppe, `add` fügt einen Wert zu der Gruppe hinzu (aber nur dann, wenn er nicht bereits ein Element dieser Gruppe ist), `delete` löscht ihr Argument aus der Gruppe (falls es ein Element war), und `has` gibt einen booleschen Wert zurück, der angibt, ob ihr Argument ein Element der Gruppe ist.

Verwenden Sie den Operator `===` oder etwas Ähnliches wie `indexOf`, um zu bestimmen, ob zwei Werte gleich sind.

Fügen Sie der Klasse die statische Methode `from` hinzu, die ein iterierbares Objekt als Argument entgegennimmt und eine Gruppe erstellt, die alle durch Iteration über dieses Objekt produzierten Werte enthält.

## Iterierbare Gruppen

Machen Sie die Klasse `Group` aus der vorherigen Übung iterierbar. Wenn Ihnen nicht ganz klar ist, welche Form die Schnittstelle haben muss, schlagen Sie im Abschnitt über die Iteratorschnittstelle weiter vorn in diesem Kapitel nach.

Wenn Sie zur Darstellung der Gruppenelemente ein Array verwendet haben, geben Sie nicht einfach den Iterator zurück, der durch den Aufruf der Methode `Symbol.iterator` für das Array erstellt wird. Das würde zwar funktionieren, entspricht aber nicht dem Zweck dieser Übung.

Es ist zulässig, dass sich der Iterator merkwürdig verhält, wenn die Gruppe während der Iteration verändert wird.

## Eine Methode ausborgen

Weiter vorn in diesem Kapitel habe ich erwähnt, dass Sie die Methode `hasOwnProperty` eines Objekts als sicherere Alternative zum Operator `in` verwenden können, wenn Sie die Eigenschaften des Prototyps ignorieren wollen. Was aber tun Sie, wenn Ihre Zuordnung das Wort `"hasOwnProperty"` enthalten muss? In diesem können Sie die Methode nicht mehr aufrufen, da die eigene Eigenschaft des Objekts den Methodenwert verbirgt.

Können Sie sich eine Möglichkeit vorstellen, um `hasOwnProperty` für ein Objekt aufzurufen, das selbst über eine Eigenschaft dieses Namens verfügt?

»Die Frage, ob Maschinen denken können [...], ist ungefähr so relevant wie die Frage, ob U-Boote schwimmen können.«

– Edsger Dijkstra, *The Threats to Computing Science*

# 7 Projekt: Ein Roboter

In den Projektkapiteln nehme ich für kurze Zeit davon Abstand, Sie mit neuem theoretischem Wissen zu bombardieren. Stattdessen arbeiten wir gemeinsam ein Programm durch. Theorie ist notwendig, um Programmieren zu lernen, aber genauso wichtig ist es, Programme zu lesen und zu verstehen. Das Projekt dieses Kapitels besteht darin, einen Automaten zu bauen – ein kleines Programm, das eine Aufgabe in einer virtuellen Welt erfüllt. Bei diesem Automaten handelt es sich um einen Postroboter, der Pakete annimmt und abliefert.

## 7.1 Meadowfield

Das Dorf Meadowfield ist ziemlich klein: Es besteht aus elf Plätzen, die durch 14 Straßen verbunden sind. Es kann mit dem folgenden Straßen-Array beschrieben werden:

```
const roads = [
  "Alice's House-Bob's House",   "Alice's House-Cabin",
  "Alice's House-Post Office",   "Bob's House-Town Hall",
  "Daria's House-Ernie's House", "Daria's House-Town Hall",
  "Ernie's House-Grete's House", "Grete's House-Farm",
  "Grete's House-Shop",          "Marketplace-Farm",
  "Marketplace-Post Office",     "Marketplace-Shop",
  "Marketplace-Town Hall",       "Shop-Town Hall"
];
```

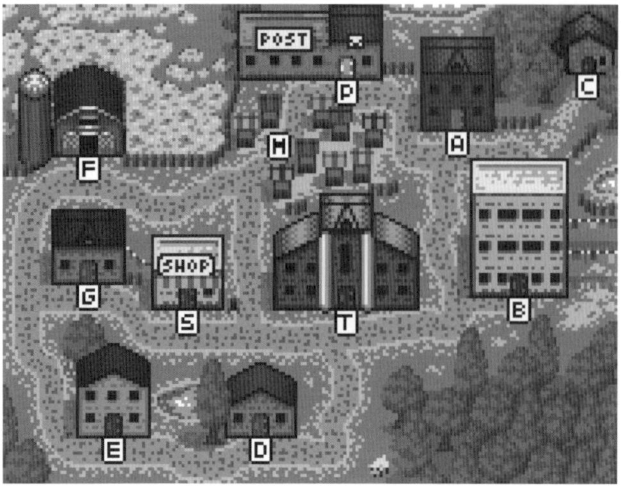


Das Straßennetz des Dorfes bildet einen *Graphen*: eine Menge von Punkten (Plätze im Dorf) mit Linien dazwischen (Straßen). Dieser Graph ist die Welt, in der sich unser Roboter bewegen soll.

Mit dem Array aus Strings lässt es sich nicht so gut arbeiten. Schließlich sind wir mehr daran interessiert, welche Ziele von einem gegebenen Ort aus zu erreichen sind. Daher wandeln wir die Liste der Straße in eine Datenstruktur um, die für jeden Ort angibt, welche anderen davon jeweils zu erreichen sind:

```
function buildGraph(edges) {
  let graph = Object.create(null);
  function addEdge(from, to) {
    if (graph[from] == null) {
      graph[from] = [to];
    } else {
      graph[from].push(to);
    }
  }
  for (let [from, to] of edges.map(r => r.split("-"))) {
    addEdge(from, to);
    addEdge(to, from);
  }
  return graph;
}

const roadGraph = buildGraph(roads);
```

Aus einem Array mit Kanten erstellt `buildGraph` ein `Map`-Objekt, in dem für jeden Knoten ein Array der direkt damit verbundenen Knoten gespeichert ist.

Um von den Straßen-Strings der Form `"Anfang-Ende"` zu den Zwei-Elemente-Arrays zu gelangen, die Anfang und Ende als getrennte Strings enthalten, verwendet die Funktion die Methode `split`.

## 7.2 Die Aufgabe

Unser Roboter soll sich durch das Dorf bewegen. An verschiedenen Stellen befinden sich Pakete, die an einen anderen Ort adressiert sind. Der Roboter muss diese Pakete aufnehmen, wenn er sie erreicht, und sie abliefern, wenn er am Zielort ankommt. An jedem Punkt muss der Automat entscheiden, wohin er sich als Nächstes wendet. Er hat seine Aufgabe beendet, wenn alle Pakete zugestellt sind.

Um diesen Vorgang zu simulieren, müssen wir eine virtuelle Welt definieren. Dieses Modell sagt uns, wo sich der Roboter gerade aufhält und wo sich die Pakete befinden. Wenn sich der Roboter entschieden hat, sich an einen anderen Ort zu begeben, müssen wir das Modell aktualisieren, sodass es die veränderte Situation widerspiegelt.

Wenn Sie objektorientiert denken, werden Sie wahrscheinlich damit beginnen wollen, Objekte für die verschiedenen Elemente in dieser Welt zu definieren: eine Klasse für den Roboter, eine für Pakete, vielleicht eine für Orte. Diese Klassen können Eigenschaften haben, die den aktuellen Status beschreiben, z.B. den Stapel von Paketen an einem Ort. Diese Eigenschaften wiederum können wir bei der Aktualisierung der Welt ändern. Dieses Vorgehen ist jedoch falsch.

Nun, zumindest in den meisten Fällen. Nur weil irgendetwas wie ein Objekt klingt, heißt das noch lange nicht, dass es in dem Programm auch ein Objekt sein sollte. Wenn Sie reflexartig Klassen für alle Begriffe in Ihrer Anwendung schreiben, haben Sie am Ende gewöhnlich eine Menge miteinander verknüpfter Objekte, die jeweils ihren eigenen internen, wechselnden Status aufweisen. Solche Programme sind schwer zu verstehen und daher auch fehleranfällig.

Stattdessen wollen wir den Status des Dorfes auf die kleinste Menge von Werten eindampfen, die es definieren. Da haben wir den aktuellen Standort des Roboters und die Menge der noch nicht zugestellten Pakete, die jeweils einen eigenen Standort und eine Zieladresse haben. Und das war es auch schon.

Dabei wollen wir auch dafür sorgen, dass wir den Status nicht *ändern*, wenn sich der Roboter bewegt, sondern stattdessen einen *neuen* Zustand für die Situation nach der Bewegung berechnen.

```
class VillageState {
  constructor(place, parcels) {
    this.place = place;
    this.parcels = parcels;
  }

  move(destination) {
    if (!roadGraph[this.place].includes(destination)) {
      return this;
    } else {
      let parcels = this.parcels.map(p => {
        if (p.place != this.place) return p;
        return {place: destination, address: p.address};
      }).filter(p => p.place != p.address);
      return new VillageState(destination, parcels);
```

```
    }
  }
}
```

Es ist die Methode move, in der die Aktionen ablaufen. Als Erstes prüft sie, ob eine Straße vom aktuellen Ort zum Ziel führt. Wenn nicht, gibt sie den alten Status zurück, da die Bewegung nicht gültig ist. Anschließend erstellt sie einen neuen Zustand mit dem Ziel als neuem Standort des Roboters. Sie muss aber auch eine neue Menge von Paketen erstellen. Denn die Pakete, die der Roboter trägt (die sich also an seinem aktuellen Standort befinden), müssen ebenfalls an den neuen Standort bewegt werden. Die Pakete, die an den neuen Standort adressiert sind, müssen dort zugestellt werden, also aus der Menge der nicht ausgelieferten Pakete entfernt werden. Der Aufruf von map sorgt für die Bewegungen, der Aufruf von filter für die Zustellung.

Paketobjekte werden beim Bewegen nicht geändert, sondern neu erstellt. Die Methode move ruft einen neuen Zustand des Dorfes hervor, lässt aber den alten intakt.

```
let first = new VillageState(
"Post Office",
[{place: "Post Office", address: "Alice's House"}]
);
let next = first.move("Alice's House");
console.log(next.place);
// → Alice's House
console.log(next.parcels);
// → []
console.log(first.place);
// → Post Office
```

Die Bewegung führt dazu, dass das Paket zugestellt wird, was der nächste Zustand widerspiegelt. Der ursprüngliche Zustand aber beschreibt nach wie vor die Situation, in der sich der Roboter auf dem Postamt befindet und das Paket noch nicht ausgeliefert ist.

## 7.3 Persistente Daten

Datenstrukturen, die sich nicht ändern, werden als *unveränderbar* oder *persistent* bezeichnet. Sie verhalten sich in dem Sinne wie Strings und Zahlen, da sie bleiben, was sie sind, und nicht zu verschiedenen Zeiten unterschiedliche Dinge enthalten.

In JavaScript kann fast alles verändert werden. Deshalb sind einige Einschränkungen erforderlich, um mit Werten zu arbeiten, die persistent sein sollen. Die Funktion Object.freeze friert ein Objekt sozusagen ein, sodass Schreibvorgänge auf seinen Eigenschaften ignoriert werden. Wenn Sie vorsichtig sein wollen, können Sie damit dafür sorgen, dass Ihre Objekte nicht geändert werden. Durch dieses Einfrieren muss der Computer mehr Arbeit verrichten. Aktualisierungen zu ignorieren, ist genauso verwirrend wie sie falsch auszuführen. Daher gebe ich gewöhnlich einfach an, dass ein gegebenes Objekt nicht angefasst werden soll, und hoffe, dass man sich daran hält.

```
let object = Object.freeze({value: 5});
object.value = 10;
console.log(object.value);
// → 5
```

Aber warum gebe ich mir überhaupt Mühe, dafür zu sorgen, dass Objekte nicht geändert werden können, wenn es in der Sprache doch offensichtlich erwartet wird? Weil mir das hilft, meine Programme besser zu verstehen. Hier geht es wieder um den Umgang mit Komplexität. Wenn die Objekte in meinem System stabil sind, können die Operationen daran isoliert betrachtet werden. Eine Bewegung zu Alices Haus von einem gegebenen Ausgangspunkt ruft immer den gleichen neuen Status hervor. Wenn sich Objekte mit der Zeit ändern, werden solche Überlegungen gleich viel komplizierter.

Bei einem kleinen System wie dem, das wir in diesem Kapitel anlegen, hätten wir mit dem bisschen zusätzlicher Komplexität leben können. Der wichtigste beschränkende Faktor dafür, welche Arten von Systemen wir erstellen können, besteht darin, wie viel wir verstehen können. Alles, was den Code verständlicher macht, trägt dazu bei, dass wir auch anspruchsvollere Systeme einrichten können.

Zwar ist es einfacher, ein System auf der Grundlage von persistenten Daten zu verstehen, doch leider ist es oft etwas schwerer, es zu *gestalten*, insbesondere wenn die Programmiersprache einen dabei nicht unterstützt. In diesem Buch versuchen wir nach Möglichkeit, persistente Datenstrukturen zu verwenden, aber wir werden auch veränderbare nutzen.

## 7.4 Simulation

Unser Zustellroboter schaut sich seine Welt an und entscheidet dann, in welche Richtung er sich bewegen will. So gesehen können wir den Roboter als eine Funktion beschreiben, die ein `VillageState`-Objekt entgegennimmt und den Namen eines nahegelegenen Ortes zurückgibt.

Da unser Roboter Pläne aufstellen und ausführen können soll, muss er sich Dinge merken können. Daher übergeben wir ihm Speicherwerte und sorgen dafür, dass er einen neuen Speicherwert zurückgeben kann. Der Roboter gibt also ein Objekt zurück, das sowohl die gewünschte Bewegungsrichtung als auch einen Speicherwert enthält, der ihm bei seinem nächsten Aufruf zurückgegeben wird.

```
function runRobot(state, robot, memory) {
  for (let turn = 0;; turn++) {
    if (state.parcels.length == 0) {
      console.log(`Done in ${turn} turns`);
      break;
    }
    let action = robot(state, memory);
    state = state.move(action.direction);
```

```
    memory = action.memory;
    console.log(`Moved to ${action.direction}`);
  }
}
```

Überlegen Sie, was der Roboter tun muss, um einen gegebenen Status zu »lösen«. Er muss alle Pakete aufnehmen, indem er alle Orte aufsucht, an denen sich Pakete befinden, und diese Pakete abliefern, indem er alle Orte aufsucht, an die Pakete adressiert sind. Aber nur nachdem er die betreffenden Pakete aufgenommen hat.

Was ist die einfachste mögliche Strategie dafür? Der Roboter könnte einfach bei jeder Abbiegung in eine zufällige Richtung gehen. Mit hoher Wahrscheinlichkeit wird er dann irgendwann über sämtliche Pakete stolpern und irgendwann auch alle Zustellungsorte erreicht haben. Das können wir wie folgt erreichen:

```
function randomPick(array) {
  let choice = Math.floor(Math.random() * array.length);
  return array[choice];
}

function randomRobot(state) {
  return {direction: randomPick(roadGraph[state.place])};
}
```

Wie Sie wissen, gibt `Math.random()` eine Zahl von 0 bis (ausschließlich) 1 zurück. Wenn wir diese Zahl mit der Länge eines Arrays multiplizieren und dann `Math.floor` anwenden, erhalten wir einen zufälligen gültigen Index in diesem Array.

Da sich der Roboter bei dieser Vorgehensweise nichts merken muss, ignoriert er sein zweites Argument (schließlich können JavaScript-Funktionen problemlos mit überzähligen Argumenten aufgerufen werden) und lässt die Eigenschaft `memory` in dem zurückgegebenen Objekt weg.

Um diesen Roboter an die Arbeit zu bringen, brauchen wir zunächst eine Möglichkeit, um einen neuen Status mit einigen Paketen zu erstellen. Eine statische Methode (die hier unmittelbar durch Hinzufügen einer Eigenschaft zum Konstruktor geschrieben wird) ist ein idealer Ort für diese Funktionalität.

```
VillageState.random = function(parcelCount = 5) {
  let parcels = [];
  for (let i = 0; i < parcelCount; i++) {
    let address = randomPick(Object.keys(roadGraph));
    let place;
    do {
      place = randomPick(Object.keys(roadGraph));
    } while (place == address);
    parcels.push({place, address});
  }
  return new VillageState("Post Office", parcels);
};
```

Da es nicht sinnvoll ist, Pakete zu dem Ort zuzustellen, an dem sie sich bereits befinden, wählt die do-Schleife einen neuen Ort aus, wenn sie einen abruft, der mit der Zieladresse identisch ist.

Starten wir jetzt unsere virtuelle Welt!

```
runRobot(VillageState.random(), randomRobot);
// → Moved to Marketplace
// → Moved to Town Hall
// → ...
// → Done in 63 turns
```

Der Roboter muss eine Menge Wege gehen, um die Pakete zuzustellen, weil er nicht vorausplant. Das wollen wir als Nächstes ändern.

## 7.5 Die Route des Postautos

Wir können die Aufgabe auch effizienter erledigen als mit einem zufallsgesteuerten Roboter. Eine einfache Verbesserung besteht darin, uns daran zu orientieren, wie die Postzustellung in der Realität funktioniert. Wenn wir eine Route finden, die alle Orte in dem Dorf passiert, kann der Roboter diese Strecke zweimal ablaufen. Danach ist sicher, dass er seine Aufgabe erfüllt hat. Eine mögliche Route (ausgehend vom Postamt) sieht wie folgt aus:

```
const mailRoute = [
  "Alice's House", "Cabin", "Alice's House", "Bob's House",
  "Town Hall", "Daria's House", "Ernie's House",
  "Grete's House", "Shop", "Grete's House", "Farm",
  "Marketplace", "Post Office"
];
```

Damit unser Roboter dieser Route folgen kann, muss er seinen Speicher nutzen. Er behält immer den Rest der Route in seinem Speicher und entfernt bei jeder neuen Bewegung das erste Element:

```
function routeRobot(state, memory) {
  if (memory.length == 0) {
    memory = mailRoute;
  }
  return {direction: memory[0], memory: memory.slice(1)};
}
```

Damit ist unser Roboter schon viel schneller geworden. Er braucht jetzt höchstens 26 Bewegungen (da er zweimal die Route mit 13 Zwischenstopps abläuft), aber gewöhnlich weniger.

## 7.6 Routen finden

Es ist jedoch nicht gerade ein Zeichen von intelligentem Verhalten, einfach stur einer vorgegebenen Route zu folgen. Der Roboter kann viel effizienter arbeiten, wenn er sein Verhalten an die Arbeit anpasst, die tatsächlich ansteht. Dazu muss er in der Lage sein, sich bewusst zu einem bestimmten Paket oder zu einem Zustellort zu begeben. Um das auch dann tun zu können, wenn das Ziel mehr als einen Zug entfernt liegt, ist eine Art von Routenfinder-Funktion erforderlich.

Eine Route durch einen Graphen zu finden, ist ein typisches *Suchproblem*. Wir können ermitteln, ob eine gegebene Lösung (Route) gültig ist, aber wir können eine Lösung nicht unmittelbar berechnen wie 2 + 2. Stattdessen müssen wir so lange mögliche Lösungen erstellen, bis wir eine gefunden haben, die funktioniert.

Die Anzahl möglicher Routen durch einen Graphen ist unendlich. Wenn wir aber nach einer Route von *A* nach *B* suchen, sind wir nur an denen interessiert, die bei *A* beginnen. Außerdem müssen wir uns nicht mit den Routen befassen, die denselben Ort zweimal besuchen, denn dies sind bestimmt nicht die effizientesten. Das reduziert die Anzahl der möglichen Wege, die der Routenfinder berücksichtigen muss.

Am meisten interessiert uns natürlich die *kürzeste* Route. Daher wollen wir sicherstellen, dass wir uns erst die kurzen Routen ansehen, bevor wir zu längeren übergehen. Eine gute Vorgehensweise dazu besteht darin, vom Ausgangspunkt aus Routen wachsen zu lassen und uns dabei jedem erreichbaren Platz zuzuwenden, der noch nicht besucht wurde, bis wir eine Route finden, die am Ziel ankommt. Dadurch schauen wir uns nur Routen an, die potenziell interessant sind, und finden die kürzeste Route zum Ziel (oder eine der kürzesten, falls es mehrere gibt).

Dazu können wir die folgende Funktion verwenden:

```
function findRoute(graph, from, to) {
  let work = [{at: from, route: []}];
  for (let i = 0; i < work.length; i++) {
    let {at, route} = work[i];
    for (let place of graph[at]) {
      if (place == to) return route.concat(place);
      if (!work.some(w => w.at == place)) {
        work.push({at: place, route: route.concat(place)});
      }
    }
  }
}
```

Die Erkundung muss in der richtigen Reihenfolge ablaufen. Die Orte, die wir als erste erreichen, müssen auch als erste erkundet werden. Wir können einen Ort jedoch nicht sofort erkunden, sobald wir ihn erreichen, denn das würde bedeuten, dass die *von dort aus* erreichbaren Plätze ebenfalls sofort erkundet werden müssten usw., denn es könnte andere kürzere Wege geben, die wir noch nicht erkundet haben. Daher unterhält die Funktion eine *Arbeitsliste*. Dieses Array enthält die Orte, die als nächste erkundet werden sollen, zusammen mit den Routen, die jeweils dorthin führen. Zu Anfang befinden sich in diesem Array lediglich der Ausgangspunkt und eine leere Route.

Die Suche funktioniert, indem sie den nächsten Eintrag in der Liste nimmt und diesen erkundet, was bedeutet, dass alle Straßen, die von diesem Ort aus abgehen, betrachtet werden. Wenn eine davon zum Ziel führt, kann die endgültige Route zurückgegeben werden. Führt eine der Straßen zu einem Ort, den wir noch nicht erkundet haben, wird dieser als neues Element zur Liste hinzugefügt. Haben wir den Ort bereits besucht, bedeutet dies, dass wir einen neuen Weg dorthin gefunden haben, der genauso lang oder sogar länger ist als der bisherige, weshalb wir diesen Ort nicht erneut erkunden müssen.

Sie können sich das wie ein Netz bekannter Routen vorstellen, das vom Startpunkt ausgeht und gleichmäßig nach allen Seiten wächst (aber niemals in sich selbst zurückführt). Sobald der erste Spinnfaden den Zielort erreicht, wird er zum Ausgangspunkt zurückverfolgt. Dadurch haben wir unsere Route ermittelt.

Im Code wird die Situation, dass sich keine weiteren Arbeitselemente mehr auf der Liste befinden, nicht berücksichtigt, da der Graph *verbunden* ist, also jeder Ort von allen anderen Orten aus erreicht werden kann. Daher sind wir immer in der Lage, eine Route zwischen zwei Punkten zu finden. Die Suche kann nicht fehlschlagen.

```
function goalOrientedRobot({place, parcels}, route) {
  if (route.length == 0) {
    let parcel = parcels[0];
    if (parcel.place != place) {
      route = findRoute(roadGraph, place, parcel.place);
    } else {
      route = findRoute(roadGraph, place, parcel.address);
    }
  }
  return {direction: route[0], memory: route.slice(1)};
}
```

Ähnlich wie der Roboter, der der Postroute folgt, verwendet auch dieser seinen Speicherwert als Liste von Richtungen, in die er sich bewegen soll. Wenn die Liste leer ist, muss er herausfinden, was er als Nächstes tun soll. Dazu ruft er das erste nicht zugestellte Paket aus der Menge ab. Wurde es noch nicht aufgenommen, berechnet er eine Route dorthin. Trägt er es dagegen bereits mit sich, muss er es ausliefern, weshalb er eine Route zum Zustellort ermittelt. Gewöhnlich schafft dieser Roboter es, fünf Pakete in etwa 16 Zügen auszuliefern. Das ist zwar schon etwas besser als die Leistung von `routeRobot`, aber immer noch nicht optimal.

## 7.7 Übungen

### Die Leistung der Roboter messen

Es ist schwer, die Roboter objektiv zu vergleichen, wenn man sie nur eine Handvoll Probleme lösen lässt. Schließlich kann es sein, dass ein Roboter zufällig eine einfachere Aufgabe erhalten hat oder eine, für die er besser geeignet ist.

Schreiben Sie die Funktion `compareRobots`, die zwei Roboter und deren Startspeicherwert entgegennimmt. Sie soll 100 Aufgaben generieren und die Roboter jede dieser Aufgaben lösen lassen. Anschließend soll sie die durchschnittliche Anzahl der Schritte ausgeben, die die Roboter pro Aufgabe jeweils benötigt haben. Stellen Sie aus Gründen der Fairness sicher, dass Sie jede Aufgabe an beide Roboter vergeben, anstatt verschiedene Aufgaben pro Roboter zu generieren.

### Effizienz der Roboter

Können Sie einen Roboter erstellen, der die Aufgaben schneller löst als `goalOrientedRobot`? Beobachten Sie das Verhalten des Roboters. Welche offensichtlich ungünstigen Entscheidungen trifft er? Wie können Sie sein Verhalten verbessern?

Nachdem Sie diese Aufgabe gelöst haben, sollten Sie mit der Funktion `compareRobots` untersuchen, ob Sie den Roboter wirklich verbessert haben.

### Persistente Gruppe

Die meisten in der Standardumgebung von JavaScript bereitgestellten Datenstrukturen sind nicht besonders gut für Persistenz geeignet. Zwar verfügen Arrays über die Methoden `slice` und `concat`, mit denen sich sehr leicht neue Arrays erstellen lassen, ohne die ursprünglichen zu beschädigen, doch bringt beispielsweise `Set` keine Methoden mit, um eine neue Menge mit einem Element mehr oder weniger zu erstellen.

Schreiben Sie die neue Klasse `PGroup`, die ähnlich wie die Klasse `Group` aus dem Abschnitt »*Gruppen*« auf *S. 118* eine Menge von Werten speichert und ebenso wie `Group` über die Methoden `add`, `delete` und `has` verfügt. Dabei soll aber die Methode `add` eine *neue* Instanz von `PGroup` zurückgeben, bei der das übergebene Element hinzugefügt ist, und die alte Instanz unangetastet lassen. Auch `delete` soll eine neue Instanz ohne das übergebene Element erstellen. Die Klasse muss für Werte beliebiger Typen funktionieren, nicht nur für Strings. Allerdings ist es *nicht* erforderlich, dass sie beim Umgang mit großen Mengen von Werten auch effizient arbeitet. Der Konstruktor sollte nicht zur Schnittstelle der Klasse gehören. (Allerdings werden sie ihn mit Sicherheit intern verwenden wollen.) Stattdessen soll es eine leere Instanz namens `PGroup.empty` geben, die als Ausgangswert dienen kann.

Warum brauchen Sie nur einen einzigen `PGroup.empty`-Wert anstelle einer Funktion, die jedes Mal eine neue leere Gruppe erstellt?

»Debugging ist doppelt so schwer wie Code zu schreiben. Wenn Sie Ihren Code also so clever wie möglich schreiben, heißt das definitionsgemäß, dass Sie nicht intelligent genug sind, um ihn zu debuggen.«

– Brian Kernighan und P.J. Plauger,
*The Elements of Programming Style*

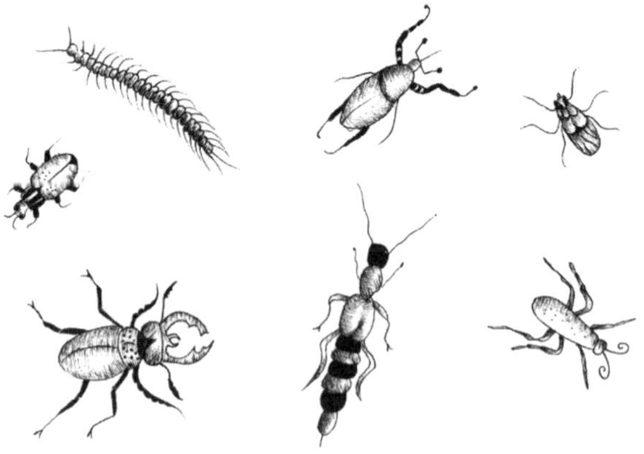

# 8 Bugs und Fehler

Fehler in Computerprogrammen werden gewöhnlich als *Bugs* bezeichnet, also wörtlich übersetzt »Käfer«. Programmierer haben ein besseres Gefühl, wenn sie sich diese Fehler als kleine Schädlinge vorstellen, die einfach so in ihre Arbeit hineinkriechen. In Wirklichkeit verursachen wir diese Fehler natürlich selbst. Wenn Sie sich ein Programm als auskristallisierte Gedanken vorstellen, können Sie Bugs grob in diejenigen einteilen, die durch Denkfehler entstehen, und diejenigen, die bei der Umwandlung der Gedanken in Code auftreten. Bugs vom ersten Typ lassen sich gewöhnlich schwerer finden und beheben als solche des zweiten Typs.

## 8.1 Die Rolle der Sprache

Auf viele Fehler könnte uns der Computer automatisch hinweisen, wenn er ausreichend Informationen darüber hätte, was wir zu tun versuchen. Hier aber erweist sich die mangelnde Strenge von JavaScript als Hindernis. Das Prinzip der Bindungen und Eigenschaften ist so schwammig, dass selbst Tippfehler vor der eigentlichen Ausführung des Programms nur selten erkannt werden. Außerdem erlaubt Ihnen die Sprache klaglos, auch eindeutig unsinnige Sachen zu tun, z. B. so etwas wie `true * "monkey"` zu berechnen.

Es gibt jedoch einige Dinge, die JavaScript tatsächlich beanstandet. Wenn Sie versuchen, ein Programm zu schreiben, das der Grammatik der Sprache nicht folgt, beschwert sich der Computer sofort. Andere Probleme, z. B. der Aufruf von etwas, was keine Funktion ist, oder das Nachschlagen einer Eigenschaft für einen nicht definierten Wert, führt zu einer Fehlermeldung, wenn das Programm die Aktion durchzuführen versucht.

Meistens jedoch produziert eine unsinnige Berechnung lediglich `NaN` (»not a number«) oder eine nicht definierte Aktion, während das Programm fröhlich weiterläuft, also ganz davon überzeugt, dass es etwas Sinnvolles macht. Der Fehler wird sich erst später zeigen, nachdem der falsche Wert mehrere Funktionen durchlaufen hat. Es ist sogar möglich, dass er nicht einmal eine Fehlermeldung auslöst, sondern heimlich, still und leise eine falsche Ausgabe des Programms hervorruft. Die Ursache solcher Probleme herauszufinden, kann ziemlich schwierig sein. Der Vorgang, Fehler oder *Bugs* in Programmen aufzuspüren, wird als *Debugging* bezeichnet.

## 8.2 Strikter Modus

Durch die Aktivierung des *strikten Modus* kann JavaScript ein *bisschen* strenger gemacht werden. Dazu fügen Sie wie im folgenden Beispiel `"use strict"` am Anfang einer Datei oder eines Funktionsrumpfes ein:

```
function canYouSpotTheProblem() {
  "use strict";
  for (counter = 0; counter < 10; counter++) {
    console.log("Happy happy");
  }
}

canYouSpotTheProblem();
// → ReferenceError: counter is not defined
```

Wenn Sie vergessen, einer Bindung `let` voranzustellen, wie es in dem Beispiel bei `counter` der Fall ist, erstellt JavaScript stillschweigend eine globale Bindung und verwendet diese. Im strikten Modus wird dagegen ein Fehler gemeldet. Beachten Sie aber, dass dies nicht funktioniert, wenn die fragliche Bindung bereits als globale Bindung existiert. In diesem Fall überschreibt die Schleife einfach stillschweigend den Wert dieser Bindung.

Ein weiteres Merkmal des strikten Modus besteht darin, dass die Bildung `this` in Funktionen, die nicht als Methoden aufgerufen werden, den Wert `undefined` festhält. Wenn Sie außerhalb des strikten Modus einen solchen Aufruf vornehmen, verweist `this` auf das Objekt des globalen Gültigkeitsbereichs, dessen Eigenschaften die globalen Bindungen sind. Falls Sie also im strikten Modus versehentlich eine Methode oder einen Konstruktor inkorrekt aufrufen, gibt JavaScript bei dem Versuch, von `this` zu lesen, eine Fehlermeldung aus, anstatt einfach in den globalen Gültigkeitsbereich zu schreiben.

Betrachten Sie dazu den folgenden Code, der eine Konstruktorfunktion ohne das Schlüsselwort `new` aufruft, sodass ihr `this` *nicht* auf ein neu konstruiertes Objekt verweist:

```
function Person(name) { this.name = name; }
let ferdinand = Person("Ferdinand"); // Hoppla
console.log(name);
// → Ferdinand
```

Der falsche Aufruf von `Person` geht zwar klaglos vonstatten, gibt aber einen undefinierten Wert zurück und erstellt die globale Bindung `name`. In strikten Modus dagegen geschieht etwas anderes:

```
"use strict";
function Person(name) { this.name = name; }
let ferdinand = Person("Ferdinand"); // Hier wurde new vergessen
// → TypeError: Cannot set property 'name' of undefined
```

Uns wird sofort mitgeteilt, dass etwas nicht stimmt.

Bei Konstruktoren, die mit `class` erstellt wurden, erhalten Sie zum Glück immer eine Fehlermeldung, wenn Sie versuchen, sie ohne `new` aufzurufen. Das hilft das Problem selbst im nichtstrikten Modus einzuschränken.

Der strikte Modus zeichnet sich noch durch einige weitere Einschränkungen aus. Beispielsweise ist es darin nicht möglich, einer Funktion mehrere Parameter mit demselben Namen zu geben. Einige problematische Aspekte der Sprache sind überhaupt nicht mehr zulässig (z. B. die Anweisung `with`, die so verkehrt ist, dass wir sie in diesem Buch gar nicht erst besprechen).

Kurz gesagt: Es kann nicht schaden, `"use strict"` an den Anfang Ihrer Programme zu stellen, und es kann helfen, Probleme zu erkennen.

## 8.3 Typen

Bei einigen Sprachen müssen die Typen aller Bindungen und Ausdrücke angegeben werden, bevor das Programm ausgeführt werden kann. Wenn ein Typ auf inkonsistente Weise verwendet wird, erfahren Sie das sofort. JavaScript dagegen kümmert sich erst bei der Programmausführung um die Typen, und selbst dann versucht es, Werte implizit in die erwarteten Typen zu konvertieren. Das ist zur Fehlersuche nicht gerade hilfreich.

Dennoch bieten Typen gute Anhaltspunkte, um über Programme zu sprechen. Viele Fehler entstehen durch falsche Annahmen über die Art der Werte, die in eine Funktion hineingehen oder von ihr ausgegeben werden. Wenn Sie diese Typen schriftlich festhalten, können Sie sie nicht so leicht verwechseln.

Beispielsweise könnten Sie der Funktion `goalOrientedRobot` aus dem vorherigen Kapitel einen Kommentar wie den folgenden hinzufügen, um ihren Typ zu beschreiben:

```
// (VillageState, Array) → {direction: string, memory: Array}
function goalOrientedRobot(state, memory) {
  // ...
}
```

Es gibt verschiedene Konventionen für Hinweise zu Typen in JavaScript-Programmen.

Ein Manko bei Typen ist, dass sie ihre eigene Komplexität einführen müssen, um genug Code beschreiben zu können, damit sie nützlich sind. Welchen Typ hat beispielsweise die Funktion `randomPick`, die ein zufälliges Element aus einem Array zurückgibt? Hier müssen Sie die *Typvariable* `T` einführen, die für jeden beliebigen Typ stehen kann, damit Sie `randomPick` einen Typ wie `([T]) → T` geben können (eine Funktion, die ein Array aus `T`s auf ein `T` abbildet).

Wenn die Typen in einem Programm bekannt sind, kann der Computer diese prüfen und Sie vor der Ausführung auf Fehler aufmerksam machen. Es gibt einige JavaScript-Dialekte, die die Sprache um Typen erweitern und eine solche Typprüfung vornehmen. Am weitesten verbreitet ist TypeScript. Wenn Sie Ihre Programme stringenter gestalten möchten, sollten Sie es ausprobieren. In diesem Buch werden wir jedoch weiterhin das nackte, gefährliche, nichttypisierte JavaScript verwenden.

## 8.4 Tests

Wenn uns die Sprache nicht dabei hilft, Fehler zu finden, müssen wir es selbst tun. Nämlich indem wir das Programm ausführen und uns anschauen, ob es alles richtig macht. Es wäre jedoch alles andere als eine gute Idee, diesen Vorgang manuell durchzuführen. Das wäre nicht nur mühselig, sondern auch ineffizient, da es zu viel Zeit in Anspruch nimmt, bei jeder Änderung alles erschöpfend zu testen.

Computer glänzen bei repetitiven Aufgaben, und Tests sind eine repetitive Aufgabe par excellence. Beim automatisierten Testen schreiben Sie ein Programm, mit dem ein anderes geprüft wird. Das Schreiben von Tests erfordert zunächst mehr Zeit als ein manueller Test, aber danach brauchen Sie dann immer nur wenige Sekunden, um zu überprüfen, ob sich Ihr Programm noch in all jenen Situationen korrekt verhält, für die Sie Tests geschrieben haben. Wenn irgendwo ein Fehler auftritt, werden Sie sofort darauf aufmerksam gemacht, anstatt irgendwann später zufällig darauf zu stoßen.

Tests haben gewöhnlich die Form eines kleinen Programms, das einen bestimmten Aspekt Ihres Codes prüft. Beispielsweise kann ein Test für die Methode `toUpperCase` (bei der es sich um eine Standardmethode handelt, weshalb sie wahrscheinlich schon von jemand anderem getestet wurde) wie folgt aussehen:

```
function test(label, body) {
  if (!body()) console.log(`Failed: ${label}`);
}

test("convert Latin text to uppercase", () => {
  return "hello".toUpperCase() == "HELLO";
});
test("convert Greek text to uppercase", () => {
  return "Χαίρετε".toUpperCase() == "ΧΑΊΡΕΤΕ";
});
test("don't convert case-less characters", () => {
  return "你好".toUpperCase() == "你好";
});
```

Tests auf diese Weise zu schreiben, bringt es mit sich, ziemlich repetitiven, umständlichen Code zu erstellen. Zum Glück gibt es Software, die dabei hilft, eine Zusammenstellung von Tests (*Testsuite*) zu schreiben und auszuführen. Diese Software stellt eine Sprache (in Form von Funktionen und Methoden) bereit, mit der sich Tests ausdrücken und wichtige Informationen für den Fall ausgeben lassen, dass ein Programm einen Test nicht besteht. Solche Software wird als *Test Runner* bezeichnet.

Mancher Code lässt sich besser testen als anderer. Je externer die Objekte sind, mit denen der Code interagiert, umso schwieriger ist es im Allgemeinen, den Kontext für einen Test einzurichten. Die Art von Programmierung, die im vorherigen Kapitel vorgeführt wurde und in sich abgeschlossene persistente Werte statt veränderbarer Objekte verwendet, lässt sich gewöhnlich leichter testen.

## 8.5 Debugging

Wenn Ihnen auffällt, dass mit Ihrem Programm etwas nicht stimmt, weil es sich falsch verhält oder Fehler hervorruft, müssen Sie herausfinden, worin das Problem besteht. Manchmal ist es offensichtlich. Fehlermeldungen weisen auf eine Codezeile im Programm hin. Und wenn Sie sich die Beschreibung des Fehlers und diese Codezeile anschauen, können Sie die Ursache oft schon erkennen.

Allerdings ist das nicht immer der Fall. Manchmal ist die Zeile, die die Fehlermeldung ausgelöst hat, auch einfach die erste Stelle, an der ein anderswo erzeugter zweifelhafter Wert auf ungültige Weise verwendet wird. Wenn Sie die Übungen der vorhergehenden Kapitel durchgearbeitet haben, werden Ihnen sicherlich schon solche Situationen begegnet sein.

Das folgende Beispielprogramm versucht, eine ganze Zahl in einen String mit der Darstellung dieser Zahl in einem System mit der angegebenen Basis (dezimal, binär usw.) umzuwandeln. Dazu holt es sich wiederholt die letzte Stelle und teilt die Zahl dann, um diese Stelle loszuwerden. Die seltsame Ausgabe zeigt jedoch, dass es in dem Programm einen Bug geben muss:

```
function numberToString(n, base = 10) {
  let result = "", sign = "";
  if (n < 0) {
    sign = "-";
    n = -n;
  }
  do {
    result = String(n % base) + result;
    n /= base;
  } while (n > 0);
  return sign + result;
}
console.log(numberToString(13, 10));
// → 1.5e-3231.3e-3221.3e-3211.3e-3201.3e-3191.3e-3181.3...
```

Auch wenn Sie das Problem schon entdeckt haben sollten, stellen Sie sich vor, Sie stünden noch ganz am Anfang. Sie wissen, dass das Programm nicht richtig funktioniert, und wollen herausfinden, warum das so ist.

Widerstehen Sie der Versuchung, willkürliche Änderungen am Code vorzunehmen, um zu sehen, ob er dadurch besser wird. Denken Sie stattdessen nach. Analysieren Sie, was geschieht, und überlegen Sie sich eine Theorie dafür, warum es geschieht. Nehmen Sie dann weitere Beobachtungen vor, um diese Theorie zu untermauern – oder um eine aufzustellen, falls Sie noch keine haben.

Eine gute Möglichkeit, um zusätzliche Informationen über das zu gewinnen, was das Programm macht, besteht darin, an einigen strategischen Stellen Aufrufe von `console.log` einzubauen. In unserem Fall soll `n` nacheinander die Werte `13`, `1` und `0` annehmen. Um das zu überprüfen, lassen wir jeweils den Wert am Anfang der Schleife ausgeben:

```
13
1.3
0.13
0.013
...
1.5e-323
```

Da haben wir es auch schon! Die Division von 13 durch 10 ergibt keine ganze Zahl. Statt `n /= base` müssen wir `n = Math.floor(n / base)` verwenden, damit die Zahl ordnungsgemäß »nach rechts verschoben« wird.

Anstatt mit `console.log` Einblicke in das Verhalten des Programms zu gewinnen, können Sie auch die *Debugger*-Eigenschaften Ihres Browsers verwenden. In Ihrem Browser haben Sie die Möglichkeit, einen *Haltepunkt* (*Breakpoint*) in einer gewünschten Codezeile zu setzen. Wenn die Programmausführung eine Zeile mit einem Haltepunkt erreicht, wird sie angehalten, sodass Sie Gelegenheit haben, die Werte der Bindungen an dieser Stelle zu untersuchen. Ich werde hier nicht in die Einzelheiten gehen, da die Debugger je nach Browser unterschiedlich funktionieren. Schauen Sie sich die Entwicklerwerkzeuge Ihres Browsers an oder suchen Sie im Web nach weiteren Informationen.

Eine weitere Möglichkeit, einen Haltepunkt zu setzen, besteht darin, die Anweisung `debugger` (die einfach nur aus diesem Schlüsselwort besteht) in Ihr Programm aufzunehmen. Wenn die Entwicklerwerkzeuge Ihres Browsers eingeschaltet sind, hält das Programm an, sobald es auf eine solche Anweisung stößt.

## 8.6 Fehlerweiterleitung

Leider können Programmierer nicht jegliche Fehler vermeiden. Wenn Ihr Programm auf irgendeine Weise mit der Außenwelt kommuniziert, ist es möglich, dass es fehlerhafte Eingaben erhält, mit Arbeit überlastet wird oder dass das Netzwerk ausfällt.

Wenn Sie nur für den eigenen Gebrauch programmieren, können Sie die Möglichkeit solcher Probleme ignorieren, bis sie tatsächlich auftreten. Wollen Sie aber Software schreiben, die auch von anderen Personen genutzt wird, dann sollte das Programm auf solche Vorfälle eleganter reagieren als einfach abzustürzen. Manchmal ist es sinnvoll, das Programm mit fehlerhaften Eingaben locker umgehen und einfach weitermachen zu lassen. In anderen Fällen ist es besser, den Benutzer auf den Fehler hinzuweisen und dann die Verarbeitung einzustellen. In jedem Fall aber sollte das Programm als Reaktion auf das Problem irgendetwas tun.

Nehmen wir an, Sie haben die Funktion promptNumber, die den Benutzer dazu auffordert, eine Zahl einzugeben, und diese dann zurückgibt. Was aber soll passieren, wenn der Benutzer etwa "orange" eingibt? Eine Möglichkeit besteht darin, einen besonderen Wert zurückzugeben. Gewöhnlich wird dazu null, undefined oder -1 verwendet:

```
function promptNumber(question) {
  let result = Number(prompt(question));
  if (Number.isNaN(result)) return null;
  else return result;
}
console.log(promptNumber("How many trees do you see?"));
```

Code, der promptNumber verwendet, muss prüfen, ob eine gültige Zahl zurückgegeben wurde, und irgendwelche Fehlerbehebungsmaßnahmen ergreifen, wenn das nicht der Fall ist. Etwa indem er den Benutzer erneut um eine Eingabe bittet oder einen Standardwert verwendet. Er kann auch einen speziellen Wert an *seinen* Aufrufer zurückgeben, um anzugeben, dass er nicht das tun konnte, was von ihm erwartet wird.

In vielen Situationen – insbesondere wenn mit Fehlern zu rechnen ist und der Aufrufer sie ausdrücklich berücksichtigen sollte – ist es sinnvoll, einen spezifischen Wert zurückzugeben, um auf einen Fehler hinzuweisen. Allerdings hat diese Vorgehensweise auch ihre Nachteile. Erstens ist es möglich, dass die Funktion ohnehin jeden möglichen Wert zurückgeben kann. Um in einem solchen Fall einen gültigen Rückgabewert von einem Hinweis auf einen Fehler zu unterscheiden, können Sie beispielsweise das Ergebnis in ein Objekt einschließen:

```
function lastElement(array) {
  if (array.length == 0) {
    return {failed: true};
  } else {
    return {element: array[array.length - 1]};
  }
}
```

Das zweite Problem bei der Rückgabe von speziellen Werten besteht darin, dass es manchmal zu umständlichem Code führen kann. Wenn Code zehnmal promptNumber aufruft, muss er zehnmal prüfen, ob null zurückgegeben wurde. Und wenn die Reaktion auf null einfach darin besteht, ebenfalls null zurückzugeben, müssen die Aufrufer der Funktion wiederum eine Prüfung auf null durchführen usw.

## 8.7 Ausnahmen

Wenn eine Funktion nicht normal weiterarbeiten kann, würden wir das, was sie gerade tut, gern unterbrechen und stattdessen unmittelbar zu einer Stelle springen, die weiß, wie mit dem Problem umzugehen ist. Das ist es, was bei der *Ausnahmebehandlung* geschieht. Bei diesem Mechanismus kann Code, der auf Probleme stößt, eine Ausnahme (Exception) *auslösen* oder – in Programmierersprache – *werfen* (englisch »to throw«). Eine solche Ausnahme kann ein beliebiger Wert sein. Das Auslösen einer Ausnahme ist eine Art extremer Rücksprung aus einer Funktion, bei dem nicht nur die laufende Funktion verlassen wird, sondern auch deren Aufrufer bis hin zum ersten Aufruf, mit dem die aktuelle Ausführung begonnen hat. Dieser Vorgang wird auch *Stackabwicklung* genannt. Der Stack der Funktionsaufrufe wurde bereits im Abschnitt »***Der Aufrufstack***« auf *S. 48* erwähnt. Eine Anwendung arbeitet sich den Stack nach unten und verwirft dabei alle Aufrufkontexte, der sie begegnet.

Wenn Ausnahmen immer bis zum Boden des Stacks durchfielen, wären sie nicht besonders nützlich, sondern nur eine neue Art und Weise, um das Programm zum Erliegen zu bringen. Der tatsächliche Vorteil besteht darin, dass Sie innerhalb des Stacks Hindernisse einbauen können, an denen die Ausnahme auf ihrem Weg nach unten *abgefangen* werden kann. Sobald das geschehen ist, können Sie etwas tun, um das Problem anzugehen, und anschließend die Programmausführung fortsetzen.

Betrachten Sie dazu das folgende Beispiel:

```
function promptDirection(question) {
  let result = prompt(question);
  if (result.toLowerCase() == "left") return "L";
  if (result.toLowerCase() == "right") return "R";
  throw new Error("Invalid direction: " + result);
}

function look() {
  if (promptDirection("Which way?") == "L") {
    return "a house";
  } else {
    return "two angry bears";
  }
}

try {
  console.log("You see", look());
} catch (error) {
  console.log("Something went wrong: " + error);
}
```

Das Schlüsselwort `throw` wird verwendet, um eine Ausnahme zu werfen. Zum Abfangen wird Code in einen `try`-Block gestellt, auf den das Schlüsselwort `catch` folgt. Wenn der Code in dem `try`-Block eine Ausnahme auslöst, wird der `catch`-Block ausgewertet, wobei der in Klammern angegebene Name an den Ausnahmewert gebunden wird. Wenn der `catch`-Block abgeschlossen oder der `try`-Block problemlos durchgelaufen ist, fährt das Programm hinter der `try`/`catch`-Anweisung fort.

Hier haben wir den Konstruktor `Error` verwendet, um unseren Ausnahmewert zu erstellen. Dieser Standardkonstruktor von JavaScript legt ein Objekt mit der Eigenschaft `message` an. In den meisten JavaScript-Umgebungen erfassen Instanzen dieses Konstruktors auch Informationen über den aktuellen Aufrufstack beim Auftreten der Ausnahme, einen sogenannte *Stacktrace*. Gespeichert werden diese Informationen in der Eigenschaft `stack`. Sie sind zum Debuggen praktisch, da sie uns mitteilen, in welcher Funktion das Problem auftrat und welche Funktionen den betreffenden Aufruf vorgenommen haben.

Beachten Sie, dass die Funktion `look` die Möglichkeit eines Fehlschlags von `promptDirection` komplett ignoriert. Das ist ein großer Vorteil von Ausnahmen: Der Code zur Fehlerbehandlung ist nur an den Stellen erforderlich, wo ein Fehler auftritt und wo er behandelt wird. Die Funktionen dazwischen müssen nichts darüber wissen. Besser gesagt: fast nichts.

## 8.8 Aufräumen nach Ausnahmen

Die Auswirkung einer Ausnahme ist ein geänderter Programmfluss. Bei jeder Aktion, die eine Ausnahme auslösen kann – also bei so ziemlich jedem Funktionsaufruf oder Eigenschaftenzugriff –, ist es möglich, dass der Ablauf abreißt.

Das folgende Beispiel zeigt wirklich schlimmen Kontoführungscode:

```
const accounts = {
  a: 100,
  b: 0,
  c: 20
};

function getAccount() {
  let accountName = prompt("Enter an account name");
  if (!accounts.hasOwnProperty(accountName)) {
    throw new Error(`No such account: ${accountName}`);
  }
  return accountName;
}

function transfer(from, amount) {
  if (accounts[from] < amount) return;
  accounts[from] -= amount;
  accounts[getAccount()] += amount;
}
```

Die Funktion `transfer` überweist einen Geldbetrag von einem gegebenen Konto auf ein anderes, wobei sie nach dem Namen des Zielkontos fragt. Wird ihr ein ungültiger Name übergeben, löst `getAccount` eine Ausnahme aus.

Allerdings entfernt `transfer` *erst* das Geld vom Konto und ruft *danach* `getAccount` auf, um es auf das Zielkonto zu überweisen. Wird der Vorgang an dieser Stelle durch eine Ausnahme abgebrochen, verschwindet das Geld einfach.

Dieser Code hätte natürlich auch mit etwas mehr Nachdenken geschrieben werden können, damit erst getAccount aufgerufen wird, bevor irgendwelche Geldbewegungen veranlasst werden. Häufig treten Probleme wie dieses jedoch auf weniger offensichtliche Weise auf. Selbst Funktionen, die gar nicht so aussehen, als würden sie Ausnahmen werfen, können dies unter besonderen Umständen tun oder wenn sie einen Programmierfehler enthalten.

Eine Möglichkeit, dies zu beheben, ist, weniger Seiteneffekte zu nutzen. Ein Programmierstil, bei dem neue Werte berechnet anstatt vorhandene Daten geändert werden, ist auch hier hilfreich. Wenn Code mitten beim Erstellen eines neuen Werts angehalten wird, kommt der halbfertige Wert niemals zum Vorschein und ist daher auch kein Problem.

Eine solche Vorgehensweise ist aber nicht immer praktikabel. Aus diesem Grund weisen try-Anweisungen ein weiteres Merkmal auf: Anstelle eines catch-Blocks oder ergänzend dazu kann hinter ihnen auch ein finally-Block stehen. Unabhängig davon, was im Einzelnen geschehen ist, muss der Code in diesem Block immer nach dem Code im try-Block ausgeführt werden.

```
function transfer(from, amount) {
  if (accounts[from] < amount) return;
  let progress = 0;
  try {
    accounts[from] -= amount;
    progress = 1;
    accounts[getAccount()] += amount;
    progress = 2;
  } finally {
    if (progress == 1) {
      accounts[from] += amount;
    }
  }
}
```

In dieser Version behält die Funktion ihren Fortschritt im Auge. Dadurch kann sie erkennen, ob sie an einer Stelle abgebrochen wurde, bei der sie einen inkonsistenten Zustand hinterlassen hat, und den Schaden reparieren.

Der finally-Code wirkt sich jedoch nicht auf die im try-Block aufgeworfene Ausnahme auf. Nach der Ausführung des finally-Blocks wird der Stack weiter abgewickelt.

Es ist schwer, Programme zu schreiben, die auch dann noch zuverlässig funktionieren, wenn an unerwarteten Stellen Ausnahmen auftreten. Viele kümmern sich einfach nicht darum. Da Ausnahmen gewöhnlich für außerordentliche Umstände reserviert sind, kann das Problem auch so selten auftreten, dass es nie erkannt wird. Ob das gut oder schlecht ist, hängt davon ab, wie viel Schaden die Software anrichtet, wenn sie versagt.

## 8.9 Selektives Abfangen von Ausnahmen

Wenn eine Ausnahme bis zum unteren Ende des Stacks durchfällt, ohne abgefangen zu werden, wird sie von der Umgebung behandelt. Was das bedeutet, hängt jeweils von der Umgebung ab. In einem Browser wird gewöhnlich eine Beschreibung des Fehlers in die JavaScript-Konsole geschrieben (die über das Menü *Extras* oder *Entwickler* des Browsers zu erreichen ist). Node.js, die browserfreie JavaScript-Umgebung, die wir in Kapitel 20 besprechen werden, ist jedoch vorsichtiger, was Datenbeschädigungen angeht. Sie bricht den ganzen Prozess ab, wenn eine nicht behandelte Ausnahme auftritt.

Bei Programmierfehlern ist es meistens am besten, sie durchfallen zu lassen. Eine nicht behandelte Ausnahme ist eine sinnvolle Möglichkeit, um auf einen Fehler im Programm hinzuweisen. In modernen Browsern gibt Ihnen die JavaScript-Konsole Informationen darüber, welche Funktionsaufrufe sich auf dem Stack befanden, als das Problem auftauchte. Bei Problemen, mit denen man bei der täglichen Nutzung rechnen muss, ist ein Absturz mit einer unbehandelten Ausnahme jedoch eine denkbar schlechte Vorgehensweise.

Auch ungültige Sprachkonstrukte wie Verweise auf eine nicht existierende Bindung, die Suche nach einer Eigenschaft von `null` oder der Aufruf von etwas, was keine Funktion ist, führen dazu, dass Ausnahmen ausgelöst werden. Auch solche Ausnahmen können abgefangen werden.

Beim Einstieg in den `catch`-Rumpf wissen wir lediglich, dass *irgendetwas* in dem `try`-Rumpf eine Ausnahme ausgelöst hat. Wir wissen jedoch nicht, *was* das war und *welche* Ausnahme geworfen wurde.

JavaScript bietet keine unmittelbare Unterstützung dafür, Ausnahmen selektiv abzufangen (was eine ziemlich krasse Unterlassungssünde ist). Es ist nur möglich, entweder alle Ausnahmen abzufangen oder gar keine. Dadurch ist die Versuchung groß, *anzunehmen*, dass die ausgelöste Ausnahme tatsächlich diejenige ist, an die Sie beim Schreiben des `catch`-Blocks gedacht haben.

Das aber muss nicht der Fall sein. Es kann auch sein, dass irgendeine andere Annahme nicht zutrifft oder dass die Ausnahme durch einen Bug hervorgerufen wurde. Der folgende Beispielcode versucht `promptDirection` wiederholt aufzurufen, bis er eine gültige Antwort erhält:

```
for (;;) {
  try {
    let dir = promtDirection("Where?"); // Tippehler!
    console.log("You chose ", dir);
    break;
  } catch (e) {
    console.log("Not a valid direction. Try again.");
  }
}
```

Das Konstrukt `for (;;)` ist eine Möglichkeit, um eine Schleife zu erstellen, die nicht von selbst endet. Diese Schleife wird nur verlassen, wenn eine gültige Richtung eingegeben wird. Allerdings haben wir `promptDirection` falsch geschrieben, was zu dem Fehler »nichtdefinierte Variable« führt. Da der `catch`-Block seinen Ausnahmewert (`e`) ignoriert, weil wir zu wissen glauben, worin das Problem besteht, behandelt er den Bindungsfehler fälschlicherweise als Fehleingabe. Das ruft nicht nur eine Endlosschleife hervor, sondern versteckt auch die nützliche Fehlermeldung über die falsch geschriebene Bindung.

Im Allgemeinen sollten Sie Ausnahmen nicht pauschal abfangen, es sei denn, Sie wollen sie an eine andere Stelle umleiten – etwa über das Netzwerk, um einem anderen System mitzuteilen, dass Ihr Programm abgestürzt ist. Selbst dann sollten Sie sorgfältig überlegen, ob dabei Informationen verborgen werden.

Es ist also besser, immer nur *bestimmte* Arten von Ausnahmen abzufangen. Dazu können wir im `catch`-Block prüfen, ob die vorliegende Ausnahme tatsächlich diejenige ist, die wir erwarten, und sie anderenfalls erneut werfen. Aber woran können wir eine Ausnahme identifizieren?

Dazu könnten wir ihre Eigenschaft `message` mit der Fehlermeldung vergleichen, die wir erwarten. Das ist allerdings eine ziemlich unsichere Art und Weise, um Code zu schreiben. Denn dabei verwenden wir für Menschen gedachte Informationen (die Fehlermeldung), um eine Programmentscheidung zu treffen. Sobald irgendjemand diese Meldung ändert (oder übersetzt), funktioniert der Code nicht mehr.

Stattdessen definieren wir einen neuen Typ Fehler und verwenden `instanceof`, um ihn zu identifizieren:

```
class InputError extends Error {}

function promptDirection(question) {
  let result = prompt(question);
  if (result.toLowerCase() == "left") return "L";
  if (result.toLowerCase() == "right") return "R";
  throw new InputError("Invalid direction: " + result);
}
```

Die neue Fehlerklasse erweitert `Error`. Da sie keinen eigenen Konstruktor definiert, erbt sie vom Konstruktor `Error`, der einen String mit einer Meldung als Argument erwartet. Tatsächlich definiert die neue Klasse überhaupt nichts, sondern ist leer. `InputError`-Objekte verhalten sich wie `Error`-Objekte. Sie gehören nur zu einer anderen Klasse, woran wir sie erkennen können.

Jetzt kann die Schleife Ausnahmen sorgfältiger abfangen:

```
for (;;) {
  try {
    let dir = promptDirection("Where?");
    console.log("You chose ", dir);
    break;
  } catch (e) {
    if (e instanceof InputError) {
      console.log("Not a valid direction. Try again.");
```

```
      } else {
        throw e;
      }
    }
  }
```

Dadurch werden nur Instanzen von `InputError` abgefangen und alle anderen durchgelassen. Bei einem Tippfehler wie zuvor wird der Fehler der nicht definierten Bindung korrekt gemeldet.

## 8.10 Assertions

*Assertions* (*Zusicherungen*) sind Tests innerhalb eines Programms, die prüfen, ob etwas auch tatsächlich so ist wie erwartet. Sie sind nicht für Probleme gedacht, die im normalen Betrieb auftreten können, sondern um Programmierfehler zu finden.

Soll beispielsweise die Funktion `firstElement` niemals für leere Arrays aufgerufen werden, dann können wir sie wie folgt schreiben:

```
function firstElement(array) {
  if (array.length == 0) {
    throw new Error("firstElement called with []");
  }
  return array[0];
}
```

Anstatt stillschweigend `undefined` zurückzugeben (was normalerweise passiert, wenn Sie versuchen, eine Array-Eigenschaft zu lesen, die es gar nicht gibt), wird das Programm hier mit einer Fehlermeldung angehalten, sobald die Funktion falsch verwendet wird. Das macht es weniger wahrscheinlich, dass solche Fehler unbeachtet bleiben, und viel einfacher, ihre Ursache aufzuspüren.

Allerdings rate ich davon ab, Assertions für alle möglichen Arten von Falscheingaben zu schreiben. Das wäre ordentlich Arbeit und würde viel störenden Code bedeuten. Reservieren Sie Assertions für Fehler, die häufig auftreten (und bei denen Sie sich selbst ertappen).

## 8.11 Zusammenfassung

Fehler und Fehleingaben passieren. Ein wichtiger Aspekt der Programmierung besteht darin, Bugs zu finden, zu untersuchen und zu beheben. Durch eine automatisierte Testsuite und durch Assertions lassen sich Probleme leichter aufspüren.

Probleme aufgrund von Faktoren außerhalb des Programms sollten kontrolliert gehandhabt werden. Wenn es möglich ist, die Probleme lokal zu behandeln, kann es manchmal sinnvoll sind, spezielle Rückgabewerte zu verwenden, um sie zu identifizieren. In anderen Fällen können Ausnahmen besser geeignet sein.

Das Auslösen einer Ausnahme führt dazu, dass der Aufrufstack abgewickelt wird, bis der nächste einschließende `try/catch`-Block oder der Boden des Stacks erreicht ist. Der Ausnahmewert wird an den `catch`-Block übergeben, der die Ausnahme abfängt. Dabei sollte dieser Block auch prüfen, ob es sich tatsächlich um die erwartete Art von Ausnahme handelt, und dann irgendetwas damit tun. Um Probleme durch einen unvorhersehbaren Steuerungsfluss aufgrund einer Ausnahme anzugehen, können `finally`-Blöcke verwendet werden, die dafür sorgen, dass bestimmter Code am Ende des Blocks *immer* ausgeführt wird.

## 8.12 Übungen

### Erneuter Versuch

Nehmen wir an, die Funktion `primitiveMultiply` multipliziert in 20 % der Fälle zwei Zahlen, wirft aber in den anderen 80 % der Fälle eine Ausnahme des Typs `MultiplicatorUnitFailure` auf. Schreiben Sie eine Funktion als Wrapper für die widerspenstige Funktion, die fortlaufend versucht, sie auszuführen, bis ein Aufruf Erfolg hat, und danach das Ergebnis zurückgibt. Achten Sie darauf, nur die Ausnahmen zu behandeln, die Sie auch wirklich behandeln wollen.

### Ein verschlossener Kasten

Betrachten Sie das folgende (ziemlich gewollte) Objekt:

```
const box = {
  locked: true,
  unlock() { this.locked = false; },
  lock() { this.locked = true; },
  _content: [],
  get content() {
    if (this.locked) throw new Error("Locked!");
    return this._content;
  }
};
```

Es stellt einen Kasten mit einem Schloss dar. Innerhalb des Kastens befindet sich ein Array, auf das Sie aber nur zugreifen können, wenn der Kasten unverschlossen ist. Ein direkter Zugriff auf die private Eigenschaft `_content` ist unzulässig.

Schreiben Sie die Funktion `withBoxUnlocked`, die einen Funktionswert als Argument entgegennimmt, den Kasten aufschließt, die Funktion ausführt und dafür sorgt, dass der Kasten in jedem Fall wieder verschlossen wird, unabhängig davon, ob die Argumentfunktion regulär durchgelaufen ist oder eine Ausnahme ausgelöst wurde.

```
const box = {
  locked: true,
  unlock() { this.locked = false; },
  lock() { this.locked = true; },
```

```
  _content: [],
  get content() {
    if (this.locked) throw new Error("Locked!");
    return this._content;
  }
};

function withBoxUnlocked(body) {
// Hier kommt Ihr Code hin!
}

withBoxUnlocked(function() {
  box.content.push("gold piece");
});

try {
  withBoxUnlocked(function() {
    throw new Error("Pirates on the horizon! Abort!");
  });
} catch (e) {
  console.log("Error raised:", e);
}
console.log(box.locked);
// → true
```

Als Zusatzaufgabe sorgen Sie dafür, dass der Kasten unverschlossen bleibt, wenn er beim Aufruf von `withBoxUnlocked` bereits unverschlossen war.

»Wenn manche Leute vor ein Problem gestellt werden, sagen sie sich: ›Ha, dafür verwende ich einen regulären Ausdruck!‹ Damit haben sie dann zwei Probleme.«

– Jamie Zawinski

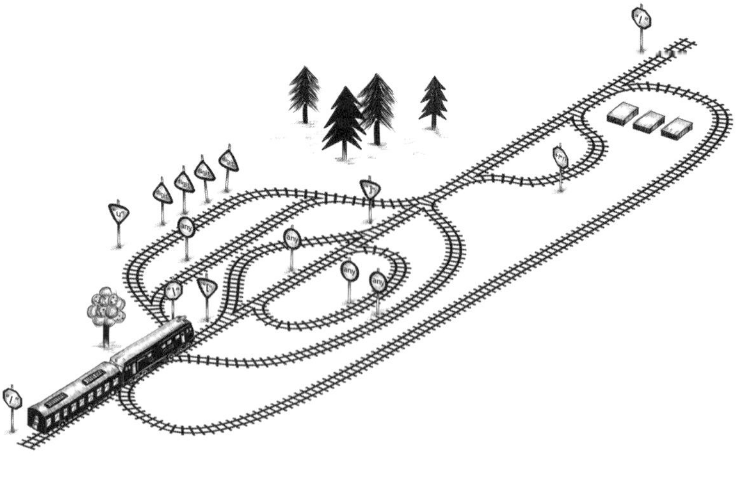

# 9 Reguläre Ausdrücke

Welche Programmierwerkzeuge und -techniken überleben und wie sie sich ausbreiten, wird durch einen chaotischen, evolutionären Vorgang bestimmt. Es sind nicht immer die schönen oder brillanten Werkzeuge, die sich durchsetzen, sondern oft diejenigen, die in einer bestimmten Nische gut funktionieren oder zufällig in einer anderen erfolgreichen Technologie enthalten sind.

In diesem Kapitel besprechen wir ein solches Werkzeug, nämlich die *regulären Ausdrücke* – eine Möglichkeit, um Muster in String-Daten zu beschreiben. Sie bilden eine kleine, eigenständige Sprache, die in JavaScript und vielen anderen Sprachen und Systemen enthalten ist.

Reguläre Ausdrücke sind sowohl furchtbar sperrig als auch äußerst nützlich. Ihre Syntax ist kryptisch und die Programmierschnittstelle, die JavaScript für sie bereitstellt, umständlich. Allerdings sind sie ein vielseitiges Werkzeug, um Strings zu untersuchen und zu verarbeiten. Mit einem genauen Verständnis regulärer Ausdrücke werden Sie zu einem viel effektiveren Programmierer.

## 9.1 Reguläre Ausdrücke erstellen

Ein regulärer Ausdruck ist eine Art von Objekt. Er kann entweder mit dem Konstruktor `RegExp` erstellt oder als Literalwert geschrieben werden, indem Sie ein Muster in Schrägstriche einschließen:

```
let re1 = new RegExp("abc");
let re2 = /abc/;
```

Beide Objekte stehen für dasselbe Muster, nämlich das Zeichen *a*, gefolgt von *b*, gefolgt von *c*.

Bei der Verwendung des Konstruktors `RegExp` wird das Muster als normaler String geschrieben, weshalb die gewöhnlichen Regeln für Schrägstriche gelten. In der zweiten Schreibweise, bei der das Muster zwischen Schrägstrichen steht, werden die Schrägstriche etwas anders behandelt. Da ein normaler Schrägstrich dazu dient, das Muster abzuschließen, muss jedem Schrägstrich, der ein Teil des Musters sein soll, ein Backslash (umgekehrter Schrägstrich) vorangestellt werden. Außerdem bleiben Backslashes, die nicht Teil eines Sonderzeichencodes (wie `\n`) sind, erhalten, anstatt wie in Strings ignoriert zu werden, und ändern die Bedeutung des Musters. Einige Zeichen, z. B. Frage- und Pluszeichen, haben in regulären Ausdrücken eine besondere Bedeutung und müssen durch vorangestellte Backslashes maskiert werden, wenn sie das Zeichen selbst darstellen:

```
let eighteenPlus = /eighteen\+/;
```

## 9.2 Auf Übereinstimmungen prüfen

Objekte für reguläre Ausdrücke weisen eine Reihe von Methoden auf. Die einfachste ist `test`. Wenn Sie ihr einen String übergeben, gibt sie einen booleschen Wert zurück, der Ihnen mitteilt, ob der String eine Zeichenfolge enthält, die mit dem Muster des Ausdrucks übereinstimmt:

```
console.log(/abc/.test("abcde"));
// → true
console.log(/abc/.test("abxde"));
// → false
```

Ein regulärer Ausdruck, der ausschließlich aus Nicht-Sonderzeichen besteht, steht schlicht für diese Zeichenfolge. Tritt *abc* irgendwo in dem String auf, den wir testen (also nicht nur am Anfang), dann gibt `test` den Wert `true` zurück.

## 9.3 Mengen von Zeichen

Ob ein String die Zeichenfolge *abc* enthält, könnte man genauso gut auch mit einem Aufruf von `indexOf` herausfinden. Mit regulären Ausdrücken können wir jedoch auch kompliziertere Muster darstellen.

Angenommen, wir wollen nach einer Übereinstimmung mit einer beliebigen Zahl suchen. Wenn Sie in einem regulären Ausdruck eine Zeichenmenge in eckige Klammern stellen, stimmt dieser Teil des Ausdrucks mit einem beliebigen Zeichen dieser Menge überein.

Die beiden folgenden Ausdrücke stimmen jeweils mit sämtlichen Strings überein, die eine Ziffer enthalten:

```
console.log(/[0123456789]/.test("in 1992"));
// → true
console.log(/[0-9]/.test("in 1992"));
// → true
```

Innerhalb von eckigen Klammern kann ein Bindestrich zwischen zwei Zeichen verwendet werden, um einen Zeichenbereich anzugeben, wobei die Reihenfolge von den Unicode-Nummern der Zeichen abhängt. Die Zeichen 0 bis 9 sind in dieser Reihenfolge von links nach rechts geordnet (Code 48 bis 57), weshalb [0-9] sie alle abdeckt und mit jeder beliebigen Zahl übereinstimmt.

Für eine Reihe von häufig verwendeten Zeichengruppen gibt es Kurzschreibweisen. Das gilt auch für Zahlen: \d bedeutet das Gleiche wie [0-9].

| | |
|---|---|
| \d | Jegliche Ziffer |
| \w | Jegliches alphanumerisches Zeichen (»Wortzeichen«) |
| \s | Jegliches Weißraumzeichen (Leerzeichen, Tabulator, Zeilenumbruch usw.) |
| \D | Jegliches Zeichen, das *keine* Ziffer ist |
| \W | Jegliches nicht alphanumerisches Zeichen |
| \S | Jegliches Zeichen, das kein Weißraum ist |
| . | Jegliches Zeichen außer einem Zeilenumbruch |

Ein Datums- und Uhrzeitformat wie 01-30-2003 15:20 lässt sich daher wie folgt ausdrücken:

```
let dateTime = /\d\d-\d\d-\d\d\d\d \d\d:\d\d/;
console.log(dateTime.test("01-30-2003 15:20"));
// → true
console.log(dateTime.test("30-jan-2003 15:20"));
// → false
```

Das sieht ziemlich wirr aus, oder? Der Ausdruck besteht zur Hälfte aus Backslashes, und vor diesem Hintergrundrauschen lässt sich das eigentliche Muster kaum erkennen. Eine leicht verbesserte Version dieses Ausdrucks finden Sie im nächsten Abschnitt.

Diese Backslash-Kurzschreibweisen können auch in eckigen Klammern verwendet werden. Allerdings verliert der Punkt in eckigen Klammern seine besondere Bedeutung. So bedeutet beispielsweise [\d.] entweder eine Ziffer oder einen Punkt, und zwar einen Punkt als solchen. Das Gleiche gilt auch für andere Son derzeichen wie +.

Um eine Zeichenmenge *umzukehren*, also um auszudrücken, dass Sie nach Übereinstimmungen mit allen Zeichen *außer* denen in der Menge suchen, fügen Sie hinter der öffnenden Klammer einen Zirkumflex ein:

```
let notBinary = /[^01]/;
console.log(notBinary.test("1100100010100110"));
// → false
console.log(notBinary.test("1100100010200110"));
// → true
```

## 9.4 Teile eines Musters wiederholen

Wir wissen jetzt, wie wir Übereinstimmungen mit einzelnen Ziffern finden. Aber wie suchen wir nach Übereinstimmungen mit einer Zahl, die aus einer oder mehreren Ziffern bestehen kann?

Wenn Sie in einem regulären Ausdruck ein Pluszeichen hinter ein Element stellen, kann dieses Element auch mehr als einmal auftreten. Daher stimmt `/\d+/` mit einer Ziffer oder einer Folge von mehreren Ziffern überein:

```
console.log(/'\d+'/.test("'123'"));
// → true
console.log(/'\d+'/.test("''"));
// → false
console.log(/'\d*'/.test("'123'"));
// → true
console.log(/'\d*'/.test("''"));
// → true
```

Das Sternchen hat eine ähnliche Bedeutung, allerdings kann das betreffende Element dabei auch keinmal vorkommen. Bei einem Element mit einem nachfolgenden Sternchen gibt es also immer eine Übereinstimmung. Wenn kein geeigneter Text gefunden wird, liegt doch zumindest eine Übereinstimmung mit keinem Vorkommen des Zeichens vor.

Ein Fragezeichen macht einen Teil eines Musters *optional*. Das bedeutet, dass dieser Teil null- oder einmal vorkommen kann. Im folgenden Beispiel darf das Zeichen *u* vorkommen, aber es wird auch dann eine Übereinstimmung gefunden, wenn es fehlt:

```
let neighbor = /neighbou?r/;
console.log(neighbor.test("neighbour"));
// → true
console.log(neighbor.test("neighbor"));
// → true
```

Um anzugeben, wie oft ein Muster vorkommen soll, verwenden Sie geschweifte Klammern. So besagt die Angabe von `{4}` hinter einem Element, dass dieses Element genau viermal auftreten muss. Dabei ist es auch möglich, einen Bereich anzugeben: `{2,4}` bedeutet, dass das Element wenigstens zweimal und höchstens viermal auftreten muss.

Die folgende Version des Musters für Datum und Uhrzeit lässt Tages-, Monats- und Stundenangaben sowohl mit ein als auch mit zwei Stellen zu. Sie ist auch etwas leichter zu lesen:

```
let dateTime = /\d{1,2}-\d{1,2}-\d{4} \d{1,2}:\d{2}/;
console.log(dateTime.test("1-30-2003 8:45"));
// → true
```

Bei der Verwendung von geschweiften Klammern können Sie auch offene Bereiche angeben, indem Sie die Zahl hinter dem Komma weglassen. Beispielsweise bedeutet `{5,}` fünfmal oder öfter.

## 9.5 Teilausdrücke gruppieren

Um Operatoren wie * und + auf mehr als ein Element anzuwenden, müssen Sie Klammern anwenden. Ein Teil eines Ausdrucks, der in runden Klammern steht, gilt für den nachfolgenden Operator als ein einzelnes Element:

```
let cartoonCrying = /boo+(hoo+)+/i;
console.log(cartoonCrying.test("Boohoooohoohooo"));
// → true
```

Das erste und das zweite Pluszeichen beziehen sich jeweils nur auf das zweite *o* in *boo* bzw. *hoo*. Das dritte dagegen gilt für die ganze Gruppe (hoo+) und führt daher zu Übereinstimmung mit einer oder mehreren Folgen dieser Art.

Das i am Ende dieses Beispiels sorgt dafür, dass nicht zwischen Groß- und Kleinschreibung unterschieden wird. Daher gibt es auch dann eine Übereinstimmung, wenn sich in der Eingabe ein großes *B* befindet, auch wenn das Muster selbst komplett in Kleinbuchstaben geschrieben ist.

## 9.6 Übereinstimmungen und Gruppen

Die Methode test ist die allereinfachste Möglichkeit, um einen String mit einem regulären Ausdruck zu vergleichen. Sie teilt Ihnen mit, ob eine Überstimmung vorhanden ist, aber sonst nichts. Reguläre Ausdrücke verfügen jedoch auch über die Methode exec, die null zurückgibt, wenn keine Übereinstimmung gefunden wurde, aber anderenfalls ein Objekt mit Informationen zu der Übereinstimmung:

```
let match = /\d+/.exec("one two 100");
console.log(match);
// → ["100"]
console.log(match.index);
// → 8
```

Von exec zurückgegebene Objekte verfügen über die Eigenschaft index, die uns sagt, *wo* sich die Übereinstimmung in dem String befindet. Ansonsten sieht ein solches Objekt wie ein Array aus Strings aus (was es auch tatsächlich ist), dessen erstes Element der übereinstimmende String ist. Im vorigen Beispiel ist das die Ziffernfolge, nach der wir suchen.

String-Werte verfügen über die Methode match, die sich ähnlich verhält:

```
console.log("one two 100".match(/\d+/));
// → ["100"]
```

Enthält ein regulärer Ausdruck durch Klammern gruppierte Teilausdrücke, wird der Text, der mit diesen Gruppen übereinstimmt, ebenfalls in dem Array ausgegeben. Die komplette Übereinstimmung ist immer das erste Element. Das nächste Element ist dann der Teil, der mit der ersten Gruppe übereinstimmt (also derjenigen, deren öffnende Klammer in dem Ausdruck am weitesten vorn steht), dann die Übereinstimmung mit der zweiten Gruppe usw.

```
let quotedText = /'([^']*)'/;
console.log(quotedText.exec("she said 'hello'"));
// → ["'hello'", "hello"]
```

Gibt es bei einer Gruppe keine Übereinstimmung (was der Fall sein kann, wenn sie mit einem nachfolgenden Fragezeichen als optional gekennzeichnet ist), enthält das betreffende Element des Arrays den Wert `undefined`. Bei mehreren Übereinstimmungen in einer Gruppe erscheint nur die letzte im Array.

```
console.log(/bad(ly)?/.exec("bad"));
// → ["bad", undefined]
console.log(/(\d)+/.exec("123"));
// → ["123", "3"]
```

Gruppen können sehr praktisch sein, um Teile aus Strings zu entnehmen. Wenn wir nicht nur prüfen wollen, ob ein String ein Datum enthält, sondern dieses Datum abrufen und ein Objekt dafür erstellen wollen, dann können wir das Ziffernmuster in Klammern stellen und das Datum aus dem Ergebnis von `exec` entnehmen.

Zunächst aber schweifen wir ein wenig ab und sehen uns an, welche eingebauten Möglichkeiten es in JavaScript zur Darstellung von Kalenderdaten und Uhrzeiten gibt.

## 9.7 Die Klasse Date

Mit `Date` verfügt JavaScript über eine Standardklasse für die Darstellung von Kalenderdaten oder, besser gesagt, von Zeitpunkten. Wenn Sie einfach mit `new` ein neues Datumsobjekt erstellen, erhalten Sie das aktuelle Datum mit der aktuellen Uhrzeit:

```
console.log(new Date());
// → Sat Sep 01 2018 15:24:32 GMT+0200 (CEST)
```

Sie können aber auch ein Objekt für einen bestimmten Zeitpunkt erstellen:

```
console.log(new Date(2009, 11, 9));
// → Wed Dec 09 2009 00:00:00 GMT+0100 (CET)
console.log(new Date(2009, 11, 9, 12, 59, 59, 999));
// → Wed Dec 09 2009 12:59:59 GMT+0100 (CET)
```

In JavaScript beginnt die Zählung der Monate bei 0, weshalb 11 für Dezember steht, wohingegen die Zählung der Tage bei 1 beginnt. Das ist ziemlich unsinnig und verwirrend. Geben Sie also acht. Die letzten vier Argumente (Stunden, Minuten, Sekunden und Millisekunden) sind optional. Werden sie nicht angegeben, werden sie als 0 aufgefasst.

Zeitstempel werden in Form der Anzahl von Millisekunden seit Jahresbeginn 1970 in der UTC-Zeitzone angegeben, was der Vereinbarung der »Unix-Zeit« entspricht. Für Zeitpunkte vor 1970 können Sie negative Zahlen verwenden. Die

Methode getTime eines Datumsobjekts gibt diese Zahl zurück. Wie Sie sich denken können, ist sie ziemlich groß.

```
console.log(new Date(2013, 11, 19).getTime());
// → 1387407600000
console.log(new Date(1387407600000));
// → Thu Dec 19 2013 00:00:00 GMT+0100 (CET)
```

Wenn Sie dem Konstruktor Date nur ein Argument übergeben, wird es als Millisekundenangabe in Unix-Zeit aufgefasst. Um die aktuelle Unix-Zeit in Millisekunden abzurufen, können Sie ein neues Date-Objekt erstellen und getTime aufrufen oder die Funktion Date.now verwenden.

Datumsobjekte bieten Methoden wie getFullYear, getMonth, getDate, getHours, getMinutes und getSeconds, um ihre einzelnen Bestandteile abzurufen. Neben getFullYear gibt es auch die Methode getYear, die die Jahreszahl abzüglich 1900 zurückgibt, also 98 oder 119. Sie ist jedoch in den meisten Fällen nutzlos.

Wenn wir Klammern um die Teile des Ausdrucks setzen, an dem wir interessiert sind, können wir aus einem String ein Datumsobjekt erstellen:

```
function getDate(string) {
  let [_, month, day, year] =
    /(\d{1,2})-(\d{1,2})-(\d{4})/.exec(string);
  return new Date(year, month - 1, day);
}
console.log(getDate("1-30-2003"));
// → Thu Jan 30 2003 00:00:00 GMT+0100 (CET)
```

Die Bindung _ wird ignoriert. Sie dient nur dazu, das Element mit der vollständigen Übereinstimmung in dem von exec zurückgegebenen Array zu überspringen.

## 9.8 Wort- und String-Grenzen

Leider entnimmt getDate jedoch auch ohne mit der Wimper zu zucken den unsinnigen Datumswert 00-1-3000 aus dem String "100-1-3000". Eine Übereinstimmung kann an beliebiger Stelle im String vorkommen. Hier beginnt sie nun einmal beim zweiten Zeichen und endet beim vorletzten.

Wenn wir nur noch Übereinstimmungen mit dem gesamten String suchen wollen, können wir die Markierungen ^ und $ angeben. Der Zirkumflex steht dabei für den Anfang des Eingabe-Strings und das Dollarzeichen für sein Ende. Daher stimmt mit /^\d+$/ nur ein String überein, der genau aus einer oder mehreren Ziffern besteht. /^!/ findet Strings, die mit einem Anführungszeichen beginnen. Für /x^/ dagegen gibt es keinerlei Übereinstimmungen, denn es kann nicht sein, dass das *x* vor dem Anfang des Strings steht.

Um sicherzustellen, dass das Datum an einer Wortgrenze beginnt und endet, können Sie die Markierung \b verwenden. Eine Wortgrenze kann der Anfang oder das Ende des Strings sein, aber auch jede Stelle innerhalb des Strings, bei der sich ein alphanumerisches Zeichen (\w) auf der einen Seite befindet und ein nicht alphanumerisches auf der anderen:

```
console.log(/cat/.test("concatenate"));
// → true
console.log(/\bcat\b/.test("concatenate"));
// → false
```

Mit einer Grenzmarkierung wird nicht nach einer Übereinstimmung mit einem Zeichen gesucht. Es wird lediglich dafür gesorgt, dass nur dann eine Übereinstimmung gefunden wird, wenn bei ihrem Auftreten im Muster eine bestimmte Bedingung erfüllt ist.

## 9.9 Alternative Muster

Stellen Sie sich vor, Sie möchten herausfinden, ob ein Text nicht einfach nur Zahlen enthält, sondern Zahlen, auf die eines der Wörter *pig*, *cow*, *chicken* oder deren Pluralform folgt. Dazu können wir drei reguläre Ausdrücke schreiben und nacheinander die drei Vergleiche ausführen. Aber es gibt eine bequemere Vorgehensweise. Die Muster rechts und links von einem Pipe-Zeichen (|) sind alternative Muster. Wir können also Folgendes schreiben:

```
let animalCount = /\b\d+ (pig|cow|chicken)s?\b/;
console.log(animalCount.test("15 pigs"));
// → true
console.log(animalCount.test("15 pigchickens"));
// → false
```

Mit Klammern können Sie den Teil des Musters beschränken, für den der Pipe-Operator gilt. Um mehr als zwei Alternativen auszudrücken, können Sie den Operator, wie hier gezeigt, mehrmals hintereinander anwenden.

## 9.10 Der Vergleichsmechanismus

Wenn Sie exec oder test verwenden, sucht die Engine für reguläre Ausdrücke nach einer Übereinstimmung in dem übergebenen String, indem die Engine den Ausdruck zunächst mit dem Anfang des Strings vergleicht, dann mit dem Rest des Strings ab dem zweiten Zeichen usw. Das geht so lange, bis die Engine entweder eine Übereinstimmung gefunden oder das Ende des Strings erreicht hat. Die Engine gibt die erste Übereinstimmung zurück, sofern sie eine ermitteln konnte, und sonst gar keine.

Für den eigentlichen Vergleich behandelt die Engine einen regulären Ausdruck ähnlich wie ein Flussdiagramm. Die folgende Abbildung zeigt das Diagramm für den Viehzuchtausdruck aus dem vorherigen Beispiel:

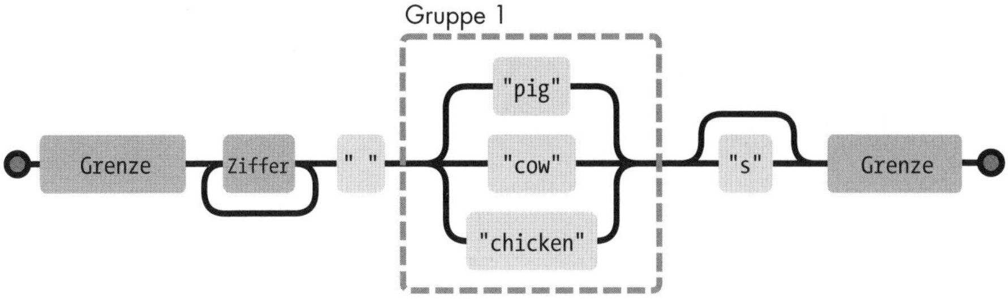


Es gibt eine Übereinstimmung mit unserem Ausdruck, wenn wir einen Weg von der linken Seite des Diagramms zur rechten finden können. Dazu merken wir uns die aktuelle Position im String und prüfen bei jedem Durchlauf durch einen Kasten, ob der Teil des Strings, der nach dieser Position folgt, mit dem Kasten übereinstimmt.

Wenn wir also von Position 4 aus eine Übereinstimmung mit `"the 3 pigs"` suchen, sieht unser Weg durch das Flussdiagramm wie folgt aus:

- An Position 4 gibt es eine Wortgrenze, weshalb wir den ersten Kasten hinter uns lassen können.
- Während wir uns immer noch an Position 4 befinden, stoßen wir auf eine Ziffer, weshalb wir auch den zweiten Kasten hinter uns lassen können.
- An Position 5 führt ein Weg zurück zum zweiten Kasten (Ziffer) und der andere vorwärts zu einem Kasten mit einem einzelnen Leerzeichen. Da vor uns ein Leerzeichen und keine weitere Ziffer liegt, müssen wir dem zweiten Pfad folgen.
- Damit befinden wir uns jetzt an Position 6 (dem Anfang von *pigs*) und der Dreifachverzweigung im Diagramm. Wir können zwar weder *cow* noch *chicken* finden, aber dafür *pig*, weshalb wir dem zugehörigen Pfad folgen.
- An Position 9 hinter der Dreifachverzweigung führt ein Pfad an dem Kasten mit *s* vorbei und geradewegs zur letzten Wortgrenze, während der andere eine Übereinstimmung mit *s* fordert. Da vor uns tatsächlich ein *s* liegt und keine Wortgrenze, nehmen wir den Weg durch den Kasten.
- An Position 10 angelangt (dem Ende des Strings), müssen wir eine Übereinstimmung mit einer Wortgrenze haben. Da das String-Ende als Wortgrenze zählt, können wir den letzten Kasten durchlaufen und haben daher festgestellt, dass der String mit dem Ausdruck übereinstimmt.

## 9.11 Rückverfolgung

Mit dem regulären Ausdruck `/\b([01]+b|[\da-f]+h|\d+)\b/` können drei verschiedene Dinge übereinstimmen: eine Binärzahl gefolgt von *b*, eine Hexadezimalzahl (also eine Zahl mit der Basis 16, bei der die Buchstaben *a* und *f* für die Ziffern von 10 bis 15 stehen) gefolgt von *h* und eine reguläre Dezimalzahl ohne Suffixzeichen. Das zugehörige Diagramm sieht wie folgt aus:

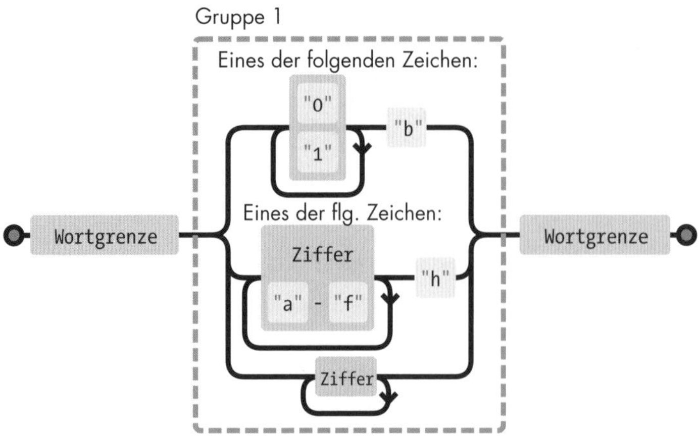


Beim Vergleich dieses Ausdrucks mit einem String kommt es häufig vor, dass die Engine den oberen Pfad (den für eine Binärzahl) nimmt, obwohl die Eingabe gar keine Binärzahl sein kann. Beispielsweise wird bei einem Vergleich mit dem String `"103"` erst beim Erreichen der 3 klar, dass wir dem falschen Pfad gefolgt sind. Zwar stimmt der String mit dem Ausdruck überein, allerdings nicht in dem Zweig, in dem wir uns befinden.

Daher kehrt der Matcher um und verfolgt seinen Weg zurück. Beim Eintritt in einen Weg merkt er sich die aktuelle Position (was in diesem Fall der Anfang des Strings hinter dem Kasten für die erste Wortgrenze im Diagramm ist), damit er zurückgehen und einen anderen Pfad ausprobieren kann, sollte der aktuelle nicht zum Ziel führen. Nachdem er beim Vergleich mit dem String `"103"` auf die Ziffer 3 gestoßen ist, probiert er als Nächstes den Zweig für Hexadezimalen aus, der ebenfalls keinen Erfolg bringt, da hinter der Zahl kein *h* steht. Schließlich versucht der Matcher sein Glück mit dem Dezimalzweig. Das funktioniert auch tatsächlich, sodass er eine Übereinstimmung melden kann. Der Matcher hält an, sobald er eine vollständige Übereinstimmung findet. Sollten also mehrere Zweige zu einer Übereinstimmung führen, wird nur der erste in der Reihenfolge verwendet, in der sie in dem regulären Ausdruck auftritt.

Eine Rückverfolgung tritt auch bei Wiederholungsoperatoren wie + und * auf. Wenn Sie `/^.*x/` mit `"abcxe"` vergleichen, versucht zunächst der Teil `.*` den gesamten String zu verarbeiten. Die Engine erkennt dann, dass sie für eine Übereinstimmung mit dem Muster ein *x* braucht. Da es aber hinter dem Ende des Strings kein *x* gibt, nimmt der Sternoperator nun einen Vergleich mit einem Zeichen weniger. Da der Matcher aber auch hinter `abcx` kein *x* findet, kehrt er erneut zurück und vergleicht den Sternoperator-Ausdruck mit `abc`. Jetzt stößt er tatsächlich auf ein *x* an der richtigen Stelle und meldet eine erfolgreiche Übereinstimmung von Position 0 bis 4.

Es ist möglich, reguläre Ausdrücke zu schreiben, bei denen der Matcher eine Menge solcher Rückverfolgungen vornehmen muss. Das Problem tritt dann auf, wenn ein Muster auf verschiedene Weise mit einer Eingabe übereinstimmen kann.

Angenommen, Sie vertun sich bei einem regulären Ausdruck für eine Binärzahl und schreiben versehentlich /([01]+)+b/.

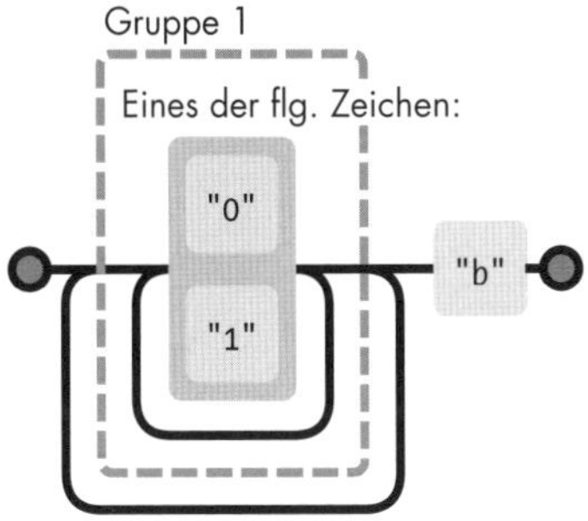


Wenn Sie das mit einer langen Folge von Nullen und Einsen ohne nachfolgendes *b* vergleichen, durchläuft der Matcher erst die innere Schleife, bis er keine Ziffern mehr findet. Dann stellt er fest, dass kein *b* vorhanden ist, weshalb er zurückgeht, die äußere Schleife mit einem Zeichen weniger einmal durchläuft, erneut aufgibt usw. Er versucht fortwährend jede mögliche Route durch die beiden Schleifen auszuprobieren. Mit jedem weiteren Zeichen *verdoppelt* sich also die Menge der Arbeit. Selbst wenn der String nur wenige Dutzend Zeichen lang ist, läuft der Vergleich praktisch endlos.

## 9.12 Die Methode replace

String-Werte verfügen über die Methode replace, mit der Sie einen Teil des Strings durch einen anderen ersetzen können:

```
console.log("papa".replace("p", "m"));
// → mapa
```

Das erste Argument kann auch ein regulärer Ausdruck sein, in diesem Fall wird die erste Übereinstimmung des regulären Ausdrucks ersetzt. Wenn Sie dem regulären Ausdruck die Option g (für *global*) hinzufügen, werden dagegen *alle* Übereinstimmungen im String ersetzt:

```
console.log("Borobudur".replace(/[ou]/, "a"));
// → Barobudur
console.log("Borobudur".replace(/[ou]/g, "a"));
// → Barabadar
```

Es wäre sinnvoller gewesen, zur Auswahl zwischen dem Ersetzen des ersten oder aller Übereinstimmungen ein zusätzliches Argument für replace oder eine eigene Methode wie etwa replaceAll bereitzustellen. Aus unerfindlichen Gründen wurde jedoch eine Eigenschaft des regulären Ausdrucks verwendet.

Die wahre Stärke der Verwendung von regulären Ausdrücken mit replace ergibt sich aus der Tatsache, dass wir auf übereinstimmende Gruppen im Ersatz-String verweisen können. Angenommen, wir haben einen umfangreichen

String mit Personennamen. Dabei nimmt jeder Name eine Zeile ein und ist im Format *Nachname, Vorname* angegeben. Wenn wir die Reihenfolge vertauschen und das Komma ersetzen wollen, um die Namen im Format *Vorname Nachname* darzustellen, können wir folgenden Code verwenden:

```
console.log(
  "Liskov, Barbara\nMcCarthy, John\nWadler, Philip"
    .replace(/(\w+), (\w+)/g, "$2 $1"));
// → Barbara Liskov
//   John McCarthy
//   Philip Wadler
```

Die Elemente $1 und $2 im Ersatz-String verweisen auf die in Klammern eingeschlossenen Gruppen im Muster. $1 wird durch den Text ersetzt, der mit der ersten Gruppe übereinstimmt, $2 durch den der zweiten usw. Die Zählung kann bis $9 gehen. Um auf die gesamte Übereinstimmung zu verweisen, verwenden Sie $&.

Als zweites Argument von `replace` können Sie anstelle eines Strings auch eine Funktion übergeben. Für jeden Ersetzungsvorgang wird die Funktion mit den übereinstimmenden Gruppen (sowie der Gesamtübereinstimmung) als Argumenten aufgerufen. Der Rückgabewert wird in den neuen String eingeführt.

Betrachten Sie dazu das folgende einfache Beispiel:

```
let s = "the cia and fbi";
console.log(s.replace(/\b(fbi|cia)\b/g,
            str => str.toUpperCase()));
// → the CIA and FBI
```

Das folgende Beispiel ist schon interessanter:

```
let stock = "1 lemon, 2 cabbages, and 101 eggs";
function minusOne(match, amount, unit) {
  amount = Number(amount) - 1;
  if (amount == 1) { // Entfernt das 's', wenn nur noch ein Stück übrig ist
    unit = unit.slice(0, unit.length - 1);
  } else if (amount == 0) {
    amount = "no";
  }
  return amount + " " + unit;
}
console.log(stock.replace(/(\d+) (\w+)/g, minusOne));
// → no lemon, 1 cabbage, and 100 eggs
```

Hier werden alle Vorkommen einer Zahl mit dem nachfolgenden alphanumerischen Wort in einem String gefunden und ein String zurückgegeben, bei dem jede dieser Zahlen um 1 verringert ist.

Die Gruppe `(\d+)` wird zum Argument `amount` der Funktion und die Gruppe `(\w+)` wird an `unit` gebunden. Die Funktion wandelt `amount` in eine Zahl um – was auf jeden Fall funktioniert, da diese Gruppe schließlich mit `\d+` übereinstimmt –

und nimmt einige Anpassungen vor, wenn von einer Ware nur noch ein oder gar kein Exemplar mehr übrig ist.

## 9.13 Gierige Operatoren

Mithilfe von `replace` können Sie eine Funktion schreiben, die sämtliche Kommentare aus JavaScript-Code entfernt. Ein erster Versuch dazu könnte wie folgt aussehen:

```
function stripComments(code) {
  return code.replace(/\/\/.*|\/\*[^]*\*\//g, "");
}
console.log(stripComments("1 + /* 2 */3"));
// → 1 + 3
console.log(stripComments("x = 10;// ten!"));
// → x = 10;
console.log(stripComments("1 /* a */+/* b */ 1"));
// → 1 1
```

Der Teil vor dem Oder-Operator stimmt mit zwei Schrägstrichen überein, auf die beliebig viele Zeichen folgen, die keine Zeilenumbrüche sind. Der Teil für mehrzeilige Kommentare ist jedoch anspruchsvoller. Hier verwenden wir [^] (jedes Zeichen, das nicht in der leeren Zeichenmenge enthalten ist), um Übereinstimmungen mit jedem beliebigen Zeichen zu finden. Wir können hier nicht einfach einen Punkt schreiben, da Blockkommentare in der nächsten Zeile weitergehen können, der Punkt aber keine Übereinstimmungen mit Zeilenumbrüchen findet. Allerdings ist die Ausgabe für die letzte Zeile falsch. Was ist da passiert?

Wie ich bereits im Abschnitt über Rückverfolgung geschrieben habe, versucht der Teilausdruck `[^]*` zunächst, die längste Übereinstimmung zu finden. Wenn dabei jedoch keine Übereinstimmung mit dem nächsten Teilausdruck möglich ist, geht der Matcher ein Zeichen zurück und versucht es erneut. Im Beispiel untersucht der Matcher erst den gesamten Rest des Strings und geht Zeichen für Zeichen zurück. Nachdem er sich vier Zeichen vom Ende des Strings entfernt hat, findet er ein Vorkommen von `*/` und meldet dies als Übereinstimmung. Das ist aber nicht das, was wir erreichen wollten. Wir haben nach einem einzelnen Kommentar gesucht und nicht nach dem Ende des letzten Blockkommentars im gesamten Code.

Aufgrund dieses Verhaltens werden die Wiederholungsoperatoren +, *, ? und {} als *gierig* bezeichnet: Sie stellen einen Vergleich mit einem längstmöglichen Teil-String an und verkleinern diesen schrittweise, bis eine Übereinstimmung gefunden ist. Wenn Sie diese Operatoren mit einem nachfolgenden Fragezeichen versehen (+?, *?, ??, {}?), verhalten sich diese nicht mehr gierig, sondern vergleichen zunächst einen möglichst kleinen Bereich und erweitern diesen, wenn es keine Übereinstimmung mit dem Rest des Musters gibt.

Genau das ist es, was wir in diesem Fall tun müssen. Wenn der Sternchenausdruck eine Übereinstimmung in der kleinstmöglichen Zeichenfolge findet, in der ein */ auftaucht, verarbeiten wir nur einen einzigen Blockkommentar und nicht mehr:

```
function stripComments(code) {
  return code.replace(/\/\/.*|\/\*[^]*?\*\//g, "");
}
console.log(stripComments("1 /* a */+/* b */ 1"));
// → 1 + 1
```

Eine Menge Fehler in Programmen mit regulären Ausdrücken gehen auf die unabsichtliche Verwendung gieriger Operatoren zurück. Wenn Sie einen Wiederholungsoperator verwenden, sollten Sie es als Erstes mit der nichtgierigen Variante versuchen.

## 9.14 RegExp-Objekte dynamisch erstellen

Es kann vorkommen, dass Sie beim Schreiben Ihres Codes noch nicht das genaue Muster kennen, mit dem ein String übereinstimmen muss. Nehmen wir an, Sie wollen in einem Text nach einem Benutzernamen suchen und ihn zur Hervorhebung mit Unterstrichen umgeben. Da Sie den Namen erst kennen, wenn das Programm läuft, können Sie die Schrägstrichschreibweise nicht nutzen.

Es ist jedoch möglich, wie im folgenden Beispiel einen String zu erstellen und den Konstruktor `RegExp` darauf anzuwenden:

```
let name = "harry";
let text = "Harry is a suspicious character.";
let regexp = new RegExp("\\b(" + name + ")\\b", "gi");
console.log(text.replace(regexp, "_$1_"));
// → _Harry_ is a suspicious character.
```

Beim Erstellen der Grenzmarkierungen (`\b`) müssen wir hier zwei Backslashes verwenden, da sie in einem normalen String und nicht in einem von Schrägstrichen eingeschlossenen regulären Ausdruck stehen. Das zweite Argument des Konstruktors `RegExp` enthält die Optionen für den regulären Ausdruck, in diesem Fall `"gi"` für die globale Anwendung und die Nichtberücksichtigung von Groß- und Kleinschreibung.

Was aber machen wir, wenn unser Benutzer ein juveniler Nerd ist und den Namen `"dea+hl[]rd"` gewählt hat? Das Einfügen dieses Namens würde zu einem regulären Ausdruck führen, der keinerlei Sinn hat und auch den Benutzernamen nicht findet.

Um dieses Problem zu umgehen, können wir Backslashes vor alle Zeichen stellen, die eine besondere Bedeutung haben:

```
let name = "dea+hl[]rd";
let text = "This dea+hl[]rd guy is super annoying.";
let escaped = name.replace(/[\\[.+*?(){|^$]/g, "\\$&");
let regexp = new RegExp("\\b" + escaped + "\\b", "gi");
console.log(text.replace(regexp, "_$&_"));
```

```
// → This _dea+hl[]rd_ guy is super annoying.
```

## 9.15 Die Methode search

Für Strings kann die Methode `indexOf` nicht mit einem regulären Ausdruck aufgerufen werden. Es gibt jedoch die Methode `search`, die einen regulären Ausdruck erwartet. Ebenso wie `indexOf` gibt sie den ersten Index zurück, an dem der Ausdruck gefunden wurde. Ist keine Übereinstimmung vorhanden, wird stattdessen `-1` zurückgegeben:

```
console.log("  word".search(/\S/));
// → 2
console.log("    ".search(/\S/));
// → -1
```

Leider gibt es keine Möglichkeit, um einen Versatz (Offset) anzugeben, an dem die Suche beginnen soll (wie es mit dem zweiten Argument von `indexOf` möglich ist). Das wäre oft sehr praktisch.

## 9.16 Die Eigenschaft lastIndex

Auch die Methode `exec` bietet zwar keine komfortable Möglichkeit, um die Suche an einer bestimmten Stelle des Strings zu beginnen, aber wenigstens eine *unkomfortable*. Objekte für reguläre Ausdrücke haben Eigenschaften. Eine solche Eigenschaft ist `source`, die den String enthält, aus dem der Ausdruck erstellt wurde. Eine weitere Eigenschaft ist `lastIndex`, die unter bestimmten Voraussetzungen festlegen kann, wo der nächste Vergleich beginnt.

Als Voraussetzungen müssen die Option `g` (global) oder `y` (»sticky«) des regulären Ausdrucks aktiviert sein und der Vergleich mithilfe der Methode `exec` erfolgen. Auch hier hätte eine weniger umständliche Lösung darin bestanden, ein zusätzliches Argument an `exec` zu übergeben. Aber umständliche Lösungen sind nun einmal ein wesentliches Merkmal der JavaScript-Schnittstelle für reguläre Ausdrücke.

```
let pattern = /y/g;
pattern.lastIndex = 3;
let match = pattern.exec("xyzzy");
console.log(match.index);
// → 4
console.log(pattern.lastIndex);
// → 5
```

War der Vergleich erfolgreich, aktualisiert der Aufruf von `exec` automatisch die Eigenschaft `lastIndex` auf die Stelle hinter der gefundenen Übereinstimmung. Anderenfalls wird `lastIndex` wieder auf 0 gesetzt. Das ist auch der Wert, den die Eigenschaft in einem neu konstruierten `RegExp`-Objekt hat.

Der Unterschied zwischen den Optionen »global« und »sticky« besteht darin, dass bei »sticky« nur Übereinstimmungen gefunden werden, die direkt bei lastIndex beginnen, während bei »global« eine Übereinstimmung an einer beliebigen Stelle stehen kann.

```
let global = /abc/g;
console.log(global.exec("xyz abc"));
// → ["abc"]
let sticky = /abc/y;
console.log(sticky.exec("xyz abc"));
// → null
```

Wird für mehrere Aufrufe von exec ein gemeinsamer regulärer Ausdruck verwendet, kann die automatische Aktualisierung von lastIndex Probleme verursachen. Denn es ist dadurch möglich, dass der Vergleich versehentlich an einem Index beginnt, der noch von einem früheren Aufruf übrig ist:

```
let digit = /\d/g;
console.log(digit.exec("here it is: 1"));
// → ["1"]
console.log(digit.exec("and now: 1"));
// → null
```

Eine weitere bemerkenswerte Auswirkung der Option »global« besteht darin, dass sie die Vorgehensweise der Methode match für Strings ändert. Wird sie mit einem globalen Ausdruck aufgerufen, gibt sie nicht ein Array ähnlich dem von exec zurück, sondern findet *alle* Übereinstimmungen mit dem Muster im String und gibt ein Array mit sämtlichen übereinstimmenden Strings zurück:

```
console.log("Banana".match(/an/g));
// → ["an", "an"]
```

Verwenden Sie deshalb globale reguläre Ausdrücke behutsam. Die Fälle, in denen sie notwendig sind – beim Aufruf von replace und zur ausdrücklichen Nutzung von lastIndex –, sind gewöhnlich auch die einzigen, in denen Sie sie einsetzen sollten.

### Gefundene Übereinstimmungen durchlaufen

Eine gängige Aufgabe besteht darin, alle Vorkommen eines Musters in einem String so zu durchlaufen, dass wir im Rumpf der Schleife Zugriff auf das Objekt mit den Übereinstimmungen erhalten. Dazu können wir lastIndex und exec verwenden:

```
let input = "A string with 3 numbers in it... 42 and 88.";
let number = /\b\d+\b/g;
let match;
while (match = number.exec(input)) {
  console.log("Found", match[0], "at", match.index);
}
```

```
// → Found 3 at 14
// Found 42 at 33
// Found 88 at 40
```

Hier nutzen wir die Tatsache aus, dass der Wert eines Zuweisungsausdrucks (`=`) der zugewiesene Wert ist. Mit `match = number.exec(input)` in der `while`-Anweisung führen wir also am Anfang jeder Iteration einen Vergleich aus, speichern das Ergebnis in einer Bindung und beenden die Schleife, wenn keine weiteren Übereinstimmungen mehr zu finden sind.

## 9.17 Eine INI-Datei analysieren

Um das Kapitel abzuschließen, schauen wir uns ein Problem an, für das sich reguläre Ausdrücke anbieten. Nehmen wir an, wir möchten ein Programm erstellen, das im Internet automatisch Informationen über unsere Feinde sammelt. Wir werden jedoch nicht das Programm selbst schreiben, sondern nur den Teil, der die Konfigurationsdatei liest. Tut mir leid! Die Konfigurationsdatei sieht wie folgt aus:

```
searchengine=https://duckduckgo.com/?q=$1
spitefulness=9.7

; Kommentare werden mit einem Semikolon eingeleitet.
; Jeder Abschnitt behandelt einen einzelnen Feind.
[larry]
fullname=Larry Doe
type=kindergarten bully
website=http://www.geocities.com/CapeCanaveral/11451

[davaeorn]
fullname=Davaeorn
type=evil wizard
outputdir=/home/marijn/enemies/davaeorn
```

Die Regeln für dieses Format (das weit verbreitet ist und gewöhnlich als *INI-Datei* bezeichnet wird) lauten wie folgt:

- Leerzeilen sowie Zeilen, die mit einem Semikolon beginnen, werden ignoriert.
- In [ und ] eingeschlossene Zeilen leiten einen neuen Abschnitt ein.
- Zeilen, die einen alphanumerischen Bezeichner gefolgt vom Zeichen `=` enthalten, fügen dem aktuellen Abschnitt eine neue Einstellung hinzu.
- Alles andere ist ungültig.

Unsere Aufgabe besteht darin, einen String dieser Art in ein Objekt umzuwandeln, dessen Eigenschaften einerseits Strings für Einstellungen festhalten, die vor der ersten Abschnittsüberschrift stehen, und andererseits Unterobjekte für Abschnitte. Diese Unterobjekte halten wiederum die Einstellungen des jeweiligen Abschnitts fest.

Da das Format zeilenweise verarbeitet werden muss, ist es sinnvoll, die Datei als Erstes in einzelne Zeilen zu zerlegen. Im Abschnitt »*Eigenschaften von Strings*« auf *S. 75* haben Sie schon die Methode `split` kennengelernt. Einige Betriebssysteme verwenden jedoch nicht einfach ein Zeilenumbruchzeichen, um Zeilen zu trennen, sondern ein Wagenrücklauf, gefolgt von einem Zeilenumbruchzeichen (`"\r\n"`). Da die Methode `split` auch reguläre Ausdrücke als Argument entgegennimmt, können wir hier den Ausdruck `/\r?\n/` verwenden, um dafür zu sorgen, dass die Zeilen sowohl bei `"\n"` als auch bei `"\r\n"` sauber getrennt werden.

```
function parseINI(string) {
  // Beginnt mit einem Objekt für die Felder der obersten Ebene
  let result = {};
  let section = result;
  string.split(/\r?\n/).forEach(line => {
    let match;
    if (match = line.match(/^(\w+)=(.*)$/)) {
      section[match[1]] = match[2];
    } else if (match = line.match(/^\[(.*)\]$/)) {
      section = result[match[1]] = {};
    } else if (!/^\s*(;.*)?$/.test(line)) {
      throw new Error("Line '" + line + "' is not valid.");
    }
  });
  return result;
}

console.log(parseINI(`
name=Vasilis
[address]
city=Tessaloniki`));
// → {name: "Vasilis", address: {city: "Tessaloniki"}}
```

Der Code durchläuft die Zeilen der Datei und baut ein Objekt auf. Die Eigenschaften an der Spitze werden unmittelbar im Objekt gespeichert, Eigenschaften in Abschnitten dagegen in einem separaten Abschnittsobjekt. Die Bindung `section` zeigt auf das Objekt für den aktuellen Abschnitt.

Es gibt zwei Arten von gültigen Zeilen: Abschnittsüberschriften und Eigenschaftenzeilen. Handelt es sich bei einer Zeile um eine normale Eigenschaft, wird sie im aktuellen Abschnitt gespeichert. Ist sie dagegen eine Abschnittsüberschrift, wird ein neues Abschnittsobjekt erstellt und die Bindung `section` so eingestellt, dass sie darauf zeigt.

Beachten Sie die wiederholte Verwendung von ^ und $, um sicherzustellen, dass der Ausdruck mit der ganzen Zeile und nicht nur einem Teil verglichen wird. Ohne diese Zeichen würde der Code zwar meistens funktionieren, sich aber bei manchen Eingaben merkwürdig verhalten. Ein solcher Bug ist schwer zu finden.

Das Muster `if (match = string.match(...))` ähnelt dem Trick, eine Zuweisung als Bedingung für `while` zu verwenden. Da Sie oft nicht sicher sein können, ob der Aufruf von `match` erfolgreich sein wird, können Sie auf das resultierende Objekt nur innerhalb einer `if`-Anweisung zugreifen, die diesen Umstand überprüft. Um die elegante Kette von `else-if`-Anweisungen nicht zu unterbrechen, weisen wir das Ergebnis des Vergleichs einer Bindung zu und nutzen diese Zuweisung unmittelbar als Test für die `if`-Anweisung.

Wenn es sich bei einer Zeile weder um eine Abschnittsüberschrift noch um eine Eigenschaft handelt, prüft die Funktion mit dem Ausdruck `/^\s*(;.*)?$/`, ob ein Kommentar oder eine Leerzeile vorliegt. Können Sie erkennen, wie er funktioniert? Der Teil in Klammern findet Kommentare und das `?` Zeilen, die nur aus Weißraum bestehen. Stimmt eine Zeile mit keinem der erwarteten Formate überein, löst die Funktion eine Ausnahme aus.

## 9.18 Internationale Zeichen

Aufgrund der sehr schlichten ursprünglichen Implementierung von JavaScript und der Tatsache, dass dieser schlichte Ansatz später als Standardverhalten in Stein gemeißelt wurde, sind die regulären Ausdrücke von JavaScript ziemlich ignorant, was Zeichen angeht, die in der englischen Sprache nicht vorkommen. Für die regulären Ausdrücke von JavaScript gelten als Wortzeichen nur die 26 Buchstaben des lateinischen Alphabets (in Groß- und Kleinschreibung), Dezimalziffern und aus irgendeinem Grund auch der Unterstrich. Zeichen wie *é* oder *ß*, die definitiv Wortzeichen sind, stimmen nicht mit `\w` überein, aber dafür mit `\W`, der Kurzschreibweise für Nicht-Wortzeichen.

Aus irgendeinem Grund aber gibt es diese Probleme bei `\s` (Weißraum) nicht. Dieses Zeichen stimmt mit allen Zeichen überein, die im Unicode-Standard als Weißraum angesehen werden, darunter auch geschützte Leerzeichen und das mongolische Vokaltrennzeichen. Ein weiteres Problem besteht darin, dass beim Vergleich mit regulären Ausdrücken standardmäßig Codeeinheiten betrachtet werden und nicht Zeichen (siehe »*Strings und Zeichencodes*« auf *S. 94*). Das führt bei Zeichen, die zwei Codeeinheiten umfassen, zu einem eigenartigen Verhalten:

```
console.log(/🍎{3}/.test("🍎🍎🍎"));
// → false
console.log(/<.>/.test("<🌹>"));
// → false
console.log(/<.>/u.test("<🌹>"));
// → true
```

In der ersten Zeile wird 🍎 als zwei Codeeinheiten aufgefasst und der Teilausdruck `{3}` daher nur auf die zweite angewendet. Auch der Punkt findet nur eine Übereinstimmung mit einer einzigen Codeeinheit und nicht mit den beiden, aus denen sich das Rosen-Emoji zusammensetzt. Damit reguläre Ausdrücke solche Zeichen korrekt handhaben, müssen Sie die Option `u` (für Unicode) hinzufügen. Das falsche Verhalten ist und bleibt leider das Standardverhalten, da eine Änderung zu Problemen in bestehendem Code führen kann, der sich darauf stützt.

Es ist möglich, in einem regulären Ausdruck mit aktivierter Unicode-Option `\p` zu verwenden, um alle Zeichen zu finden, denen im Unicode-Standard eine

Eigenschaft zugewiesen ist. Dieses Verhalten wurde jedoch erst vor Kurzem standardisiert und wird zurzeit noch nicht weiträumig unterstützt.

```
console.log(/\p{Script=Greek}/u.test("α"));
// → true
console.log(/\p{Script=Arabic}/u.test("α"));
// → false
console.log(/\p{Alphabetic}/u.test("α"));
// → true
console.log(/\p{Alphabetic}/u.test("!"));
// → false
```

In Unicode ist eine Reihe praktischer Eigenschaften definiert. Allerdings ist es nicht immer leicht, diejenige zu finden, die Sie brauchen. Mit `\p{Property=Value}` können Sie jedes Zeichen finden, bei dem die gegebene Eigenschaft den gegebenen Wert hat. Wenn Sie den Eigenschaftennamen weglassen, z. B. `\{Name}`, dann wird angenommen, dass der Name entweder eine binäre Eigenschaft wie `Alphabetic` oder eine Kategorie wie `Number` ist.

## 9.19 Zusammenfassung

Reguläre Ausdrücke sind Objekte, die Muster in Strings darstellen. Zur Beschreibung dieser Muster wird eine besondere Sprache verwendet.

| | |
|---|---|
| `/abc/` | Eine Folge von Zeichen |
| `/[abc]/` | Eine Folge von Zeichen aus der angegebenen Menge |
| `/[^abc]/` | Ein Zeichen, das nicht zu der gegebenen Menge gehört |
| `/[0-9]/` | Ein beliebiges Zeichen aus dem angegebenen Bereich |
| `/x+/` | Ein oder mehrere Vorkommen des Musters x |
| `/x+?/` | Eines oder mehr Vorkommen (nichtgierig) |
| `/x*/` | Null oder mehr Vorkommen |
| `/x?/` | Null oder ein Vorkommen |
| `/x{2,4}/` | Zwei bis vier Vorkommen |
| `/(abc)/` | Eine Gruppe |
| `/a\|b\|c/` | Eines der angegebenen Muster |
| `/\d/` | Eine beliebige Ziffer |
| `/\w/` | Ein alphanumerisches Zeichen (»Wortzeichen«) |
| `/\s/` | Ein beliebiges Weißraumzeichen |
| `/./` | Ein beliebiges Zeichen außer einem Zeilenumbruch |
| `/\b/` | Eine Wortgrenze |
| `/^/` | Beginn der Eingabe |
| `/$/` | Ende der Eingabe |

Ein regulärer Ausdruck verfügt über die Methode `test`, die prüft, ob ein gegebener String mit dem Ausdruck übereinstimmt. Die Methode `exec` gibt bei einer gefundenen Übereinstimmung ein Array mit allen übereinstimmenden Gruppen zurück. Dieses Array weist die Eigenschaft `index` auf, die angibt, an welcher Stelle die Übereinstimmung beginnt.

Strings haben die Methode `match`, mit der sie mit einem regulären Ausdruck verglichen werden können, und die Methode `search`, die nach einer Übereinstimmung sucht und nur deren Anfangsposition zurückgibt. Die Methode `replace` ersetzt Übereinstimmungen mit einem Muster durch einen Ersatz-String oder eine Funktion.

Reguläre Ausdrücke können auch über Optionen verfügen, die hinter den schließenden Schrägstrich geschrieben werden. Die Option `i` sorgt dafür, dass nicht zwischen Groß- und Kleinschreibung unterschieden wird. Die Option `g` macht den Ausdruck *global*, was unter anderem bedeutet, dass die Methode `replace` alle Vorkommen des gefundenen Musters ersetzt und nicht nur das erste. Die Option `y` macht den Ausdruck »sticky«, sodass bei der Suche nach einer Übereinstimmung keine Teile des Strings übersprungen werden. Die Option `u` schaltet den Unicode-Modus ein, um eine Reihe von Problemen beim Umgang mit Zeichen zu lösen, die mehr als zwei Codeeinheiten einnehmen.

Reguläre Ausdrücke sind ein scharfes Werkzeug mit einem klobigen Griff. Sie können Aufgaben erheblich vereinfachen, aber bei der Anwendung auf vielschichtige Probleme auch unhandlich werden. Die Kunst, sie zu nutzen, besteht zum Teil auch darin, der Versuchung zu widerstehen, sie für Dinge zu missbrauchen, die sie nicht sauber beschreiben können.

## 9.20 Übungen

Es lässt sich kaum vermeiden, dass Sie beim Durcharbeiten dieser Übungen irgendwann vom unerklärlichen Verhalten eines regulären Ausdrucks verwirrt und frustriert werden. Manchmal ist es hilfreich, einen Ausdruck in ein Online-Tool wie *https://debuggex.com* einzugeben, um zu prüfen, ob die dort angezeigte Visualisierung dem entspricht, was Sie beabsichtigt haben, und sich die Reaktionen auf verschiedene Eingabe-Strings anzusehen.

### RegExp-Golf

*Codegolf* ist ein Spiel, bei dem Sie versuchen, ein gegebenes Programm in so wenigen Zeichen wie möglich auszudrücken. Dementsprechend versuchen Sie bei *RegExp-Golf*, einen regulären Ausdruck, der ein gegebenes Muster findet – und zwar *nur* dieses Muster! –, so kompakt wie möglich zu schreiben.

Schreiben Sie bei jeder der folgenden Aufgaben jeweils einen regulären Ausdruck, der prüft, ob irgendeiner der gegebenen Teil-Strings in einem String vorkommt. Die regulären Ausdrücke dürfen nur Übereinstimmungen mit Strings ergeben, die einen der angegebenen Teil-Strings enthalten. Wortgrenzen spielen keine

Rolle, sofern sie nicht ausdrücklich erwähnt werden. Wenn Sie einen Ausdruck haben, der funktioniert, so versuchen Sie ihn kleiner zu machen.

1. *car* und *cat*
2. *pop* und *prop*
3. *ferret*, *ferry* und *ferrari*
4. Beliebige Wörter, die mit *ious* enden
5. Ein Weißraumzeichen, gefolgt von einem Punkt, einem Komma, einen Doppelpunkt oder Semikolon
6. Ein Wort aus mehr als sechs Buchstaben
7. Ein Wort ohne den Buchstaben *e* (oder *E*)

Schauen Sie sich als Hilfestellung die Tabelle in der Zusammenfassung an. Prüfen Sie jede Lösung mit einigen Test-Strings.

### Anführungszeichen

Nehmen wir an, Sie haben eine Geschichte in Englisch geschrieben und darin einfache Anführungszeichen (Apostrophe) verwendet, um wörtliche Rede zu kennzeichnen. Nun wollen Sie diese Apostrophe alle durch doppelte Anführungszeichen ersetzen, die Apostrophe aber dort beibehalten, wo sie tatsächlich Apostrophe sind, nämlich in Zusammenziehungen wie *aren't*.

Überlegen Sie sich ein Muster, das zwischen diesen beiden Verwendungsarten des Apostrophs unterscheiden kann, und gestalten Sie einen Aufruf der Methode `replace`, um eine saubere Ersetzung vorzunehmen.

### Zahlen

Schreiben Sie einen Ausdruck, der nur Zahlen im JavaScript-Stil findet. Er muss ein optionales Minus- oder Pluszeichen vor der Zahl, den Dezimalpunkt und die Exponentschreibweise (z.B. `5e-3` oder `1E10`) zulassen, wobei vor dem Exponenten ebenfalls ein optionales Vorzeichen stehen darf. Weder vor noch hinter dem Dezimalpunkt müssen Ziffern stehen, allerdings darf die Zahl nicht allein aus dem Punkt bestehen, d.h., sowohl `.5` als auch `5.` sind gültige JavaScript-Zahlen, `.` allein aber nicht.

»Schreiben Sie Code, der einfach zu löschen ist, und nicht Code, der sich leicht erweitern lässt.«

– Tef, *Programming is Terrible*

# 10 Module

Ein perfektes Programm hat eine kristallklare Struktur. Seine Funktionsweise lässt sich leicht erklären, und jeder Teil übernimmt eine genau definierte Rolle. Ein reales Programm dagegen ist gewöhnlich organisch gewachsen. Neue Funktionen wurden hinzugefügt, wenn sie gebraucht wurden. Strukturierung – und die Bewahrung der Struktur – ist zusätzliche Arbeit, die sich erst in Zukunft auszahlt, wenn jemand *das nächste Mal* an dem Programm arbeitet. Deshalb ist die Versuchung groß, sie zu vernachlässigen und zuzulassen, dass sich die einzelnen Teile des Programms ineinander verheddern.

In der Praxis verursacht das zwei Probleme. Erstens ist es schwer, ein solches System zu verstehen. Wenn jedes Element Einfluss auf alle anderen haben kann, ist es schwierig, sich einen Teil isoliert anzusehen. Sie sind gezwungen, sich ein Verständnis des gesamten Programms anzueignen. Zweitens: Wenn Sie irgendeine Funktionalität eines solchen Programms an einer anderen Stelle erneut anwenden wollen, kann es einfacher sein, sie neu zu schreiben, anstatt sie zu entwirren und aus ihrem bisherigen Kontext herauszulösen.

Für solche umfangreichen, unstrukturierten Programme wird oft die Bezeichnung »großer Matschklumpen« (»big ball of mud«) verwendet. Alles pappt aneinander, und wenn Sie versuchen, ein Teil herauszulösen, bricht alles auseinander und Sie machen sich die Hände schmutzig.

## 10.1 Module als Bausteine

*Module* sollen diese Probleme verhindern. Ein Modul ist ein Programmteil, der angibt, auf welche anderen Teile er sich stützt und welche Funktionalität er für andere Module bereitstellt. Diese Angabe ist seine *Schnittstelle* (*Interface*).

Modulschnittstellen haben viel mit Objektschnittstellen gemeinsam, die Sie in »*Kapselung*« auf *S. 101* kennengelernt haben. Sie stellen einen Teil des Moduls nach außen zur Verfügung und halten den Rest privat. Durch die Einschränkung der möglichen Interaktion zwischen den Modulen ähnelt das System eher einem

LEGO-Modell, bei dem die einzelnen Teile durch genau definierte Verbindungselemente zusammengefügt sind, als einem Matschklumpen, in dem alles bunt vermischt ist.

Die Beziehungen zwischen den Modulen werden als *Abhängigkeiten* bezeichnet. Wenn ein Modul etwas von einem anderen Modul benötigt, dann wird gesagt, dass es von diesem Modul abhängt. Da dieser Umstand in dem Modul selbst klar angegeben ist, lässt sich dadurch ermitteln, welche anderen Module vorhanden sein müssen, um ein gegebenes Modul zu nutzen, und automatisch seine Abhängigkeiten zu laden.

Um Module auf diese Weise getrennt zu halten, braucht jedes einzelne seinen eigenen privaten Gültigkeitsbereich. Das lässt sich nicht einfach dadurch erreichen, dass man den JavaScript-Code in verschiedenen Dateien unterbringt. Denn diese Dateien können immer noch denselben globalen Namensraum nutzen und, ob absichtlich oder versehentlich, gegenseitig Einfluss auf ihre Bindungen nehmen. Außerdem bleibt die Abhängigkeitsstruktur dabei unklar. Wie Sie in diesem Kapitel noch sehen werden, gibt es bessere Möglichkeiten.

Eine geeignete Modulstruktur für ein Programm zu entwerfen, kann schwierig sein. Wenn Sie noch in der Phase sind, in der Sie die Aufgabenstellung untersuchen und verschiedene Dinge ausprobieren, wollen Sie sich wahrscheinlich nicht allzu sehr damit beschäftigen, da es davon ablenkt. Sobald Sie aber eine gewisse solide Grundlage haben, ist es an der Zeit, einen Schritt zurückzutreten und sich um die Gliederung zu kümmern.

## 10.2 Pakete

Wenn Sie in der Lage sind, ein Programm aus einzelnen Teilen aufzubauen und diese Teile separat auszuführen, bietet Ihnen das unter anderem den Vorteil, dass Sie die einzelnen Teile auch in anderen Programmen anwenden können. Aber wie machen Sie das? Nehmen wir an, ich möchte die Funktion `parseINI` aus »***Eine INI-Datei analysieren***« auf ***S. 165*** in einem anderen Programm verwenden. Wenn klar ist, wovon diese Funktion abhängig ist (in diesem Fall von nichts), kann ich einfach den gesamten Code in das neue Projekt kopieren und dort nutzen. Falls ich dann aber einen Fehler im Code finde, ist es durchaus wahrscheinlich, dass ich ihn in dem Programm korrigiere, an dem ich gerade arbeite, aber vergesse, ihn auch in dem anderen zu ändern. Wenn Sie Code duplizieren, werden Sie schon sehr bald Zeit und Energie darauf verschwenden, Kopien hin- und herzubewegen und auf dem neuesten Stand zu halten.

Hier kommen *Pakete* ins Spiel. Ein Paket ist ein Codeabschnitt, der verteilt (kopiert und installiert) werden kann. Es kann ein Modul oder mehrere enthalten und schließt Informationen darüber ein, von welchen anderen Paketen es abhängt. Gewöhnlich hat ein Paket auch eine Dokumentation, die erklärt, was es macht, sodass es auch von anderen Personen als denen, die es geschrieben haben, verwendet werden kann.

Wenn in einem Paket ein Fehler korrigiert oder eine neue Funktionalität hinzugefügt wird, wird es aktualisiert. Die Programme, die davon abhängen (und bei denen es sich ebenfalls um Pakete handeln kann), können dann auf die neue Version aktualisiert werden.

Diese Vorgehensweise erfordert eine Infrastruktur. Wir brauchen einen Platz, an dem wir Pakete speichern und finden können, und eine komfortable Art und Weise, um sie zu installieren und zu aktualisieren. In der Welt von JavaScript wird diese Infrastruktur von NPM (*https://npmjs.org*) bereitgestellt. NPM ist zweierlei: ein Online-Dienst, von und zu dem Sie Pakete herunter- bzw. hochladen können, und ein (mit Node.js gebündeltes) Programm, das Ihnen hilft, Pakete zu installieren und zu verwalten.

Zurzeit sind auf NPM mehr als eine halbe Million verschiedener Pakete erhältlich. Ein Großteil davon ist Schrott, wie ich zugeben muss, aber fast jedes nützliche, öffentlich zugängliche Paket ist dort zu finden. Beispielsweise steht dort unter dem Paketnamen `ini` ein Parser für INI-Dateien ähnlich demjenigen zur Verfügung, den wir in Kapitel 9 erstellt haben. In Kapitel 20 zeige ich Ihnen, wie Sie solche Pakete lokal mit dem Befehlszeilenprogramm `npm` installieren.

Es ist sehr praktisch, dass auf NPM auch hochwertige Pakete zum Download bereitstehen. Denn das bedeutet, dass wir darauf verzichten können, ein Programm neu zu erstellen, das bereits von hundert Leuten zuvor geschrieben wurde. Stattdessen können wir uns mit nur wenigen Klicks eine solide, gründlich getestete Implementierung beschaffen.

Software lässt sich leicht kopieren. Sobald sie geschrieben ist, lässt sie sich daher ohne großen Aufwand an andere verteilen. Doch sie zunächst einmal zu schreiben, ist harte Arbeit, und auf die Rückmeldungen von anderen zu reagieren, die Fehler darin gefunden haben oder neue Fähigkeiten vorschlagen, noch viel mehr.

Standardmäßig haben Sie die Rechte an dem Code, den Sie schreiben. Andere Personen dürfen ihn nur mit Ihrer Erlaubnis verwenden. Aber weil manche Leute sehr freigebig sind und die Veröffentlichung guter Software dabei helfen kann, einen guten Ruf als Programmierer aufzubauen, werden viele Pakete mit einer Lizenz veröffentlicht, die die Benutzung durch andere ausdrücklich erlaubt.

Das gilt für den Großteil des Codes auf NPM. Bei einigen Lizenzen wird verlangt, dass Sie Code, den Sie mithilfe des Pakets erstellen, unter der gleichen Lizenz freigeben. Andere verlangen lediglich, dass Sie bei der Weitergabe die Lizenz des Pakets einschließen. In der JavaScript-Community wird meistens die zweite Art von Lizenz verwendet. Wenn Sie die Pakete anderer Programmierer nutzen, achten Sie auf die Lizenz.

## 10.3 Module

Bis 2015 gab es in JavaScript kein eingebautes Modulsystem. Allerdings haben Programmierer bereits mehr als ein Jahrzehnt lang umfangreiche Systeme in JavaScript erstellt, und dafür *brauchten* sie Module. Daher haben sie oberhalb der Sprache ein eigenes Modulsystem eingerichtet. Mithilfe von JavaScript-Funktionen lassen sich lokale Gültigkeitsbereiche und Objekte anlegen, die Modulschnittstellen darstellen.

Das folgende Modul dient dazu, Wochentagsnamen in die zugehörigen Nummern (wie sie von der `Date`-Methode `getDay` zurückgegeben werden) umzuwandeln und umgekehrt. Die Schnittstelle besteht aus `weekDay.name` und `weekDay.number`. Die lokale Bindung `names` ist im Gültigkeitsbereich eines unmittelbar aufgerufenen Funktionsausdrucks verborgen.

```
const weekDay = function() {
  const names = ["Sunday", "Monday", "Tuesday", "Wednesday",
                 "Thursday", "Friday", "Saturday"];
  return {
    name(number) { return names[number]; },
    number(name) { return names.indexOf(name); }
  };
}();

console.log(weekDay.name(weekDay.number("Sunday")));
// → Sunday
```

Module dieser Art bieten zwar einen gewissen Grad von Isolierung, deklarieren aber keine Abhängigkeiten. Stattdessen stellen sie die Schnittstelle in den globalen Gültigkeitsbereich und erwarten, dass die Abhängigkeiten – sofern vorhanden – ebenso vorgehen. Lange Zeit war das die gängigste Vorgehensweise in der Webprogrammierung, aber heute ist sie so gut wie ausgestorben.

Wenn wir Abhängigkeitsbeziehungen in den Code aufnehmen wollen, müssen wir das Laden der Abhängigkeiten steuern. Dazu müssen wir in der Lage sein, Strings als Code auszuführen. JavaScript kann das.

## 10.4 Daten als Code auswerten

Es gibt verschiedene Möglichkeiten, um Daten (einen Code-String) als Teil des aktuellen Programms auszuführen. Besonders naheliegend scheint es zu sein, den Sonderoperator `eval` zu verwenden, der einen String im *aktuellen* Gültigkeitsbereich ausführt. Das ist jedoch meistens keine gute Idee, da dadurch einige der üblichen Eigenschaften von Gültigkeitsbereichen außer Kraft gesetzt werden, etwa dass es einfach vorherzusagen ist, auf welche Bindung ein gegebener Name verweist:

```
const x = 1;
function evalAndReturnX(code) {
  eval(code);
  return x;
}

console.log(evalAndReturnX("var x = 2"));
// → 2
```

```
console.log(x);
// → 1
```

Eine weniger bedenkliche Möglichkeit, um Daten als Code zu behandeln, bietet der Konstruktor `Function`, der zwei Argumente entgegennimmt, nämlich einen String mit einer durch Kommata getrennten Liste von Argumentnamen und einen String mit dem Funktionsrumpf. Der Code wird dadurch in einen Funktionswert eingeschlossen, sodass er seinen eigenen Gültigkeitsbereich erhält und keine merkwürdigen Dinge mit anderen Gültigkeitsbereichen anstellt:

```
let plusOne = Function("n", "return n + 1;");
console.log(plusOne(4));
// → 5
```

Das ist genau das, was wir für ein Modulsystem brauchen! Wir können den Code des Moduls in eine Funktion einschließen und den Gültigkeitsbereich dieser Funktion als den des Moduls nutzen.

## 10.5 CommonJS

Die häufigste Vorgehensweise, um JavaScript-Module zu improvisieren, besteht in der Verwendung von *CommonJS-Modulen*. Dieses System wird von Node.js und von den meisten Paketen auf NPM genutzt. Der Dreh- und Angelpunkt der CommonJS-Module ist die Funktion `require`. Wenn Sie sie mit dem Modulnamen einer Abhängigkeit aufrufen, sorgt sie dafür, dass das Modul geladen wird, und gibt dessen Schnittstelle zurück. Da der Loader den Modulcode in eine Funktion einschließt, erhalten Module automatisch ihren eigenen lokalen Gültigkeitsbereich. Sie müssen lediglich `require` aufrufen, um auf ihre Abhängigkeiten zuzugreifen, und ihre Schnittstelle in das an `exports` gebundene Objekt packen.

Das folgende Beispielmodul stellt Funktionalität für die Datumsformatierung bereit. Es verwendet zwei Pakete von NPM, nämlich `ordinal`, um Zahlen in Strings wie `"1st"` und `"2nd"` umzuwandeln, und `date-names`, um die englischen Bezeichnungen der Wochentage und Monate abzurufen. Außerdem exportiert es die Funktion `formatDate`, die ein `Date`-Objekt und einen Vorlagen-String entgegennimmt.

Dieser Vorlagen-String kann Code zur Festlegung des Formats enthalten, etwa `YYYY` für die vollständige Jahresangabe und `Do` für die Ordinalzahl des Wochentags im Monat. Aus einem String wie `"MMMM Do YYYY"` können Sie damit eine Ausgabe wie `"November 22nd 2019"` erhalten.

```
const ordinal = require("ordinal");
const {days, months} = require("date-names");

exports.formatDate = function(date, format) {
  return format.replace(/YYYY|M(MMM)?|Do?|dddd/g, tag => {
    if (tag == "YYYY") return date.getFullYear();
    if (tag == "M") return date.getMonth();
    if (tag == "MMMM") return months[date.getMonth()];
```

```
    if (tag == "D") return date.getDate();
    if (tag == "Do") return ordinal(date.getDate());
    if (tag == "dddd") return days[date.getDay()];
  });
};
```

Die Schnittstelle von `ordinal` ist eine einzige Funktion. Dagegen exportiert `date-names` ein Objekt, das mehrere Dinge enthält: `days` und `months` sind Arrays aus Namen. Eine Destrukturierung ist beim Erstellen von Bindungen für importierte Schnittstellen sehr praktisch.

Das Modul fügt seine Schnittstellenfunktion zu `exports` hinzu, damit Module, die von ihm abhängen, darauf zugreifen können. Beispielsweise können wir das Modul wie folgt nutzen:

```
const {formatDate} = require("./format-date");

console.log(formatDate(new Date(2019, 8, 13),
                       "dddd the Do"));
// → Friday the 13th
```

Wir können `require` in der einfachsten Form wie folgt definieren:

```
require.cache = Object.create(null);

function require(name) {
  if (!(name in require.cache)) {
    let code = readFile(name);
    let module = {exports: {}};
    require.cache[name] = module;
    let wrapper = Function("require, exports, module", code);
    wrapper(require, module.exports, module);
  }
  return require.cache[name].exports;
}
```

Die Funktion `readFile`, die in diesem Code eine Datei liest und deren Inhalt als String zurückgibt, ist fiktiv. Im JavaScript-Standard gibt es keine solche Funktion, aber die verschiedenen JavaScript-Umgebungen, etwa Browser und Node.js, bringen jeweils ihre eigenen Möglichkeiten für den Dateizugriff mit. Das Beispiel setzt einfach voraus, dass `readFile` existiert.

Um zu vermeiden, dass ein Modul mehrmals geladen wird, merkt sich `require` die bereits geladenen Module in einem Speicher (Cache). Wird die Funktion aufgerufen, schaut sie zuerst nach, ob das angeforderte Modul bereits geladen ist. Wenn nicht, holt sie dies nach. Zum Laden muss sie den Modulcode lesen, in eine Funktion einschließen und diese aufrufen.

Die Schnittstelle des Pakets `ordinal`, die wir bereits gesehen haben, ist kein Objekt, sondern eine Funktion. Das Modulsystem erstellt zwar ein leeres Schnittstellenobjekt (das an `exports` gebunden wird), doch aufgrund einer Eigenheit von

CommonJS-Modulen können Sie es durch einen beliebigen anderen Wert ersetzen, indem Sie `module.exports` überschreiben. Viele Module gehen so vor, um einen einzelnen Wert anstatt eines Schnittstellenobjekts zu exportieren.

Durch die Definition von `require`, `exports` und `module` als Parameter für die erzeugte Wrapperfunktion (und die Übergabe der entsprechenden Werte bei deren Aufruf) stellt der Loader sicher, dass die Bindungen im Gültigkeitsbereich des Moduls verfügbar sind.

Die Art und Weise, in der der an `require` übergebene String in einen Dateinamen oder eine Webadresse übersetzt wird, hängt vom jeweiligen System ab. Wenn er mit `"./"` oder `"../"` beginnt, wird er im Allgemeinen als relativ zum Dateinamen des aktuellen Moduls angesehen. Bei `"./format-date"` handelt es sich daher um die Datei `format-date.js` im selben Verzeichnis.

Ist der Name nicht relativ, sucht Node.js nach einem installierten Paket dieses Namens. Im Beispielcode in diesem Kapitel interpretieren wir solche Namen als Verweise auf NPM-Pakete. Wie Sie NPM-Module installieren und verwenden, erfahren Sie ausführlicher in Kapitel 20.

Anstatt unseren eigenen INI-Parser zu schreiben, können wir nun einfach den von NPM verwenden:

```
const {parse} = require("ini");

console.log(parse("x = 10\ny = 20"));
// → {x: "10", y: "20"}
```

## 10.6 ECMAScript-Module

CommonJS-Module funktionieren zwar ganz gut und haben der JavaScript-Community in Kombination mit NPM ermöglicht, Code in großem Maßstab auszutauschen. Trotzdem haftet ihnen ein gewisser Geruch eines Provisoriums an. Die Schreibweise ist eigentümlich; beispielsweise stehen die Dinge, die Sie zu `exports` hinzufügen, im lokalen Gültigkeitsbereich nicht zur Verfügung. Da es sich bei `require` um einen normalen Funktionsaufruf handelt, der nicht nur String-Literale, sondern beliebige Arten von Argumenten entgegennehmen kann, ist es schwer, die Abhängigkeiten eines Moduls zu bestimmen, ohne seinen Code auszuführen.

Aus diesem Grund wurde 2015 ein eigenes Modulsystem in den JavaScript-Standard eingeführt. Gewöhnlich spricht man dabei von *ES-Modulen*, wobei *ES* für *ECMAScript* steht. Die Kernprinzipien der Abhängigkeiten und Schnittstellen bleiben erhalten, aber es gibt Unterschiede in den Einzelheiten. Unter anderem ist die Notation jetzt in die Sprache eingebaut. Anstatt eine Funktion aufzurufen, um auf eine Abhängigkeit zuzugreifen, verwenden Sie jetzt das Schlüsselwort `import`:

```
import ordinal from "ordinal";
import {days, months} from "date-names";

export function formatDate(date, format) { /* ... */ }
```

Gleichermaßen wird das Schlüsselwort `export` zum Exportieren verwendet. Es kann vor einer Funktion, einer Klasse oder der Definition einer Bindung stehen (`let`, `const` oder `var`).

Die Schnittstelle eines ES-Moduls ist kein einzelner Wert, sondern eine Menge aus benannten Bindungen. Das Modul aus unserem Beispiel bindet `formatDate` an eine Funktion. Beim Import aus einem anderen Modul importieren Sie die *Bindung*, nicht den Wert. Dadurch kann ein exportierendes Modul den Wert der Bindung jederzeit ändern. Die importierenden Module sehen den neuen Wert.

Gibt es eine Bindung namens `default`, wird sie als Hauptexportwert des Moduls angesehen. Wenn Sie ein Modul wie `ordinal` in unserem Beispiel ohne geschweifte Klammern um den Bindungsnamen importieren, erhalten Sie seine Standardbindung, also `default`. Solche Module können neben `default` auch noch andere Bindungen unter anderen Namen exportieren.

Um einen Standardexport zu erstellen, schreiben Sie `export default` vor einen Ausdruck, eine Funktions- oder Klassendeklaration:

```
export default ["Winter", "Spring", "Summer", "Autumn"];
```

Mit `as` ist es möglich, importierte Bindungen umzubenennen:

```
import {days as dayNames} from "date-names";
console.log(dayNames.length);
// → 7
```

Ein weiterer wichtiger Unterschied besteht darin, dass der Import von ES-Modulen erfolgt, bevor das Skript eines Moduls ausgeführt wird. Das bedeutet, dass `import`-Deklarationen nicht innerhalb von Funktionen und Blöcken vorkommen können und die Namen von Abhängigkeiten Strings in Anführungszeichen statt willkürlicher Ausdrücke sein müssen.

Die JavaScript-Community ist noch dabei, sich die Arbeit mit Modulen dieser Art anzugewöhnen. Dies ist ein langwieriger Prozess. Nach der Spezifizierung dieses Formats hat es noch einige Jahre gedauert, bis es von Browsern und Node.js unterstützt wurde. Zwar ist die Unterstützung inzwischen fast überall vorhanden, allerdings gibt es noch einige Probleme; und die Diskussion darüber, wie solche Module über NPM verteilt werden sollen, ist noch nicht abgeschlossen.

Viele Projekte werden mit ES-Modulen geschrieben, aber bei der Veröffentlichung automatisch in ein anderes Format umgewandelt. Wir befinden uns noch in der Übergangsphase zwischen zwei verschiedenen Modulsystemen. Da beide zurzeit parallel verwendet werden, ist es nützlich, Code in beiden Formen lesen zu können.

## 10.7 Compiler, Bundler und Minifier

Technisch gesehen, sind viele JavaScript-Programme nicht in JavaScript geschrieben. Es gibt häufig genutzte Erweiterungen, etwa den Dialekt mit Typüberprüfung, der im Abschnitt »*Typen*« auf *S. 135* erwähnt wurde. Oft nutzen Programmierer auch geplante Erweiterungen der Sprache schon lange bevor sie zu den Plattformen hinzugefügt werden, die JavaScript ausführen. Um das möglich zu machen, *kompilieren* sie ihren Code, d.h., sie übersetzen ihn aus dem gewählten JavaScript-Dialekt in einfaches JavaScript – oder sogar in eine frühere Version –, sodass er in älteren Browsern ausgeführt werden kann.

Die Aufnahme eines modularen Programms aus 200 verschiedenen Dateien in eine Webseite bringt jedoch eigene Probleme mit sich. Wenn der Abruf einer einzelnen Datei über das Netzwerk 50 ms dauert, dann erfordert das Laden des gesamten Programms 10 s; möglicherweise auch nur halb so lange, falls es möglich ist, mehrere Dateien gleichzeitig zu laden. Trotzdem ist das eine Menge verschwendeter Zeit. Da es gewöhnlich schneller geht, eine einzige große Datei abzurufen statt viele kleine, haben Webprogrammierer angefangen, Werkzeuge zu verwenden, die ihre Programme (die sie zuvor mühselig in Module aufgeteilt haben) wieder in eine große Datei packen, bevor sie sie im Web veröffentlichen. Solche Werkzeuge werden als *Bundler* bezeichnet.

Abgesehen von der Anzahl der Dateien bestimmt auch ihre *Größe*, wie schnell sie über das Netzwerk übertragen werden können. Daher hat die JavaScript-Community *Minifier* erfunden, die JavaScript-Programme verkleinern, indem sie automatisch Code und Weißraum entfernen, Bindungen umbenennen und Teile des Codes durch gleichwertigen Code ersetzen, der weniger Platz einnimmt.

Nicht selten hat daher Code, den Sie in einem NPM-Paket finden oder der auf einer Webseite ausgeführt wird, bereits *mehrere* Umwandlungen erfahren – von modernem in klassisches JavaScript, vom ES- ins CommonJS-Modulformat, gebündelt und verkleinert. Wir werden in diesem Buch jedoch nicht näher auf diese Werkzeuge eingehen, da die Einzelheiten ziemlich langweilig sind und sich ohnehin schnell ändern. Seien Sie sich aber bewusst, dass der JavaScript-Code, den Sie ausführen, oft nicht mehr die Form hat, in der er geschrieben wurde.

## 10.8 Moduldesign

Die Strukturierung von Programmen ist einer der weniger offensichtlichen Aspekte der Programmierung. Jede nichttriviale Funktionalität lässt sich auf verschiedene Weisen modellieren. Es gibt kein objektives Maß dafür, was gutes Programmdesign ist. Sie müssen immer Kompromisse eingehen. Und viele Aspekte sind Geschmackssache. Die beste Möglichkeit, sich gut strukturiertes Design anzueignen, besteht darin, viele Programme zu lesen oder zu bearbeiten und sich anzuschauen, was funktioniert und was nicht. Entschuldigen Sie ein wirres Durcheinander niemals mit einem Satz wie: »Das ist eben so!« Man kann die Struktur von fast allem ändern, wenn man genügend darüber nachdenkt.

Ein Gesichtspunkt des modularen Designs ist die einfache Nutzung. Wenn Sie etwas gestalten, das von anderen Personen genutzt werden soll – oder von Ihnen selbst in drei Monaten, wenn Sie sich nicht mehr genau an alle Einzelheiten dessen erinnern können, was Sie getan haben –, sollte die Schnittstelle einfach und vorhersehbar sein.

Das kann unter anderem bedeuten, bestehenden Konventionen zu folgen. Ein gutes Beispiel dafür ist das Paket `ini`. Dieses Modul imitiert das `JSON`-Standardobjekt, indem es die Funktionen `parse` und `stringify` (zum Schreiben einer INI-Datei) bereitstellt und ebenso wie `JSON` Strings und einfache Objekte ineinander umwandelt. Die Schnittstelle ist klein und wirkt vertraut. Wenn Sie schon einmal damit gearbeitet haben, wird Ihnen schnell wieder einfallen, wie Sie sie verwenden müssen.

Nicht immer aber gibt es Standardfunktionen oder gängige Pakete, deren Schnittstelle Sie nachahmen können. Um Ihre Module trotzdem vorhersehbar zu gestalten, sollten Sie sie einfache Datenstrukturen nutzen und eine einzige, scharf umrissene Aufgabe erledigen lassen. Nehmen Sie beispielsweise die INI-Parser-Module auf NPM. Viele davon enthalten eine Funktion, die eine INI-Datei unmittelbar auf der Festplatte liest und analysiert. Das macht es jedoch unmöglich, diese Module im Browser einzusetzen, wo es keinen direkten Zugriff auf das Dateisystem gibt, und es erhöht die Komplexität. Eine bessere Lösung besteht darin, ein solches Modul mit einer Funktion zum Lesen in Dateien zu kombinieren.

Das bringt uns zu einem weiteren praktischen Aspekt des Moduldesigns, nämlich der Leichtigkeit, mit der etwas mit anderem Code kombiniert werden kann. Auf eine einzelne Aufgabe beschränkte Module, die Werte berechnen, können in einem breiteren Spektrum von Programmen eingesetzt werden als umfangreiche Module, die vielschichtige Aktionen mit Seiteneffekten ausführen. Ein INI-Parser-Modul, das die INI-Datei unbedingt von der Festplatte lesen muss, ist nutzlos, wenn der Inhalt der Datei aus einer anderen Quelle kommt.

Statusbehaftete Objekte können nützlich und manchmal sogar notwendig sein, aber wenn Sie irgendetwas mit einer Funktion erledigen können, dann verwenden Sie auch eine. Die Schnittstellen einiger Module zum Lesen von INI-Dateien, die auf NPM zu finden sind, verlangen von Ihnen, zunächst ein Objekt zu erstellen, dann die Datei in das Objekt zu laden und schließlich besondere Methoden einzusetzen, um die gewünschten Daten abzurufen. Diese Vorgehensweise ist in der objektorientierten Programmiertradition zwar gang und gäbe, aber fürchterlich. Anstatt eine einzige Funktion aufzurufen und dann weiterzumachen, müssen Sie ein Ritual abspulen, bei dem Sie ein Objekt mehrere Zustände durchlaufen lassen. Da die Daten in einen besonderen Objekttyp eingeschlossen sind, muss jeglicher Code, der damit umgeht, diesen Typ kennen, was überflüssige Abhängigkeiten hervorruft.

Oft lässt es sich vermeiden, neue Datenstrukturen zu definieren. Der Sprachstandard stellt zwar nur einige grundlegende Strukturen bereit – und viele Datentypen müssen komplexer sein als Arrays oder Maps –, aber wenn ein Array ausreicht, dann sollten Sie auch eines verwenden.

Ein Beispiel für eine komplexe Datenstruktur ist der Graph aus Kapitel 7. Es gibt in JavaScript keine Datenstruktur, die sich zur Darstellung eines Graphen anbietet. In Kapitel 7 haben wir ein Objekt verwendet, dessen Eigenschaften Arrays aus Strings festhalten, wobei diese Strings die Knoten angeben, die vom vorliegenden Knoten aus erreichbar sind.

Auf NPM gibt es mehrere Pakete, um Wege zu finden, aber keines davon nutzt dieses Format für Graphen. Gewöhnlich ordnen die Pakete den Kanten in dem Graphen eine Gewichtung zu, bei der es sich um die mit dem Weg verbundenen Kosten oder die Entfernung handelt. In unserer Darstellung ist so etwas nicht möglich.

Ein Beispiel ist das Paket `dijkstrajs`. Eine allgemein bekannte Vorgehensweise, um Wege durch einen Graphen zu finden, ist der *Dijkstra-Algorithmus*, benannt nach Edsger W. Dijkstra (1930–2002), der ihn als Erster beschrieben hat. Er ähnelt unserer Funktion `findRoute`. Das Suffix `js` wird oft an Paketnamen angehängt, um anzugeben, dass der Code in JavaScript geschrieben ist. Das Paket `dijkstrajs` verwendet ein ähnliches Graphenformat wie unseres, nimmt statt Arrays jedoch Objekte, deren Eigenschaftswerte Zahlen sind und die das jeweilige Gewicht der einzelnen Kanten angeben.

Wenn wir dieses Paket nutzen wollen, müssen wir dafür sorgen, dass unser Graph in dem erwarteten Format gespeichert ist. Da wir in unserem sehr einfachen Modell davon ausgehen, dass mit jeder Straße die gleichen Kosten verbunden sind, bekommen alle Kanten das gleiche Gewicht.

```
const {find_path} = require("dijkstrajs");

let graph = {};
for (let node of Object.keys(roadGraph)) {
  let edges = graph[node] = {};
  for (let dest of roadGraph[node]) {
    edges[dest] = 1;
  }
}

console.log(find_path(graph, "Post Office", "Cabin"));
// → ["Post Office", "Alice's House", "Cabin"]
```

Wenn Pakete unterschiedliche Datenstrukturen zur Beschreibung derselben Dinge verwenden, erschwert das ihre Kombination. Um solche Probleme zu vermeiden, sollten Sie herausfinden, welche Datenstrukturen von anderen verwendet werden, und nach Möglichkeit deren Beispiel folgen.

## 10.9 Zusammenfassung

Module geben umfangreicheren Programmen eine Struktur. Der Code wird in getrennte Teile mit deutlich erkennbaren Schnittstellen und Abhängigkeiten gegliedert. Die Schnittstelle ist der Teil des Moduls, den andere Module sehen können. Bei den Abhängigkeiten handelt es sich um die anderen Module, die ein Modul verwendet.

Da JavaScript ursprünglich kein Modulsystem bereitstellte, wurde das CommonJS-System als Ergänzung erstellt. Schließlich wurde jedoch ein eingebautes Modulsystem eingeführt, das jetzt parallel neben CommonJS besteht.

Ein Paket ist ein Codeteil, der separat weitergegeben werden kann. NPM ist ein Repository für JavaScript-Pakete. Dort können Sie alle möglichen nützlichen (und nutzlosen) Pakete herunterladen.

## 10.10 Übungen

### Modularer Roboter

In dem Projekt aus Kapitel 7 werden die folgenden Bindungen erstellt:

```
roads
buildGraph
roadGraph
VillageState
runRobot
randomPick
randomRobot
mailRoute
routeRobot
findRoute
goalOrientedRobot
```

Welche Module würden Sie erstellen, wenn Sie dieses Projekt in modularer Form schreiben wollten? Welche Module hängen dann von welchen ab? Wie sehen ihre Schnittstellen aus? Welche Teile gibt es wahrscheinlich schon vorgefertigt auf NPM? Würden Sie lieber ein NPM-Paket dafür verwenden oder den Code selbst schreiben?

### Ein Modul für Straßen

Schreiben Sie für das Beispiel aus Kapitel 7 ein CommonJS-Modul, das das Array der Straßen enthält und die entsprechende Graphdatenstruktur als `roadGraph` exportiert. Das Modul sollte vom Modul `./graph` abhängig sein, das die Funktion `buildGraph` zum Aufbau des Graphen exportiert. Diese Funktion erwartet ein Array aus Zwei-Elemente-Arrays (jeweils Anfangs- und Endpunkt der einzelnen Straßen).

### Zyklische Abhängigkeiten

Eine zyklische Abhängigkeit liegt vor, wenn Modul A von Modul B abhängt, B aber wiederum direkt oder indirekt von A. In vielen Modulsystemen ist so etwas unzulässig, denn dann ist es nicht möglich, alle Abhängigkeiten eines Moduls zu laden, bevor es ausgeführt wird – in welcher Reihenfolge Sie die Module auch immer laden.

Bei CommonJS-Modulen ist jedoch eine eingeschränkte Form von zyklischer Abhängigkeit erlaubt. Solange die Module ihre `exports`-Standardobjekte nicht überschreiben und vor Abschluss des Ladevorgangs nicht gegenseitig auf ihre Schnittstellen zugreifen, werden zyklische Abhängigkeiten toleriert.

Die im Abschnitt »*CommonJS*« auf *S. 177* angegebene Funktion `require` unterstützt diese Art von zyklischer Abhängigkeit. Können Sie erkennen, wie sie damit umgeht? Was kann schiefgehen, wenn ein Modul in einem solchen Abhängigkeitszyklus sein `exports`-Standardobjekt ersetzt?

»Wer kann in Ruhe warten, bis sich der Schlamm gesetzt hat? Wer kann ruhig bleiben, bis der Augenblick des Handelns gekommen ist?«

– Lao-Tse, *Tao Te King*

# 11 Asynchrone Programmierung

Das zentrale Bestandteil eines Computers – derjenige, der die einzelnen Schritte ausführt, aus denen sich ein Programm zusammensetzt –, ist der sogenannte *Prozessor*. Die Programme, die wir uns bis jetzt angesehen haben, halten den Prozessor beschäftigt, bis die zu erledigende Arbeit abgeschlossen ist. Die Geschwindigkeit, mit der etwa eine Schleife für arithmetische Berechnungen ausgeführt wird, hängt fast ausschließlich von der Geschwindigkeit des Prozessors ab.

Viele Programme nutzen jedoch auch Dinge außerhalb des Prozessors, indem sie etwa über ein Netzwerk kommunizieren oder Daten von einer Festplatte anfordern – was sehr viel langsamer geht, als sie vom Arbeitsspeicher abzurufen.

In solchen Fällen wäre es Verschwendung, den Prozessor einfach im Leerlauf zu belassen. Schließlich könnte es andere Arbeiten geben, die er in der Zwischenzeit erledigen kann. Darum kümmert sich zum Teil das Betriebssystem, das den Prozessor von einem zu einem anderen Programm umschaltet. Allerdings bringt das nicht viel, wenn wir erreichen sollen, dass *dasselbe* Programm weiterarbeiten kann, während es etwa auf eine Netzwerkanforderung wartet.

## 11.1 Asynchronität

In einem *synchronen* Programmiermodell geschieht immer eines nach dem anderen. Wenn Sie eine Funktion aufrufen, die eine langwierige Aktion ausführt, geht es erst weiter, wenn diese Aktion abgeschlossen ist und sie das Ergebnis liefern kann. Solange die Aktion läuft, kann das Programm nicht weitermachen.

Beim *asynchronen* Modell dagegen können mehrere Dinge gleichzeitig geschehen. Wenn eine Aktion beginnt, kann das Programm trotzdem mit etwas anderem weitermachen. Sobald die Aktion abgeschlossen ist, wird das Programm darüber informiert und erhält Zugriff auf das Ergebnis (z.B. die von einer Festplatte gelesenen Daten).

Um synchrone und asynchrone Programmierung zu vergleichen, wollen wir uns als kleines Beispiel ein Programm ansehen, das zwei Ressourcen aus dem Netzwerk abruft und die Ergebnisse kombiniert.

In einer synchronen Umgebung ist die einfachste Möglichkeit, diese Aufgabe zu erfüllen, eine Anforderung nach der anderen auszuführen. Das hat den Nachteil, dass die zweite Anforderung erst dann gestartet wird, wenn die erste abgeschlossen ist. Die erforderliche Zeit beträgt mindestens die Summe der beiden Antwortzeiten.

Die Lösung für dieses Problem besteht in einem synchronen System darin, zusätzliche Threads zu verwenden. Ein *Thread* ist ein laufendes Programm, dessen Ausführung vom Betriebssystem mit der von anderen Programmen verwoben werden kann. Da die meisten modernen Computer über mehr als einen Prozessor verfügen, ist es auch möglich, mehrere Threads gleichzeitig auszuführen, nämlich jeweils auf einem eigenen Prozessor. Im zweiten Thread kann bereits die zweite Anforderung begonnen werden. Beide Threads warten dann auf den Eingang der Ergebnisse. Anschließend werden sie resynchronisiert, um ihre Ergebnisse zu kombinieren.

Im folgenden Diagramm stehen die dicken Linien für die Zeit, die ein Programm mit der normalen Ausführung zubringt, und die dünnen für die Zeit, in der es auf das Netzwerk wartet. Im synchronen Modell gehört die Wartezeit auf das Netzwerk mit zu dem Zeitverlauf des jeweiligen Threads. Beim asynchronen Modell dagegen ruft der Beginn einer Netzwerkaktion eine *Aufteilung* des Zeitverlaufs hervor. Das Programm, das die Aktion ausgelöst hat, läuft weiter, während die Aktion parallel erfolgt. Wenn sie abgeschlossen ist, wird das Programm darüber benachrichtigt.

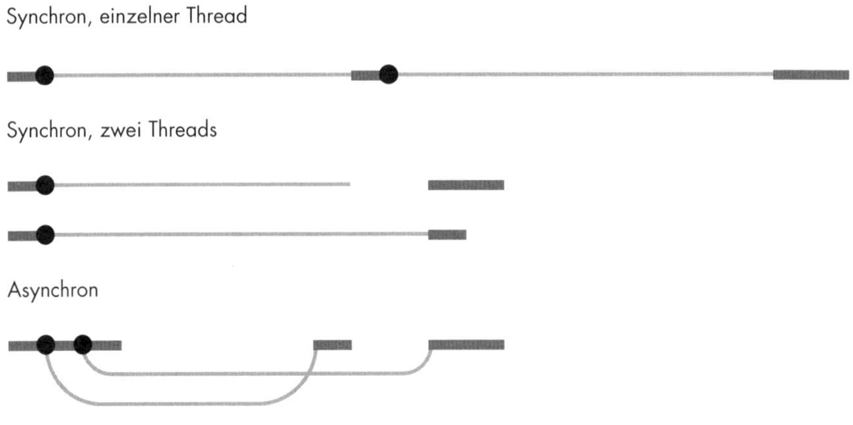


Der Unterschied lässt sich auch wie folgt formulieren: Im synchronen Modell wird *implizit* auf den Abschluss von Aktionen gewartet, im asynchronen dagegen *explizit* und unter unserer Kontrolle.

Asynchronität ist ein zweischneidiges Schwert: Sie erleichtert es zwar, Programme zu bauen, die nicht in das lineare Modell passen, macht es aber schwieriger, lineare Programme zu schreiben. Weiter hinten in diesem Kapitel sehen wir uns an, wie wir mit letzterem Problem umgehen können.

Die beiden wichtigen JavaScript-Programmierplattformen – Browser und Node.js – führen Operationen, die viel Zeit erfordern könnten, asynchron durch, anstatt Threads zu nutzen. Da die Programmierung mit Threads bekanntermaßen sehr kompliziert ist (zu verstehen, was ein Programm macht, ist sehr viel schwieriger, wenn es mehrere Dinge gleichzeitig tut), wird das im Allgemeinen als eine gute Lösung angesehen.

## 11.2 Crow Tech

Viele Menschen wissen, dass Krähen sehr intelligente Vögel sind: Sie können Werkzeuge nutzen, vorausplanen, sich Dinge merken und sogar darüber kommunizieren. Den wenigsten aber ist klar, dass sie auch vieles beherrschen, das sie vor uns geheim halten. Ein renommierter (wenn auch etwas exzentrischer) Experte auf dem Gebiet der Rabenvögel hat mir erklärt, dass die Technologie der Krähen nicht weit von unserem Niveau entfernt ist – und dass die Vögel aufholen.

Beispielsweise sind viele Krähenkulturen in der Lage, Berechnungsapparaturen zu bauen. Sie funktionieren nicht elektronisch wie unsere, sondern nutzen die Handlungen winziger Insekten, nämlich einer mit den Termiten verwandten Spezies, die eine symbiotische Beziehung zu den Krähen eingegangen ist. Die Vögel versorgen sie mit Nahrung, und als Gegenleistung errichten und betreiben die Insekten ihre komplexen Bauten, in denen die Berechnungen ablaufen.

Diese Bauten befinden sich gewöhnlich in großen, langlebigen Nestern. Die Vögel und Insekten bauen zusammen ein Netz aus Lehmknollen, die zwischen den Zweigen der Nester versteckt sind und in denen die Insekten leben und arbeiten.

Um mit anderen Berechnungsapparaten dieser Art zu kommunizieren, werden Lichtsignale verwendet. Die Krähen fügen reflektierendes Material in besondere, zur Kommunikation gedachte Stängel ein, und die Insekten richten sie aus, um Licht zu einem anderen Nest zu spiegeln, wobei die Daten als Folge schneller Blitze kodiert werden. Dadurch können nur Nester miteinander kommunizieren, die eine ungehinderte Sicht aufeinander haben.

Mein Freund, der Rabenexperte, hat das Netz der Krähennester im Dorf Hières-sur-Amby an den Ufern der Rhone kartiert. Die folgende Darstellung zeigt die Nester und die Verbindungen zwischen ihnen:

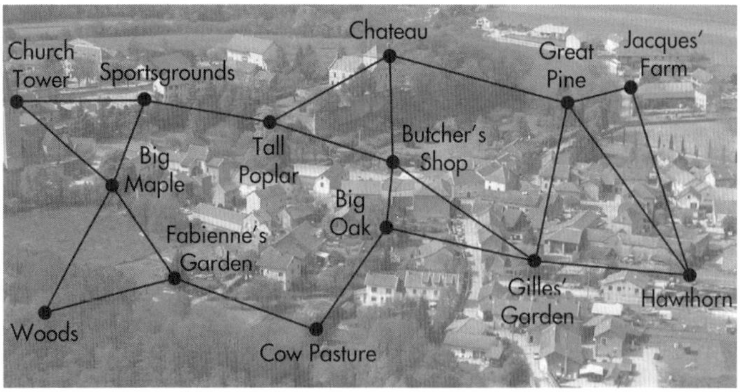


In einem erstaunlichen Fall von paralleler Entwicklung läuft auf den Krähencomputern JavaScript. In diesem Kapitel wollen wir einige grundlegende Netzwerkfunktionen dafür schreiben.

## 11.3 Callbacks

Ein Ansatz zur asynchronen Programmierung besteht darin, für Funktionen, die eine langwierige Aktion ausführen, ein zusätzliches Argument vorzusehen, nämlich eine *Callback-Funktion*. Die Aktion wird gestartet und wenn sie abgeschlossen ist, wird die Callback-Funktion mit dem Ergebnis aufgerufen.

Ein Beispiel dafür ist die Funktion `setTimeout`, die sowohl in Node.js als auch in Browsern zur Verfügung steht. Sie wartet eine gegebene Anzahl von Millisekunden lang und ruft dann eine Funktion auf:

```
setTimeout(() => console.log("Tick"), 500);
```

Warten ist gewöhnlich keine sehr ergiebige Form von Arbeit, kann aber von großer Bedeutung sein, wenn wir etwa eine Animation aktualisieren oder ermitteln wollen, ob etwas länger dauert als vorgesehen. Wenn Sie hintereinander mehrere asynchrone Aktionen mit Callbacks ausführen, müssen Sie dabei immer wieder neue Funktionen übergeben, die sich um die Weiterführung der Berechnungen nach Abschluss dieser Aktionen kümmern.

Die meisten Krähennestcomputer verfügen über eine Lehmknolle zur langfristigen Datenspeicherung. Dort werden die Informationen in Zweige eingeritzt, sodass sie später wieder abgelesen werden können. Dieses Einritzen und auch das Auffinden gesuchter Daten dauert eine Weile, weshalb die Schnittstelle für die langfristige Speicherung asynchron ist und Callback-Funktionen nutzt.

In den Speicherknollen werden JSON-kodierte Daten mit Namen abgelegt. So kann eine Krähe etwa Informationen über einen Ort, an dem sie Nahrung versteckt hat, unter dem Namen `"food caches"` speichern. Dieser Name kann wiederum ein Array aus Namen festhalten, das auf andere Daten zur Beschreibung des Lagers zeigt. Um ein Nahrungsmittellager in den Speicherknollen des Nestes *Big Oak* nachzuschlagen, führen die Krähen Code wie den folgenden aus:

```
import {bigOak} from "./crow-tech";

bigOak.readStorage("food caches", caches => {
  let firstCache = caches[0];
  bigOak.readStorage(firstCache, info => {
    console.log(info);
  });
});
```

(Alle Bindungsnamen und Strings wurden aus der Krähensprache ins Englische übersetzt.)

Diese Art der Programmierung funktioniert zwar, allerdings nehmen die Einrückungsebenen mit jeder asynchronen Aktion zu, da sie dabei jeweils in eine andere Funktion gelangen. Wenn Sie kompliziertere Dinge tun, etwa mehrere Aktionen gleichzeitig ausführen, kann das ziemlich umständlich werden.

Die Kommunikation zwischen den Krähennestcomputern erfolgt über Anfrage-Antwort-Paare. Das bedeutet, dass ein Nest eine Nachricht an ein anderes sendet, das dann sofort eine Nachricht zurücksendet, in der es den Empfang bestätigt und unter Umständen auch eine Antwort auf eine in der ursprünglichen Nachricht gestellte Frage gibt.

Jede Nachricht ist mit einem *Typ* versehen, der bestimmt, wie sie gehandhabt wird. Unser Code kann Handler für verschiedene Arten von Anfragen definieren. Wenn eine entsprechende Anfrage eingeht, wird der zugehörige Handler aufgerufen, um eine Antwort zu generieren.

Die vom Modul `"./crow-tech"` exportierte Schnittstelle stellt Kommunikationsfunktionen auf der Grundlage von Callbacks bereit. Nester verfügen über die Methode `send`, die eine Anforderung sendet. Als ihre ersten drei Argumente erwartet sie den Namen des Zielnests sowie den Typ und den Inhalt der Anfrage. Das vierte und letzte Argument ist die Funktion, die beim Eingehen einer Antwort aufzurufen ist.

```
bigOak.send("Cow Pasture", "note", "Let's caw loudly at 7PM",
            () => console.log("Note delivered."));
```

Aber damit ein Nest überhaupt in der Lage ist, diese Anfrage zu empfangen, müssen wir zunächst den Anfragetyp `"note"` definieren. Der Code, der Anfragen handhabt, muss nicht nur auf dem vorliegenden Nestcomputer laufen, sondern in allen Nestern, die Nachrichten dieses Typs empfangen können. Wir gehen einfach davon aus, dass eine Krähe zu allen anderen Nestern fliegt und dort jeweils den Handler-Code installiert.

```
import {defineRequestType} from "./crow-tech";

defineRequestType("note", (nest, content, source, done) => {
  console.log(`${nest.name} received note: ${content}`);
  done();
});
```

Die Funktion `defineRequestType` definiert einen neuen Anfragetyp. Der vorige Beispielcode fügt eine Unterstützung für Anforderungen vom Typ `"note"` hinzu, mit dem einfache Mitteilungen an ein gegebenes Nest gesendet werden. Unsere Implementierung ruft `console.log` auf, sodass wir bestätigen können, dass die Anfrage angekommen ist. Nester verfügen über die Eigenschaft `name` mit ihrem Namen.

Das vierte dem Handler übergebene Argument, `done`, ist eine Callback-Funktion, die aufgerufen werden muss, wenn die Anfrage abgeschlossen ist. Hätten wir den Rückgabewert des Handlers als Antwortwert verwendet, könnte ein Anfrage-Handler selbst keine asynchronen Aktionen ausführen. Eine Funktion, die asynchrone Arbeit verrichtet, gibt die Steuerung gewöhnlich zurück, bevor die Arbeit abgeschlossen ist, und hat einen Callback eingerichtet, der aufgerufen wird, wenn die Aufgabe erledigt ist. Daher brauchen wir einen asynchronen Mechanismus – in diesem Fall eine weitere Callback-Funktion –, um zu signalisieren, dass eine Antwort zur Verfügung steht.

In gewissem Sinne ist Asynchronität *ansteckend*. Jede Funktion, die eine asynchrone Funktion aufruft, muss selbst asynchron sein und einen Callback oder einen ähnlichen Mechanismus nutzen, um ihr Ergebnis auszuliefern. Der Aufruf eines Callbacks ist aufwendiger und fehleranfälliger als die einfache Rückgabe eines Werts. Daher ist es keine gute Sache, wenn wir große Teile eines Programms auf diese Weise strukturieren müssen.

## 11.4 Promises

Die Arbeit mit abstrakten Konzepten wird oft einfacher, wenn sich diese Konzepte durch Werte darstellen lassen. Anstatt dafür zu sorgen, dass irgendwann in der Zukunft eine bestimmte Funktion aufgerufen wird, können Sie im Fall asynchroner Aktionen auch ein Objekt zurückgeben, das für dieses zukünftige Ereignis steht. Das ist der Sinn und Zweck der Standardklasse `Promise`. Ein *Promise* (Versprechen) ist eine asynchrone Aktion, die irgendwann abgeschlossen sein kann und dann einen Wert produziert. Wenn dieser Wert zur Verfügung steht, kann das Promise jeden darüber benachrichtigen, der daran interessiert ist.

Die einfachste Möglichkeit, um ein Promise zu erstellen, bietet der Aufruf von `Promise.resolve`. Diese Funktion schließt den Wert, den Sie ihr übergeben, in ein Promise ein. Wenn es sich dabei bereits um ein Promise handelt, wird es einfach zurückgegeben. Anderenfalls erhalten Sie ein neues Promise, das sofort mit dem übergebenen Wert als Ergebnis abgeschlossen wird:

```
let fifteen = Promise.resolve(15);
fifteen.then(value => console.log(`Got ${value}`));
// → Got 15
```

Um das Ergebnis eines Promise abzurufen, können Sie seine Methode `then` verwenden. Diese registriert eine Callback-Funktion, die aufgerufen wird, wenn das Promise aufgelöst ist und einen Wert produziert. Einem einzelnen Promise können

Sie auch mehrere Callbacks hinzufügen. Sie werden alle aufgerufen, auch dann, wenn Sie sie hinzufügen, nachdem das Promise bereits aufgelöst (abgeschlossen) ist. Darüber hinaus gibt die Funktion `then` noch ein weiteres Promise zurück. Dieses wird zu dem Wert aufgelöst, den die Handler-Funktion zurückgibt. Sollte die Handler-Funktion ihrerseits ein Promise zurückgeben, wartet das zweite Promise von `then` darauf und wird zu dessen Ergebnis aufgelöst.

Sie können sich ein Promise als ein Gerät vorstellen, das Werte in eine asynchrone Realität verschiebt. Ein normaler Wert ist einfach vorhanden. Ein versprochener Wert dagegen *kann* bereits vorhanden sein oder irgendwann in der Zukunft erscheinen. Berechnungen an in Promises eingeschlossenen Werten werden asynchron ausgeführt, sobald die Werte zur Verfügung stehen.

Um ein Promise zu erstellen, können Sie `Promise` als Konstruktor verwenden. Seine Schnittstelle ist etwas merkwürdig: Der Konstruktor erwartet eine Funktion als Argument, die er sofort aufruft und ihr eine Funktion übergibt, die sie nutzen kann, um das Promise aufzulösen. Das wird so gemacht – etwa anstatt eine `resolve`-Methode zu verwenden –, damit nur der Code, der das Promise erstellt hat, es auch auflösen kann.

Mithilfe von Promises können Sie nun wie folgt eine Schnittstelle für die Funktion `readStorage` schreiben:

```
function storage(nest, name) {
  return new Promise(resolve => {
    nest.readStorage(name, result => resolve(result));
  });
}

storage(bigOak, "enemies")
  .then(value => console.log("Got", value));
```

Diese asynchrone Funktion gibt einen sinnvollen Wert zurück. Das ist der Hauptvorteil von Promises: Sie vereinfachen die Verwendung asynchroner Funktionen. Anstatt Callbacks weitergeben zu müssen, sehen Funktionen mit Promises ähnlich aus wie reguläre: Sie nehmen eine Eingabe als Argument entgegen und geben ihre Ausgabe zurück. Der einzige Unterschied besteht darin, dass die Ausgabe möglicherweise noch nicht vorhanden ist.

## 11.5 Fehlschläge

Wenn reguläre JavaScript-Berechnungen fehlschlagen, lösen sie eine Ausnahme aus. Bei asynchronen Berechnungen wird ein ähnlicher Mechanismus benötigt. Auch sie können fehlschlagen, etwa wenn eine Netzwerkanforderung misslingt oder ein Teil des Berechnungscodes selbst eine Ausnahme auslöst. Eines der wichtigsten Probleme bei der asynchronen Programmierung mit Callbacks besteht darin, dass es äußerst schwer ist, die Callbacks ordnungsgemäß über Fehlschläge zu unterrichten.

Nach einer weit verbreiteten Programmiersprachenkonvention zeigt das erste Argument des Callbacks an, ob die Aktion fehlgeschlagen ist, während das zweite im Erfolgsfall den von der Aktion produzierten Wert enthält. Solche Callback-Funktionen müssen immer prüfen, ob sie eine Ausnahme erhalten haben, und sicherstellen, dass jegliche von ihnen verursachten Probleme – einschließlich Ausnahmen der von ihnen aufgerufenen Funktionen – abgefangen und an die korrekte Funktion übergeben werden.

Promises erleichtern dies. Sie können aufgelöst (wenn die Aktion erfolgreich abgeschlossen wurde) oder abgelehnt werden (wenn sie fehlgeschlagen ist). Die mit `then` registrierten Auflösungs-Handler werden nur dann aufgerufen, wenn die Aktion erfolgreich war, während Ablehnungen automatisch an das von `then` zurückgegebene neue Promise weitergeleitet werden. Wenn ein Handler eine Ausnahme auslöst, führt das automatisch dazu, dass das von seinem `then`-Aufruf produzierte Promise abgelehnt wird. Schlägt also irgendein Element in der Kette der asynchronen Aktionen fehlt, wird das Ergebnis der ganzen Kette als abgelehnt gekennzeichnet, sodass nach der Stelle, wo der Fehlschlag auftrat, keine Erfolgs-Handler mehr aufgerufen werden.

Ebenso wie die Auflösung eines Promise stellt auch seine Ablehnung einen Wert bereit, der gewöhnlich als *Grund* für die Ablehnung bezeichnet wird. Wurde die Ablehnung durch eine Ausnahme in einer Handler-Funktion verursacht, wird der Ausnahmewert als Grund verwendet. Gibt ein Handler ein Promise zurück, das abgelehnt wird, geht diese Ablehnung in das nächste Promise ein. Die Funktion `Promise.reject` erstellt ein neues, sofort abgelehntes Promise.

Um solche Ablehnungen explizit behandeln zu können, verfügen Promises über die Methode `catch`. Sie registriert einen Handler, der bei der Ablehnung des Promise aufgerufen wird, vergleichbar mit dem `then`-Handler für die normale Auflösung. Eine weitere Ähnlichkeit mit `then` besteht darin, dass die Methode ein neues Promise zurückgibt, das zum Wert des ursprünglichen Promise aufgelöst wird, wenn dieses normal aufgelöst wird, und anderenfalls zum Ergebnis des `catch`-Handlers aufgelöst wird. Löst der `catch`-Handler wiederum eine Ausnahme aus, wird auch das neue Promise abgelehnt.

Als Kurzschreibweise akzeptiert `then` auch einen Ablehnungs-Handler als zweites Argument, sodass Sie beide Arten von Handlern mit einem einzigen Methodenaufruf installieren können. Eine an den Konstruktor `Promise` übergebene Funktion nimmt neben der Auflösungsfunktion ein zweites Argument an, das zur Ablehnung des neuen Promise verwendet werden kann.

Die Kette der Promise-Werte, die von `then`- und `catch`-Aufrufen erstellt wird, können Sie sich als eine Pipeline vorstellen, durch die sich asynchrone Werte oder Fehlschläge weiterbewegen. Da solche Ketten durch die Registrierung von Handlern gebildet werden, ist mit jedem Glied ein Erfolgs- oder ein Ablehnungs-Handler (oder beides) verknüpft. Bei einem Erfolg oder Fehlschlag werden die Handler, die nicht der Art des Ausgangs entsprechen, ignoriert und die passenden Handler aufgerufen. Deren Ausgang bestimmt, was für eine Art von Wert als Nächstes an der Reihe ist – ein Erfolg, wenn der Handler einen Wert zurückgibt, der kein Promise ist; ein Fehlschlag, wenn er eine Ausnahme auslöst; oder das Ergebnis eines Promise, wenn ein Promise zurückgegeben wurde.

```
new Promise((_, reject) => reject(new Error("Fail")))
  .then(value => console.log("Handler 1"))
  .catch(reason => {
    console.log("Caught failure " + reason);
    return "nothing";
  })
  .then(value => console.log("Handler 2", value));
// → Caught failure Error: Fail
// → Handler 2 nothing
```

In ähnlicher Art und Weise, wie nicht abgefangene Ausnahmen von der Umgebung gehandhabt werden, kann eine JavaScript-Umgebung erkennen, wenn eine Promise-Ablehnung nicht behandelt wurde, und diesen Umstand als Fehler melden.

## 11.6 Netzwerke sind schwierig

Wenn das Spiegelsystem der Krähen nicht genügend Licht für die Signalübertragung zur Verfügung hat oder wenn ein Hindernis den Signalweg blockiert, kann es vorkommen, dass ein Signal zwar gesendet wird, aber nie ankommt. Zurzeit hat das lediglich zur Folge, dass der an `send` übergebene Callback nie aufgerufen wird. Das führt wahrscheinlich dazu, dass das Programm anhält, ohne überhaupt zu bemerken, dass ein Problem vorliegt. Es wäre jedoch besser, wenn eine Anforderung, die eine bestimmte Zeit lang vergeblich auf eine Antwort gewartet hat, eine *Zeitüberschreitung* (ein *Timeout*) erkennen und einen Fehlschlag melden würde.

Übertragungsfehler kommen meistens durch zufällige Ereignisse zustande, etwa durch Autoscheinwerfer, die die Lichtsignale stören. In solchen Fällen kann eine einfache Wiederholung der Anforderung zum Erfolg führen. Wir können unsere Anforderungsfunktion auch gleich so einrichten, dass sie den Sendevorgang mehrere Male versucht, bevor sie aufgibt.

Da wir inzwischen gesehen haben, wie vorteilhaft Promises sind, wollen wir außerdem dafür sorgen, dass unsere Anfragefunktion ein Promise zurückgibt. Was die Dinge angeht, die sie ausdrücken können, sind Callbacks und Promises gleichwertig. Funktionen mit Callbacks können mit einem Wrapper umgeben werden, um eine Promise-Schnittstelle bereitzustellen, und umgekehrt.

Selbst wenn eine Anfrage und ihre Antwort erfolgreich zugestellt werden, kann die Antwort einen Fehlschlag melden, etwa wenn die Anfrage einen nichtdefinierten Anfragetyp verwendet oder wenn der Handler einen Fehler hervorruft. Um das zu ermöglichen, folgen `send` und `defineRequestType` der zuvor erwähnten Konvention, dass das erste an einen Callback übergebene Argument der Grund für einen Fehlschlag ist und das zweite das eigentliche Ergebnis.

Unser Wrapper kann diese Argumente in die Ablehnung bzw. Auflösung eines Promise umsetzen.

```
class Timeout extends Error {}

function request(nest, target, type, content) {
  return new Promise((resolve, reject) => {
    let done = false;
    function attempt(n) {
      nest.send(target, type, content, (failed, value) => {
        done = true;
        if (failed) reject(failed);
        else resolve(value);
      });
      setTimeout(() => {
        if (done) return;
        else if (n < 3) attempt(n + 1);
        else reject(new Timeout("Timed out"));
      }, 250);
    }
    attempt(1);
  });
}
```

Dies funktioniert, da Promises nur einmal aufgelöst bzw. abgelehnt werden können. Beim ersten Aufruf von `resolve` oder `reject` wird der Ausgang des Promise bestimmt. Alle weiteren Aufrufe, etwa wenn das Timeout nach dem Abschluss der Anforderung ankommt oder eine Anforderung nach dem Abschluss einer anderen zurückkehrt, werden ignoriert.

Um eine asynchrone Schleife für neue Versuche zu erstellen, brauchen wir eine rekursive Funktion. Denn in einer regulären Schleife können wir nicht innehalten und auf eine asynchrone Aktion warten. Die Funktion `attempt` versucht einmal, eine Anfrage zu senden, und legt ein Timeout fest. Wenn nach 250 ms noch keine Antwort eingegangen ist, wird entweder der nächste Versuch gestartet oder – falls es sich bereits um den vierten Versuch gehandelt hat – das Promise mit einer Instanz von `Timeout` als Grund abgelehnt.

Einen neuen Versuch nach einer Viertelsekunde zu starten und aufzugeben, wenn nach einer Sekunde noch keine Antwort vorliegt, ist ziemlich willkürlich. Es ist sogar möglich, dass die Anforderung angekommen ist, der Handler aber etwas mehr Zeit braucht, gerade weil die Anforderung mehrmals geschickt wurde. Beim Schreiben unserer Handler müssen wir dieses Problem berücksichtigen. Die Duplizierung von Nachrichten darf keine Beeinträchtigungen nach sich ziehen. Wir werden an einem Tag natürlich kein stabiles Weltklassenetzwerk einrichten können, aber das ist schon in Ordnung so – Krähen stellen keine so hohen Erwartungen an Computersysteme.

Um uns ganz von den Callbacks abzuschotten, definieren wir auch einen Wrapper für `defineRequestType`. Dadurch kann die Handler-Funktion ein Promise oder einen einfachen Wert zurückgeben und an den Callback weiterleiten, ohne dass wir uns darum kümmern müssen.

```
function requestType(name, handler) {
  defineRequestType(name, (nest, content, source,
                           callback) => {
    try {
      Promise.resolve(handler(nest, content, source))
        .then(response => callback(null, response),
              failure => callback(failure));
    } catch (exception) {
      callback(exception);
    }
  });
}
```

Promise.resolve dient dazu, den von handler zurückgegebenen Wert in ein Promise umzuwandeln, falls er keines ist.

Beachten Sie, dass wir den Aufruf von handler in einen try-Block einschließen mussten, damit jegliche Ausnahmen, die er auslöst, unmittelbar an den Callback weitergeleitet werden. Das zeigt deutlich, wie schwierig die Handhabung von Fehlern mit rohen Callbacks ist. Man vergisst nur zu leicht, Ausnahmen auf diese Weise weiterzuleiten. Dann werden Fehlschläge nicht dem richtigen Callback mitgeteilt. Bei der Verwendung von Callbacks geschieht dies größtenteils automatisch, was die Programmierung weniger fehleranfällig macht.

## 11.7 Kombinationen von Promises

Jeder Nestcomputer unterhält in seiner Eigenschaft neighbors ein Array der anderen Nester in Übertragungsreichweite. Um zu prüfen, welche davon zurzeit tatsächlich erreichbar sind, können Sie eine Funktion schreiben, die eine "ping"-Anfrage (eine Anfrage, die einfach um eine Antwort bittet) an jedes dieser Nester sendet und darauf achtet, welches davon antwortet.

Für die Arbeit mit mehreren gleichzeitig laufenden Promises kann die Funktion Promise.all sehr praktisch sein. Sie gibt ein Promise zurück, das auf die Auflösung aller Promises in dem Array wartet und dann ein Array mit den von diesen Promises produzierten Werten auflöst (in Reihenfolge des ursprünglichen Arrays). Wird ein Promise abgelehnt, wird auch das Ergebnis von Promise.all abgelehnt.

```
requestType("ping", () => "pong");

function availableNeighbors(nest) {
  let requests = nest.neighbors.map(neighbor => {
    return request(nest, neighbor, "ping")
      .then(() => true, () => false);
  });
  return Promise.all(requests).then(result => {
    return nest.neighbors.filter((_, i) => result[i]);
  });
}
```

Allerdings wollen wir nicht, dass das gesamte kombinierte Promise fehlschlägt, wenn ein einziger Nachbar nicht erreichbar ist. Denn dadurch würden wir keine brauchbaren Informationen gewinnen. Die Funktion, die auf die Menge der Nachbarn angewendet wird und sie in Promises für Anfragen umwandelt, fügt daher Handler hinzu, sodass eine erfolgreiche Anfrage `true` ergibt und eine abgelehnte `false`.

In dem Handler für das kombinierte Promise werden mit `filter` die Elemente aus dem Array `neighbors` entfernt, deren zugehöriger Wert `false` lautet. Dabei nutzen wir aus, dass `filter` den Array-Index des aktuellen Elements als zweites Argument an seine Filterfunktion übergibt. (Ebenso gehen auch `map`, `some` und ähnliche Array-Methoden höherer Ordnung vor.)

## 11.8 Flooding

Die Tatsache, dass Nester nur mit ihren Nachbarn kommunizieren können, schränkt den Nutzen dieses Netzwerks stark ein. Eine Lösung, um Informationen in einer Rundsendung (Broadcast) an das gesamte Netzwerk zu übermitteln, besteht darin, einen Anfragetyp einzurichten, der automatisch an die Nachbarn weitergeleitet wird. Diese Nachbarn wiederum schicken die Nachricht an ihre Nachbarn usw., bis die Sendung im gesamten Netzwerk empfangen wurde.

```
import {everywhere} from "./crow-tech";

everywhere(nest => {
  nest.state.gossip = [];
});

function sendGossip(nest, message, exceptFor = null) {
  nest.state.gossip.push(message);
  for (let neighbor of nest.neighbors) {
    if (neighbor == exceptFor) continue;
    request(nest, neighbor, "gossip", message);
  }
}

requestType("gossip", (nest, message, source) => {
  if (nest.state.gossip.includes(message)) return;
  console.log(`${nest.name} received gossip '${
              message}' from ${source}`);
  sendGossip(nest, message, source);
});
```

Damit eine Nachricht nicht ständig im ganzen Netzwerk umherläuft, unterhält jedes Nest ein Array mit den »Klatsch-Strings« (`gossip`), die es bereits gesehen hat. Zur Definition dieses Arrays verwenden wir die Funktion `everywhere` – die Code in jedem Nest ausführt –, um dem `state`-Objekt jedes Nestes eine Eigenschaft hinzuzufügen. In diesem Objekt wird der lokale Zustand des Nestes vorgehalten.

Wenn das Nest eine Klatschnachricht erneut erhält – was häufig vorkommen kann, wenn alle Teilnehmer diese Nachrichten einfach blind weiterleiten –, ignoriert es sie. Empfängt es dagegen eine neue Nachricht, leitet es diese begeistert an alle Nachbarn weiter; außer an den, von dem das Nest sie bekommen hat.

Dies führt dazu, dass sich neuer Klatsch in dem Netzwerk wie ein Tintenfleck im Wasser weiterverbreitet. Selbst wenn einige Verbindungen zwischenzeitlich nicht funktionieren, kann die Nachricht die daran hängenden Nester erreichen, solange es auch alternative Routen gibt.

Diese Art von Netzwerkkommunikation wird als *Flooding* bezeichnet: Das Netzwerk wird mit einer Information überschwemmt, bis alle Knoten sie erhalten haben.

## 11.9 Nachrichtenrouting

Wenn ein Knoten mit einem einzelnen anderen Knoten kommunizieren möchte, wäre es ziemlich unwirtschaftlich, dafür Flooding einzusetzen. Insbesondere in einem umfangreichen Netzwerk würde das zu einer Menge unnötiger Datenübertragungen führen.

Eine alternative Vorgehensweise besteht darin, einen Weg für Nachrichten einzurichten, sodass sie von einem Knoten zum anderen weitergeleitet werden, bis sie das Ziel erreichen. Dazu sind allerdings Kenntnisse über den Aufbau des Netzwerks erforderlich. Um eine Anfrage in die Richtung eines weit entfernt liegenden Nestes zu schicken, muss man wissen, welches der benachbarten Nester die Abfrage dem Ziel näher bringt. Es wäre unvorteilhaft, die Nachricht in die falsche Richtung zu senden.

Da die meisten Nester nur ihre unmittelbaren Nachbarn kennen, verfügen sie nicht über die erforderlichen Informationen, um eine Route zu berechnen. Daher müssen wir die Informationen über die Verbindungen irgendwie an alle Nester verteilen, vorzugsweise auf eine Weise, die es möglich, diese Informationen später zu aktualisieren, wenn Nester aufgegeben oder neue gebaut werden.

Dazu verwenden wir wiederum die Flooding-Technik, aber anstatt zu prüfen, ob eine eingehende Nachricht bereits empfangen wurde, schauen wir jetzt nach, ob der neue Satz von Nachbarn für ein gegebenes Nest dem aktuellen Satz entspricht.

```
requestType("connections", (nest, {name, neighbors},
                            source) => {
  let connections = nest.state.connections;
  if (JSON.stringify(connections.get(name)) ==
    JSON.stringify(neighbors)) return;
  connections.set(name, neighbors);
  broadcastConnections(nest, name, source);
});

function broadcastConnections(nest, name, exceptFor = null) {
  for (let neighbor of nest.neighbors) {
```

```
      if (neighbor == exceptFor) continue;
      request(nest, neighbor, "connections", {
        name,
        neighbors: nest.state.connections.get(name)
      });
    }
  }

  everywhere(nest => {
    nest.state.connections = new Map;
    nest.state.connections.set(nest.name, nest.neighbors);
    broadcastConnections(nest, nest.name);
  });
```

Für diesen Vergleich verwenden wir `JSON.stringify`, da `==` bei Objekten und Arrays nur dann `true` zurückgibt, wenn die Operanden identisch sind, was nicht das ist, was wir hier herausfinden wollen. Der Vergleich der JSON-Strings ist eine grobe, aber wirkungsvolle Möglichkeit, um die Inhalte zu vergleichen.

Die Knoten beginnen sofort damit, ihre Verbindungen an alle zu senden. Sofern es keine unerreichbaren Nester gibt, sollte jedem Nest dadurch in recht kurzer Zeit der aktuelle Netzwerkgraph vorliegen.

Wie wir in Kapitel 7 gesehen haben, ist es möglich, Routen durch Graphen zu finden. Wenn wir eine Route zum Ziel einer Nachricht haben, wissen wir auch, in welche Richtung wir die Mitteilung schicken müssen.

Die folgende Funktion `findRoute`, die der gleichnamigen Funktion aus Kapitel 7 stark ähnelt, sucht nach einem Weg, auf dem Sie einen gegebenen Knoten im Netzwerk erreichen können. Statt der gesamten Route gibt sie aber nur den nächsten Schritt zurück. Das nächste Nest entscheidet dann aufgrund seiner aktuellen Informationen über das Netzwerk, wohin es die Nachricht weiterleitet.

```
function findRoute(from, to, connections) {
  let work = [{at: from, via: null}];
  for (let i = 0; i < work.length; i++) {
    let {at, via} = work[i];
    for (let next of connections.get(at) || []) {
      if (next == to) return via;
      if (!work.some(w => w.at == next)) {
        work.push({at: next, via: via || next});
      }
    }
  }
  return null;
}
```

Jetzt können wir eine Funktion zum Senden von Nachrichten an ferne Ziele schreiben. Wenn die Nachricht an einen unmittelbaren Nachbar adressiert ist, wird sie wie gewohnt zugestellt. Anderenfalls wird sie in ein Paket eingeschlossen, das an einen näher am Ziel liegenden Nachbarn gesendet wird. Dazu wird der Anforderungstyp "route" verwendet, der den Empfänger veranlasst, ebenso vorzugehen.

```
function routeRequest(nest, target, type, content) {
  if (nest.neighbors.includes(target)) {
    return request(nest, target, type, content);
  } else {
    let via = findRoute(nest.name, target,
                        nest.state.connections);
    if (!via) throw new Error(`No route to ${target}`);
    return request(nest, via, "route",
                   {target, type, content});
  }
}

requestType("route", (nest, {target, type, content}) => {
  return routeRequest(nest, target, type, content);
});
```

Oberhalb unsers primitiven Kommunikationssystems haben wir nun bereits mehrere funktionale Schichten eingerichtet, um es einfacher nutzen zu können. Dies ist ein schönes, wenn auch stark vereinfachtes Modell der Funktionsweise von echten Computernetzwerken.

Ein charakteristisches Merkmal von Computernetzwerken ist ihre Unzuverlässigkeit. Auf ihnen aufsetzende Abstraktionen sind zwar hilfreich, können Netzwerkfehler aber nicht wegabstrahieren. Bei der Netzwerkprogrammierung geht es daher gewöhnlich auch sehr oft darum, Fehler einzuplanen und zu handhaben.

## 11.10 Async-Funktionen

Um wichtige Informationen zu speichern, kopieren die Krähen sie auf mehrere Nester. So bleiben die Informationen erhalten, wenn etwa ein Habicht ein Nest zerstört. Um eine Information abzurufen, die sich nicht in seiner eigenen Speicherknolle befindet, kann ein Nestcomputer zufällig ausgewählte andere Nester im Netzwerk befragen, bis er auf eines stößt, das diese Information hat.

```
requestType("storage", (nest, name) => storage(nest, name));

function findInStorage(nest, name) {
  return storage(nest, name).then(found => {
    if (found != null) return found;
    else return findInRemoteStorage(nest, name);
    });
}

function network(nest) {
  return Array.from(nest.state.connections.keys());
}
```

```
function findInRemoteStorage(nest, name) {
  let sources = network(nest).filter(n => n != nest.name);
  function next() {
    if (sources.length == 0) {
      return Promise.reject(new Error("Not found"));
    } else {
      let source = sources[Math.floor(Math.random() *
                                      sources.length)];
      sources = sources.filter(n => n != source);
      return routeRequest(nest, source, "storage", name)
        .then(value => value != null ? value : next(),
              next);
    }
  }
  return next();
}
```

Da es sich bei `connections` um eine Map handelt, kann `Object.keys` dafür nicht verwendet werden. Dafür verfügt `connections` über eine *Methode* namens `keys`, die aber kein Array, sondern einen Iterator zurückgibt. Mit der Funktion `Array.from` kann ein Iterator (oder ein iterierbarer Wert) in ein Array umgewandelt werden.

Selbst mit Promises wird der Code ziemlich umständlich. Mehrere asynchrone Aktionen sind hier auf undurchsichtige Weise miteinander verkettet. Um die Schleife durch die Nester zu modellieren, brauchen wir auch hier wieder eine rekursive Funktion (`next`).

Was der Code dann jedoch wirklich macht, ist völlig linear: Er wartet immer auf den Abschluss einer Aktion, bevor er mit der nächsten anfängt. In einem synchronen Programmiermodell ließe sich das viel einfacher ausdrücken.

Glücklicherweise ist es in JavaScript möglich, pseudosynchronen Code zur Beschreibung einer asynchronen Berechnung zu schreiben. Eine Async-Funktion gibt implizit ein Promise zurück und kann in ihrem Rumpf mit `await` in einer Art und Weise auf andere Promises warten, die synchron *erscheint*.

Damit können wir `findInStorage` wie folgt umschreiben:

```
async function findInStorage(nest, name) {
  let local = await storage(nest, name);
  if (local != null) return local;

  let sources = network(nest).filter(n => n != nest.name);
  while (sources.length > 0) {
    let source = sources[Math.floor(Math.random() *
                                    sources.length)];
    sources = sources.filter(n => n != source);
    try {
      let found = await routeRequest(nest, source, "storage",
                                     name);
      if (found != null) return found;
    } catch (_) {}
```

```
    }
    throw new Error("Not found");
  }
```

Eine Async-Funktion wird durch das Wort `async` vor dem Schlüsselwort `function` gekennzeichnet. Auch Methoden können Sie asynchron machen, indem Sie `async` vor ihren Namen schreiben. Wird eine solche Funktion oder Methode aufgerufen, gibt sie ein Promise zurück. Sobald der Rumpf irgendetwas zurückgibt, wird das Promise aufgelöst. Löst er dagegen eine Ausnahme aus, wird das Promise abgelehnt.

Innerhalb einer Async-Funktion kann `await` vor einen Ausdruck gestellt werden, um auf die Auflösung eines Promise zu warten. Erst wenn das geschehen ist, wird die Ausführung der Funktion fortgesetzt. Eine solche Funktion wird nicht wie eine reguläre JavaScript-Funktion in einem Rutsch von Anfang bis Ende ausgeführt. Stattdessen kann sie an der mit `await` gekennzeichneten Stelle *einfrieren* und später wiederaufgenommen werden.

Für nichttrivialen asynchronen Code ist diese Schreibweise gewöhnlich komfortabler als die unmittelbare Verwendung von Promises. Wenn Sie irgendetwas tun müssen, das nicht dem synchronen Modell entspricht – etwa mehrere Aktionen gleichzeitig durchführen –, ist es nicht schwer, `await` mit der direkten Nutzung von Promises zu kombinieren.

## 11.11 Generatoren

Die Möglichkeit, Funktionen anzuhalten und später wiederaufzunehmen, ist nicht auf Async-Funktionen beschränkt. JavaScript bietet auch sogenannte *Generatorfunktionen*, die sich ähnlich verhalten, aber keine Promises verwenden.

Wenn Sie eine Funktion mit `function*` definieren (also mit einem Sternchen hinter dem Schlüsselwort `function`), wird sie zu einem Generator. Wird ein Generator aufgerufen, gibt er einen Iterator zurück, wie wir ihn bereits in Kapitel 6 kennengelernt haben.

```
function* powers(n) {
  for (let current = n;; current *= n) {
    yield current;
  }
}

for (let power of powers(3)) {
  if (power > 50) break;
  console.log(power);
}
// → 3
// → 9
// → 27
```

Wenn Sie powers aufrufen, wird die Funktion bei ihrem Beginn gleich eingefroren. Jedes Mal, wenn Sie next für den Iterator aufrufen, wird die Funktion ausgeführt, bis sie auf einen yield-Ausdruck stößt. Dadurch wird sie angehalten, und der mit yield freigegebene Wert wird zu dem nächsten Wert, den der Iterator produziert. Wenn die Funktion die Steuerung zurückgibt (was in dem Beispiel nie geschieht), ist der Iterator abgeschlossen.

Iteratoren lassen sich mithilfe von Generatorfunktionen oft leichter schreiben. So lässt sich etwa der Iterator für Klasse Group (aus der Übung »***Iterierbare Gruppen***« auf ***S. 118***) mit dem folgenden Generator erstellen:

```
Group.prototype[Symbol.iterator] = function*() {
  for (let i = 0; i < this.members.length; i++) {
    yield this.members[i];
  }
};
```

Es ist nicht mehr nötig, ein Objekt für den Iterationszustand zu erstellen – Generatoren speichern ihren lokalen Status jedes Mal, wenn sie mit yield ein Element freigeben.

Solche yield-Ausdrücke dürfen nur unmittelbar in der Generatorfunktion selbst stehen und nicht in einer darin definierten inneren Funktion. Bei dem Zustand, den ein Generator bei der Freigabe speichert, handelt es sich lediglich um seine lokale Umgebung und die Stelle, an der die Freigabe erfolgt ist.

Eine Async-Funktion ist eine Sonderform des Generators. Sie produziert bei ihrem Aufruf ein Promise, das aufgelöst wird (abgeschlossen ist) oder abgelehnt wird, wenn eine Ausnahme auftritt. Wenn sie ein Promise liefert (erwartet), wird das Ergebnis dieses Promise (ein Wert oder eine Ausnahme) zum Ergebnis des await-Ausdrucks.

## 11.12 Die Ereignisschleife

Asynchrone Programme werden Stück für Stück ausgeführt. Jedes Teilstück kann mit einigen Aktionen beginnen und eine Codeausführung für den Zeitpunkt einplanen, wenn eine dieser Aktionen abgeschlossen wird oder fehlschlägt. Zwischen den Teilstücken befindet sich das Programm im Leerlauf und wartet auf die nächste Aktion.

Callbacks werden also nicht unmittelbar von dem Code aufgerufen, der ihre Ausführung geplant hat. Wenn ich setTimeout aus einer Funktion heraus aufrufe, hat diese Funktion bereits die Steuerung zurückgegeben, wenn die Callback-Funktion aufgerufen wird. Wenn ein Callback die Steuerung zurückgibt, dann nicht an die Funktion, die seine Ausführung geplant hat.

Asynchrones Verhalten findet auf einem eigenen, leeren Funktionsaufrufstack statt. Das ist einer der Gründe dafür, warum die Verwaltung von Ausnahmen in asynchronem Code ohne Promises so schwierig ist. Da jeder Callback mit einem größtenteils leeren Stack beginnt, befinden sich die catch-Handler nicht auf dem Stack, wenn eine Ausnahme ausgelöst wird.

```
try {
  setTimeout(() => {
    throw new Error("Woosh");
  }, 20);
} catch (_) {
  // Dies funktioniert nicht
  console.log("Caught!");
}
```

Wie schnell aufeinander Ereignisse auch erfolgen – etwa Timeouts und eingehende Anforderungen –, eine JavaScript-Umgebung führt immer nur ein Programm auf einmal aus. Das können Sie sich so vorstellen, als würde die Umgebung um Ihr Programm herum eine riesige Schleife ausführen, die sogenannte *Ereignisschleife*. Wenn nichts zu tun ist, wird die Schleife angehalten. Sobald Ereignisse eingehen, werden sie zu einer Warteschlange hinzugefügt. Ihr Code wird dann nacheinander ausgeführt. Da nicht zwei Dinge gleichzeitig ablaufen können, ist es möglich, dass langsamer Code andere Ereignisse verzögert.

Das folgende Beispiel legt ein Timeout fest, trödelt dann aber bis nach dem Zeitlimit herum, sodass das Timeout zu spät eingeht:

```
let start = Date.now();
setTimeout(() => {
  console.log("Timeout ran at", Date.now() - start);
}, 20);
while (Date.now() < start + 50) {}
console.log("Wasted time until", Date.now() - start);
// → Wasted time until 50
// → Timeout ran at 55
```

Promises werden immer als neue Ereignisse aufgelöst oder abgelehnt. Selbst wenn ein Promise bereits aufgelöst ist, führt das Warten darauf dazu, dass der Callback nicht sofort ausgeführt wird, sondern erst nach dem Abschluss des laufenden Skripts:

```
Promise.resolve("Done").then(console.log);
console.log("Me first!");
// → Me first!
// → Done
```

In nachfolgenden Kapiteln werden wir uns noch verschiedene Arten von Ereignissen in der Ereignisschleife ansehen.

## 11.13 Asynchronitätsbugs

Wenn ein Programm synchron in einem Rutsch ausgeführt wird, gibt es keine Zustandsänderungen außer denen, die es selbst vornimmt. Bei asynchronen Programmen ist das anders. Bei ihrer Ausführung sind *Lücken* möglich, in denen anderer Code laufen kann.

Sehen wir uns dazu ein Beispiel an. Eines der Hobbys unserer Krähen besteht darin, die Küken zu zählen, die in einem Jahr im ganzen Dorf schlüpfen. Die Nester halten die Anzahl in ihren Speicherknollen fest. Der folgende Code soll die Zahlen von allen Nestern für ein gegebenes Jahr auflisten:

```
function anyStorage(nest, source, name) {
  if (source == nest.name) return storage(nest, name);
  else return routeRequest(nest, source, "storage", name);
}

async function chicks(nest, year) {
  let list = "";
  await Promise.all(network(nest).map(async name => {
    list += `${name}: ${
      await anyStorage(nest, name, `chicks in ${year}`)
    }\n`;
  }));
  return list;
}
```

Wie `async name =>` zeigt, können auch Pfeilfunktionen mit `async` asynchron gemacht werden.

Der Code sieht auf den ersten Blick nicht verdächtig aus. Er ordnet die Async-Pfeilfunktion der Menge aller Nester zu, erstellt ein Array aus Promises, wartet dann mit `Promise.all` auf sie und gibt schließlich die von ihnen zusammengestellte Liste zurück. Tatsächlich weist dieser Code einen schweren Fehler auf. Er gibt immer nur eine einzige Zeile aus, nämlich für das Nest, das als Letztes geantwortet hat. Können Sie erkennen, woran das liegt?

Die Ursache ist der Operator `+=`, der den *aktuellen* Wert von `list` zu dem Zeitpunkt nimmt, an dem die Ausführung der Anweisung beginnt, und die Bindung `list` auf diesen Wert plus den hinzugefügten String setzt, wenn `await` abgeschlossen ist.

Zwischen dem Beginn der Ausführung und dem Abschluss liegt aber eine Lücke. Der Ausdruck `map` wird ausgeführt, bevor irgendetwas zu der Liste hinzugefügt wird, weshalb der Operator `+=` mit einem leeren String beginnt und `list` beim Abschluss des Speicherabrufs schließlich auf eine einzeilige Liste setzt – weil er diese Liste zu einem leeren String hinzugefügt hat.

Das können wir verhindern, indem wir die Zeilen von den zugeordneten Promises zurückgeben lassen und `join` für das Ergebnis von `Promise.all` aufrufen, anstatt die Liste durch Ändern einer Bindung aufzubauen. Wie so oft ist die Berechnung neuer Werte weniger fehleranfällig als die Änderung bestehender Werte.

```
async function chicks(nest, year) {
  let lines = network(nest).map(async name => {
    return name + ": " +
      await anyStorage(nest, name, `chicks in ${year}`);
  });
  return (await Promise.all(lines)).join("\n");
}
```

Fehler wie dieser geschehen sehr leicht, insbesondere bei der Verwendung von `await`. Machen Sie sich immer bewusst, wo Lücken in Ihrem Code auftreten können. Ein Vorteil der *expliziten* Asynchronität von JavaScript (ob durch Callbacks, Promises oder `await`) besteht darin, dass es relativ einfach ist, diese Lücken zu finden.

## 11.14 Zusammenfassung

Bei der asynchronen Programmierung ist es möglich, auf langwierige Aktionen zu warten, ohne dass das Programm dabei einfriert. JavaScript-Umgebungen implementieren diese Art der Programmierung gewöhnlich mithilfe von Callbacks, also Funktionen, die beim Abschluss der Aktionen aufgerufen werden. Eine Ereignisschleife sorgt dafür, dass die Callbacks zum geeigneten Zeitpunkt einer nach dem anderen aufgerufen werden, sodass sich ihre Ausführung nicht überlappt.

Zur Erleichterung der asynchronen Programmierung gibt es Promises. Diese Objekte stehen für Aktionen, die in Zukunft möglicherweise abgeschlossen werden. Eine weitere Erleichterung bieten Async-Funktionen, die es Ihnen ermöglichen, ein asynchrones Programm so zu schreiben, als wäre es synchron.

## 11.15 Übungen

### Das Skalpell finden

Im Besitz der Dorfkrähen befindet sich ein altes Skalpell, das sie gelegentlich für besondere Aufgaben einsetzen, etwa um Fliegengitter oder Pakete aufzuschneiden. Um es schnell finden zu können, wird jedes Mal, wenn es in ein anderes Nest verlegt wird, ein Eintrag zu dem Speicher sowohl des Nestes hinzugefügt, in dem es sich zuvor befand, als auch desjenigen, das es übernommen hat. Dieser Eintrag hat den Namen `"scalpel"` und den neuen Lagerort als Wert. Um das Skalpell aufzustöbern, müssen die Krähen also der Brotkrumenspur der Speichereinträge folgen, bis sie das Nest finden, in dem der Eintrag auf das Nest selbst zeigt.

Schreiben Sie die Async-Funktion `locateScalpel`, die diesen Vorgang durchführt und dabei auf dem Nest beginnt, auf dem sie ausgeführt wird. Um auf den Speicher in beliebigen Nestern zuzugreifen, können Sie die weiter vorn definierte Funktion `anyStorage` verwenden. Da das Skalpell schon sehr lange herumgereicht wird, können Sie davon ausgehen, dass es im Datenspeicher jedes Nestes einen entsprechenden Eintrag gibt.

Schreiben Sie anschließend die gleiche Funktion ohne `async` und `await`. Werden fehlgeschlagene Anforderungen in beiden Versionen korrekt als Ablehnungen des zurückgegebenen Promise angezeigt? In welcher Form?

### Promise.all erstellen

`Promise.all` nimmt ein Array aus Promises entgegen und gibt ein Promise zurück, das auf den Abschluss all dieser Promises wartet. Die Funktion endet dann erfolgreich und gibt ein Array mit Ergebniswerten aus. Wird aber ein Promise aus dem Array abgelehnt, schlägt auch das von `all` zurückgegebene Promise fehl, wobei als Grund derjenige für den Fehlschlag des ersten Promise angegeben wird.

Implementieren Sie dieses Verhalten in Form einer regulären Funktion namens `Promise_all`.

Denken Sie daran, dass ein Promise nach seiner Auflösung oder Ablehnung nicht erneut aufgelöst oder abgelehnt werden kann, sodass alle weiteren Aufrufe der Auflösungs- und Ablehnungsfunktionen ignoriert werden. Dadurch können Sie die Art und Weise vereinfachen, in der Ihre Funktion einen Fehlschlag handhabt.

»Der Evaluierer, der die Bedeutung von Ausdrücken in einer Programmiersprache bestimmt, ist lediglich ein weiteres Programm.«

– Hal Abelson und Gerald Sussmann,
*Structure and Interpretation of Computer Programs*

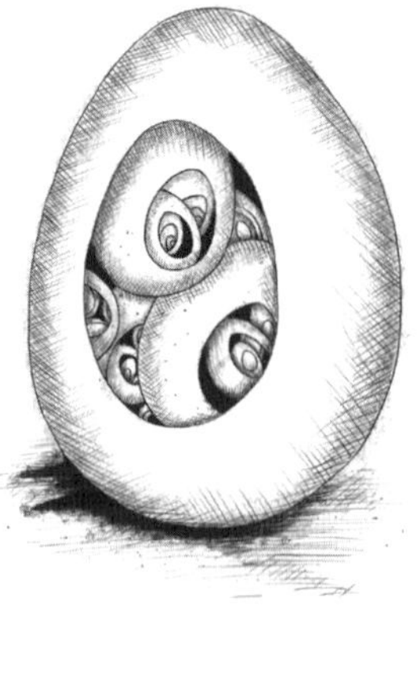

# 12 Projekt: Eine Programmiersprache

Eine eigene Programmiersprache zu entwickeln, ist erstaunlich einfach (sofern Sie Ihre Ziele nicht zu hoch stecken) und sehr aufschlussreich. In diesem Kapitel möchte ich Ihnen vor allem zeigen, dass die Entwicklung einer eigenen Sprache keine Hexerei ist. Mir selbst kamen viele Erfindungen so ungeheuer anspruchsvoll und kompliziert vor, dass ich glaubte, sie nie verstehen zu können. Aber mit ein bisschen Recherche und einigen Experimenten stellte sich dann oft heraus, dass sie im Grunde ziemlich profan waren.

Im Folgenden erstellen wir eine Programmiersprache namens Egg. Sie wird klein und einfach sein, aber leistungsfähig genug, um darin jegliche Berechnungen auszudrücken, die Sie sich vorstellen können. Außerdem soll sie eine einfache Abstraktion mithilfe von Funktionen erlauben.

## 12.1 Der Parser

Der Teil einer Programmiersprache, der sofort ins Auge sticht, ist ihre *Syntax* oder Schreibweise. Der sogenannte *Parser*, ein spezielles Programm, liest Text und produziert eine Datenstruktur, die die Struktur des in diesem Text enthaltenen Programms widerspiegelt. Bildet der Text kein gültiges Programm, weist der Parser darauf hin.

Unsere Sprache soll eine einfache und einheitliche Syntax haben. In Egg ist alles ein Ausdruck – Bindungsnamen, Zahlen, Strings und *Anwendungen*. Anwendungen werden für Funktionsaufrufe, aber auch für Konstrukte wie `if` und `while` verwendet.

Um den Parser einfach zu halten, unterstützen die Strings in Eggs keine Maskierung mit Backslashes oder ähnliche Besonderheiten. Ein String ist einfach eine Folge von Zeichen in doppelten Anführungszeichen, wobei die Zeichen selbst keine doppelten Anführungszeichen sein dürfen. Eine Zahl ist eine Folge von Ziffern. Bindungsnamen können aus beliebigen Zeichen bestehen, die kein Weißraum sind und keine besondere Bedeutung in der Syntax haben.

Anwendungen werden genauso geschrieben wie in JavaScript, nämlich mit Klammern hinter einem Ausdruck und einer beliebigen Anzahl von durch Kommata getrennten Argumenten in diesen Klammern.

```
do(define(x, 10),
  if(>(x, 5),
    print("large"),
    print("small")))
```

Die Einheitlichkeit von Egg bedeutet, dass Elemente, die JavaScript-Operatoren sind (etwa >), hier als normale Bindungen behandelt und wie alle anderen Funktionen angewandt werden. Da es in der Syntax keine Blöcke gibt, brauchen wir ein do-Konstrukt, um darzustellen, dass mehrere Aktionen nacheinander erfolgen sollen.

Die Datenstruktur, die der Parser zur Beschreibung eines Programms nutzt, besteht aus Ausdrucksobjekten. Diese Objekte haben jeweils die Eigenschaft type, die angibt, um was für eine Art von Ausdruck es sich bei ihnen handelt, sowie andere Eigenschaften zur Beschreibung ihres Inhalts.

Ausdrücke vom Typ "value" stehen für Literal-Strings oder Zahlen. Ihre Eigenschaft value enthält den String- oder Zahlenwert, den sie darstellen. Ausdrücke vom Typ "word" werden für Bezeichner (Namen) verwendet. Solche Objekte verfügen über die Eigenschaft name, die den Namen des Bezeichners als String enthält. Schließlich gibt es noch Ausdrücke vom Typ "apply" für Anwendungen. Ihre Eigenschaft operator verweist auf den Ausdruck, der angewandt wird, während args das Array der Argumentausdrücke festhält.

Der Code >(x, 5) aus dem vorigen Programm kann damit wie folgt dargestellt werden:

```
{
  type: "apply",
  operator: {type: "word", name: ">"},
  args: [
    {type: "word", name: "x"},
    {type: "value", value: 5}
  ]
}
```

Eine solche Datenstruktur wird als *Syntaxbaum* bezeichnet. Wenn Sie sich die Objekte als Punkte und die Verknüpfungen zwischen ihnen als Verbindungslinien vorstellen, erhalten Sie eine baumartige Form. Die Tatsache, dass Ausdrücke andere Ausdrücke enthalten können, die wiederum weitere Ausdrucke einschließen können, ähnelt der fortlaufenden Verzweigung eines Baumes in Äste und Zweige.

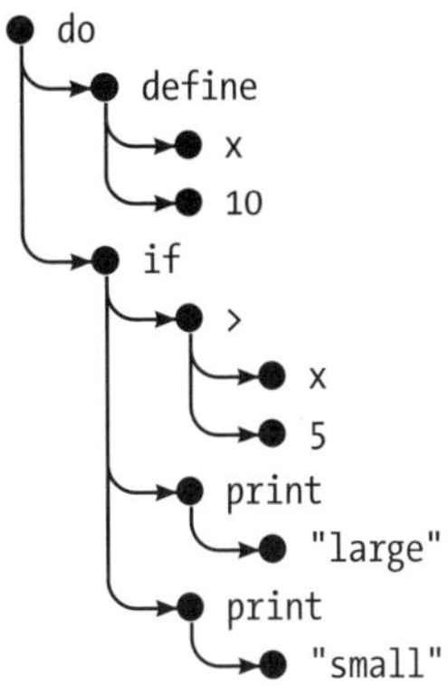


Vergleichen Sie das mit dem Parser für Konfigurationsdateien, den wir im Abschnitt »*Eine INI-Datei analysieren*« auf *S. 165* geschrieben haben. Er war sehr einfach aufgebaut, denn er teilte die Eingabe in Zeilen auf und bearbeitete diese Zeilen eine nach der anderen. Hier müssen wir anders vorgehen, denn Ausdrücke haben eine rekursive Struktur und werden nicht auf Zeilen aufgeteilt, und Anwendungsausdrücke *enthalten* andere Ausdrücke. Zum Glück lässt sich dieses Problem mithilfe einer rekursiven Parserfunktion lösen, die die rekursive Natur der Sprache widerspiegelt.

Wir definieren die Funktion `parseExpression`, die einen String entgegennimmt und ein Objekt mit der Datenstruktur für den Ausdruck am Anfang des Strings sowie den Teil des Strings zurückgibt, der nach der Verarbeitung dieses Ausdrucks noch übrig ist. Bei der Analyse von Teilausdrücken (z.B. der Argumente einer Anwendung) kann diese Funktion erneut aufgerufen werden und gibt sowohl den Argumentausdruck als auch den verbleibenden Text zurück. Dieser Text wiederum kann weitere Argumente enthalten oder die Klammer sein, die die Argumentliste abschließt.

Der erste Teil des Parsers sieht wie folgt aus:

```
function parseExpression(program) {
  program = skipSpace(program);
  let match, expr;
  if (match = /^"([^"]*)"/.exec(program)) {
    expr = {type: "value", value: match[1]};
  } else if (match = /^\d+\b/.exec(program)) {
    expr = {type: "value", value: Number(match[0])};
  } else if (match = /^[^\s(),#"]+/.exec(program)) {
    expr = {type: "word", name: match[0]};
  } else {
    throw new SyntaxError("Unexpected syntax: " + program);
  }

  return parseApply(expr, program.slice(match[0].length));
}
function skipSpace(string) {
  let first = string.search(/\S/);
```

```
    if (first == -1) return "";
    return string.slice(first);
  }
```

Da Egg ebenso wie JavaScript beliebig viel Weißraum zwischen den Elementen erlaubt, müssen wir wiederholt Weißraumzeichen vom Anfang des Programm-Strings entfernen. Dazu ist die Funktion `skipSpace` da.

Nachdem der führende Weißraum verworfen wurde, ermittelt `parseExpression` mithilfe von drei regulären Ausdrücken, mit welchem der drei Grundelemente von Egg es weitergeht: mit einem String, einer Zahl oder einem Wort. Je nachdem, was der Parser findet, baut er jeweils eine andere Datenstruktur auf. Passt die Eingabe zu keiner dieser drei Formen, liegt kein gültiger Ausdruck vor, und der Parser löst eine Ausnahme aus. Als Konstruktor für diese Ausnahme verwenden wir hier nicht `Error`, sondern `SyntaxError`, einen weiteren Standard-Fehlertyp, weil er etwas spezifischer ist. Dies ist auch die Art von Ausnahme, die bei dem Versuch ausgelöst wird, ein ungültiges JavaScript-Programm auszuführen.

Wir schneiden den Teil des Programm-Strings ab, bei dem wir eine Übereinstimmung mit einem der Grundelemente gefunden haben, und übergeben ihn zusammen mit dem Objekt für den Ausdruck an die Funktion `parseApply`, die prüft, ob es sich bei dem Ausdruck um eine Anwendung handelt. Wenn ja, verarbeitet sie die in Klammern gesetzte Argumentliste:

```
function parseApply(expr, program) {
  program = skipSpace(program);
  if (program[0] != "(") {
    return {expr: expr, rest: program};
  }

  program = skipSpace(program.slice(1));
  expr = {type: "apply", operator: expr, args: []};
  while (program[0] != ")") {
    let arg = parseExpression(program);
    expr.args.push(arg.expr);
    program = skipSpace(arg.rest);
    if (program[0] == ",") {
      program = skipSpace(program.slice(1));
    } else if (program[0] != ")") {
      throw new SyntaxError("Expected ',' or ')'");
    }
  }
  return parseApply(expr, program.slice(1));
}
```

Ist das nächste Zeichen in dem Programm keine öffnende Klammer, handelt es sich nicht um eine Anwendung, weshalb `parseApply` den Ausdruck unverändert zurückgibt.

Anderenfalls überspringt es die öffnende Klammer und erstellt ein Syntaxbaumobjekt für den Anwendungsausdruck. Anschließend ruft es rekursiv `parse`

`Expression` auf, um jedes einzelne Argument zu verarbeiten, bis es auf eine schließende Klammer stößt. Die Rekursion erfolgt hier indirekt, nämlich durch `parseApply` und `parseExpression`, die sich gegenseitig aufrufen. Da ein Anwendungsausdruck selbst angewendet werden kann (z.B. in `multiplier(2)(1)`), muss `parseApply` nach der vollständigen Analyse einer Anwendung sich selbst erneut aufrufen, um nachzusehen, ob ein weiteres Klammernpaar folgt.

Das ist alles, was wir für unseren Egg-Parser benötigen. Wir schließen den Code in eine komfortable Funktion namens `parse` ein, die nach der Analyse eines Ausdrucks (ein Egg-Programm ist ein einzelner Ausdruck) überprüft, ob wir auch wirklich das Ende des Eingabe-Strings erreicht haben, und die Datenstruktur des Programms zurückgibt.

```
function parse(program) {
  let {expr, rest} = parseExpression(program);
  if (skipSpace(rest).length > 0) {
    throw new SyntaxError("Unexpected text after program");
  }
  return expr;
}

console.log(parse("+(a, 10)"));
// → {type: "apply",
//    operator: {type: "word", name: "+"},
//    args: [{type: "word", name: "a"},
//           {type: "value", value: 10}]}
```

Es funktioniert! Zwar macht es bei einem Fehlschlag keine besonders hilfreichen Angaben und es speichert auch nicht jeweils die Zeile und Spalte, in denen ein Ausdruck beginnt, was für Fehlermeldungen praktisch wäre, aber für unsere Zwecke ist es durchaus geeignet.

## 12.2 Der Evaluierer

Was aber können wir mit dem Syntaxbaum eines Programms anstellen? Ihn ausführen natürlich! Das ist es, was der Evaluierer macht. Wenn Sie ihm einen Syntaxbaum und ein Objekt mit Name-Wert-Paaren für einen Gültigkeitsbereich übergeben, wertet er den Ausdruck aus, für den der Baum steht, und gibt den dadurch produzierten Wert zurück.

```
const specialForms = Object.create(null);

function evaluate(expr, scope) {
  if (expr.type == "value") {
    return expr.value;
  } else if (expr.type == "word") {
    if (expr.name in scope) {
      return scope[expr.name];
    } else {
```

```
        throw new ReferenceError(
          `Undefined binding: ${expr.name}`);
      }
    } else if (expr.type == "apply") {
      let {operator, args} = expr;
      if (operator.type == "word" &&
          operator.name in specialForms) {
        return specialForms[operator.name](expr.args, scope);
      } else {
        let op = evaluate(operator, scope);
        if (typeof op == "function") {
          return op(...args.map(arg => evaluate(arg, scope)));
        } else {
          throw new TypeError("Applying a non-function.");
        }
      }
    }
  }
```

Der Evaluierer enthält Code für jeden der möglichen Ausdruckstypen. Ein Literalwertausdruck produziert seinen Wert. (Beispielsweise wird der Ausdruck `100` einfach zu der Zahl 100 ausgewertet.) Bei einer Bindung müssen wir prüfen, ob sie in dem Gültigkeitsbereich definiert ist. Wenn ja, rufen wir ihren Wert ab.

Anwendungen sind etwas anspruchsvoller. Wenn sie zu einer Sonderform gehören, etwa `if`, so werten wir hier gar nichts aus, sondern übergeben den Argumentausdruck zusammen mit dem Gültigkeitsbereich an die Funktion, die für diese Form zuständig ist. Bei einem normalen Aufruf dagegen werten wir den Operator aus, überprüfen, ob er in einer Funktion steht, und rufen diese mit den ausgewerteten Argumenten auf.

Zur Darstellung der Funktionswerte von Egg verwenden wir einfache JavaScript-Funktionen. Im Abschnitt »*Funktionen*« auf *S. 219* werden wir auf dieses Thema zurückkommen und die Sonderform `fun` definieren.

Die rekursive Struktur von `evaluate` ähnelt derjenigen des Parsers und spiegelt die Struktur der Sprache wider. Es wäre also möglich, den Parser mit dem Evaluierer zu kombinieren und die Auswertung gleich bei der Analyse vorzunehmen. Durch die Aufteilung wird das Programm jedoch klarer.

Mehr brauchen wir auch nicht, um Egg interpretieren zu können. Allerdings lässt sich mit dieser Sprache zurzeit noch nicht viel anfangen. Dazu müssen wir noch einige Sonderformen definieren und einige nützliche Werte zur Umgebung hinzufügen.

## 12.3 Sonderformen

Mit dem Objekt `specialForms` definieren wir in Egg eine besondere Syntax. Es verknüpft Wörter mit Funktionen, die solche Sonderformen auswerten. Zurzeit ist es noch leer. Das wollen wir nun ändern:

```
specialForms.if = (args, scope) => {
  if (args.length != 3) {
    throw new SyntaxError("Wrong number of args to if");
  } else if (evaluate(args[0], scope) !== false) {
    return evaluate(args[1], scope);
  } else {
    return evaluate(args[2], scope);
  }
};
```

Das `if`-Konstrukt von Egg erwartet genau drei Argumente. Zunächst wird das erste ausgewertet. Wenn das Ergebnis nicht `false` ist, wird das zweite Argument ausgewertet, anderenfalls das dritte. Diese Form von `if` ähnelt mehr dem ternären Operator `?:` als der `if`-Anweisung von JavaScript. Es handelt sich um einen Ausdruck und nicht um eine Anweisung, und produziert einen Wert, nämlich das Ergebnis des zweiten oder dritten Arguments.

Ein weiterer Unterschied zwischen Egg und JavaScript besteht darin, wie der Bedingungswert von `if` gehandhabt wird. Nur `false` wird als `false` behandelt, aber keine anderen Werte wie 0 oder ein leerer String.

Der Grund dafür, dass wir `if` als Sonderform statt als reguläre Funktion darstellen müssen, besteht darin, dass alle Argumente von Funktionen vor deren Aufruf ausgewertet werden. Dagegen soll bei `if` je nach dem Wert des ersten Arguments nur *entweder* das zweite oder das dritte ausgewertet werden.

Die Sonderform `while` sieht ähnlich aus:

```
specialForms.while = (args, scope) => {
  if (args.length != 2) {
    throw new SyntaxError("Wrong number of args to while");
  }
  while (evaluate(args[0], scope) !== false) {
    evaluate(args[1], scope);
  }

  // Da es undefined in Egg nicht gibt, geben wir flase zurück,
  // wenn es kein sinnvolles Ergebnis gibt.
  return false;
};
```

Ein weiterer Grundbaustein ist die Sonderform `do`, die alle ihre Argumente von oben nach unten ausführt. Ihr Wert ist derjenige, der vom letzten Argument produziert wird.

```
specialForms.do = (args, scope) => {
  let value = false;
  for (let arg of args) {
    value = evaluate(arg, scope);
  }
  return value;
};
```

Um Bindungen erstellen und ihnen neue Werte geben zu können, legen wir auch eine Form namens `define` an. Sie erwartet als erstes Argument ein Wort und als zweites einen Ausdruck, der einen Wert produziert. Dieser Wert wird dann dem Wort zugewiesen. Da die Form `define` wie alles andere ein Ausdruck ist, muss sie einen Wert zurückgeben. Dabei entscheiden wir uns für den zugewiesenen Wert (was dem Verhalten des JavaScript-Operators = entspricht).

```
specialForms.define = (args, scope) => {
  if (args.length != 2 || args[0].type != "word") {
    throw new SyntaxError("Incorrect use of define");
  }
  let value = evaluate(args[1], scope);
  scope[args[0].name] = value;
  return value;
};
```

## 12.4 Die Umgebung

Der Gültigkeitsbereich, den `evaluate` entgegennimmt, ist ein Objekt mit Eigenschaften, deren Namen Bindungsnamen sind und deren Werte denen der Bindungen entsprechen. Im Folgenden wollen wir ein Objekt für den globalen Gültigkeitsbereich definieren.

Um das gerade erst definierte `if`-Konstrukt nutzen zu können, müssen wir Zugriff auf boolesche Werte haben. Da es nur zwei boolesche Werte gibt, brauchen wir keine besondere Syntax für sie. Stattdessen verwenden wir einfach zwei Namen, an die wir die Werte `true` und `false` binden:

```
const topScope = Object.create(null);

topScope.true = true;
topScope.false = false;
```

Damit können wir jetzt einen einfachen Ausdruck auswerten, der einen booleschen Wert negiert:

```
let prog = parse(`if(true, false, true)`);
console.log(evaluate(prog, topScope));
// → false
```

Um grundlegende arithmetische und Vergleichsoperatoren bereitzustellen, fügen wir dem Gültigkeitsbereich auch einige Funktionswerte hinzu. Da wir den Code kurz halten möchten, erzeugen wir mit `Function` mehrere Operatorfunktionen in einer Schleife, anstatt sie einzeln zu definieren:

```
for (let op of ["+", "-", "*", "/", "==", "<", ">"]) {
  topScope[op] = Function("a, b", `return a ${op} b;`);
}
```

Es ist außerdem praktisch, eine Möglichkeit zu haben, um Werte auszugeben. Daher schließen wir `console.log` in eine Funktion ein, die wir `print` nennen:

```
topScope.print = value => {
  console.log(value);
  return value;
};
```

Damit haben wir genügend elementare Werkzeuge zur Hand, um einfache Programme zu schreiben. Die folgende Funktion bietet eine bequeme Möglichkeit, um ein Programm zu analysieren und in einem neuen Gültigkeitsbereich auszuführen:

```
function run(program) {
  return evaluate(parse(program), Object.create(topScope));
}
```

Zur Darstellung verschachtelter Gültigkeitsbereiche verwenden wir Objektprototypketten. Dadurch kann ein Programm Bindungen zu seinem lokalen Gültigkeitsbereich hinzufügen, ohne den Gültigkeitsbereich oberster Ebene ändern zu müssen.

```
run(`
do(define(total, 0),
  define(count, 1),
  while(<(count, 11),
        do(define(total, +(total, count)),
           define(count, +(count, 1)))),
  print(total))
`);
// → 55
```

Dieses Programm, das die Summe der Zahlen von 1 bis 10 berechnet, haben wir bereits mehrere Male gesehen. Hier ist es in Egg ausgedrückt. Diese Version sieht deutlich hässlicher aus als das gleichwertige JavaScript-Programm. Aber trotzdem ist dieses Ergebnis nicht schlecht für eine Sprache, die wir in weniger als 150 Codezeilen implementiert haben.

## 12.5 Funktionen

Eine Programmiersprache ohne Funktionen wäre ziemlich armselig. Zum Glück ist es nicht sehr schwer, eine Sonderform wie `fun` hinzuzufügen, die ihr letztes Argument als Funktionsrumpf verwendet und alle vorherigen Argumente als die Namen der Parameter für diese Funktion:

```
specialForms.fun = (args, scope) => {
  if (!args.length) {
    throw new SyntaxError("Functions need a body");
  }
  let body = args[args.length - 1];
```

```
  let params = args.slice(0, args.length - 1).map(expr => {
    if (expr.type != "word") {
      throw new SyntaxError("Parameter names must be words");
    }
    return expr.name;
  });

  return function() {
    if (arguments.length != params.length) {
      throw new TypeError("Wrong number of arguments");
    }
    let localScope = Object.create(scope);
    for (let i = 0; i < arguments.length; i++) {
      localScope[params[i]] = arguments[i];
    }
    return evaluate(body, localScope);
  };
};
```

In Egg erhalten Funktionen ihren eigenen lokalen Gültigkeitsbereich. Die von der Form `fun` produzierte Funktion erstellt diesen lokalen Bereich und fügt ihm die Argumentbindungen hinzu. Anschließend wertet sie den Funktionsrumpf in diesem Gültigkeitsbereich aus und gibt das Ergebnis zurück.

```
run(`
do(define(plusOne, fun(a, +(a, 1))),
  print(plusOne(10)))
`);
// → 11

run(`
do(define(pow, fun(base, exp,
    if(==(exp, 0),
       1,
       *(base, pow(base, -(exp, 1)))))),
  print(pow(2, 10)))
`);
// → 1024
```

## 12.6 Kompilierung

Was wir bis jetzt erstellt haben, ist ein Interpreter. Während der Evaluierung arbeitet er unmittelbar an der vom Parser produzierten Darstellung des Programms. Bei der *Kompilierung* dagegen wird zwischen die Analyse durch den Parser und die Ausführung des Programms ein weiterer Schritt eingefügt. Das Programm wird dabei in etwas umgewandelt, das sich effizienter auswerten lässt, weil bereits so viel Arbeit wie möglich im Voraus erledigt wird. Beispielsweise ist es in gut gestalteten Sprachen bei jeder Verwendung einer Bindung offensichtlich, auf welche verwiesen wird, ohne das Programm ausführen zu müssen. Dadurch lässt es sich vermeiden, die Bindung bei jedem Zugriff nachzuschlagen. Stattdessen kann sie unmittelbar von einem zuvor bestimmten Speicherort abgerufen werden.

Gewöhnlich wird ein Programm bei der Kompilierung in Maschinencode konvertiert, also das Rohformat, das ein Computerprozessor verarbeiten kann. Allerdings kann auch jeder Vorgang, der ein Programm in eine andere Darstellung umwandelt, als Kompilierung angesehen werden.

Es ist möglich, einen alternativen Auswertungsvorgang zu Egg zu schreiben, der das Programm zunächst in JavaScript umwandelt, mithilfe von `Function` den JavaScript-Compiler dafür aufruft und dann das Ergebnis ausführt. Wenn das richtig gemacht wird, kann Egg dadurch sehr schnell ausgeführt werden, lässt sich aber immer noch ziemlich einfach implementieren.

Wenn Sie sich dafür interessieren und etwas Zeit darauf verwenden möchten, dann versuchen Sie einen solchen Compiler als Übungsaufgabe zu erstellen.

## 12.7 Schummeln

Wahrscheinlich ist Ihnen bei der Definition von `if` und `while` aufgefallen, dass wir lediglich die entsprechenden JavaScript-Anweisungen in mehr oder weniger triviale Wrapper eingeschlossen haben. Auch Werte sind in Egg lediglich reguläre JavaScript-Werte.

Was den Arbeitsaufwand und die Komplexität angeht, besteht ein gewaltiger Unterschied zwischen der Implementierung von Egg auf der Grundlage von JavaScript und der Entwicklung einer Programmiersprache unmittelbar für die rohe Funktionalität eines Computers. Trotzdem hat Ihnen dieses Beispiel hoffentlich einen guten Eindruck davon gegeben, wie Programmiersprachen funktionieren.

Wenn es darum geht, eine Aufgabe zu erledigen, ist Schummeln wirtschaftlicher, als alles selbst zu machen. Die Spielzeugsprache in diesem Kapitel macht nichts, was man in JavaScript nicht auch besser erledigen kann. Allerdings gibt es durchaus Situationen, in denen es hilfreich sein kann, eine eigene kleine Sprache zu schreiben.

Eine solche Sprache muss keiner typischen Programmiersprache ähneln. Beispielsweise könnten Sie, falls JavaScript nicht schon eine Unterstützung für reguläre Ausdrücke mitbringen würde, einen eigenen Parser und Evaluierer dafür schreiben.

Oder stellen Sie sich vor, sie wollten einen riesigen Dinosaurierroboter bauen und sein Verhalten programmieren. JavaScript ist dafür nicht gerade das beste Werkzeug. Besser geeignet wäre eine Sprache, die wie folgt aussieht:

```
behavior walk
  perform when
    destination ahead
  actions
    move left-foot
    move right-foot

behavior attack
```

```
perform when
  Godzilla in-view
actions
  fire laser-eyes
  launch arm-rockets
```

Hierbei handelt es sich um eine sogenannte *anwendungsspezifische Sprache*, die für ein bestimmtes Fachgebiet maßgeschneidert wurde. Solche Sprachen können ausdrucksstärker sein als Allzwecksprachen, da sie eigens dafür entworfen wurden, die Dinge zu beschreiben, um die es in dem betreffenden Fachgebiet geht, und nichts anderes.

## 12.8 Übungen

### Arrays

Ergänzen Sie Egg um eine Unterstützung für Arrays, indem Sie dem obersten Gültigkeitsbereich die folgenden drei Funktionen hinzufügen: `array(...values)`, die ein Array mit den Argumentwerten als Inhalt erstellt, `length(array)`, die die Länge des Arrays abruft, und `element(array, n)`, um das *n*-te Element eines Arrays abzurufen.

### Closures

Unsere Definition von `fun` ermöglicht es Funktionen in Egg, auf den umgebenden Gültigkeitsbereich zu verweisen, sodass der Funktionsrumpf lokale Werte verwenden kann, die zum Zeitpunkt der Definition der Funktion sichtbar waren. Das entspricht genau dem Verhalten von JavaScript-Funktionen.

Das folgende Programm veranschaulicht dies. Die Funktion `f` gibt eine Funktion zurück, die ihr Argument zum Argument von `f` hinzufügt. Das bedeutet, dass sie auf den lokalen Gültigkeitsbereich in `f` zugreifen muss, um die Bindung `a` zu nutzen.

```
run(`
do(define(f, fun(a, fun(b, +(a, b)))),
  print(f(4)(5)))
`);
// → 9
```

Schauen Sie sich die Definition der Form `fun` an und erklären Sie, welcher Mechanismus dafür sorgt, dass dies funktioniert.

### Kommentare

Es wäre schön, wenn wir auch in Egg Kommentare schreiben könnten. Ähnlich wie beim Kommentarzeichen // in JavaScript soll hier der Rest einer Zeile ignoriert werden, der hinter einem amerikanischen Nummernzeichen (#) steht.

Allerdings wollen wir keine großen Änderungen am Parser vornehmen, um dieses Verhalten umzusetzen. Ändern Sie stattdessen `skipSpace`, sodass Kommentare ebenso übersprungen werden wie Weißraum.

### Kleine Korrektur für Gültigkeitsbereiche

Die einzige Möglichkeit, einer Bindung einen Wert zuzuweisen, bietet zurzeit `define`. Dieses Konstrukt erlaubt es uns, sowohl neue Bindungen zu definieren als auch bestehenden einen neuen Wert zu geben. Diese Mehrdeutigkeit ist jedoch problematisch. Wenn Sie versuchen, einer nichtlokalen Bindung einen neuen Wert zu geben, definieren Sie stattdessen eine lokale mit demselben Namen. Bei einigen Sprachen ist das absichtlich so. Ich habe das immer als ziemlich unbeholfen empfunden.

Schreiben Sie `set`, eine neue Sonderform ähnlich wie `define`. Sie gibt einer Bindung einen neuen Wert und aktualisiert die Bindung in einem äußeren Gültigkeitsbereich, falls sie im inneren nicht vorhanden ist. Sollte die Bindung nirgendwo definiert sein, soll sie die Ausnahme `ReferenceError` auslösen (ein weiterer Standard-Fehlertyp).

Die Technik, Gültigkeitsbereiche als einfache Objekte darzustellen, ist bisher sehr komfortabel gewesen, aber hier kommt sie uns ein bisschen ins Gehege. Wahrscheinlich müssen Sie die Funktion `Object.getPrototypeOf` verwenden, die den Prototyp eines Objekts zurückgibt. Denken Sie auch daran, dass Gültigkeitsbereiche nicht von `Object.prototype` abgeleitet sind. Wenn Sie `hasOwnProperty` für einen Gültigkeitsbereich aufrufen wollen, müssen Sie daher den folgenden umständlichen Ausdruck verwenden:

```
Object.prototype.hasOwnProperty.call(scope, name);
```

# Teil II

## Der Browser

»Hinter dem Web steht der Traum von einem gemeinsamen Informationsraum, in dem wir kommunizieren, indem wir Informationen miteinander teilen. Wesentlich dafür ist die Universalität des Webs: die Tatsache, dass ein Hypertextlink auf alles Mögliche zeigen kann, sei es persönlich, lokal oder global, sei es ein grober Entwurf oder etwas, das bereits sauber ausgearbeitet wurde.«

– Tim Berners-Lee, *The World Wide Web: A Very Short Personal History*

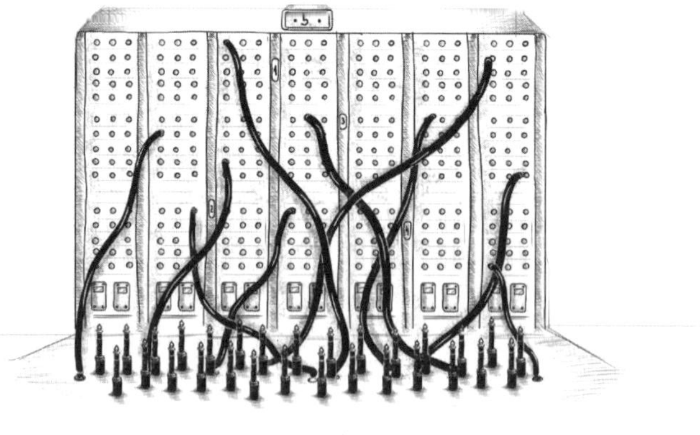

# 13 JavaScript im Browser

In diesem und den folgenden Kapiteln werden wir uns mit Webbrowsern beschäftigen. Ohne Browser würde es JavaScript nicht geben, und wenn doch, dann hätte sich niemals jemand mit der Programmiersprache befasst. Webtechnologie war von Anfang an dezentral, und zwar nicht nur in technischem Sinne, sondern auch entwicklungsgeschichtlich. Die einzelnen Browserhersteller fügten ad hoc und manchmal auch unausgegorene neue Funktionalität hinzu, die in Teilen von anderen übernommen und schließlich zum Standard gemacht wurde.

Das ist sowohl Segen als auch Fluch. Auf der einen Seite ist es förderlich, dass keine zentrale Stelle die Entwicklung bestimmt, sondern viele verschiedene Parteien, die locker zusammenarbeiten (oder sich offen befehden), Verbesserungen vornehmen. Andererseits hat die planlose Entwicklung des Webs dazu geführt, dass das resultierende System nicht gerade durch innere Konsistenz glänzt. Einige Teile sind ausgesprochen verwirrend.

## 13.1 Netzwerke und das Internet

Computernetzwerke gibt es etwa seit den 50er Jahren. Wenn Sie zwei oder mehr Rechner mit Kabeln verbinden und ihnen erlauben, Daten darüber zu senden, können Sie damit faszinierende Dinge anstellen.

Wenn das schon für zwei Computer im selben Gebäude gilt, dann können wir noch faszinierendere Sachen machen, wenn wir alle Geräte weltweit miteinander verbinden. Die erforderliche Technologie, um diese Vision verwirklichen, wurde in den 80ern entwickelt. Das resultierende Netzwerk ist das *Internet*. Ein Computer kann dieses Netzwerk nutzen, um Bits an andere Computer zu senden. Damit daraus eine wirkungsvolle Kommunikation entstehen kann, müssen die Rechner an beiden Enden wissen, was diese Bits darstellen sollen. Was eine gegebene Bitfolge bedeutet, hängt von dem Mechanismus ab, der zu ihrer Kodierung verwendet wurde.

Die einzelnen *Netzwerkprotokolle* beschreiben jeweils eine Form von Kommunikation über das Netzwerk. So gibt es Protokolle, um E-Mails zu senden, um E-Mails abzurufen, um Dateien auszutauschen und sogar um Computer zu steuern, die mit Schadsoftware infiziert sind.

Beispielsweise ist HTTP (*Hypertext Transfer Protocol*) ein Protokoll, um benannte Ressourcen abzurufen (Informationsblöcke wie Webseiten oder Bilder). Es legt fest, dass eine Anfrage mit der folgenden Zeile beginnen muss, die die Ressource und die gewünschte Version des Protokolls angibt:

```
GET /index.html HTTP/1.1
```

Es gibt noch viele weitere Regeln darüber, wie noch mehr Informationen in eine Anfrage gestellt werden können und wie der Empfänger, der die Ressource zurückgeben soll, den Inhalt verpacken muss. In Kapitel 18 sehen wir uns HTTP etwas ausführlicher an.

Die meisten Protokolle bauen auf anderen Protokollen auf. HTTP behandelt das Netzwerk als ein streamartiges Gerät, in das Bits eingefügt werden können und dann in der richtigen Reihenfolge am vorgesehenen Ziel ankommen. Wie wir in Kapitel 11 gesehen haben, ist es bereits eine ziemlich knifflige Aufgabe, ein solches Verhalten zu garantieren.

Für genau diese Aufgabe ist TCP (*Transmission Control Protocol*) zuständig. Alle an das Internet angeschlossenen Geräte nutzen diese Sprache, und der Großteil der Kommunikation im Internet baut darauf auf.

Eine TCP-Verbindung funktioniert wie folgt: Ein Computer wartet (*lauscht*) darauf, dass andere Computer etwas sagen. Damit ein einziger Rechner gleichzeitig verschiedenen Arten der Kommunikation lauschen kann, ist jeder Listener mit einer Nummer verknüpft (dem sogenannten *Port*). Die meisten Protokolle geben an, welcher Port für sie regulär genutzt werden sollte. Wenn wir beispielsweise eine E-Mail über das Protokoll SMTP senden, wird erwartet, dass der Computer, an den wir sie schicken, auf Port 25 lauscht.

Wenn ein Computer eine Verbindung mit einem anderen Rechner aufnehmen will, muss er die korrekte Portnummer für die gewünschte Art der Kommunikation angeben. Wenn der Zielcomputer erreichbar ist und auf dem betreffenden Port lauscht, wird die Verbindung erfolgreich eingerichtet. Der lauschende Computer wird als der *Server* bezeichnet, der Computer, der die Verbindung hergestellt hat, als *Client*.

Eine solche Verbindung fungiert als Kanal, in dem Bits in beiden Richtungen fließen können; die Computer an beiden Enden können Daten in diesen Kanal einfügen. Nachdem die Bits erfolgreich übertragen wurden, werden sie am Zielcomputer gelesen. Das ist ein praktisches Modell. In gewissem Sinne bietet TCP eine Abstraktion des Netzwerks.

## 13.2 Das Web

Das *World Wide Web* (nicht zu verwechseln mit dem Internet als Ganzes) ist ein Satz von Protokollen und Formaten, die es uns ermöglichen, Webseiten in einem Browser aufzusuchen. Das Wort »Web« in dieser Bezeichnung verweist darauf, dass diese Seiten sehr leicht miteinander verknüpft werden können und dadurch ein riesiges Wegenetz ergeben, über das sich die Benutzer bewegen können.

Um einen Computer zu einem Teil des Webs zu machen, müssen Sie ihn lediglich an das Internet anschließen und an Port 80 auf HTTP lauschen lassen, sodass ihn andere Computer nach Dokumenten fragen können.

Jedes Dokument im Web wird durch einen URL (*Uniform Resource Locator*) identifiziert, der beispielsweise wie folgt aussieht:

```
  http://eloquentjavascript.net/13_browser.html
|      |                      |               |
Protokoll      Server              Pfad
```

Der erste Teil besagt, dass dieser URL das Protokoll HTTP verwendet (und nicht beispielsweise verschlüsseltes HTTP, bei dem es *https://* hieße). Darauf folgt die Angabe des Servers, von dem wir das Dokument anfordern. Am Ende steht ein Pfad-String, der das gewünschte Dokument (oder allgemein die *Ressource*) bezeichnet.

An das Internet angeschlossene Computer erhalten eine *IP-Adresse*. Diese Nummer kann dazu verwendet werden, um Nachrichten unmittelbar an den betreffenden Rechner zu senden. Typische Beispiele für solche Adressen sind `149.210.142.219` oder `2001:4860:4860::8888`. Solche Folgen von mehr oder weniger zufälligen Ziffern lassen sich jedoch nur schwer merken und umständlich eingeben. Stattdessen können Sie auch einen *Domänennamen* für eine bestimmte Adresse oder einen Satz von Adressen registrieren. So habe ich den Domänennamen *eloquentjavascript.net* registriert, der auf die IP-Adresse eines Computers unter meiner Kontrolle zeigt, und kann diesen Namen daher zur Bereitstellung von Webseiten verwenden.

Wenn Sie diesen URL in die Adressleiste eines Browsers eingeben, versucht der Browser das Dokument abzurufen und anzuzeigen, das sich an diesem URL befindet. Als Erstes muss er dazu herausfinden, auf welche Adresse *eloquentjavascript.net* verweist. Mithilfe des Protokolls HTTP stellt er dann eine Verbindung zu dem Server an dieser Adresse her und fordert die Ressource */13_browser.html* an. Wenn alles gut geht, sendet der Server das entsprechende Dokument, das der Browser dann auf dem Bildschirm ausgibt.

## 13.3 HTML

HTML (*Hypertext Markup Language*) ist das für Webseiten verwendete Dokumentformat. Neben dem eigentlichen Text enthält ein HTML-Dokument auch *Tags*, die diesen Text strukturieren, indem sie Elemente wie Links, Absätze und Überschriften kennzeichnen.

Ein HTML-Dokument kann wie folgt aussehen:

```
<!doctype html>
<html>
  <head>
    <meta charset="utf-8">
    <title>My home page</title>
  </head>
  <body>
    <h1>My home page</h1>
    <p>Hello, I am Marijn and this is my home page.</p>
    <p>I also wrote a book! Read it
      <a href="http://eloquentjavascript.net">here</a>.</p>
  </body>
</html>
```

Im Browser wird dieses Dokument wie folgt dargestellt:

Die Tags stehen in spitzen Klammern und geben Informationen über die Struktur des Dokuments. Der Rest ist einfacher Text.

Am Anfang des Dokuments steht das Tag `<!doctype html>`, das den Browser anweist, die Seite als *modernes* HTML und nicht als einen der verschiedenen Dialekte zu interpretieren, die früher verwendet wurden.

HTML-Dokumente bestehen aus einem Kopf (`<head>`) und einem Rumpf (`<body>`). Der Kopf enthält Informationen *über* das Dokument, der Rumpf den eigentlichen Inhalt. Hier gibt der Kopf an, dass das Dokument den Titel »My home page« trägt und die Unicode-Variante UTF-8 zur Kodierung von Text in Binärdaten nutzt. Der Rumpf enthält eine Überschrift (`<h1>`, was für »heading 1« steht; weitere Überschriftenebenen können mit `<h2>` bis `<h6>` erstellt werden) und zwei Absätze (`<p>` für »paragraph«).

Es gibt verschiedene Formen von Tags. Ein Element (wie der Rumpf, ein Absatz oder ein Link) wird mit einem *öffnenden Tag* wie `<p>` eingeleitet und mit einem *schließenden Tag* wie `</p>` beendet. Einige öffnende Tags, etwa das für einen Link (`<a>`), enthalten zusätzliche Informationen in Name-Wert-Paaren der Form `name="wert"`, die als *Attribute* bezeichnet werden. In dem Beispiel wird das Ziel des Links durch `href="http://eloquentjavascript.net"` angegeben, wobei `href` für »hypertext reference« steht.

Einige Arten von Tags schließen keine Elemente ein, weshalb es keine schließende Variante von ihnen gibt. Ein Beispiel dafür ist das Metatag `<meta charset="utf-8">`.

Um im Text eines Dokuments spitze Klammern verwenden zu können, die in HTML ja eine besondere Bedeutung haben, gibt es eine besondere Schreibweise. Eine öffnende spitze Klammer wird durch < dargestellt (»less than«, also »kleiner als«), eine schließende als > (»greater than«, »größer als«). In HTML wird ein kaufmännisches Und, gefolgt von einem Namen oder Zeichencode und einem Semikolon, als *Entität* aufgefasst und durch das Zeichen ersetzt, das diese Entität darstellt.

Das entspricht der Maskierung mit Backslashes in JavaScript. Da das kaufmännische Und durch diesen Mechanismus eine besondere Bedeutung erhält, muss es, wenn das Zeichen selbst gemeint ist, ebenfalls maskiert werden, und zwar mit & (für die englische Bezeichnung »ampersand«). Innerhalb von Attributwerten, die in doppelten Anführungszeichen stehen, kann " (»quotation mark«) verwendet werden, um Anführungszeichen einzufügen.

HTML-Parser sind erstaunlich fehlertolerant. Fehlen Tags, die eigentlich erwartet werden, so kann der Browser sie rekonstruieren. Dies wurde standardisiert, sodass sie sich darauf verlassen können, dass es in allen modernen Browsern auf die gleiche Weise geschieht.

Das folgende Dokument wird genauso behandelt wie das vorherige:

```
<!doctype html>

<meta charset=utf-8>
<title>My home page</title>

<h1>My home page</h1>
<p>Hello, I am Marijn and this is my home page.
<p>I also wrote a book! Read it
  <a href=http://eloquentjavascript.net>here</a>.
```

Die Tags <html>, <head> und <body> sind ganz verschwunden. Der Browser weiß, dass <meta> und <title> zum Kopf gehören, und wenn er auf <h1> stößt, bedeutet dies, dass der Rumpf begonnen hat. Des Weiteren schließe ich die Absätze nicht mehr ausdrücklich, da sie durch das Öffnen eines neuen Absatzes und das Beenden des Dokuments implizit geschlossen werden. Es stehen auch keine Anführungszeichen mehr um die Attributwerte.

In den Beispielen in diesem Buch werde ich die Tags <html>, <head> und <body> der Übersichtlichkeit halber gewöhnlich weglassen. Allerdings werde ich Tags schließen und Attribute in Anführungszeichen stellen.

Außerdem werde ich meistens die Dokumenttyp- und die Zeichensatzdeklaration (doctype bzw. charset) weglassen. Das soll jedoch nicht heißen, dass Sie das in Ihren HTML-Dokumenten ebenso handhaben sollten! Browser neigen dazu, absurde Dinge zu tun, wenn Sie diese Deklarationen vergessen. Gehen Sie bei den Beispielen davon aus, dass die Metadaten zum Dokumenttyp und zum Zeichensatz stillschweigend vorhanden sind, auch wenn sie im Text nicht ausdrücklich angegeben sind.

## 13.4 HTML und JavaScript

Das wichtigste HTML-Tag für unsere Zwecke ist `<script>`, denn damit können Sie JavaScript-Code in ein Dokument aufnehmen:

```
<h1>Testing alert</h1>
<script>alert("hello!");</script>
```

Das Skript wird ausgeführt, sobald der Browser beim Lesen des HTML-Dokuments auf das `<script>`-Tag stößt. Wenn Sie diese Seite öffnen, wird ein Dialogfeld eingeblendet. Die Funktion `alert` öffnet ebenso wie `prompt` ein kleines Fenster, zeigt aber nur eine Meldung an, ohne eine Eingabe zu verlangen.

Gewöhnlich ist es nicht praktikabel, ein umfangreiches Programm direkt in ein HTML-Dokument aufzunehmen. Sie können in dem Tag `<script>` jedoch auch das Attribut `src` angeben, um eine Skriptdatei (eine Textdatei mit einem Java-Script-Programm) von einem URL abzurufen:

```
<h1>Testing alert</h1>
<script src="code/hello.js"></script>
```

Die hier angegebene Datei *code/hello.js* enthält das gleiche Programm, nämlich `alert("hello!")`. Wenn eine HTML-Seite auf einen anderen URL als Teil von sich selbst verweist, etwa eine Bilddatei oder ein Skript, ruft der Webbrowser die entsprechende Ressource sofort ab und schließt sie in die Seite ein.

Ein `<script>`-Tag muss immer mit `</script>` geschlossen werden, auch wenn es auf eine Skriptdatei verweist und selbst keinen Code enthält. Wenn Sie das vergessen, wir der gesamte Rest der Seite als Teil des Skripts interpretiert.

Um ES-Module (siehe »*ECMAScript-Module*« auf *S. 179*) im Browser zu laden, versehen Sie das `<script>`-Tag mit dem Attribut `type="module"`. Wenn diese Module von anderen abhängig sind, müssen sie in ihren `import`-Deklarationen als Namen der erforderlichen Module URLs relativ zu ihrem eigenen Speicherort angeben.

Auch einige Attribute können JavaScript-Programme enthalten. Das Tag `<button>` (das eine Schaltfläche darstellt) verfügt über das Attribut `onclick`, dessen Wert bei jedem Klick auf die Schaltfläche ausgeführt wird.

```
<button onclick="alert('Boom!');">DO NOT PRESS</button>
```

Für den String im Attribut `onclick` habe ich hier einfache Anführungszeichen verwenden müssen, da die doppelten Anführungszeichen bereits das gesamte Attribut einschließen. Stattdessen hätte ich jedoch auch `"` nehmen können.

## 13.5 Ausführung in einer Sandbox

Es kann gefährlich sein, aus dem Internet heruntergeladene Programme auszuführen. Meistens kennen Sie die Personen nicht, die hinter einer besuchten Webseite stehen, und diese Leute müssen Ihnen nicht unbedingt wohlgesonnen sein. Dass

Computer mit Viren verseucht, Daten gestohlen und Konten geknackt werden, ist oft eine Folge davon, dass Programm von solchen Personen ausgeführt wurden.

Was das Web so attraktiv macht, ist jedoch gerade die Tatsache, dass sie Sich darin bewegen können, auch ohne unbedingt allen besuchten Seiten trauen zu müssen. Dazu schränken Browser die Möglichkeiten von JavaScript-Programmen erheblich ein, sodass diese sich nicht die Dateien auf Ihrem Computer ansehen oder irgendetwas ändern können, was nicht im Zusammenhang mit der zugehörigen Webseite steht.

Eine solche Isolierung einer Programmierumgebung wird als *Sandboxing* bezeichnet. Damit wird gesagt, dass das Programm nur in einem Sandkasten spielt und darum harmlos ist. Außerdem ist dieser Sandkasten von dicken Stahlgittern umgeben, damit das Programm nicht ausbrechen kann.

Die Schwierigkeit beim Sandboxing besteht darin, den Programmen genügend Freiheiten einzuräumen, sodass sie nützliche Aufgaben erfüllen können, und sie gleichzeitig davon abzuhalten, etwas Gefährliches zu tun. Viele hilfreiche Möglichkeiten, etwa die Kommunikation mit anderen Servern oder das Lesen von Inhalten in der Zwischenablage, können auch auf eine Weise missbraucht werden, die Ihre Privatsphäre verletzt.

Immer wieder kommt jemand auf eine neue Idee, wie solche Einschränkungen umgangen werden können, um schädliche Dinge zu tun – vom Abruf weniger bedeutender privater Informationen bis hin zur kompletten Übernahme des Rechners, auf dem der Browser läuft. Browserentwickler reagieren darauf, indem sie die Sicherheitslücke stopfen – bis das nächste Problem aufgedeckt und hoffentlich öffentlich gemacht wird, anstatt im Geheimen von Regierungsbehörden oder dem organisierten Verbrechen ausgenutzt zu werden.

## 13.6 Die Browserkriege und das Problem der Kompatibilität

In den Anfangstagen des Webs dominierte der Browser Mosaic den Markt. Einige Jahre später verschoben sich die Verhältnisse zugunsten von Netscape, der dann größtenteils vom Microsoft Internet Explorer verdrängt wurde. Immer wenn ein einziger Browser den Markt beherrschte, fühlte sich dessen jeweiliger Hersteller ermächtigt, von sich aus neue Merkmale für das Web zu entwickeln. Da die meisten Benutzer nun einmal diesen Browser verwendeten, wurden diese Merkmale einfach von vielen Webseiten übernommen. Die anderen Browser interessierten nicht.

Dieses dunkle Zeitalter der Kompatibilität wird auch als die Zeit der *Browserkriege* bezeichnet. Webentwickler sahen sich nicht einem einheitlichen Web gegenüber, sondern zwei oder drei inkompatiblen Plattformen. Um die Sache noch schlimmer zu machen, steckten die um 2003 gebräuchlichen Browser voller Bugs. Und natürlich brachte jeder Browser seine eigenen Bugs mit. Die Autoren von Webseiten hatten ein hartes Los.

Ende der 2000er griff Mozilla Firefox, ein nichtkommerzieller Ableger von Netscape, die Position des Internet Explorer an. Da sich Microsoft zu diesem

Zeitpunkt nicht besonders um Konkurrenzfähigkeit bemühte, nahm Firefox dem Internet Explorer ein großes Stück des Marktanteils ab. Zur gleichen Zeit führte Google den Browser Chrome ein, und auch Safari von Apple nahm an Beliebtheit zu. Das führte zu einer Situation, in der es plötzlich vier Hauptakteure auf dem Markt gab statt eines einzigen.

Die neuen Mitspieler hatten eine ernstere Haltung zu Standards und guten Entwicklungsprogrammen, was zu weniger Inkompatibilität und weniger Bugs führte. Als Microsoft seinen Marktanteil schrumpfen sah, gab das Unternehmen klein bei und übernahm diesen Standpunkt für den Browser Edge, der den Internet Explorer ersetzte. Wenn Sie heute beginnen, Webentwicklung zu lernen, können Sie sich glücklich schätzen. Die neuesten Versionen der wichtigsten Browser verhalten sich größtenteils einheitlich und haben relativ wenige Bugs.

»Schlimm genug! Wieder die alte Geschichte! Wenn man sich sein Haus fertig gebaut hat, merkt man, unversehens, etwas dabei gelernt zu haben, das man schlechterdings hätte wissen müssen, bevor man zu bauen anfing.«

– Friedrich Nietzsche, *Jenseits von Gut und Böse*

# 14 DOM (Document Object Model)

Wenn Sie in einem Browser eine Webseite öffnen, ruft er deren HTML-Text ab und analysiert ihn auf ähnliche Weise, wie unser Parser aus Kapitel 12 ein Programm verarbeitet: Er baut ein Modell der Dokumentstruktur auf und nutzt es, um die Seite auf dem Bildschirm auszugeben.

Diese Darstellung des Dokuments ist eines der Spielzeuge, die JavaScript-Programmen in ihrer Sandbox zur Verfügung stehen. Die Datenstruktur kann gelesen und geändert werden, und wenn Sie sie ändern, wird die Seite auf dem Bildschirm aktualisiert, um den neuen Zustand widerzuspiegeln.

## 14.1 Die Dokumentstruktur

Ein HTML-Dokument können Sie sich als einen Satz ineinander verschachtelter Kästen vorstellen. Die Tags `<body>` und `</body>` schließen andere Tags ein, die wiederum weitere Tags oder Text enthalten. Das Beispieldokument aus dem vorherigen Kapitel sieht wie folgt aus:

```
<!doctype html>
<html>
  <head>
    <title>My home page</title>
  </head>
  <body>
    <h1>My home page</h1>
    <p>Hello, I am Marijn and this is my home page.</p>
    <p>I also wrote a book! Read it
      <a href="http://eloquentjavascript.net">here</a>.</p>
  </body>
</html>
```

Diese Seite hat die folgende Struktur:

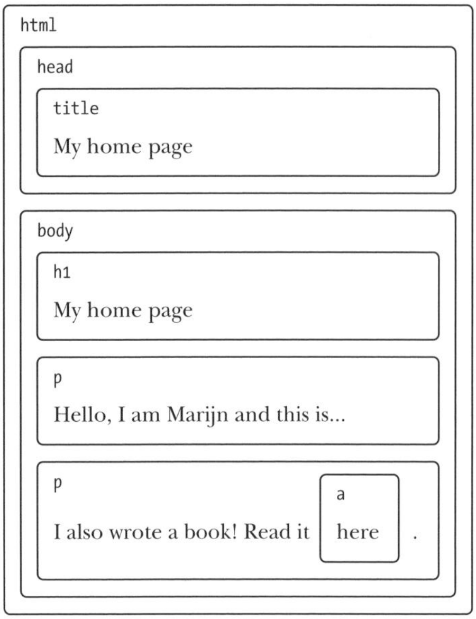


Die Datenstruktur, die der Browser zur Darstellung des Dokuments verwendet, folgt dieser Form. Für jeden Kasten gibt es ein Objekt, auf das wir zugreifen können, um beispielsweise herauszufinden, für welches HTML-Tag es steht und welche anderen Kästen oder Texte es enthält. Diese Darstellung wird als *Document Object Model* oder kurz DOM bezeichnet.

Die globale Bindung `document` gibt uns Zugriff auf diese Objekte. Ihre Eigenschaft `documentElement` verweist auf das Objekt, das für das Tag `<html>` steht. Da jedes HTML-Dokument über einen Kopf und einen Rumpf verfügt, hat es auch die Eigenschaften `head` und `body`, die darauf zeigen.

## 14.2 Bäume

Denken Sie an die Syntaxbäume aus dem Abschnitt »*Der Parser*« auf *S. 211* zurück. Ihre Strukturen ähneln sehr stark derjenigen eines Browserdokuments. Jeder *Knoten* kann auf andere Knoten (*Kindknoten*) verweisen, die wiederum ihre eigenen Kinder haben können. Diese Form ist typisch für verschachtelte Strukturen, bei denen die Elemente Unterelemente enthalten können, die ihnen selbst ähnlich sind.

Wenn eine Datenstruktur eine verzweigte Form, aber keine zyklischen Beziehungen aufweist (ein Knoten kann sich weder direkt noch indirekt selbst enthalten), und über eine einzige, gut definierte *Wurzel* verfügt, bezeichnen wir sie als *Baum*. Beim DOM ist `document.documentElement` die Wurzel.

In der Informatik werden Bäume häufig verwendet, und zwar nicht nur zur Darstellung rekursiver Strukturen wie HTML-Dokumente oder Programme, sondern oft auch für sortierte Datenmengen, da deren Elemente sich in einem Baum gewöhnlich leichter finden und einfügen lassen als in einem linearen Array.

Bäume haben gewöhnlich verschiedene Arten von Knoten. Beim Syntaxbaum für die Sprache Egg waren das Bezeichner, Werte und Anwendungsknoten. Während Anwendungsknoten Kinder haben können, sind Bezeichner und Werte *Blätter*, also Knoten ohne Kinder.

Das Gleiche gilt auch für das DOM. Die Knoten für *Elemente*, die für HTML-Tags stehen, bestimmen die Struktur des Dokuments und können wiederum Kindknoten aufweisen. Ein Beispiel dafür ist `document.body`. Bei einigen dieser Kinder kann es sich um Blattknoten handeln, also etwa Text- oder Kommentarknoten.

Jedes DOM-Knotenobjekt verfügt über die Eigenschaft `nodeType`, die einen Zahlencode zur Angabe des Knotentyps enthält. Elemente haben den Code 1, der auch als konstante Eigenschaft `Node.ELEMENT_NODE` definiert ist. Textknoten, die für einen Textabschnitt in dem Dokument stehen, bekommen den Code 3 (`Node.TEXT_NODE`), Kommentare den Code i (`Node.COMMENT_NODE`).

Der Dokumentbaum lässt sich auch wie folgt darstellen:

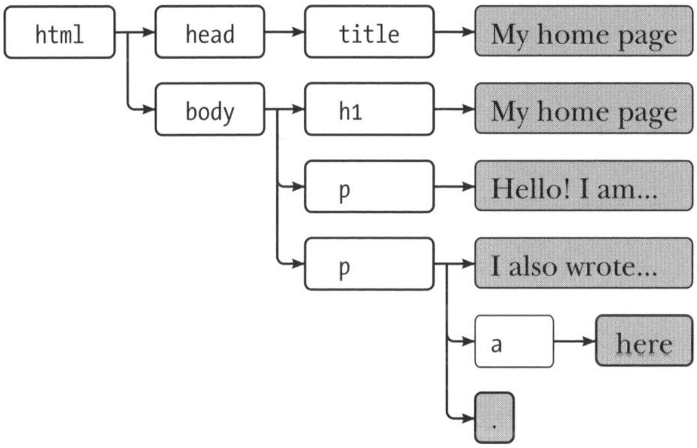


Die Blätter sind Textknoten und die Pfeile geben die Eltern-Kind-Beziehungen zwischen den Knoten an.

## 14.3 Der Standard

Die Verwendung rätselhafter Zahlencodes zur Angabe von Knotentypen ist nicht gerade eine JavaScript-typische Vorgehensweise. Weiter hinten in diesem Kapitel werden wir noch sehen, dass auch einige andere Teile der DOM-Schnittstelle sperrig und fremdartig wirken. Das liegt daran, dass das DOM nicht ausschließlich für JavaScript entworfen wurde, sondern eine sprachneutrale Schnittstelle sein soll, die auch in anderen Systemen verwendet werden kann – und zwar nicht nur für HTML, sondern auch für XML, ein allgemeines Datenformat mit einer HTML-artigen Syntax.

Das ist bedauerlich. Standards sind oft nützlich, aber in diesem Fall ist der Vorteil (sprachübergreifende Konsistenz) nicht sehr ansprechend. Eine Schnittstelle, die sauber mit der verwendeten Sprache verzahnt ist, spart mehr Zeit als die Möglichkeit, in allen Sprachen eine vertraute Schnittstelle zur Verfügung zu haben.

Betrachten Sie als Beispiel für die schlechte Verzahnung die Eigenschaft `childNodes` der Elementknoten im DOM. Sie verweist auf ein Array-artiges Objekt, das eine Eigenschaft namens `length` sowie mit Zahlen benannte Eigenschaften für den Zugriff auf die Kindknoten hat. Allerdings ist dieses Objekt kein echtes Array, sondern eine Instanz des Typs `NodeList`, weshalb es nicht über Methoden wie `slice` und `map` verfügt.

Andere Probleme sind schlicht auf schlechtes Design zurückzuführen. Beispielsweise gibt es keine Möglichkeit, einen neuen Knoten zu erstellen und ihm im gleichen Zug Kinder oder Attribute hinzuzufügen. Stattdessen müssen Sie erst den Knoten anlegen und dann nach und nach unter Ausnutzung von Seiteneffekten die Kinder und Attribute ergänzen. Code, der stark mit dem DOM interagiert, ist gewöhnlich lang, repetitiv und hässlich.

Allerdings machen diese Mängel das DOM nicht nutzlos. In JavaScript können wir unsere eigenen Abstraktionen schreiben und so die gewünschten Operationen besser ausdrücken. Viele Bibliotheken für die Browserprogrammierung enthalten solche Werkzeuge.

## 14.4 Den Baum durchlaufen

DOM-Knoten weisen viele Links zu nahegelegenen anderen Knoten auf, wie die folgende Abbildung zeigt:

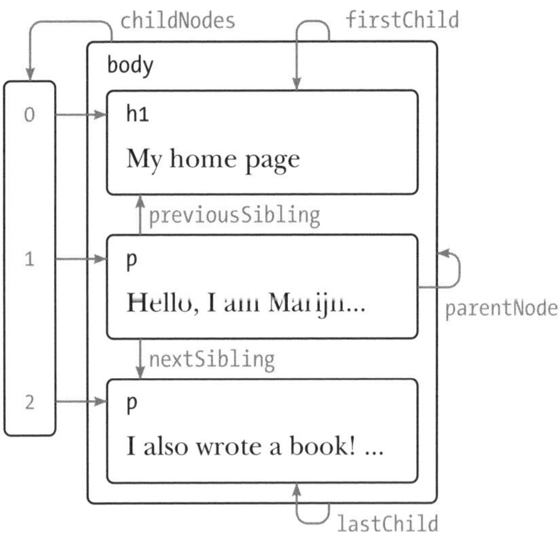


In diesem Diagramm ist immer nur ein Link jedes Typs dargestellt. Aber in Wirklichkeit verfügt jeder Knoten über die Eigenschaft `parentNode`, die auf den Knoten zeigt, zu dem er gehört (falls es einen solchen gibt). Ebenso hat auch jeder Elementknoten (Typ 1) die Eigenschaft `childNodes`, die auf ein Array-artiges Objekt mit seinen Kindern zeigt.

Theoretisch könnten wir uns allein mit den Eltern- und Kindverknüpfungen zu jeder Stelle in dem Baum begeben. In JavaScript haben Sie jedoch auch Zugriff auf eine Reihe weiterer, komfortabler Links. Die Eigenschaften `firstChild` und `lastChild` zeigen auf das erste bzw. letzte Kindelement; bei Knoten ohne Kinder haben sie den Wert `null`. Ähnlich funktionieren `previousSibling` und `nextSibling`, die auf benachbarte Knoten zeigen, also die Knoten mit demselben Elternknoten, die unmittelbar vor bzw. hinter dem vorliegenden Knoten stehen. Beim ersten Kind hat `previousSibling` den Wert `null`, beim letzten Kind `nextSibling`.

Die Eigenschaft `children` ähnelt `childNodes`, enthält aber nur Kinder vom Elementtyp (Typ 1). Sie kann hilfreich sein, wenn Sie nicht an Textknoten interessiert sind.

Bei der Arbeit mit verschachtelten Datenstrukturen wie dieser sind rekursive Funktionen oft sehr nützlich. Die folgende Funktion durchsucht ein Dokument nach Textknoten, die einen gegebenen String enthalten, und gibt `true` zurück, wenn sie ihn gefunden hat:

```
function talksAbout(node, string) {
  if (node.nodeType == Node.ELEMENT_NODE) {
    for (let i = 0; i < node.childNodes.length; i++) {
      if (talksAbout(node.childNodes[i], string)) {
        return true;
      }
    }
    return false;
  } else if (node.nodeType == Node.TEXT_NODE) {
    return node.nodeValue.indexOf(string) > -1;
  }
}

console.log(talksAbout(document.body, "book"));
// → true
```

Da `childNodes` keine echtes Array ist, können wir das Objekt nicht mit `for/of` in einer Schleife durchlaufen. Stattdessen müssen wir den Indexbereich mit einer regulären `for`-Schleife durchlaufen oder `Array.from` verwenden.

Die Eigenschaft `nodeValue` eines Textknotens hält den Textstring fest, für den der Knoten steht.

## 14.5 Elemente finden

Es ist oft nützlich, den Verbindungen zwischen den Eltern, Kindern und Geschwistern zu folgen. Wenn wir aber einen bestimmten Knoten im Dokument finden wollen, wäre es ziemlich ungünstig, wenn wir bei `document.body` beginnen und einem festgelegten Pfad von Eigenschaften folgen. Damit würden wir genaue Annahmen über die Dokumentstruktur fest in unser Programm einbauen. Es kann aber durchaus sein, dass Sie diese Struktur später ändern wollen. Was die Sache noch komplizierter macht, ist der Umstand, dass Textknoten auch für den Weißraum zwischen Knoten angelegt werden. Das `<body>`-Tag des Beispieldokuments hat nicht nur drei Kinder (<h1> und zwei <p>-Elemente), sondern sieben, nämlich neben den drei genannten noch den Weißraum vor, hinter und zwischen ihnen.

Wenn wir also das href-Attribut des Links in dem Dokument abrufen möchten, dürfen wir nicht sagen: »Gehe zum zweiten Kind des sechsten Kindes des Dokumentenrumpfs.« Die bessere Anweisung lautet: »Gehe zum ersten Link im Dokument.« Das können wir wie folgt erreichen:

```
let link = document.body.getElementsByTagName("a")[0];
console.log(link.href);
```

Alle Elementknoten verfügen über die Methode getElementsByTagName. Sie sucht alle Elemente mit dem gegebenen Tag-Namen, die Abkömmlinge (direkte oder indirekte Kinder) des vorliegenden Knotens sind, und gibt sie in Form eines Array-artigen Objekts zurück.

Um einen bestimmten *einzelnen* Knoten zu finden, können Sie ihn mit einem id-Attribut kennzeichnen und anschließend die Methode document.getElementById verwenden:

```
<p>My ostrich Gertrude:</p>
<p><img id="gertrude" src="img/ostrich.png"></p>

<script>
  let ostrich = document.getElementById("gertrude");
  console.log(ostrich.src);
</script>
```

Eine dritte, ähnliche Methode ist getElementsByClassName, die ebenso wie getElementsByTagName die Inhalte eines Elementknotens durchsucht und alle Elemente abruft, deren Attribut class den gegebenen String aufweist.

## 14.6 Das Dokument ändern

In der DOM-Datenstruktur lässt sich fast alles ändern. Der Dokumentenbaum lässt sich durch eine Abwandlung der Eltern-Kind-Beziehungen umgestalten. Knoten verfügen über die Methode remove, mit der sie aus ihrem Elternknoten entfernt werden können. Um einem Elementknoten einen Kindknoten hinzuzufügen, können wir die Methode appendChild verwenden, die den neuen Knoten am Ende der Liste von Kindern platziert, oder insertBefore, die den Knoten aus dem ersten Argument vor den aus dem zweiten stellt.

```
<p>One</p>
<p>Two</p>
<p>Three</p>

<script>
  let paragraphs = document.body.getElementsByTagName("p");
  document.body.insertBefore(paragraphs[2], paragraphs[0]);
</script>
```

Ein Knoten kann immer nur an einer einzigen Stelle im Dokument stehen. Wenn wir den Absatz *Three* vor den Absatz *One* stellen, wird er daher erst vom Ende des Dokuments entfernt und dann vorn eingefügt, sodass sich die Reihenfolge *Three* / *One* / *Two* ergibt. Bei allen Operationen, die einen vorhandenen Knoten irgendwo einführen, wird er als Seiteneffekt von seiner bisherigen Position entfernt.

Mit der Methode `replaceChild` können Sie einen Kindknoten durch einen anderen ersetzen. Sie nimmt zwei Knoten als Argumente entgegen, nämlich den neuen und den zu ersetzenden Knoten, wobei letzterer ein Kind des Elements sein muss, dessen Ersetzungsmethode aufgerufen wurde. Sowohl bei `replaceChild` als auch bei `insertBefore` muss der *neue* Knoten als erstes Argument übergeben werden.

## 14.7 Knoten erstellen

Nehmen wir an, wir wollen ein Skript schreiben, das alle Bilder (`<img>`-Tags) im Dokument durch den Text in ihrem `alt`-Attribut ersetzt, der eine alternative Textbeschreibung des Bildes gibt.

Dazu müssen wir nicht nur die Bilder entfernen, sondern an ihrer Stelle auch neue Textknoten hinzufügen. Textknoten werden mit der Methode `document.createTextNode` erstellt.

```
<p>The <img src="img/cat.png" alt="Cat"> in the
  <img src="img/hat.png" alt="Hat">.</p>

<p><button onclick="replaceImages()">Replace</button></p>

<script>
  function replaceImages() {
    let images = document.body.getElementsByTagName("img");
    for (let i = images.length - 1; i >= 0; i--) {
      let image = images[i];
      if (image.alt) {
        let text = document.createTextNode(image.alt);
        image.parentNode.replaceChild(text, image);
      }
    }
  }
</script>
```

Wenn wir `createTextNode` einen String übergeben, erhalten wir einen Textknoten, den wir in das Dokument einfügen können, sodass er auf dem Bildschirm angezeigt wird.

Die Schleife, die die Bilder durchläuft, beginnt am Ende der Liste. Der Grund dafür ist, dass die von `getElementsByTagName` (oder einer Eigenschaft wie `childNodes`) zurückgegebene Knotenliste *dynamisch* ist, also bei Änderungen am Dokument aktualisiert wird. Würden wir vorn beginnen, würde das Entfernen des ersten Elements dazu führen, dass es auch in der Liste nicht mehr angegeben wird.

Beim zweiten Durchlauf, bei dem `i` gleich 1 ist, würde die Schleife daher anhalten, da die Länge der zu verarbeitenden Liste jetzt ebenfalls 1 ist.

Wenn Sie statt einer solchen dynamischen eine konstante Menge von Knoten abrufen wollen, können Sie die Liste mit einem Aufruf von `Array.from` in ein echtes Array umwandeln:

```
let arrayish = {0: "one", 1: "two", length: 2};
let array = Array.from(arrayish);
console.log(array.map(s => s.toUpperCase()));
// → ["ONE", "TWO"]
```

Um Elementknoten zu erstellen, verwenden Sie die Methode `document.createElement`. Sie nimmt einen Tag-Namen entgegen und gibt einen neuen, leeren Knoten des entsprechenden Typs zurück.

Im folgenden Beispiel wird zunächst die Hilfsfunktion `elt` definiert, die einen Elementknoten anlegt und ihre restlichen Argumente zu Kindern dieses Knotens macht. Anschließend wird `elt` eingesetzt, um einem Zitat eine Quellenangabe hinzuzufügen.

```
<blockquote id="quote">
  No book can ever be finished. While working on it we learn
  just enough to find it immature the moment we turn away
  from it.
</blockquote>

<script>
  function elt(type, ...children) {
    let node = document.createElement(type);
    for (let child of children) {
      if (typeof child != "string") node.appendChild(child);
      else node.appendChild(document.createTextNode(child));
    }
    return node;
  }

  document.getElementById("quote").appendChild(
    elt("footer", "--",
         elt("strong", "Karl Popper"),
         ", preface to the second edition of ",
         elt("em", "The Open Society and Its Enemies"),
         ", 1950"));
</script>
```

Das resultierende Dokument sieht wie folgt aus:

**No book can ever be finished. While working on it we learn just enough to find it immature the moment we turn away from it.**
**—Karl Popper, preface to the second editon of *The Open Society and Its Enemies*, 1950**

## 14.8 Attribute

Viele Elementattribute, beispielsweise `href` in Links, sind über eine gleichnamige Eigenschaft im DOM-Objekt ihres Elements zugänglich. Das ist bei fast allen gängigen Standardattributen möglich.

Allerdings können Sie Knoten in HTML auch beliebige eigene Attribute hinzufügen. Das ist praktisch, um zusätzliche Informationen in einem Dokument abzulegen. Wenn Sie sich eigene Attributnamen ausdenken, stehen diese Attribute jedoch nicht als Eigenschaften im Knoten des zugehörigen Elements zur Verfügung. Stattdessen müssen Sie die Methoden `getAttribute` und `setAttribute` verwenden, um mit ihnen zu arbeiten:

```
<p data-classified="secret">The launch code is 00000000.</p>
<p data-classified="unclassified">I have two feet.</p>

<script>
  let paras = document.body.getElementsByTagName("p");
  for (let para of Array.from(paras)) {
    if (para.getAttribute("data-classified") == "secret") {
      para.remove();
    }
  }
</script>
```

Es wird empfohlen, den Namen solcher eigenen Attribute das Präfix `data-` voranzustellen, damit es nicht zu Konflikten mit anderen Attributen kommen kann.

Ein haufig genutztes Attribut ist `class`, wobei dieser Name auch ein Schlüsselwort in JavaScript ist. Aus historischen Gründen – weil ältere Implementierungen von JavaScript nicht mit Eigenschaftennamen umgehen konnten, die gleichlautend mit Schlüsselwörtern waren – heißt die Eigenschaft für den Zugriff auf dieses Attribut `className`. In den Methoden `getAttribute` und `setAttribute` ist sie jedoch unter ihrem wirklichen Namen `"class"` zugänglich.

## 14.9 Layout

Wahrscheinlich ist Ihnen aufgefallen, dass die verschiedenen Arten von Elementen jeweils unterschiedlich dargestellt werden. Einige, darunter Absätze (`<p>`) und Überschriften (`<h1>`), nehmen die ganze Breite des Dokuments ein und stehen jeweils in ihren eigenen Dokumentzeilen. Sie werden als *Blockelemente* bezeichnet. Andere dagegen, etwa Links (`<a>`) und das Element `<strong>`, werden in derselben

Zeile wiedergegeben wie der umgebende Text. Hierbei spricht man von *Inline-Elementen*.

Für jedes Dokument berechnet der Browser ein Layout, das jedem Element anhand seines Typs und seines Inhalts eine Größe und eine Position zuweist. Dieses Layout wird dann zur Anzeige des Dokuments herangezogen.

Größe und Position eines Elements sind in JavaScript zugänglich. Die Eigenschaften `offsetWidth` und `offsetHeight` geben den Platz zurück, den ein Element einnimmt. Die Angabe erfolgt dabei in *Pixeln*, der grundlegenden Maßeinheit im Browser. Traditionell entspricht ein Pixel dem kleinsten Punkt, der auf den Bildschirm gezeichnet werden kann, aber bei modernen Anzeigen, die in der Lage sind, *sehr* kleine Punkte darzustellen, muss das nicht unbedingt der Fall sein. Dort kann ein Browserpixel auch mehrere Punkte der Anzeige umfassen.

Verwandt damit sind die Eigenschaften `clientWidth` und `clientHeight`, die die Größe der Fläche *innerhalb* des Elements angeben, wobei die Rahmenbreite ignoriert wird.

```
<p style="border: 3px solid red">
  I'm boxed in
</p>

<script>
  let para = document.body.getElementsByTagName("p")[0];
  console.log("clientHeight:", para.clientHeight);
  console.log("offsetHeight:", para.offsetHeight);
</script>
```

Wenn Sie einem Absatz einen Rahmen geben, wird er in ein Rechteck eingeschlossen:

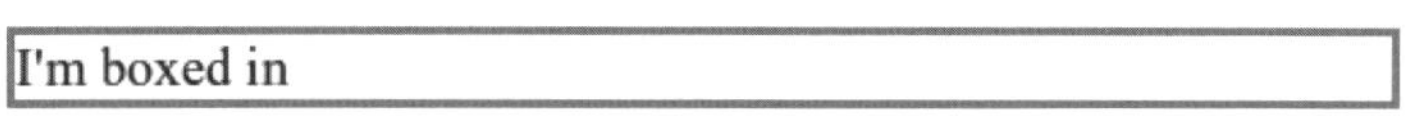


Die praktischste Möglichkeit, um die genaue Position eines Elements auf dem Bildschirm zu bestimmen, bietet die Methode `getBoundingClientRect`. Sie gibt ein Objekt mit den Eigenschaften `top`, `bottom`, `left` und `right` zurück, die die Pixelpositionen der Seiten des Elements relativ zur oberen linken Ecke des Bildschirms angeben. Wollen Sie die Positionen relativ zum ganzen Dokument haben, müssen Sie die Werte der aktuellen Scrollpositionen addieren, die Sie mit den Bindungen `pageXOffset` und `pageYOffset` herausfinden können.

Das Layout eines Dokuments zu bestimmen, ist mit einer Menge Arbeit verbunden. Im Interesse der Geschwindigkeit erstellen Browser-Engines das Layout nicht bei jeder Änderung eines Dokuments neu, sondern warten damit so lange wie möglich. Wenn ein JavaScript-Programm, das Änderungen an dem Dokument vorgenommen hat, abgeschlossen ist, muss der Browser ein neues Layout berechnen, um das geänderte Dokument auf dem Bildschirm darzustellen. Auch wenn ein Programm die Position oder Größe irgendeines Elements anfordert, indem es Eigenschaften wie `offsetHeight` liest oder `getBoundingClientRect` aufruft, ist eine Layoutberechnung erforderlich, um die richtigen Informationen geben zu können.

Ein Programm, das immer wieder abwechselnd DOM-Layoutinformationen liest und das DOM ändert, erzwingt eine Menge von Layoutberechnungen und läuft daher sehr langsam, wie der folgende Code veranschaulicht. Er enthält zwei verschiedene Programme, die jeweils eine 2000 Pixel breite, nur aus dem Zeichen X bestehende Zeile erstellen und gegenseitig messen, wie lange sie dafür brauchen.

```
<p><span id="one"></span></p>
<p><span id="two"></span></p>

<script>
  function time(name, action) {
    let start = Date.now(); // Aktuelle Uhrzeit in Millisekunden
    action();
    console.log(name, "took", Date.now() - start, "ms");
  }

  time("naive", () => {
    let target = document.getElementById("one");
    while (target.offsetWidth < 2000) {
      target.appendChild(document.createTextNode("X"));
    }
  });
  // → naive took 32 ms

  time("clever", function() {
    let target = document.getElementById("two");
    target.appendChild(document.createTextNode("XXXXX"));
    let total = Math.ceil(2000 / (target.offsetWidth / 5));
    target.firstChild.nodeValue = "X".repeat(total);
  });
  // → clever took 1 ms
</script>
```

## 14.10 Formatierung

Wir haben bereits gesehen, dass die verschiedenen HTML-Elemente unterschiedlich gezeichnet werden. Einige werden als Blöcke ausgegeben, andere inline. Manche fügen auch eine Formatierung hinzu. So stellt `<strong>` den Inhalt fett dar, während `<a>` ihn blau färbt und unterstreicht.

Wie ein `<img>`-Tag ein Bild anzeigt oder ein `<a>`-Tag einem Link folgt, hängt vom Elementtyp ab. Die mit einem Element verbundene Formatierung, also etwa die Textfarbe oder Unterstreichungen, können wir jedoch ändern. Im folgenden Beispiel haben wir dazu die Eigenschaft `style` verwendet:

```
<p><a href=".">Normal link</a></p>
<p><a href="." style="color: green">Green link</a></p>
```

Der zweite Link wird dadurch grün und nicht in der Standardfarbe für Links dargestellt:

Normal link

Green link

Ein Formatierungsattribut kann auch eine oder mehrere *Deklarationen* enthalten, die aus einer Eigenschaft (wie `color`), gefolgt von einem Doppelpunkt und einem Wert (wie `green`), bestehen. Werden mehrere Deklarationen verwendet, müssen sie durch Semikolons getrennt werden: `"color: red; border: none"`.

Viele Darstellungsaspekte eines Dokuments lassen sich durch die Formatierung ändern. Beispielsweise regelt die Eigenschaft `display`, ob ein Element als Block- oder als Inline-Element angezeigt wird:

```
This text is displayed <strong>inline</strong>,
<strong style="display: block">as a block</strong>, and
<strong style="display: none">not at all</strong>.
```

Da Blockelemente nicht inline, also in derselben Zeile wie der umgebende Text angezeigt werden, landet das `block`-Tag auf seiner eigenen Zeile. Das letzte Tag wird dagegen überhaupt nicht dargestellt, denn `display: none` verhindert die Ausgabe des Elements auf dem Bildschirm. Das bietet eine Möglichkeit, um Elemente zu verbergen, was oft besser ist, als sie ganz aus dem Dokument zu entfernen, da sie dann später leichter wieder eingefügt werden können.

This text is displayed **inline**,
**as a block**
, and .

JavaScript-Code kann die Formatierung eines Elements auch unmittelbar über dessen Eigenschaft `style` ändern. Diese Eigenschaft hält ein Objekt mit Eigenschaften für alle möglichen Formatierungsaspekte fest. Die Werte dieser Eigenschaften sind Strings, die wir überschreiben können, um eine bestimmte Formatierung des Elements zu ändern.

```
<p id="para" style="color: purple">
  Nice text
</p>

<script>
  let para = document.getElementById("para");
  console.log(para.style.color);
  para.style.color = "magenta";
</script>
```

Die Namen von Formatierungseigenschaften enthalten Bindestriche, z.B. `font-family`. Da der Umgang mit solchen Namen in JavaScript umständlich wäre (Sie müssten `style["font-family"]` schreiben), sind die Eigenschaftennamen dafür im `style`-Objekt abgewandelt worden: Der Bindestrich fällt weg und der darauf folgende Buchstabe wird großgeschrieben (`style.fontFamily`).

## 14.11 CSS

Das Formatierungssystem für HTML heißt CSS, was für *Cascading Style Sheets* steht. Ein *Stylesheet* ist ein Satz von Regeln für die Formatierung von Elementen in einem Dokument. Es kann mit einem `<style>`-Tag angegeben werden:

```
<style>
  strong {
    font-style: italic;
    color: gray;
  }
</style>
<p>Now <strong>strong text</strong> is italic and gray.</p>
```

Das Wort »Kaskade« im Namen bezieht sich darauf, dass mehrere solcher Regeln kombiniert werden, um die endgültige Formatierung eines Elements festzulegen. In dem Beispiel wird die Standardformatierung für `<strong>`-Tags, nämlich `font-weight: bold`, mit der Regel aus dem `<style>`-Tag überlagert, die sie um die Aspekte `font-style` und `color` ergänzt.

Wenn mehrere Regeln unterschiedliche Werte für dieselbe Eigenschaft festlegen, dann erhält die zuletzt gelesene Regel Vorrang und wird angewendet. Wenn das `<style>`-Tag also beispielsweise die Angabe `font-weight: normal` enthält, was der Standardregel für `font-weight` widerspricht, dann wird der Text normal und *nicht* fett dargestellt. Die Formatierungen in einem `style`-Attribut, das unmittelbar auf einen Knoten angewendet wird, haben die höchste Priorität und setzen sich immer durch.

CSS-Regeln können auch auf andere Dinge als Tag-Namen angewendet werden. So gilt etwa eine Regel für `.abc` für alle Elemente, deren Attribut `"class"` die Zeichenfolge `"abc"` enthält, und eine Regel für `#xyz` für das Element mit dem `id`-Attribut `"xyz"` (das innerhalb des Dokuments eindeutig sein sollte).

```
.subtle {
  color: gray;
  font-size: 80%;
}
#header {
  background: blue;
  color: white;
}
/* p-Elemente mit der ID main und den Klassen a und b */
p#main.a.b {
  margin-bottom: 20px;
}
```

Dass die zuletzt definierte Regel Vorrang genießt, gilt nur unter Regeln mit derselben *Spezifizität*. Dies ist ein Maß dafür, wie spezifisch die Regel das zu formatierende Element beschreibt, was durch die Anzahl und Art (Tag, Klasse, ID) der zu berücksichtigenden Aspekte des Elements bestimmt wird. So ist eine Regel für p.a spezifischer als eine, die lediglich auf p oder .a abzielt, und erhält daher Vorrang.

Die Schreibweise p > a {...} wendet die angegebenen Formatierungen auf sämtliche <a>-Tags an, die direkte Kinder von <p>-Tags sind. Bei p a {...} sind dagegen alle <a>-Tags innerhalb von <p>-Tags betroffen, unabhängig davon, ob sie direkte oder indirekte Kinder sind.

## 14.12 Abfrageselektoren

Stylesheets werden wir in diesem Buch nicht so häufig verwenden. Kenntnisse darüber sind zwar zur Programmierung im Browser hilfreich, aber sie sind kompliziert genug, um ein eigenes Buch zu verdienen. Der Hauptgrund dafür, dass ich die *Selektorsyntax* eingeführt habe – also die Schreibweise, die in Stylesheets verwendet wird, um zu bestimmen, auf welche Elemente die Formatierungen angewendet werden sollen –, besteht darin, dass wir mit dieser Minisprache auch DOM-Elemente finden können.

Die Methode querySelectorAll, die sowohl im Objekt document als auch in den Elementknoten definiert ist, nimmt einen Selektor-String entgegen und gibt ein NodeList-Objekt mit allen übereinstimmenden Elementen zurück:

```
<p>And if you go chasing
  <span class="animal">rabbits</span></p>
<p>And you know you're going to fall</p>
<p>Tell 'em a <span class="character">hookah smoking
  <span class="animal">caterpillar</span></span></p>
<p>Has given you the call</p>

<script>
  function count(selector) {
    return document.querySelectorAll(selector).length;
  }
  console.log(count("p"));           // Alle <p>-Elemente
  // → 4
  console.log(count(".animal"));     // Klasse animal
  // → 2
  console.log(count("p .animal"));   // animal-Element innerhalb von <p>
  // → 2
  console.log(count("p > .animal")); // Direktes Kind von <p>
  // → 1
</script>
```

Anders als bei Methoden wie getElementsByTagName ist das von querySelectorAll zurückgegebene Objekt *nicht* dynamisch. Es wird nicht aktualisiert, wenn Sie das Dokument ändern. Allerdings ist es immer noch kein echtes Array. Deshalb müssen Sie nach wie vor Array.from aufrufen, um es wie ein Array zu behandeln.

Die Methode querySelector (ohne All) funktioniert ähnlich. Sie eignet sich, wenn Sie ein bestimmtes einzelnes Element haben wollen, und gibt nur das erste übereinstimmende Element bzw. null zurück, wenn keines zu finden ist.

## 14.13 Positionierung und Animation

Die Formatierungseigenschaft position hat enorme Auswirkungen auf das Layout. In der Voreinstellung hat sie den Wert static, was bedeutet, dass sich das betreffende Element an seiner regulären Position im Dokument befindet. Wird sie auf relative gesetzt, ist es mit den Formatierungseigenschaften top und left möglich, es relativ von seinem normalen Platz zu verschieben. Bei dem Wert absolute wird das Dokument aus dem normalen Dokumentenfluss herausgenommen. Dabei kann es mit anderen Elementen überlappen. Die Eigenschaften top und left können in diesem Fall verwendet werden, um das Element absolut zu verschieben, d. h. relativ zur oberen linken Ecke des nächsten einschließenden Elements, dessen position-Eigenschaft nicht static ist, oder relativ zum Dokument, wenn kein solches Element existiert.

Damit können wir eine Animation erstellen. Das folgende Dokument zeigt das Bild einer Katze an, die sich auf einer ellipsenförmigen Bahn bewegt:

```
<p style="text-align: center">
  <img src="img/cat.png" style="position: relative">
</p>
<script>
  let cat = document.querySelector("img");
  let angle = Math.PI / 2;
  function animate(time, lastTime) {
    if (lastTime != null) {
      angle += (time - lastTime) * 0.001;
    }
    cat.style.top = (Math.sin(angle) * 20) + "px";
    cat.style.left = (Math.cos(angle) * 200) + "px";
    requestAnimationFrame(newTime => animate(newTime, time));
  }
  requestAnimationFrame(animate);
</script>
```

Der graue Pfeil zeigt die Bahn, an der sich das Bild entlangbewegt:

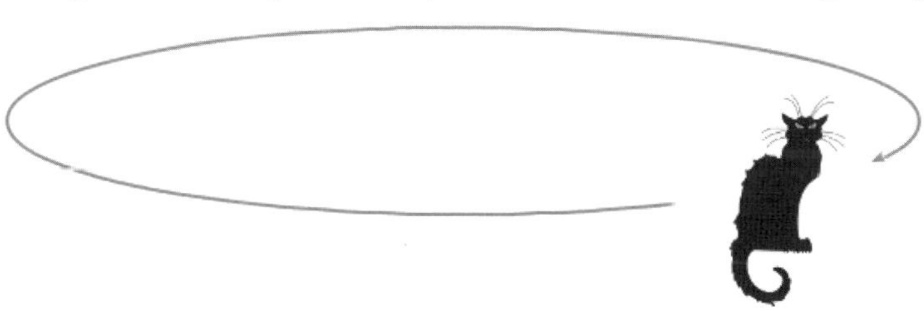

Unser Bild ist auf der Seite zentriert und seine `position`-Eigenschaft auf `relative` gesetzt. Um es zu bewegen, aktualisieren wir wiederholt seine Eigenschaften `top` und `left`.

Das Skript verwendet `requestAnimationFrame`, damit die Funktion `animate` immer dann ausgeführt wird, wenn der Browser bereit ist, den Bildschirm neu zu zeichnen. Die Funktion `animate` ruft dann selbst wieder `requestAnimationFrame` auf, um die nächste Aktualisierung zu planen. Wenn das Browserfenster (oder der Tab) aktiv ist, führt dies dazu, dass die Aktualisierungen etwa 60-mal pro Sekunde erfolgen, was eine flüssige Animation ergibt.

Hätten wir einfach das DOM in einer Schleife aktualisiert, würde die Seite einfrieren und nichts auf dem Bildschirm erscheinen. Browser aktualisieren ihre Anzeige nicht, während ein JavaScript-Programm läuft, und erlauben während dieser Zeit auch keine Interaktionen mit der Seite. Das ist der Grund, aus dem wir `requestAnimationFrame` brauchen: Die Funktion teilt dem Browser mit, dass wir unsere Arbeiten vorläufig abgeschlossen haben, sodass er seine Browseraufgaben erfüllen, also den Bildschirm aktualisieren und auf Benutzeraktionen reagieren kann.

Die aktuelle Uhrzeit wird der Animationsfunktion als Argument übergeben. Damit sich die Katze pro Millisekunde um einen konstanten Betrag bewegt, stützen wir die Geschwindigkeit, mit der sich der Winkel ändert, auf die Differenz zwischen der aktuellen Uhrzeit und dem Zeitpunkt der letzten Ausführung der Funktion. Wenn wir den Winkel einfach in jedem Schritt um einen festen Betrag ändern würden, könnte das eine ruckartige Bewegung zur Folge haben, wenn etwa eine andere rechenintensive Aufgabe auf demselben Computer läuft und die Ausführung unserer Funktion um den Bruchteil einer Sekunde verzögert.

Um eine kreisförmige Bewegung zu berechnen, verwenden wir die trigonometrischen Funktionen `Math.cos` und `Math.sin`. Für diejenigen, die damit nicht vertraut sind, gebe ich hier eine kurze Einführung, da wir sie in diesem Buch an der einen oder anderen Stelle verwenden werden.

Unter anderem sind `Math.cos` und `Math.sin` dazu geeignet, Punkte auf einem Kreis um den Ursprung (0, 0) mit dem Radius 1 zu finden. Beide Funktionen interpretieren ihr Argument als eine Position auf diesem Kreis, wobei 0 den äußersten rechten Punkt des Kreises bezeichnet. Die Positionswerte wachsen dann im Uhrzeigersinn, bis wir bei $2\pi$ (ca. 6,28) den Kreis einmal komplett durchlaufen haben. `Math.cos` teilt uns die $x$-Koordinate des Punktes an der gegebenen Position mit, `Math.sin` die $y$-Koordinate. Auch Positionen (oder Winkel) größer als $2\pi$ und kleiner als 0 sind zulässig. Der Kreis wird einfach ein weiteres Mal durchlaufen, sodass $a + 2\pi$ der gleiche Winkel ist wie $a$.

Diese Einheit zur Winkelmessung wird als Radiant bezeichnet. Ein voller Kreisumlauf ist $2\pi$ Radiant, was 360° entspricht. Die Konstante $\pi$ steht in JavaScript als `Math.PI` zur Verfügung.

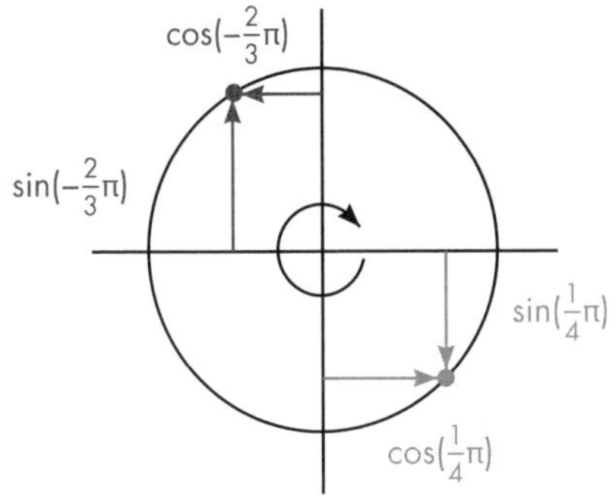


Der Code für die Katzenanimation führt den Zähler `angle` für den aktuellen Winkel der Animation und inkrementiert ihn bei jedem Aufruf von `animate`. Anhand dieses Winkels kann dann die aktuelle Position des Bildelements berechnet werden. Um `top` zu bestimmen, wird das Ergebnis von `Math.sin` mit 20 multipliziert, der vertikalen Halbachse unserer Ellipse. Für `left` wird `Math.cos` mit 200 multipliziert, da die Ellipse viel breiter als hoch ist.

Bei Formatierungen müssen gewöhnlich *Einheiten* angegeben werden. Hier haben wir an die Zahlenwerte `"px"` angehängt, um dem Browser mitzuteilen, dass wir die Angaben in Pixeln machen (und nicht etwa in Zentimetern, Em-Einheiten usw.). Das wird leicht vergessen, doch wenn Sie Zahlen ohne Einheiten verwenden, wird die Formatierung ignoriert (es sei denn, die Zahl ist 0, die unabhängig von der Einheit immer dasselbe bedeutet).

## 14.14 Zusammenfassung

JavaScript-Programme können das Dokument, das der Browser anzeigt, über eine als DOM bezeichnete Datenstruktur untersuchen und bearbeiten. Diese Datenstruktur stellt das Modell dar, das sich der Browser von dem Dokument macht. JavaScript-Programme können diese Struktur bearbeiten, um das sichtbare Dokument zu ändern.

Das DOM ist wie ein Baum aufgebaut. Die Elemente sind hierarchisch nach der Struktur des Dokuments geordnet. Die Objekte für die Elemente haben Eigenschaften wie `parentNode` und `childNodes`, mit denen es möglich ist, sich durch den Baum zu bewegen.

Die Art und Weise, wie das Dokument angezeigt wird, lässt sich durch *Formatierung* beeinflussen. Dazu können Sie Formate unmittelbar zu Knoten hinzufügen oder Regeln aufstellen, die auf bestimmte Arten von Knoten angewendet werden. Es gibt viele verschiedene Formatierungseigenschaften, z.B. `color` und `display`. JavaScript-Code kann die Formatierung eines Elements direkt über dessen Eigenschaft `style` beeinflussen.

## 14.15 Übungen

### Eine Tabelle erstellen

In HTML wird eine Tabelle mit der folgenden Tag-Struktur angelegt:

```
<table>
  <tr>
    <th>name</th>
    <th>height</th>
    <th>place</th>
  </tr>
  <tr>
    <td>Kilimanjaro</td>
    <td>5895</td>
    <td>Tanzania</td>
  </tr>
</table>
```

Das Tag `<table>` schließt ein `<tr>`-Tag für jede *Zeile* ein. Innerhalb dieser `<tr>`-Tags können wir die Elemente für die einzelnen Zellen platzieren, entweder für Überschriftenzellen (`<th>`) oder für reguläre Zellen (`<td>`).

Gegeben seien Informationen über Berge in Form eines Arrays aus Objekten mit den Eigenschaften `name`, `height` und `place`. Erstellen Sie die DOM-Struktur für eine Tabelle, in der diese Objekte aufgeführt sind. Sie sollte über eine Spalte pro Schlüssel und eine Zeile pro Objekt und zusätzlich eine Kopfzeile mit `<th>`-Elementen verfügen, in denen die Spaltennamen aufgeführt sind.

Schreiben Sie die Struktur so, dass die Spalten automatisch aus den Objekten bezogen werden. Verwenden Sie dazu die Eigenschaftennamen des ersten Objekts in den Daten.

Fügen Sie die resultierende Tabelle zu dem Element mit dem `id`-Attribut `"mountains"` hinzu, sodass sie im Dokument angezeigt wird.

Wenn das funktioniert, richten Sie Zellen mit Zahlenwerten rechtsbündig aus, indem Sie deren Eigenschaft `style.textAlign` auf `"right"` setzen.

### Elemente nach Tag-Namen suchen

Die Methode `document.getElementsByTagName` gibt alle Kindelemente mit einem bestimmten Tag-Namen zurück. Implementieren Sie eine eigene Version davon in Form einer Funktion, die einen Knoten und einen String (den Tag-Namen) als Argumente entgegennimmt und ein Array mit allen Elementknoten zurückgibt, die Nachkommen davon sind und den gegebenen Tag-Namen haben.

Den Tag-Namen eines Elements können Sie mit dessen Eigenschaft `nodeName` ermitteln. Beachten Sie aber, dass sie den Namen komplett in Großbuchstaben zurückgibt. Wenden Sie zum Ausgleich die String-Methode `toLowerCase` oder `toUpperCase` an.

### Katze mit Hut

Erweitern Sie die in »*Positionierung und Animation*« auf *S. 251* beschriebene Katzenanimation so, dass die Katze und ihr Hut (`<img src="img/hat.png">`) beide die Ellipse durchlaufen, aber sich stets gegenüberliegen. Sie können auch dafür sorgen, dass der Hut die Katze umkreist, oder die Animation auf eine andere ansprechende Weise ändern.

Um die Positionierung mehrerer Objekte zu erleichtern, ist es meistens sinnvoll, `position` auf `absolute` zu ändern, wodurch `top` und `left` relativ zur oberen linken Ecke des Dokuments interpretiert werden. Damit keine negativen Koordinaten auftreten, die dazu führen würden, dass das Bild außerhalb der sichtbaren Seite rutscht, können Sie eine feste Anzahl von Pixeln zu den Positionswerten addieren.

»Du hast Macht über deine Gedanken, nicht über äußere Ereignisse. Erkenne dies, und du wirst Kraft finden.«

– Marc Aurel, *Selbstbetrachtungen*

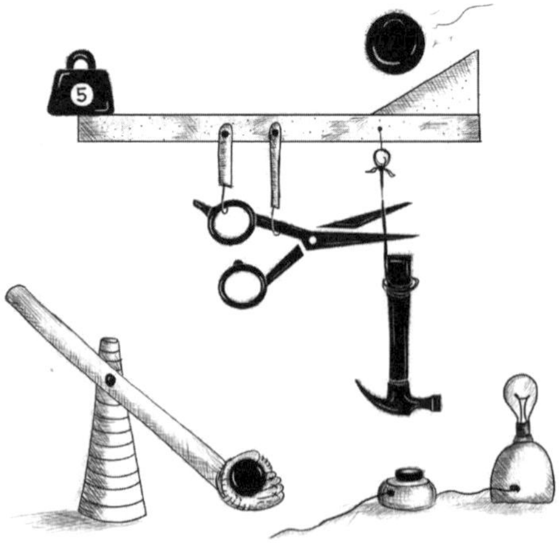

# 15 Umgang mit Ereignissen

Einige Programme verarbeiten Benutzereingaben wie Maus- und Tastaturaktionen. Solche Eingaben stehen aber nicht in Form einer sauber gegliederten Datenstruktur zur Verfügung, sondern kommen in Echtzeit eine nach der anderen herein. Das Programm muss auf sie reagieren, sobald sie vorliegen.

## 15.1 Ereignis-Handler

Stellen Sie sich eine Schnittstelle vor, bei der Sie nur herausfinden können, ob eine Taste gedrückt wurde, indem Sie deren aktuellen Zustand lesen. Um auf die Betätigung einer Taste reagieren zu können, müssten Sie also ständig deren Zustand überprüfen, um mitzubekommen, dass sie gedrückt wurde, bevor sie wieder losgelassen wird. Es wäre gefährlich, andere zeitintensive Berechnungen durchzuführen, da Sie dadurch eine Tastenbetätigung verpassen könnten.

Einige primitive Geräte gehen tatsächlich auf diese Weise mit Eingaben um. Etwas fortschrittlicher ist da schon Hardware oder ein Betriebssystem, das eine Tastenbetätigung bemerkt und in eine Warteschlange stellt. Ein Programm kann dann regelmäßig prüfen, ob neue Ereignisse in der Warteschlange stehen, und darauf reagieren. Diese Vorgehensweise wird als *Polling* bezeichnet.

Natürlich muss ein solches Programm oft einen Blick in die Warteschlange werfen. Denn wenn zwischen der Betätigung der Taste und der Reaktion auf dieses Ereignis Zeit vergeht, wirkt es so, als sei die Software eingefroren. Daher verzichten die meisten Programmierer lieber auf diese Vorgehensweise.

Ein besserer Mechanismus besteht darin, dass das System unseren Code von sich aus benachrichtigt, wenn ein Ereignis auftritt. Dazu ist es in Browsern möglich, Funktionen als *Handler* für bestimmte Ereignisse zu registrieren.

```
<p>Click this document to activate the handler.</p>
<script>
  window.addEventListener("click", () => {
    console.log("You knocked?");
```

```
  });
</script>
```

Die Bindung `window` verweist auf ein vom Browser bereitgestelltes Objekt. Es steht für das Browserfenster, in dem sich das Dokument befindet. Durch den Aufruf seiner Methode `addEventListener` wird das zweite Argument als die Funktion registriert, die aufgerufen werden soll, wenn das im ersten Argument beschriebene Ereignis auftritt.

## 15.2 Ereignisse und DOM-Knoten

Jeder Ereignis-Handler eines Browsers wird in einem bestimmten Kontext registriert. Im vorherigen Beispiel haben wir `addEventListener` für das Objekt `window` aufgerufen, um einen Handler für das gesamte Fenster zu registrieren. Eine solche Methode ist auch in DOM-Elementen und einigen anderen Arten von Objekten zu finden. Ereignis-Listener werden nur dann aufgerufen, wenn das Ereignis im Kontext des Objekts auftritt, in dem sie registriert wurden.

```
<button>Click me</button>
<p>No handler here.</p>
<script>
  let button = document.querySelector("button");
  button.addEventListener("click", () => {
    console.log("Button clicked.");
  });
</script>
```

In diesem Beispiel wird ein Handler mit dem Knoten für eine Schaltfläche verbunden. Ein Klick auf diese Schaltfläche führt dazu, dass der Handler ausgeführt wird, Klicks auf den Rest des Dokuments dagegen nicht.

Die gleiche Wirkung können Sie erzielen, indem Sie in einen Knoten das Attribut `onclick` aufnehmen. Für die meisten Arten von Ereignissen können Sie einen Handler über ein Attribut hinzufügen, dessen Name aus dem Ereignisnamen mit vorn angehängtem on besteht.

Da ein Knoten immer nur ein `onclick`-Attribut aufweisen kann, ist es so nur möglich, einen Handler pro Knoten zu registrieren. Die Methode `addEventListener` dagegen erlaubt Ihnen, beliebig viele Handler hinzuzufügen. Sie können sie also gefahrlos anwenden, auch wenn das Element bereits über einen anderen Handler verfügt.

Die Methode `removeEventListener` wird mit ähnlichen Argumenten aufgerufen wie `addEventListener`, entfernt aber einen Handler:

```
<button>Act-once button</button>
<script>
  let button = document.querySelector("button");
  function once() {
    console.log("Done.");
```

```
    button.removeEventListener("click", once);
  }
  button.addEventListener("click", once);
</script>
```

Bei der an `removeEventListener` übergebenen Funktion muss es sich um dieselbe handeln, die an `addEventListener` übergeben wurde. Um in der Lage zu sein, die Registrierung eines Handlers aufzuheben, müssen Sie der Funktion daher einen Namen geben (in unserem Beispiel `once`), damit Sie beiden Methoden denselben Funktionswert übergeben können.

## 15.3 Ereignisobjekte

Den Ereignis-Handler-Funktionen wird ebenfalls ein Argument übergeben, das wir allerdings bis jetzt ignoriert haben, nämlich das *Ereignisobjekt*, das zusätzliche Informationen über das Ereignis enthält. Wenn wir beispielsweise wissen wollen, *welche* Maustaste gedrückt wurde, können wir uns dazu die Eigenschaft `button` des Ereignisobjekts anschauen:

```
<button>Click me any way you want</button>
<script>
  let button = document.querySelector("button");
  button.addEventListener("mousedown", event => {
    if (event.button == 0) {
      console.log("Left button");
    } else if (event.button == 1) {
      console.log("Middle button");
    } else if (event.button == 2) {
      console.log("Right button");
    }
  });
</script>
```

Welche Informationen in einem Ereignisobjekt gespeichert werden, hängt vom Typ des Ereignisses ab. Die verschiedenen Typen werden wir weiter hinten in diesem Kapitel noch besprechen. Die Eigenschaft `type` eines Objekts hält immer einen String fest, der das Ereignis bezeichnet (z.B. `"click"` oder `"mousedown"`).

## 15.4 Weiterleitung

Bei den meisten Ereignistypen empfangen Handler, die auf Knoten mit Kindern registriert sind, Ereignisse, die in diesen Kindern auftreten. Wenn der Benutzer auf eine Schaltfläche innerhalb des Absatzes klickt, sehen auch die Ereignis-Handler des Absatzes dieses Ereignis.

Haben aber sowohl der Absatz als auch die Schaltfläche einen Handler, wird erst der spezifischere ausgeführt, hier also derjenige für die Schaltfläche. Das Ereignis wird nach außen weitergeleitet, also von dem Knoten, auf dem es aufgetreten ist, zu dessen Elternknoten usw. bis zur Wurzel des Dokuments. Nachdem alle für einen bestimmten Knoten registrierten Handler ausgeführt wurden, erhalten die Handler für das gesamte Fenster Gelegenheit, auf das Ereignis zu reagieren.

An jedem Punkt dieser Kette kann aber ein Ereignis-Handler die Methode `stopPropagation` des Ereignisobjekts aufrufen, um zu verhindern, dass weiter außen liegende Handler das Ereignis empfangen. Das kann beispielsweise erforderlich sein, wenn sich eine Schaltfläche innerhalb eines anderen anklickbaren Elements befindet und Sie nicht wollen, dass Klicks auf die Schaltfläche auch das Klickverhalten des äußeren Elements auslösen.

Im folgenden Beispiel werden `"mousedown"`-Handler sowohl für eine Schaltfläche als auch für den umgebenden Absatz registriert. Bei einem Rechtsklick ruft der Handler der Schaltfläche `stopPropagation` auf, damit der Handler für den Absatz nicht ausgeführt wird. Wird dagegen mit der linken Maustaste auf die Schaltfläche geklickt, werden beide Handler ausgeführt.

```
<p>A paragraph with a <button>button</button>.</p>
<script>
  let para = document.querySelector("p");
  let button = document.querySelector("button");
  para.addEventListener("mousedown", () => {
    console.log("Handler for paragraph.");
  });
  button.addEventListener("mousedown", event => {
    console.log("Handler for button.");
    if (event.button == 2) event.stopPropagation();
  });
</script>
```

Die meisten Ereignisobjekte verfügen über die Eigenschaft `target`, die auf den Knoten verweist, an dem das Ereignis aufgetreten ist. Damit können Sie sicherstellen, dass Sie nicht versehentlich ein Ereignis behandeln, das von einem anderen als dem gewünschten Knoten weitergeleitet wurde.

Mit `target` ist es auch möglich, ein weites Netz für eine bestimmte Art von Ereignis auszuwerfen. Wenn beispielsweise ein Knoten sehr viele Schaltflächen enthält, kann es bequemer sein, einen einzigen Klick-Handler in dem äußeren Knoten zu registrieren und mit `target` herauszufinden, auf welche Schaltfläche geklickt wurde, anstatt einzelne Handler für alle Schaltflächen zu registrieren.

```
<button>A</button>
<button>B</button>
<button>C</button>
<script>
  document.body.addEventListener("click", event => {
    if (event.target.nodeName == "BUTTON") {
      console.log("Clicked", event.target.textContent);
    }
  });
</script>
```

## 15.5 Standardaktionen

Mit vielen Ereignissen ist eine Standardaktion verknüpft. Wenn Sie auf einen Link klicken, werden Sie zu dessen Ziel geführt, wenn Sie die Taste mit dem Pfeil nach unten drücken, scrollt der Browser nach unten, wenn Sie rechtsklicken, wird ein Kontextmenü angezeigt, usw.

Bei den meisten Ereignistypen werden die JavaScript-Ereignis-Handler aufgerufen, *bevor* das Standardverhalten ausgeführt wird. Wenn der Handler das Standardverhalten verhindern möchte – gewöhnlich weil er sich schon selbst um die Handhabung des Ereignisses gekümmert hat –, ruft er die Methode `preventDefault` des Ereignisobjekts auf.

Damit können Sie eigene Tastenkürzel und Kontextmenüs einrichten. Allerdings ist es damit auch möglich, auf boshafte Weise das vom Benutzer erwartete Verhalten auszuhebeln. So ist es im folgenden Beispiel nicht möglich, dem Link zu folgen:

```
<a href="https://developer.mozilla.org/">MDN</a>
<script>
  let link = document.querySelector("a");
  link.addEventListener("click", event => {
    console.log("Nope.");
    event.preventDefault();
  });
</script>
```

Verzichten Sie auf solche Tricks, sofern Sie keinen wirklich guten Grund dafür haben. Für Besucher einer Webseite ist es äußerst unangenehm, wenn das Standardverhalten nicht funktioniert.

Je nach Browser können manche Ereignisse auch überhaupt nicht abgefangen werden. Bei Chrome ist es beispielsweise nicht möglich, das Tastenkürzel zum Schließen des aktuellen Tabs (`Strg` + `W` oder `Befehl` + `W`) mit JavaScript zu bearbeiten.

## 15.6 Tastaturereignisse

Wenn eine Taste gedrückt wird, löst der Browser ein `"keydown"`-Ereignis aus, und wenn sie wieder losgelassen wird, ein `"keyup"`-Ereignis:

```
<p>This page turns violet when you hold the V key.</p>
<script>
  window.addEventListener("keydown", event => {
    if (event.key == "v") {
      document.body.style.background = "violet";
    }
  });
  window.addEventListener("keyup", event => {
    if (event.key == "v") {
      document.body.style.background = "";
```

```
    }
  });
</script>
```

Trotz seines Namens wird "keydown" nicht nur ausgelöst, wenn die Taste gedrückt wird, sondern auch wiederholt, während sie gedrückt *gehalten* wird. In manchen Fällen ist es sehr wichtig, dies zu berücksichtigen. Wenn Sie beispielsweise immer dann eine Schaltfläche zum DOM hinzufügen, wenn eine Taste gedrückt wird, und beim Loslassen der Taste wieder entfernen, können unbeabsichtigt Hunderte von Schaltflächen hinzugefügt werden, wenn die Taste länger gedrückt wird.

In dem vorigen Beispiel wurde die Eigenschaft key des Ereignisobjekts untersucht, um herauszufinden, welche Taste betätigt wurde. Diese Eigenschaft enthält einen String, der bei den meisten Schlüsseln dem Zeichen entspricht, das mithilfe dieser Taste eingegeben wird. Für besondere Tasten wie die Eingabetaste gibt dieser String die Bezeichnung an (in diesem Fall "Enter"). Wenn Sie bei der Betätigung einer Taste die Umschalttaste gedrückt halten, hat das ebenfalls Einfluss auf die Bezeichnung der Taste: "v" wird zu "V", "1" zu "!".

Modifikatortasten wie [Umschalt], [Strg], [Alt] oder eine Metataste ([Befehl] auf dem Mac) rufen ebenso wie die regulären Tasten Tastenereignisse hervor. Um Tastenkombinationen zu erkennen, können Sie eine Betätigung dieser Sondertasten allerdings auch mithilfe der Eigenschaften shiftKey, ctrlKey, altKey bzw. metaKey von Tasten- und Mausereignissen ermitteln:

```
<p>Press Control-Space to continue.</p>
<script>
  window.addEventListener("keydown", event => {
    if (event.key == " " && event.ctrlKey) {
      console.log("Continuing!");
    }
  });
</script>
```

In welchem DOM-Knoten ein Tastaturereignis seinen Anfang nimmt, hängt davon ab, welches Element bei der Betätigung der Taste den Fokus hat. Die meisten Knoten können den Fokus nicht übernehmen, sofern Sie ihnen nicht ausdrücklich das Attribut tabindex hinzufügen. Elemente wie Links, Schaltflächen und Formularfelder dagegen sind in der Lage, den Fokus zu tragen. Auf Formularfelder kommen wir noch in Kapitel 18 zurück. Wenn kein bestimmtes Element den Fokus hat, wird document.body als Zielknoten für Tastaturereignisse verwendet.

Bei der Texteingabe kann es jedoch problematisch sein, Tastaturereignisse zu verwenden, um herauszufinden, was der Benutzer gerade tippt. Einige Plattformen, insbesondere die virtuelle Tastatur auf Android-Geräten, lösen keine Tastaturereignisse aus. Selbst auf einer altmodischen Tastatur entsprechen einige Arten der Texteingabe nicht einfach den Tastenbetätigungen, etwa bei der Verwendung von IME-Software (*Input Method Editor*) für Schriften, die nicht komplett auf eine Tastatur passen, weshalb mehrere Tasten kombiniert werden müssen, um ein Zeichen einzugeben.

Um Texteingaben zu erkennen, lösen Elemente, in denen sie möglich sind – etwa `<input>`- und `<textarea>`-Elemente –, immer dann ein `"input"`-Ereignis aus, wenn der Benutzer den Inhalt ändert. Um an den eingegebenen Inhalt zu gelangen, ist es am besten, ihn unmittelbar in dem Feld zu lesen, das den Fokus hat. Wie das geht, erfahren Sie in »*Formularfelder*« auf *S. 330*.

## 15.7 Zeigeereignisse

Zurzeit gibt es zwei Möglichkeiten, um auf Elemente auf dem Bildschirm zu zeigen: mit der Maus (sowie ähnlich funktionierenden Geräten, etwa Touchpads und Trackballs) und mit einem Touchscreen. Diese Geräte rufen unterschiedliche Arten von Ereignissen hervor.

### Mausklicks

Bei der Betätigung einer Maustaste werden mehrere Ereignisse ausgelöst. Dabei entsprechen `"mousedown"` und `"mouseup"` den Tastaturereignissen `"keydown"` und `"keyup"` und werden ausgelöst, wenn die Maustaste gedrückt bzw. losgelassen wird. Sie treten in dem DOM-Knoten des Elements auf, das zu dem betreffenden Zeitpunkt unmittelbar unter dem Mauszeiger lag.

Nach einem `"mouseup"`-Ereignis wird ein `"click"`-Ereignis in dem am engsten begrenzten Knoten ausgelöst, in dem die Taste sowohl gedrückt als auch losgelassen wurde. Wenn ich beispielsweise die Maustaste in einem Absatz drücke, den Zeiger dann in einen anderen Absatz verschiebe und die Taste dort loslasse, tritt das `"click"`-Ereignis in dem Element auf, das beide Absätze enthält.

Erfolgen die beiden Klicks schnell nacheinander, wird nach dem zweiten Klickereignis auch ein `"dblclick"`-Ereignis (Doppelklick) ausgelöst.

Um genaue Informationen darüber zu erhalten, wo das Mausereignis stattgefunden hat, schlagen Sie seine Eigenschaften `clientX` und `clientY` nach, die die Ereigniskoordinaten in Pixeln relativ zur oberen linken Ecke des Fensters enthalten, oder `pageX` und `pageY`, bei denen die Koordinaten relativ zur oberen linken Ecke des gesamten Dokuments angegeben sind. Diese Angaben unterscheiden sich, wenn das Fenster gescrollt wurde.

Das folgende Beispiel zeigt ein primitives Zeichenprogramm. Jedes Mal, wenn Sie auf das Dokument klicken, wird unter dem Mauszeiger ein Punkt hinzugefügt. In Kapitel 19 schreiben wir ein etwas anspruchsvolleres Zeichenprogramm.

```
<style>
  body {
    height: 200px;
    background: beige;
  }
  .dot {
    height: 8px; width: 8px;
    border-radius: 4px; /* rounds corners */
    background: blue;
```

```
    position: absolute;
  }
</style>
<script>
  window.addEventListener("click", event => {
    let dot = document.createElement("div");
    dot.className = "dot";
    dot.style.left = (event.pageX - 4) + "px";
    dot.style.top = (event.pageY - 4) + "px";
    document.body.appendChild(dot);
  });
</script>
```

### Mausbewegungen

Bei jeder Bewegung des Mauszeigers wird ein "mousemove"-Ereignis ausgelöst, anhand dessen sich die Position der Maus verfolgen lässt. Dies wird genutzt, um Elemente mit der Maus zu ziehen.

Das folgende Beispielprogramm zeigt einen Balken an und richtet Ereignis-Handler ein, sodass der Balken beim Ziehen der Maus nach links oder rechts schmaler bzw. breiter wird:

```
<p>Drag the bar to change its width:</p>
<div style="background: orange; width: 60px; height: 20px">
</div>
<script>
  let lastX; // Merkt sich die letzte beobachtete x-Position
  let bar = document.querySelector("div");
  bar.addEventListener("mousedown", event => {
    if (event.button == 0) {
      lastX = event.clientX;
      window.addEventListener("mousemove", moved);
      event.preventDefault(); // Verhindert Auswahlverhalten
    }
  });

  function moved(event) {
    if (event.buttons == 0) {
      window.removeEventListener("mousemove", moved);
    } else {
      let dist = event.clientX - lastX;
      let newWidth = Math.max(10, bar.offsetWidth + dist);
      bar.style.width = newWidth + "px";
      lastX = event.clientX;
    }
  }
</script>
```

Die resultierende Seite sieht wie folgt aus:

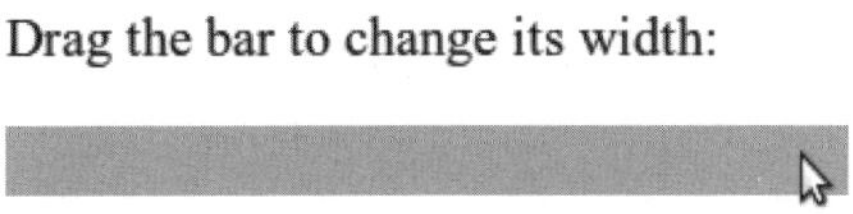


Den "mousemove"-Handler haben wir hier für das gesamte Fenster registriert. Selbst wenn der Mauszeiger den Bereich des Balkens verlässt, können wir damit immer noch dessen Größe ändern, solange wir die Maustaste gedrückt halten.

Die Größenänderung soll aufhören, wenn die Maustaste losgelassen wird. Dazu können wir die Eigenschaft buttons verwenden (beachten Sie den Plural!), die besagt, welche Maustasten gerade gedrückt gehalten werden. Lautet der Wert 0, sind alle Tasten losgelassen. Anderenfalls ist der Wert die Summe der Codes für die gedrückten Tasten, wobei die linke Maustaste den Code 1 hat, die rechte den Code 2 und die mittlere 4. Diese Tastencodes habe eine andere Reihenfolge als bei button, wo die mittlere Taste vor der rechten kommt. Wir bereits erwähnt, ist Konsistenz nicht gerade eine Stärke von Browserprogrammierschnittstellen.

Touchereignisse

Die grafischen Browser, die wir verwenden, wurden für die Bedienung mit der Maus entworfen, als Touchscreens noch selten waren. Um auch auf den ersten Handys mit Touchscreen das Web nutzen zu können, gaben Browser für diese Geräte bis zu einem gewissen Grad vor, dass Touchereignisse Mausereignisse seien. Wenn Sie auf den Bildschirm tippen, erhalten Sie die Ereignisse "mousedown", "mouseup" und "click".

Diese Illusion ist aber alles andere als stabil, denn ein Touchscreen funktioniert anders als eine Maus: Er verfügt nicht über mehrere Tasten, es ist nicht möglich, den Finger zu verfolgen (um "mousemove" zu simulieren), wenn er sich nicht auf dem Bildschirm befindet, und es ist möglich, dass gleichzeitig mehrere Finger den Bildschirm berühren.

Mausereignisse decken eine Touchinteraktion nur in einfachen Fällen ab. Wenn Sie einer Schaltfläche einen "click"-Handler hinzufügen, können Benutzer eines Touchscreens sie immer noch betätigen. Aber etwas wie die Größenänderung des Balkens aus dem letzten Beispiel funktioniert auf einem Touchscreen nicht.

Bei der Touchinteraktion werden besondere Ereignistypen ausgelöst. Wenn ein Finger den Bildschirm zu berühren beginnt, erhalten Sie das Ereignis "touchstart". Bewegt sich der Finger auf dem Bildschirm, wird "touchmove" ausgelöst, und wenn er vom Bildschirm weggezogen wird, "touchend".

Da viele Touchscreens mehrere Finger gleichzeitig erkennen können, ist mit diesen Ereignissen auch nicht ein einzelner Satz von Koordinaten verbunden. Stattdessen verfügen ihre Ereignisobjekte über die Eigenschaft touches mit einem Array-artigen Objekt von Punkten, die jeweils über ihre eigenen clientX-, clientY-, pageX- und pageY Eigenschaften verfügen.

Mit folgendem Code können Sie daher um jeden Finger, der den Bildschirm berührt, einen roten Kreis zeichnen:

```
<style>
  dot { position: absolute; display: block;
```

```
        border: 2px solid red; border-radius: 50px;
        height: 100px; width: 100px; }
</style>
<p>Touch this page</p>
<script>
  function update(event) {
    for (let dot; dot = document.querySelector("dot");) {
      dot.remove();
    }
    for (let i = 0; i < event.touches.length; i++) {
      let {pageX, pageY} = event.touches[i];
      let dot = document.createElement("dot");
      dot.style.left = (pageX - 50) + "px";
      dot.style.top = (pageY - 50) + "px";
      document.body.appendChild(dot);
    }
  }
  window.addEventListener("touchstart", update);
  window.addEventListener("touchmove", update);
  window.addEventListener("touchend", update);
</script>
```

In Handlern für Touchereignisse werden Sie oft `preventDefault` aufrufen müssen, um das Standardverhalten des Browsers zu übergehen (z. B. einen Scroll- oder Wischvorgang) und um zu verhindern, dass Mausereignisse ausgelöst werden, für die Sie *ebenfalls* Handler haben könnten.

## 15.8 Scrollereignisse

Beim Scrollen eines Elements wird ein `"scroll"`-Ereignis ausgelöst. Dies lässt sich für verschiedene Zwecke nutzen, etwa um herauszufinden, was sich ein Benutzer gerade ansieht (um Animationen außerhalb des sichtbaren Bildschirmbereichs abzuschalten oder zur Spionage), oder um den Fortschritt anzuzeigen (durch Hervorhebung eines Eintrags im Inhaltsverzeichnis oder durch Anzeige einer Seitenzahl).

Der folgende Beispielcode zeichnet einen Fortschrittsbalken über das Dokument und aktualisiert ihn fortlaufend, um ihn zu füllen, während der Benutzer nach unten scrollt:

```
<style>
  #progress {
    border-bottom: 2px solid blue;
    width: 0;
    position: fixed;
    top: 0; left: 0;
  }
</style>
<div id="progress"></div>
<script>
```

```
  // Erstellt Inhalt
  document.body.appendChild(document.createTextNode(
    "supercalifragilisticexpialidocious".repeat(1000)));
  let bar = document.querySelector("#progress");
  window.addEventListener("scroll", () => {
    let max = document.body.scrollHeight - innerHeight;
    bar.style.width = `${(pageYOffset / max) * 100}%`;
  });
</script>
```

Der Wert `fixed` für die Eigenschaft `position` eines Elements wirkt sich ähnlich aus wie `absolute`, verhindert aber gleichzeitig, dass das Element zusammen mit dem Rest des Dokuments scrollt. Dadurch bleibt der Fortschrittsbalken immer am oberen Bildschirmrand sichtbar. Seine Breite wird geändert, um den aktuellen Fortschritt anzuzeigen. Als Einheit für die Breite verwenden wir hier `%` statt `px`, damit das Element relativ zur Seitenbreite dimensioniert wird.

Die globale Bindung `innerHeight` teilt uns die Höhe des Fensters mit, die wir von der scrollbaren Gesamthöhe abziehen müssen – wenn der untere Rand des Dokuments erreicht ist, können Sie nicht mehr weiterscrollen. Für die Fensterbreite gibt es außerdem `innerWidth`. Durch die Division von `pageYOffset`, der aktuellen Scrollposition, durch die maximale Scrollposition und die anschließende Multiplikation mit 100, erhalten wir den Prozentsatz für den Fortschrittsbalken.

Beim Aufruf von `preventDefault` für ein Scrollereignis wird das Scrollen nicht verhindert. Der Ereignis-Handler wird erst *nach* dem Scrollvorgang aufgerufen.

## 15.9 Fokusereignisse

Wenn ein Element den Fokus erhält, löst der Browser ein `"focus"`-Ereignis dafür aus. Verliert es den Fokus, tritt stattdessen das Ereignis `"blur"` auf. Anders als die bisher besprochenen Ereignisse werden diese beiden nicht weitergeleitet. Ein Handler in einem Element wird nicht benachrichtigt, wenn ein Kindelement den Fokus erhält oder verliert.

Im folgenden Beispiel wird jeweils Hilfetext für das Textfeld angezeigt, das gerade den Fokus hat:

```
<p>Name: <input type="text" data-help="Your full name"></p>
<p>Age: <input type="text" data-help="Age in years"></p>
<p id="help"></p>

<script>
  let help = document.querySelector("#help");
  let fields = document.querySelectorAll("input");
  for (let field of Array.from(fields)) {
    field.addEventListener("focus", event => {
      let text = event.target.getAttribute("data-help");
      help.textContent = text;
    });
    field.addEventListener("blur", event => {
```

```
        help.textContent = "";
      });
    }
  </script>
```

Der folgende Screenshot zeigt den Hilfetext für das Altersfeld:

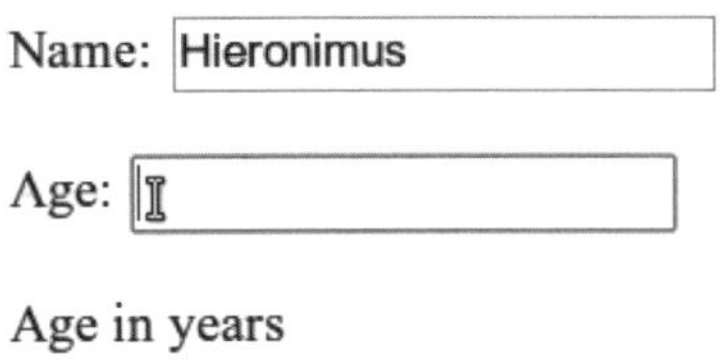


Das Fensterobjekt erhält ein "focus"- oder "blur"-Ereignis, wenn der Benutzer den Browsertab oder das Fenster mit dem angezeigten Dokument aufsucht bzw. verlässt.

## 15.10 Ladeereignisse

Wenn eine Seite fertig geladen ist, wird das "load"-Ereignis für das Fenster- und das Dokumentenrumpfobjekt ausgelöst. Dies wird häufig genutzt, um Initialisierungsaktionen zeitlich zu planen, für die das gesamte Dokument vorhanden sein muss. Denken Sie daran, dass der Inhalt des <script>-Tags sofort ausgeführt wird, wenn dieses Tag erscheint. Das kann jedoch zu früh sein, etwa wenn das Skript Teile des Dokuments bearbeiten muss, die erst nach diesem Tag auftreten.

Elemente wie Bilder und Skript-Tags, die eine externe Datei laden, verfügen auch über ein "load"-Ereignis, um anzugeben, dass die Dateien, auf die sie verweisen, geladen wurden. Ebenso wie Fokusereignisse werden auch Ladeereignisse nicht weitergeleitet.

Wird eine Seite geschlossen oder vom Benutzer verlassen (etwa weil er einem Link folgt), wird das Ereignis "beforeunload" ausgelöst. Der Hauptzweck besteht darin zu verhindern, dass ein Benutzer versehentlich nichtgespeicherte Änderungen verliert, wenn er ein Dokument schließt. Um das Entladen einer Seite zu verhindern, wird jedoch nicht, wie man denken könnte, die Methode preventDefault verwendet. Stattdessen gibt der Handler einen von NULL verschiedenen Wert zurück. Wenn das geschieht, zeigt der Browser dem Benutzer ein Dialogfeld an, in dem er gefragt wird, ob er die Seite wirklich verlassen möchte. Dieser Mechanismus sorgt dafür, dass der Benutzer immer in der Lage ist, die Seite zu verlassen, und das selbst auf Schadseiten, deren Betreiber ihn lieber für alle Zeiten dort festhalten und dazu zwingen möchten, sich fragwürdige Werbung für Mittelchen zum Abnehmen anzusehen.

## 15.11 Ereignisse und die Ereignisschleife

Im Kontext der Ereignisschleife, die wir bereits in Kapitel 11 besprochen haben, verhalten sich Browser-Ereignis-Handler genauso wie andere asynchrone Benachrichtigungen. Sie werden eingeplant, wenn das Ereignis eintritt, allerdings müssen sie warten, bis andere laufende Skripte abgeschlossen sind, bevor sie selbst ausgeführt werden können.

Die Tatsache, dass Ereignisse nur dann verarbeitet werden können, wenn gerade nichts anderes ausgeführt wird, bedeutet, dass jegliche Interaktion mit der Seite (die über Ereignisse erfolgt) verzögert wird, während die Ereignisschleife durch andere Aufgaben blockiert ist. Wenn Sie zu viel Arbeit einplanen – entweder durch Ereignis-Handler, die lange laufen, oder durch viele kurze –, wird die Seite daher langsam und schwerfällig.

Um zeitraubende Aufgaben im Hintergrund zu erledigen, ohne dass die Seite dabei einfriert, gibt es im Browser *Web Worker*. Ein Worker ist ein JavaScript-Prozess, der parallel zum Hauptskript in seinem eigenen Zeitverlauf ausgeführt wird.

Nehmen wir an, dass Quadrieren einer Zahl wäre eine arbeitsintensive, lange Berechnung, die wir in einem eigenen Thread durchführen möchten. Wir könnten dazu eine Datei namens `code/squareworker.js` schreiben, die auf Nachrichten reagiert, indem sie eine Quadratzahl berechnet und eine Antwort zurückschickt.

```
addEventListener("message", event => {
  postMessage(event.data * event.data);
});
```

Um die Probleme zu verhindern, die entstehen, wenn mehrere Threads auf die gleichen Daten zugreifen, teilen Worker weder ihren globalen Gültigkeitsbereich noch andere Daten mit der Umgebung des Hauptskripts. Stattdessen kommunizieren sie damit, indem sie Nachrichten senden und empfangen.

Der folgende Code erzeugt einen Worker, der das Skript ausführt, ihm einige Nachrichten sendet und dann die Antworten ausgibt:

```
let squareWorker = new Worker("code/squareworker.js");
squareWorker.addEventListener("message", event => {
  console.log("The worker responded:", event.data);
});
squareWorker.postMessage(10);
squareWorker.postMessage(24);
```

Die Funktion `postMessage` sendet eine Nachricht, die dazu führt, dass beim Empfänger ein `"message"`-Ereignis ausgelöst wird. Das Skript, das den Worker erstellt hat, sendet und empfängt Nachrichten durch das `Worker`-Objekt, doch der Worker kommuniziert mit diesem Skript, indem er unmittelbar in dessen globalem Gültigkeitsbereich sendet und lauscht. Nur Werte, die sich im JSON-Format darstellen lassen, können als Nachrichten gesendet werden, wobei der Empfänger eine *Kopie* davon erhält und nicht den Wert selbst.

## 15.12 Timer

In Kapitel 11 haben Sie die Funktion `setTimeout` kennengelernt. Sie plant eine andere Funktion für den späteren Aufruf nach einer gegebenen Anzahl von Millisekunden ein. Manchmal muss eine eingeplante Funktion abgebrochen werden. Dazu wird der von `setTimeout` zurückgegebene Wert gespeichert und `clearTimeout` dafür aufgerufen:

```
let bombTimer = setTimeout(() => {
  console.log("BOOM!");
}, 500);
if (Math.random() < 0.5) { // 50% chance
  console.log("Defused.");
  clearTimeout(bombTimer);
}
```

Die Funktion `cancelAnimation` funktioniert auf die gleiche Weise wie `clearTimeout`: Wird sie für den von `requestAnimationFrame` zurückgegebenen Wert aufgerufen, wird der Frame abgebrochen (sofern er noch nicht bereits aufgerufen wurde).

Mit dem ähnlichen Funktionspaar `setInterval` und `clearInterval` werden Timer eingestellt bzw. aufgehoben, die irgendetwas alle *x* Millisekunden *wiederholen* sollen:

```
let ticks = 0;
let clock = setInterval(() => {
  console.log("tick", ticks++);
  if (ticks == 10) {
    clearInterval(clock);
    console.log("stop.");
  }
}, 200);
```

## 15.13 Entprellen

Manche Arten von Ereignissen (beispielsweise `"mousemove"` und `"scroll"`) können in schneller Folge mehrfach hintereinander ausgelöst werden. Beim Umgang mit solchen Ereignissen müssen Sie aufpassen, dass Sie keine zeitraubenden Tätigkeiten durchführen, da der Handler sonst zu viel Zeit beansprucht und die Interaktion mit dem Dokument schwerfällig erscheint.

Wenn Sie in einem solchen Handler nichttriviale Aufgaben ausführen müssen, können Sie mit `setTimeout` dafür sorgen, dass Sie dies nicht zu oft tun. Dies wird gewöhnlich als *Entprellen* (Debouncing) des Ereignisses bezeichnet. Dazu gibt es mehrere leicht unterschiedliche Vorgehensweisen.

Im ersten Beispiel möchten wir auf Benutzereingaben reagieren, allerdings nicht sofort auf jedes einzelne Eingabeereignis. Wenn der Benutzer schnell tippt, wollen wir warten, bis er eine Pause macht. Anstatt sofort eine Aktion in dem Ereignis-

Handler auszuführen, legen wir ein Timeout fest. Außerdem löschen wir ggf. ein vorheriges Timeout, sodass bei Ereignissen, die rasch aufeinanderfolgen (in kürzerem Abstand als das Timeout), das Timeout des vorherigen Ereignisses abgebrochen wird.

```
<textarea>Type something here...</textarea>
<script>
  let textarea = document.querySelector("textarea");
  let timeout;
  textarea.addEventListener("input", () => {
    clearTimeout(timeout);
    timeout = setTimeout(() => console.log("Typed!"), 500);
  });
</script>
```

Wenn wir einen undefinierten Wert an `clearTimeout` übergeben oder wenn wir die Funktion für ein Timeout aufrufen, das bereits ausgelöst wurde, hat das keinerlei Auswirkung. Daher müssen wir nicht aufpassen, wann wir sie aufrufen dürfen, und tun das einfach für jedes Ereignis.

Wir können auch eine andere Vorgehensweise wählen, wenn wir die Reaktionen so verteilen möchten, dass sie mindestens einen bestimmten Zeitraum auseinanderliegen, aber *während* einer Folge von Ereignissen ausgelöst werden, nicht erst danach. Im folgenden Beispiel reagieren wir auf `"mouseover"`-Ereignisse, indem wir die aktuellen Koordinaten des Mauszeigers anzeigen, allerdings nur alle 250 Millisekunden:

```
<script>
  let scheduled = null;
  window.addEventListener("mousemove", event => {
    if (!scheduled) {
      setTimeout(() => {
        document.body.textContent =
          `Mouse at ${scheduled.pageX}, ${scheduled.pageY}`;
        scheduled = null;
      }, 250);
    }
    scheduled = event;
  });
</script>
```

## 15.14 Zusammenfassung

Ereignis-Handler ermöglichen es uns, Ereignisse auf unserer Webseite zu erkennen und darauf zu reagieren. Mit der Methode `addEventListener` werden solche Handler registriert.

Jedes Ereignis ist durch seinen Typ (`"keydown"`, `"focus"` usw.) gekennzeichnet. Die meisten Ereignisse werden für bestimmte DOM-Elemente ausgelöst und dann an die Vorfahren dieses Elements *weitergeleitet*, sodass die mit diesen Vorfahrenelementen verknüpften Handler die Ereignisse verarbeiten können.

Wird ein Ereignis-Handler aufgerufen, wird ihm ein Ereignisobjekt mit zusätzlichen Informationen über das Ereignis übergeben. Dieses Objekt verfügt außerdem über die Methode `stopPropagation`, die die Weiterleitung des Ereignisses unterbindet, und `preventDefault`, die die reguläre Handhabung des Ereignisses im Browser verhindert.

Durch die Betätigung einer Taste werden die Ereignisse `"keydown"` und `"keyup"` ausgelöst, durch die Betätigung einer Maustaste die Ereignisse `"mousedown"`, `"mouseup"` und `"click"`. Die Bewegung der Maus verursacht `"mousemove"`-Ereignisse. Interaktionen mit einem Touchscreen rufen die Ereignisse `"touchstart"`, `"touchmove"` und `"touchend"` hervor.

Scrollvorgänge können mit dem Ereignis `"scroll"` erkannt werden, Fokusänderungen mit `"focus"` und `"blur"`. Wenn das Dokument fertig geladen ist, wird für das Fenster das Ereignis `"load"` ausgelöst.

## 15.15 Übungen

### Luftballon

Schreiben Sie eine Seite, auf der (mithilfe des entsprechenden Emojis 🎈) ein Luftballon angezeigt wird. Beim Drücken der Taste mit dem aufwärts weisenden Pfeil soll der Ballon um 10 % aufgebläht werden, beim Drücken der Taste mit dem abwärts weisenden Pfeil um 10 % schrumpfen.

Die Größe von Text (und damit auch von Emojis) können Sie mit der CSS-Eigenschaft `font-size` (`style.fontSize`) des Elternelements steuern. Denken Sie daran, dass Sie eine Einheit für den Wert angeben müssen, z. B. Pixel (`10px`).

Die Namen der Pfeiltasten lauten `"ArrowUp"` bzw. `"ArrowDown"`. Sorgen Sie dafür, dass sich Betätigungen dieser Tasten nur auf die Ballongröße auswirken und keinen Scrollvorgang auslösen.

Wenn das funktioniert, sorgen Sie zusätzlich dafür, dass der Ballon platzt, also durch das Emoji 💥 ersetzt wird, wenn er eine bestimmte Größe überschreitet. Dabei muss auch der Ereignis-Handler entfernt werden, damit das neue Emoji nicht aufgebläht und geschrumpft werden kann.

### Mausspur

In der Frühzeit von JavaScript, die auch die große Zeit greller Webseiten mit vielen animierten Bildern war, ließen sich einige Leute äußerst kreative Anwendungen der Sprache einfallen. Eine davon war die *Mausspur* – ein Schweif von Elementen, die dem Mauszeiger bei seiner Bewegung über die Seite folgen.

In dieser Übung sollen Sie eine solche Mausspur implementieren. Verwenden Sie dazu absolut positionierte `<div>`-Elemente mit fester Größe und Hintergrundfarbe (ein Beispiel finden Sie im Code von *»Mausklicks«* auf *S. 263*). Erstellen Sie eine Reihe solcher Elemente und zeigen Sie sie im Kielwasser des Mauszeigers an, während sich die Maus bewegt. Dazu gibt es verschiedene Möglichkeiten. Sie können Ihre Lösung so einfach oder so anspruchsvoll machen, wie Sie wollen. Eine einfache Lösung, die sich als Ausgangspunkt anbietet, besteht darin, eine feste Anzahl von Spurelementen vorzuhalten und zyklisch zu durchlaufen, wobei Sie bei jedem `"mouseover"`-Ereignis das jeweils nächste in der Reihe zur aktuellen Position des Mauszeigers verschieben.

### Registerkarten

Registerkarten werden sehr häufig in Benutzeroberflächen verwenden. Diese ermöglichen es, einen Bereich der Oberfläche aufzurufen, indem Sie ihn über einen von mehreren Karteireitern auswählen, die über ein Element herausragen.

In dieser Übung sollen Sie eine einfache Oberfläche mit Registerkarten implementieren. Schreiben Sie die Funktion `asTabs`, die einen DOM-Knoten entgegennimmt und eine Registerkartenoberfläche mit den Kindelementen dieses Knotens anzeigt. Diese Funktion soll am oberen Rand des Knotens eine Liste von jeweils einem `<button>`-Element pro Kind einfügen und dabei den Text für die Beschriftung der Schaltflächen aus dem Attribut `data-tabname` des zugehörigen Kindelements entnehmen. Alle außer einem der ursprünglichen Kinder sollen verborgen sein (also den Wert `none` für das Format `display` aufweisen). Der anzuzeigende Knoten wird durch einen Klick auf die zugehörige Schaltfläche ausgewählt.

Wenn das funktioniert, erweitern Sie die Oberfläche so, dass die Schaltfläche für die ausgewählte Registerkarte anders dargestellt wird als die anderen, damit klar ist, welche gerade aktiv ist.

»Alle Wirklichkeit ist ein Spiel.«

– Iain Banks, *The Player of Games*
(auf Deutsch erschienen als *Das Spiel Azad*)

# 16 Projekt: Ein Jump'n'Run-Spiel

Wie bei vielen anderen computerbegeisterten Kindern nahm meine Faszination ihren Anfang bei Computerspielen. Ich versank in den kleinen simulierten Welten, in die ich eingreifen konnte und in denen sich (wenn auch sehr einfache) Geschichten abspielten. Allerdings lag das, so glaube ich, eher daran, dass ich meine eigenen Vorstellungen in diese Welten projizierte, als an den Möglichkeiten, die sie von sich aus boten.

Ich wünsche niemandem eine Karriere in der Spieleprogrammierung. Ähnlich wie in der Musikbranche ruft auch hier die Diskrepanz zwischen der Anzahl eifriger junger Menschen, die auf diesem Gebiet arbeiten möchten, und der tatsächlichen Nachfrage nach solchen Personen ein ziemlich unangenehmes Umfeld hervor. Spiele nur zum eigenen Vergnügen zu schreiben, macht dagegen Spaß.

In diesem Kapitel erstellen wir Schritt für Schritt ein kleines Jump'n'Run-Spiel. In Spielen dieser Art muss der Spieler eine Figur durch eine Welt bewegen, die gewöhnlich zweidimensional ist und in Seitenansicht dargestellt wird, und dabei zu höheren Ebenen hinauf- und über Hindernisse hinwegspringen.

## 16.1 Das Spiel

Unser Spiel basiert grob auf »Dark Blue« (*www.lessmilk.com/games/10*) von Thomas Palef. Ich habe mich für dieses Spiel entschieden, weil es sowohl unterhaltsam als auch minimalistisch ist und wir es ohne allzu viel Code nachstellen können.

Es sieht wie folgt aus:

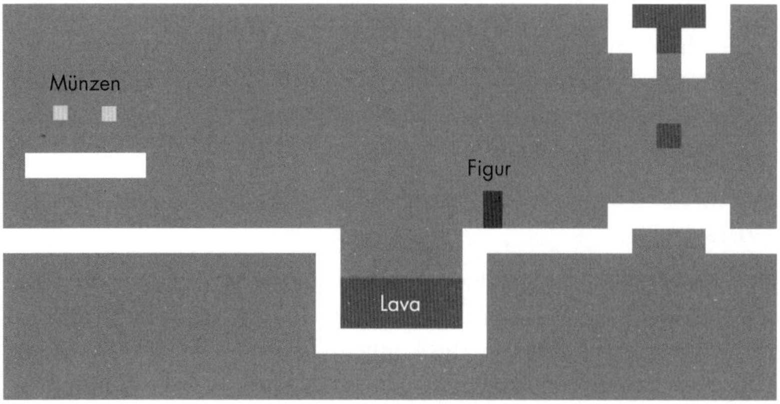


Das dunkle Feld stellt die Spielfigur dar, deren Aufgabe es ist, die kleinen Vierecke (Münzen) zu sammeln und dabei der Lava auszuweichen. Ein Level ist abgeschlossen, wenn alle darin befindlichen Münzen eingesammelt sind.

Der Spieler kann die Figur mit der Rechts- und Linkspfeiltaste horizontal bewegen und mit der Aufwärtspfeiltaste springen lassen. Bei einem solchen Sprung kann die Figur das Mehrfache ihrer Größe an Höhe gewinnen und mitten in der Luft ihre Bewegungsrichtung ändern. Das ist zwar nicht unbedingt sehr realistisch, gibt dem Spieler aber das Gefühl, die Figur voll unter seiner Kontrolle zu haben.

Das Spiel besteht aus einem statischen Hintergrund, der in einem Raster angeordnet ist, sowie beweglichen Elementen, die darüber liegen. Jedes Feld des Rasters ist entweder leer, massiv oder Lava. Die beweglichen Elemente sind die Figur, die Münzen und einzelne Lavabrocken. Die Positionen dieser Elemente sind nicht an das Raster gebunden. Ihre Koordinaten können auch Bruchzahlen sein, um eine glatte Bewegung zu ermöglichen.

## 16.2 Die Technologie

Wir verwenden das Browser-DOM, um das Spiel anzuzeigen, und Tastaturereignisse, um die Benutzereingaben zu lesen. Der Code für die Bildschirmanzeige und die Tastatureingaben bildet nur einen kleinen Teil der Arbeit, die wir erledigen müssen, um das Spiel zu erstellen. Da alle Bestandteile der Spielwelt wie farbige Kästen aussehen, ist das Zeichnen unkompliziert: Wir erstellen DOM-Elemente und nutzen die Formatierung, um ihre Farbe, Größe und Position festzulegen.

Da es sich bei dem Hintergrund um ein unveränderliches quadratisches Raster handelt, können wir ihn als Tabelle darstellen. Die frei beweglichen Elemente überlagern wir diesem Hintergrund mithilfe absolut positionierter Elemente.

In Spielen und anderen Programmen, die Grafiken animieren und ohne merkliche Verzögerung auf Benutzereingaben reagieren sollen, ist Effizienz wichtig. Das DOM ist zwar nicht zur Hochleistungs-Grafikanzeige gedacht, aber besser, als man erwarten könnte. (Beispiele für Animationen haben Sie bereits in Kapitel 14 kennengelernt.) Auf einem modernen Computer läuft ein einfaches Spiel wie dieses ausreichend schnell, auch wenn wir uns nicht sehr um Optimierung kümmern.

Im nächsten Kapitel sehen wir uns noch eine andere Browsertechnologie an, nämlich das Tag `<canvas>`, mit dem sich Grafiken auf eine eher traditionelle Art und Weise zeichnen lassen, also mit Formen und Pixeln statt mit DOM-Elementen.

## 16.3 Levels

Wir brauchen eine Möglichkeit, um die Levels auf eine für Menschen lesbare und von Menschen bearbeitbare Weise anzugeben. Da nichts dagegenspricht, dass am Anfang alles in einem festen Raster steht, können wir umfangreiche Strings verwenden, in denen jedes Zeichen für ein Element steht, entweder ein Teil des Hintergrundrasters oder ein bewegliches Element.

Der Plan für ein kleines Level kann dabei wie folgt aussehen:

```
let simpleLevelPlan = `
......................
..#................#..
..#..............=.#..
..#.........o.o....#..
..#.@......#####...#..
..#####............#..
......#++++++++++++#..
......##############..
......................`;
```

Punkte stehen für leeren Raum, Nummernzeichen (#) für Wände und Pluszeichen für Lava. Das @-Zeichen markiert die Ausgangsposition der Spielfigur. Jedes `o` ist eine Münze und das Gleichheitszeichen oben ist ein Lavabrocken, der sich horizontal hin- und herbewegt.

Darüber hinaus gibt es in dem Spiel noch zwei weitere Arten beweglicher Lava: Ein senkrechter Strich steht für Lavablasen, die sich vertikal hin- und herbewegen, und ein `v` für tropfende Lava. Auch sie bewegt sich vertikal, allerdings nur nach unten. Sobald sie den Boden berührt, springt sie zurück zu ihre Ausgangsposition.

Ein komplettes Spiel besteht aus mehreren Levels, die der Spieler abschließen muss, indem er alle darin befindlichen Münzen sammelt. Berührt die Figur Lava, wird das aktuelle Level auf seinen Ausgangszustand zurückgesetzt, sodass der Spieler es erneut versuchen kann.

## 16.4 Ein Level lesen

Die folgende Klasse speichert ein Levelobjekt. Ihr Argument ist der String, der das Level definiert.

```
class Level {
  constructor(plan) {
    let rows = plan.trim().split("\n").map(l => [...l]);
```

```
      this.height = rows.length;
      this.width = rows[0].length;
      this.startActors = [];
      this.rows = rows.map((row, y) => {
        return row.map((ch, x) => {
          let type = levelChars[ch];
          if (typeof type == "string") return type;
          this.startActors.push(
            type.create(new Vec(x, y), ch));
          return "empty";
        });
      });
    }
  }
```

Mit der Methode `trim` wird Weißraum am Anfang und Ende des Planstrings entfernt. Dadurch kann unser Beispielplan mit einem Zeilenumbruchzeichen beginnen, sodass alle Zeilen jeweils genau untereinander angezeigt werden. Der verbleibende String wird an den Zeilenumbrüchen aufgeteilt, wobei jede Zeile auf ein Array aufgeteilt wird, sodass sich Arrays aus Zeichen ergeben.

Dadurch verweist `rows` auf ein Array, das wiederum aus Arrays von Zeichen besteht, den Zeilen des Plans. Daraus können wir die Breite und Höhe des Levels gewinnen. Allerdings müssen wir immer noch die beweglichen Elemente – die wir im Folgenden als *Akteure* bezeichnen – aus dem Hintergrundraster lösen. Sie werden in einem Array aus Objekten gespeichert. Der Hintergrund ist ein Array aus Arrays von Strings mit Feldtypen wie `"empty"`, `"wall"` und `"lava"`.

Um diese Arrays zu erstellen, wenden wir `map` auf die Zeilen und darin wiederum auf deren Inhalt an. Wie Sie bereits gelernt haben, übergibt `map` den Array-Index als zweites Argument an die Mapping-Funktion, die uns die x- und y-Koordinate eines gegebenen Zeichens mitteilt. Die Positionen werden in diesem Spiel als Koordinatenpaar gespeichert, wobei der Punkt links oben die Position `0,0` einnimmt und jedes Hintergrundfeld eine Einheit hoch und breit ist.

Um die Zeichen in dem Plan zu interpretieren, greift der Konstruktor `Level` auf das Objekt `levelChars` zurück, das Hintergrundelemente auf Strings und Akteurzeichen auf Klassen abbildet. Wenn `type` eine Akteurklasse ist, wird deren statische Methode `create` verwendet, um ein Objekt zu erstellen, das dann zu `startActors` hinzugefügt wird. Für das entsprechende Hintergrundfeld gibt die Mapping-Funktion dann `"empty"` zurück.

Die Position der Akteure wird als `Vec`-Objekt gespeichert. Dabei handelt es sich um einen zweidimensionalen Vektor, ein Objekt mit den Eigenschaften `x` und `y` (siehe die Übungen in Kapitel 6).

Im Verlauf des Spiels nehmen die Akteure unterschiedliche Positionen ein und können sogar ganz verschwinden (die Münzen, wenn sie eingesammelt werden). Um den Überblick über den Status eines laufenden Spiels zu bewahren, verwenden wir die Klasse `State`:

```
  class State {
```

```
  constructor(level, actors, status) {
    this.level = level;
    this.actors = actors;
    this.status = status;
  }

  static start(level) {
    return new State(level, level.startActors, "playing");
  }

  get player() {
    return this.actors.find(a => a.type == "player");
  }
}
```

Am Ende des Spiels wird die Eigenschaft `status` auf `"lost"` oder `"won"` gesetzt.

Auch dies ist eine persistente Datenstruktur: Bei der Aktualisierung des Spielstatus wird ein neuer Status erstellt und der alte unverändert gelassen.

## 16.5 Akteure

Ein Akteurobjekt steht für die aktuelle Position und den Status eines gegebenen beweglichen Elements. Alle Akteurobjekte weisen die gleiche Schnittstelle auf. Ihre Eigenschaft `pos` gibt die Koordinaten der oberen linken Ecke des Elements an und ihre Eigenschaft `size` dessen Größe.

Diese Objekte verfügen über die besondere Methode `update`, um nach einem gegebenen Zeitschritt den neuen Status und die neue Position zu berechnen. Sie simuliert die Tätigkeit des Akteurs, also etwa die Bewegung der Figur entsprechend den betätigten Pfeiltasten oder das Hin und Her von Lavabrocken, zudem gibt ein neues, aktualisiertes Akteurobjekt zurück.

Die Eigenschaft `type` enthält einen String, der die Art des Akteurs angibt, also `"player"`, `"coin"` oder `"lava"`. Das wird beim Zeichnen des Spiels gebraucht: Das Aussehen des Rechtecks für die Figur wird anhand ihres Typs bestimmt.

Akteurklassen verfügen über die statische Methode `create`, die vom Konstruktor `Level` verwendet wird, um aus einem Zeichen im Levelplan einen Akteur zu erstellen. Ihr werden die Koordinaten des Zeichens und das Zeichen selbst übergeben. Letzteres ist erforderlich, da die Klasse `Lava` mehrere verschiedene Zeichen verwendet.

Die Klasse `Vec` für zweidimensionale Werte, etwa die Position und Größe von Akteuren, sieht wie folgt aus:

```
class Vec {
  constructor(x, y) {
    this.x = x; this.y = y;
  }
  plus(other) {
    return new Vec(this.x + other.x, this.y + other.y);
```

```
  }
  times(factor) {
    return new Vec(this.x * factor, this.y * factor);
  }
}
```

Die Methode `times` skaliert einen Vektor um eine gegebene Zahl. Wir brauchen sie, wenn wir einen Geschwindigkeitsvektor mit einem Zeitintervall multiplizieren, um die während dieser Zeit zurückgelegte Strecke zu bestimmen.

Da die verschiedenen Arten von Akteuren ein sehr unterschiedliches Verhalten zeigen, haben sie jeweils ihre eigene Klasse, die wir im Folgenden definieren. Um ihre `update`-Methoden werden wir uns später kümmern.

Die Klasse `Player` verfügt über die Eigenschaft `speed`. Darin wird die aktuelle Geschwindigkeit zur Simulation von Impuls und Schwerkraft gespeichert.

```
class Player {
  constructor(pos, speed) {
    this.pos = pos;
    this.speed = speed;
  }

  get type() { return "player"; }

  static create(pos) {
    return new Player(pos.plus(new Vec(0, -0.5)),
                      new Vec(0, 0));
  }
}

Player.prototype.size = new Vec(0.8, 1.5);
```

Da die Spielfigur anderthalb Rasterfelder hoch ist, wird ihre Anfangsposition ein halbes Feld über die Position gesetzt, an der das Zeichen `@` steht. Dadurch schließt ihr unterer Rand mit dem unteren Feld ab.

Die Eigenschaft `size` ist für alle Instanzen von `Player` gleich, weshalb wir sie im Prototyp und nicht in den Instanzen speichern. Wir könnten auch eine Get-Methode wie `type` verwenden. Aber dadurch würde jedes Mal, wenn wir ein neues `Vec`-Objekt erstellen und zurückgeben, die Eigenschaft gelesen, was Ressourcenverschwendung wäre. Da Strings unveränderbar sind, müssen sie nicht bei jeder Auswertung neu erstellt werden.

Bei der Konstruktion von `Lava`-Akteuren müssen wir die Objekte je nachdem, auf welchem Zeichen sie beruhen, unterschiedlich initialisieren. Dynamische Lava bewegt sich mit der aktuellen Geschwindigkeit, bis sie auf ein Hindernis stößt. Wenn das geschieht und sie über die Eigenschaft `reset` verfügt, springt sie zu ihrem Ausgangspunkt zurück (tropfende Lava). Hat sie diese Eigenschaft nicht, wird die Geschwindigkeit negiert, sodass sie sich in der entgegengesetzten Richtung weiterbewegt.

Die Methode create schaut sich das vom Konstruktor Level übergebene Zeichen an und erstellt den passenden Lava-Akteur.

```
class Lava {
  constructor(pos, speed, reset) {
    this.pos = pos;
    this.speed = speed;
    this.reset = reset;
  }

  get type() { return "lava"; }

  static create(pos, ch) {
    if (ch == "=") {
      return new Lava(pos, new Vec(2, 0));
    } else if (ch == "|") {
      return new Lava(pos, new Vec(0, 2));
    } else if (ch == "v") {
      return new Lava(pos, new Vec(0, 3), pos);
    }
  }
}

Lava.prototype.size = new Vec(1, 1);
```

Coin-Akteure sind relativ einfach. Meistens verharren sie an Ort und Stelle. Um das Spiel ein wenig zu beleben, lassen wir sie ein bisschen wackeln. Sie bewegen sich also ein wenig auf und ab. Um diese Bewegung verfolgen zu können, speichert ein Münzenobjekt eine Grundposition sowie die Eigenschaft wobble, die die aktuelle Phase der Wackelbewegung angibt. Aus diesen beiden Angaben können wir die aktuelle Position der Münze berechnen (die dann in der Eigenschaft pos gespeichert wird).

```
class Coin {
  constructor(pos, basePos, wobble) {
    this.pos = pos;
    this.basePos = basePos;
    this.wobble = wobble;
  }

  get type() { return "coin"; }

  static create(pos) {
    let basePos = pos.plus(new Vec(0.2, 0.1));
    return new Coin(basePos, basePos,
                    Math.random() * Math.PI * 2);
  }
}

Coin.prototype.size = new Vec(0.6, 0.6);
```

Im Abschnitt »*Positionierung und Animation*« auf *S. 251* haben wir gesehen, dass wir mit `Math.sin` die *y*-Koordinate eines Punktes auf einem Kreis ermitteln können. Bei der Bewegung entlang dieses Kreises wächst und schrumpft der Koordinatenwert in einer sanften Wellenform, weshalb sich die Sinusfunktion zur Modellierung einer Wellenbewegung gut eignet.

Um zu verhindern, dass sich alle Münzen synchron auf und ab bewegen, wird die Startphase jeder Münze zufällig bestimmt. Die *Phase* der `Math.sin`-Schwingung, also deren gesamte Breite, beträgt $2\pi$. Wir multiplizieren den von `Math.random` zurückgegebenen Wert mit dieser Zahl, um der Münze eine zufällige Startposition in dem Schwingungsverlauf mitzugeben.

Jetzt können wir das Objekt `levelChars` definieren, das die Planzeichen entweder zu Typen des Hintergrundrasters oder zur Akteurklassen zuordnet:

```
const levelChars = {
  ".": "empty", "#": "wall", "+": "lava",
  "@": Player, "o": Coin,
  "=": Lava, "|": Lava, "v": Lava
};
```

Damit haben wir jetzt alle erforderlichen Teile zusammen, um eine Instanz von `Level` zu erstellen:

```
let simpleLevel = new Level(simpleLevelPlan);
console.log(`${simpleLevel.width} by ${simpleLevel.height}`);
// → 22 by 9
```

Die nächste Aufgabe besteht darin, die Levels auf dem Bildschirm auszugeben und den Zeitverlauf und die Bewegung darin zu modellieren.

## 16.6 Kapselung als zusätzliche Belastung

Im Großteil des Codes in diesem Kapitel kümmern wir uns nicht sehr um Kapselung. Aus zwei Gründen: Erstens erfordert eine Kapselung mehr Aufwand. Sie lässt Programme größer werden und macht es nötig, zusätzliche Konzepte und Schnittstellen einzuführen. Da man Lesern nur eine begrenzte Menge an Code zumuten kann, bevor sie anfangen, ihn nur noch zu überfliegen, bemühe ich mich hier, das Programm klein zu halten. Zweitens ist es aufgrund der engen Verknüpfung der einzelnen Elemente in dem Spiel sehr unwahrscheinlich, dass bei der Änderung des Verhaltens eines dieser Elemente die anderen unverändert bleiben könnten. Der Code für die Schnittstellen zwischen den Elementen müsste eine Menge Annahmen darüber enthalten, wie das Spiel funktioniert, was sie deutlich weniger effektiv macht. Denn wenn Sie einen Teil des Systems ändern, müssen Sie sich trotzdem noch Gedanken darüber machen, wie sich das auf die anderen Teile auswirkt, da deren Schnittstellen die neue Situation nicht abdecken können.

Einige *Trennstellen* in einem System bieten sich für eine Aufteilung mithilfe rigoroser Schnittstellen geradezu an. Bei anderen ist das dagegen nicht der Fall.

Mit dem Versuch, etwas zu kapseln, was keine geeigneten Grenzen hat, verschwenden Sie nur Kraft. Wenn Sie in diese Falle tappen, werden Ihre Schnittstellen gewöhnlich unhandlich groß, detailliert und müssen während der Entwicklung des Programms häufig geändert werden.

Eine Sache werden wir jedoch kapseln, nämlich das Subsystem zum Zeichnen. Der Grund dafür ist, dass wir das gleiche Spiel im nächsten Kapitel auf eine andere Art und Weise anzeigen lassen werden. Dadurch, dass wir den Zeichenvorgang hinter einer Schnittstelle verstecken, können wir das Programm im nächsten Kapitel wiederverwenden und ihm einfach ein neues Anzeigemodul hinzufügen.

## 16.7 Zeichnen

Um den Zeichencode zu kapseln, definieren wir ein *Anzeigeobjekt*, das ein übergebenes Level und einen Status anzeigt. Der Anzeigetyp, den wir in diesem Kapitel definieren, heißt `DOMDisplay`, da wir zur Darstellung eines Levels DOM-Elemente verwenden.

Um die Farben und anderen unveränderlichen Eigenschaften der Elemente festzulegen, aus denen das Spiel besteht, verwenden wir ein Stylesheet. Wir könnten diese Aspekte auch unmittelbar beim Erstellen der Elemente in deren Eigenschaft `style` angeben, aber dadurch würde das Programm sehr wortreich.

Die folgende Hilfsfunktion bietet eine Möglichkeit, um ein Element kurz und bündig zu erstellen und ihm einige Attribute und Kindknoten mitzugeben:

```
function elt(name, attrs, ...children) {
  let dom = document.createElement(name);
  for (let attr of Object.keys(attrs)) {
    dom.setAttribute(attr, attrs[attr]);
  }
  for (let child of children) {
    dom.appendChild(child);
  }
  return dom;
}
```

Um eine Anzeige zu erstellen, übergeben wir dem Konstruktor ein Elternobjekt, mit dem sie verknüpft werden soll, sowie ein Levelobjekt:

```
class DOMDisplay {
  constructor(parent, level) {
    this.dom = elt("div", {class: "game"}, drawGrid(level));
    this.actorLayer = null;
    parent.appendChild(this.dom);
  }

  clear() { this.dom.remove(); }
}
```

Das Hintergrundraster des Levels wird nur einmal gezeichnet, da es sich schließlich nie ändert. Akteure werden jedes Mal neu gezeichnet, wenn die Anzeige mit einem gegebenen Status aktualisiert wird. Mit der Eigenschaft `actorLayer` verfolgen wir das Element, das die Akteure enthält, damit wir diese leicht entfernen und ersetzen können.

Die Koordinaten und Größen sind in Rastereinheiten eingegeben. Wenn wir Größen in Pixeln festlegen, müssen wir diese Koordinaten skalieren. Die Elemente im Spiel wären absurd klein, wenn wir nur ein Pixel pro Rasterfeld verwenden würden. Die Konstante `scale` gibt an, aus wie vielen Pixeln eine Rastereinheit besteht.

```
const scale = 20;

function drawGrid(level) {
  return elt("table", {
    class: "background",
    style: `width: ${level.width * scale}px`
  }, ...level.rows.map(row =>
    elt("tr", {style: `height: ${scale}px`},
        ...row.map(type => elt("td", {class: type})))
  ));
}
```

Wie bereits erwähnt, wird der Hintergrund als `<table>`-Element gezeichnet. Das entspricht praktischerweise der Struktur der Leveleigenschaft `rows`, sodass jede Zeile des Rasters in eine Tabellenzeile (`<tr>`-Element) umgewandelt werden kann. Die Strings im Raster dienen dabei als Klassennamen für die Elemente der Tabellenzellen (`<td>`). Mit dem Verteilungsoperator (drei Punkte) werden die Elemente eines Arrays aus Kindknoten als separate Argumente an `elt` übergeben.

Der folgende CSS-Code gestaltet die Tabelle zu dem von uns gewünschten Hintergrund um:

```
.background { background: rgb(52, 166, 251);
              table-layout: fixed;
              border-spacing: 0;              }
.background td { padding: 0;                  }
.lava          { background: rgb(255, 100, 100); }
.wall          { background: white;           }
```

Die Eigenschaften `table-layout`, `border-spacing` und `padding` dienen dazu, unerwünschtes Standardverhalten zu unterdrücken. Das Layout der Tabelle soll nicht vom Inhalt der Zellen abhängen, und die Zellen sollen auch nicht mit Leerzeichen getrennt oder aufgefüllt werden.

Die Regel `background` legt die Hintergrundfarbe fest. In CSS können Farben in Form von Farbnamen (wie `white`), aber auch im Format `rgb(R, G, B)` angegeben werden. Der rote, grüne und blaue Anteil wird dabei jeweils als eine Zahl von 0 bis 255 dargestellt. Bei `rgb(52, 166, 251)` liegt der Rotanteil bei 52, der Grünanteil bei 166 und der Blauanteil bei 251. Da die blaue Komponente den größten

Wert hat, hat die resultierende Farbe einen Blauton. In der `.lava`-Regel dagegen ist die erste Zahl (für Rot) die größte.

Wir zeichnen die einzelnen Akteure, indem wir jeweils ein DOM-Element für sie erstellen und dessen Position und Größe entsprechend den Eigenschaften des Akteurs festlegen. Um von Rastereinheiten zu Pixeln zu kommen, müssen wir die Werte mit `scale` multiplizieren.

```
function drawActors(actors) {
  return elt("div", {}, ...actors.map(actor => {
    let rect = elt("div", {class: `actor ${actor.type}`});
    rect.style.width = `${actor.size.x * scale}px`;
    rect.style.height = `${actor.size.y * scale}px`;
    rect.style.left = `${actor.pos.x * scale}px`;
    rect.style.top = `${actor.pos.y * scale}px`;
    return rect;
  }));
}
```

Wenn ein Element mehr als eine Klasse haben soll, müssen wir die Klassennamen durch Leerzeichen trennen. In dem folgenden CSS-Code sorgt die Klasse `actor` für eine absolute Positionierung der Akteure. Der Typname wird als zusätzliche Klasse verwendet, um eine Farbe zuzuweisen. Die Klasse `lava` müssen wir hier nicht noch einmal definieren, da wir einfach die zuvor definierte Klasse für die Lavarasterfelder wiederverwenden.

```
.actor  { position: absolute;            }
.coin   { background: rgb(241, 229, 89); }
.player { background: rgb(64, 64, 64);   }
```

Die Methode `syncState` sorgt dafür, dass die Anzeige einen bestimmten Zustand darstellt. Dazu entfernt sie zunächst die alten Akteurgrafiken, falls vorhanden, und zeichnet die Akteure dann in ihren neuen Positionen. Die Versuchung ist groß, für die Akteure die DOM-Elemente wiederzuverwenden, aber damit das funktioniert, müssten wir eine Menge zusätzlicher Verwaltungsaufgaben durchführen, um Akteure mit DOM-Elementen zu verknüpfen und sicherzustellen, dass wir die Elemente entfernen, wenn Akteure verschwinden. Da wir in dem Spiel immer nur eine Hand voll Akteure haben, ist es auch kein großer Aufwand, sie neu zu zeichnen.

```
DOMDisplay.prototype.syncState = function(state) {
  if (this.actorLayer) this.actorLayer.remove();
  this.actorLayer = drawActors(state.actors);
  this.dom.appendChild(this.actorLayer);
  this.dom.className = `game ${state.status}`;
  this.scrollPlayerIntoView(state);
};
```

Da wir den aktuellen Status des Levels als Klassenname zum Wrapper hinzufügen, können wir den Akteur der Spielfigur je nachdem, ob das Spiel gewonnen oder verloren ist, etwas anders darstellen. Dazu schreiben wir eine CSS-Regel, die nur dann in Kraft tritt, wenn die Figur ein Vorfahrenelement einer bestimmten Klasse hat:

```
.lost .player {
  background: rgb(160, 64, 64);
}
.won .player {
  box-shadow: -4px -7px 8px white, 4px -7px 8px white;
}
```

Wenn die Figur Lava berührt, wird sie dunkelrot, was eine Verbrennung anzeigen soll. Wenn die letzte Münze gesammelt wurde, fügen wir zwei verschwommene weiße Schatten hinzu – einen oben links und einen oben rechts –, um einen Haloeffekt zu erzeugen.

Wir können nicht voraussetzen, dass das Level immer in den *Viewport* passt, also das Element, in dem wir das Spiel zeichnen. Aus diesem Grund ist der Aufruf von `scrollPlayerIntoView` erforderlich. Wenn ein Level aus dem sichtbaren Bereich herausragt, sorgt dieser Aufruf dafür, dass der Viewport so gescrollt wird, dass sich die Figur in der Nähe der Mitte befindet. Der folgende CSS-Code verleiht dem DOM-Element, das das Spiel einschließt, eine Maximalgröße, und sorgt dafür, dass alles, was aus der Box dieses Elements herausragt, nicht sichtbar ist. Außerdem positionieren wir das Element relativ, sodass die Akteure darin relativ zur oberen linken Ecke des Levels platziert werden.

```
.game {
  overflow: hidden;
  max-width: 600px;
  max-height: 450px;
  position: relative;
}
```

In der Methode `scrollPlayerIntoView` ermitteln wir die Position der Figur und aktualisieren die Scrollposition des umgebenden Elements. Dazu bearbeiten wir die Eigenschaften `scrollLeft` bzw. `scrollRight`, wenn sich die Figur zu nah an einer Kante befindet.

```
DOMDisplay.prototype.scrollPlayerIntoView = function(state) {
  let width = this.dom.clientWidth;
  let height = this.dom.clientHeight;
  let margin = width / 3;

  // Der Viewport
  let left = this.dom.scrollLeft, right = left + width;
  let top = this.dom.scrollTop, bottom = top + height;

  let player = state.player;
  let center = player.pos.plus(player.size.times(0.5))
                         .times(scale);
```

```
  if (center.x < left + margin) {
    this.dom.scrollLeft = center.x - margin;
  } else if (center.x > right - margin) {
    this.dom.scrollLeft = center.x + margin - width;
  }
  if (center.y < top + margin) {
    this.dom.scrollTop = center.y - margin;
  } else if (center.y > bottom - margin) {
    this.dom.scrollTop = center.y + margin - height;
  }
};
```

Um den Mittelpunkt der Figur zu ermitteln, addieren wir ihre Position (ihre oberste linke Ecke) und ihre halbe Größe. Dadurch erhalten wir den Mittelpunkt in Rasterkoordinaten. Da wir sie aber in Pixelkoordinaten brauchen, multiplizieren wir den resultierenden Wert mit dem Skalierungsfaktor. Hieran können Sie erkennen, wie es uns die Methoden des Typs `Vec` erlauben, Berechnungen mit Objekten auf relativ gut lesbare Weise zu schreiben.

Als Nächstes prüfen wir, ob sich die Position der Figur außerhalb des zulässigen Bereichs befindet. Beachten Sie, dass dabei manchmal unsinnige Scrollkoordinaten verlangt werden, die kleiner als 0 sind oder aus dem scrollbaren Bereich des Elements hinausgehen. Das ist jedoch kein Problem, da das DOM diese Koordinaten auf akzeptable Werte einschränkt. Wenn wir `scrollLeft` auf –10 setzen, wird daraus lediglich 0.

Es wäre etwas einfacher, immer zu versuchen, die Figur in die Mitte des Viewports zu scrollen, allerdings würde das zu einem äußerst unschönen Effekt führen: Wenn die Figur springt, würde die Ansicht ständig nach oben und unten verschoben. Es ist angenehmer, wenn es eine neutrale Fläche in der Bildschirmmitte gibt, in der sich die Figur bewegen kann, ohne einen Scrollvorgang zu verursachen.

Jetzt können wir unser kleines Level anzeigen:

```
<link rel="stylesheet" href="css/game.css">

<script>
  let simpleLevel = new Level(simpleLevelPlan);
  let display = new DOMDisplay(document.body, simpleLevel);
  display.syncState(State.start(simpleLevel));
</script>
```

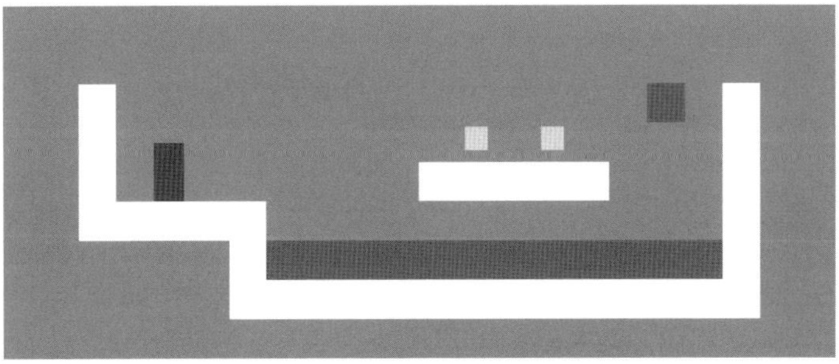

Ein `<link>`-Tag mit dem Attribut `rel="stylesheet"` ist eine Möglichkeit, um eine CSS-Datei in eine Seite zu laden. Die Datei `game.css` enthält die für unser Spiel erforderlichen Formate.

## 16.8 Bewegungen und Kollisionen

Wir sind jetzt so weit, dass wir uns um die Bewegungen kümmern können, den interessantesten Aspekt des Spiels. Die grundlegende Vorgehensweise, die bei den meisten Spielen dieser Art angewendet wird, besteht darin, die Zeit in kleine Schritte einzuteilen und die Akteure bei jedem Schritt um eine Entfernung zu versetzen, die ihrer Geschwindigkeit, multipliziert mit der in diesem Schritt verstrichenen Zeit, entspricht. Dabei werden wir die Zeit in Sekunden messen und Geschwindigkeiten als Einheiten pro Sekunde ausdrücken.

Die eigentliche Bewegung ist einfach. Schwierig wird es jedoch, wenn es zu Wechselwirkungen zwischen den Elementen kommt. Wenn die Figur auf eine Wand oder den Boden trifft, darf sie sich nicht einfach hindurchbewegen. Das Spiel muss es erkennen, wenn eine Bewegung dazu führt, dass ein Objekt auf ein anderes stößt, und entsprechend reagieren. Bei Kollisionen mit Wänden muss die Bewegung anhalten, bei der Berührung einer Münze muss diese eingesammelt werden, und beim Kontakt mit Lava ist das Spiel verloren.

Solche Probleme allgemein zu lösen, ist eine immense Aufgabe. Es gibt Bibliotheken (gewöhnlich *Physik-Engines* genannt), die Interaktionen zwischen physischen Objekten in zwei oder drei Dimensionen simulieren. In diesem Kapitel wollen wir jedoch etwas bescheidener vorgehen und lediglich Kollisionen zwischen rechteckigen Objekten betrachten und sie überdies auf ziemlich einfache Weise handhaben.

Bevor wir die Figur oder einen Lavabrocken bewegen, prüfen wir, ob die Bewegung den Akteur in eine Wand führt. Wenn ja, brechen wir die Bewegung einfach ganz ab. Die Reaktion auf diese Art von Kollision hängt von der Art des Akteurs ab: Die Figur bleibt stehen, der Lavabrocken dagegen kehrt um.

Diese Vorgehensweise macht es erforderlich, kleine Zeitschritte zu wählen, da die Bewegung schon aufhört, bevor das Objekt tatsächlich berührt wird. Wenn die Zeitschritte (und damit auch die Bewegungsschritte) zu groß sind, kann das dazu führen, dass die Figur in einem merklichen Abstand über dem Boden schwebt. Eine bessere, aber auch viel kompliziertere Möglichkeit besteht darin, den Kollisionsort genau zu ermitteln und die Figur dorthin zu bewegen. Wir folgen hier jedoch der einfacheren Vorgehensweise und verschleiern ihre Nachteile dadurch, dass wir die Animation in sehr kleinen Schritten voranschreiten lassen.

Die folgende Methode gibt an, ob ein Rechteck (festgelegt durch seine Position und Größe) ein Rasterelement eines bestimmten Typs berührt:

```
Level.prototype.touches = function(pos, size, type) {
  var xStart = Math.floor(pos.x);
  var xEnd = Math.ceil(pos.x + size.x);
  var yStart = Math.floor(pos.y);
```

```
    var yEnd = Math.ceil(pos.y + size.y);

    for (var y = yStart; y < yEnd; y++) {
      for (var x = xStart; x < xEnd; x++) {
        let isOutside = x < 0 || x >= this.width ||
                        y < 0 || y >= this.height;
        let here = isOutside ? "wall" : this.rows[y][x];
        if (here == type) return true;
      }
    }
    return false;
  };
```

Diese Methode ermittelt, mit welchen Rasterfeldern die Figur überlappt, indem sie `Math.floor` und `Math.ceil` auf deren Koordinaten anwendet. Denken Sie daran, dass die Rasterfelder eine Größe von 1 × 1 aufweisen. Durch Auf- bzw. Abrunden der Kantenpositionen eines Vierecks erhalten wir den Bereich der Hintergrundfelder, die dieses Viereck berührt.

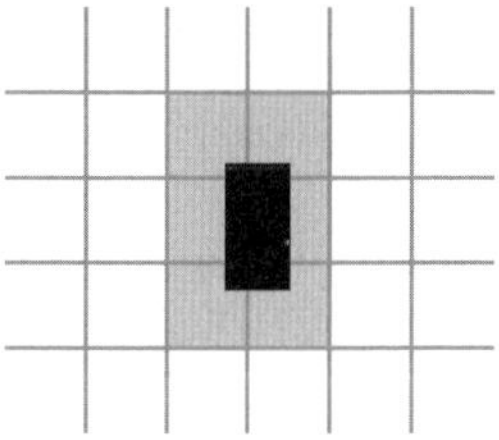

Wir durchlaufen den Block der auf diese Weise gefunden Rasterfelder in einer Schleife und geben `true` zurück, wenn wir ein Feld vom übergebenen Typ finden. Felder außerhalb des Levels werden immer als `"wall"` behandelt, damit die Figur ihre Welt nicht verlassen kann und wir nicht versehentlich außerhalb der Grenzen des Arrays `rows` lesen.

Die `State`-Methode `update` verwendet `touch`, um herauszufinden, ob die Figur Lava berührt:

```
State.prototype.update = function(time, keys) {
  let actors = this.actors
    .map(actor => actor.update(time, this, keys));
  let newState = new State(this.level, actors, this.status);

  if (newState.status != "playing") return newState;

  let player = newState.player;
  if (this.level.touches(player.pos, player.size, "lava")) {
    return new State(this.level, actors, "lost");
  }

  for (let actor of actors) {
    if (actor != player && overlap(actor, player)) {
      newState = actor.collide(newState);
```

```
    }
  }
  return newState;
};
```

Der Methode werden ein Zeitschritt und eine Datenstruktur übergeben, die ihr mitteilt, welche Tasten gerade gedrückt werden. Als Erstes ruft sie die Methode `update` für alle Akteure auf und produziert ein Array aktualisierter Akteure. Auch den Akteuren werden der Zeitschritt, die Information über die gedrückten Tasten und der Status übergeben, sodass sie die Aktualisierung darauf aufbauen können. Jedoch liest nur die Figur die Tasteninformationen, da sie als einziger Akteur über die Tastatur gesteuert wird.

Wenn das Spiel bereits vorbei ist, muss keine weitere Verarbeitung mehr erfolgen (wenn das Spiel verloren ist, kann es nicht mehr gewonnen werden und umgekehrt). Anderenfalls prüft die Methode, ob die Figur Hintergrundlava berührt. Wenn ja, ist das Spiel verloren und wir sind fertig. Läuft das Spiel aber weiter, prüft die Methode, ob irgendwelche anderen Akteure mit der Figur überlappen.

Überlappungen zwischen Akteuren werden mithilfe der Funktion `overlap` erkannt. Sie nimmt zwei Akteurobjekte entgegen und gibt `true` zurück, wenn sie einander berühren. Das ist der Fall, wenn sie sich sowohl entlang der *x*- als auch der *y*-Achse überlappen.

```
function overlap(actor1, actor2) {
  return actor1.pos.x + actor1.size.x > actor2.pos.x &&
         actor1.pos.x < actor2.pos.x + actor2.size.x &&
         actor1.pos.y + actor1.size.y > actor2.pos.y &&
         actor1.pos.y < actor2.pos.y + actor2.size.y;
}
```

Überlappt die Figur mit einem anderen Akteur, erhält ihre Methode `collide` die Gelegenheit, den Status zu aktualisieren. Die Berührung eines Lavaakteurs setzt den Spielstatus auf `"lost"`. Münzen verschwinden, wenn die Figur sie berührt. Bei der letzten Münze eines Levels wird dabei der Status auf `"won"` gesetzt.

```
Lava.prototype.collide = function(state) {
  return new State(state.level, state.actors, "lost");
};

Coin.prototype.collide = function(state) {
  let filtered = state.actors.filter(a => a != this);
  let status = state.status;
  if (!filtered.some(a => a.type == "coin")) status = "won";
  return new State(state.level, filtered, status);
};
```

## 16.9 Akteure aktualisieren

Die update-Methoden der Akteurobjekte nehmen als Argumente den Zeitschritt, das Statusobjekt sowie ein keys-Objekt entgegen, wobei letzteres beim Akteurtyp Lava ignoriert wird.

```
Lava.prototype.update = function(time, state) {
  let newPos = this.pos.plus(this.speed.times(time));
  if (!state.level.touches(newPos, this.size, "wall")) {
    return new Lava(newPos, this.speed, this.reset);
  } else if (this.reset) {
    return new Lava(this.reset, this.speed, this.reset);
  } else {
    return new Lava(this.pos, this.speed.times(-1));
  }
};
```

Diese update-Methode berechnet die neue Position, indem sie das Produkt aus dem Zeitschritt und der aktuellen Geschwindigkeit zur alten Position addiert. Wenn kein Hindernis an der neuen Position liegt, wird der Akteur dorthin bewegt. Im Fall eines Hindernisses hängt das Verhalten vom Typ des Lavabrockens ab: Tropfende Lava hat eine reset-Position, zu der sie zurückspringt, wenn sie etwas trifft. Lava, die hin- und herläuft, multipliziert ihre Geschwindigkeit mit –1, sodass sie sich in die entgegengesetzte Richtung weiterbewegt.

Münzen verwenden ihre update-Methode, um zu wackeln. Kollisionen mit dem Raster werden bei ihnen nicht betrachtet, da sie nur in ihrem eigenen Feld vor sich hin wackeln.

```
const wobbleSpeed = 8, wobbleDist = 0.07;

Coin.prototype.update = function(time) {
  let wobble = this.wobble + time * wobbleSpeed;
  let wobblePos = Math.sin(wobble) * wobbleDist;
  return new Coin(this.basePos.plus(new Vec(0, wobblePos)),
                  this.basePos, wobble);
};
```

Die Eigenschaft wobble wird inkrementiert, um dem Zeitverlauf zu folgen, und dann als Argument an Math.sin übergeben, um die neue Position in der Schwingung zu finden. Anschließend wird die aktuelle Position der Münze aus ihrer Grundposition und einem auf dieser Schwingung beruhenden Versatz berechnet.

Bleibt noch die Spielfigur. Ihre Bewegungen werden für die beiden Achsen separat behandelt, da die horizontale Bewegung nicht durch die Berührung des Bodens und die Fall- und Sprungbewegung nicht durch die Berührung einer Wand beschränkt werden soll.

```
const playerXSpeed = 7;
const gravity = 30;
const jumpSpeed = 17;
```

```
Player.prototype.update = function(time, state, keys) {
  let xSpeed = 0;
  if (keys.ArrowLeft) xSpeed -= playerXSpeed;
  if (keys.ArrowRight) xSpeed += playerXSpeed;
  let pos = this.pos;
  let movedX = pos.plus(new Vec(xSpeed * time, 0));
  if (!state.level.touches(movedX, this.size, "wall")) {
    pos = movedX;
  }

  let ySpeed = this.speed.y + time * gravity;
  let movedY = pos.plus(new Vec(0, ySpeed * time));
  if (!state.level.touches(movedY, this.size, "wall")) {
    pos = movedY;
  } else if (keys.ArrowUp && ySpeed > 0) {
    ySpeed = -jumpSpeed;
  } else {
    ySpeed = 0;
  }
  return new Player(pos, new Vec(xSpeed, ySpeed));
};
```

Die horizontale Bewegung wird aufgrund des Zustands der Links- und Rechtspfeiltaste berechnet. Wenn keine Wand an der durch diese Bewegung hervorgerufenen neuen Position steht, wird diese Position verwendet, anderenfalls wird die alte beibehalten.

Die vertikale Bewegung wird ähnlich gehandhabt, muss aber einen Sprung und die Wirkung der Schwerkraft simulieren. Um Letztere zu berücksichtigen, wird die vertikale Geschwindigkeit der Figur (ySpeed) zunächst erhöht.

Auch hier prüfen wir wieder auf Berührungen. Wenn wir nichts treffen, wird die neue Position verwendet. Ist dagegen eine Wand im Weg, gibt es zwei Möglichkeiten: Wenn der Aufwärtspfeil gedrückt wird *und* sich die Figur nach unten bewegt (was bedeutet, dass sich das getroffene Objekt unter ihr befindet), setzen wir die Geschwindigkeit auf einen relativ großen negativen Wert, sodass die Figur wieder hochschnellt. Anderenfalls ist die Figur einfach gegen ein Hindernis gestoßen, weshalb die Geschwindigkeit auf 0 gesetzt wird.

Die Schwerkraft, die Sprunggeschwindigkeit und so ziemlich alle anderen Konstanten in diesem Spiel müssen durch Versuch und Irrtum gesetzt werden. Ich habe mögliche Werte getestet, bis ich eine geeignete Kombination gefunden habe.

## 16.10 Tastenbetätigungen verfolgen

Bei einem Spiel wie diesem soll die Wirkung einer Taste (die Bewegung der Figur) nicht nur einmal beim Runterdrücken erfolgen, sondern so lange, wie die Taste gedrückt gehalten wird. Dazu müssen wir einen Tastatur-Handler einrichten, der den aktuellen Zustand der Links-, Rechts- und Aufwärtspfeiltaste speichert. Außerdem müssen wir preventDefault für diese Tasten aufrufen, damit die Seite nicht gescrollt wird.

Die folgende Funktion nimmt ein Array aus Tastennamen entgegen und gibt ein Objekt zurück, das die aktuelle Position dieser Tasten verfolgt. Sie registriert Handler für die Ereignisse "keydown" und "keyup" und aktualisiert das Objekt, wenn der Tastencode des Ereignisses zu denjenigen gehört, deren Status sie im Auge behält.

```
function trackKeys(keys) {
  let down = Object.create(null);
  function track(event) {
    if (keys.includes(event.key)) {
      down[event.key] = event.type == "keydown";
      event.preventDefault();
    }
  }
  window.addEventListener("keydown", track);
  window.addEventListener("keyup", track);
  return down;
}

const arrowKeys =
  trackKeys(["ArrowLeft", "ArrowRight", "ArrowUp"]);
```

Für beide Ereignistypen wird dieselbe Handler-Funktion verwendet. Sie schaut sich die Eigenschaft type des Ereignisobjekts an, um zu bestimmen, ob der Tastenstatus auf true ("keydown") oder false ("keyup") aktualisiert werden soll.

## 16.11 Das Spiel ausführen

Die Funktion requestAnimationFrame, die wir in Kapitel 14 kennengelernt haben, bietet eine gute Möglichkeit, um ein Spiel zu animieren. Ihre Schnittstelle ist jedoch ziemlich primitiv. Wenn wir sie verwenden, müssen wir uns merken, wann die Funktion das letzte Mal aufgerufen wurde, und nach jedem Einzelbild (Frame) erneut requestAnimationFrame aufrufen.

Wir wollen daher eine Hilfsfunktion schreiben, die diese langweiligen Arbeiten in eine komfortable Schnittstelle einschließt. Dadurch können wir einfach runAnimation aufrufen und ihr eine Funktion übergeben, die einen Zeitunterschied als Argument annimmt und ein Einzelbild zeichnet. Wenn die Einzelbildfunktion false zurückgibt, endet die Animation.

```
function runAnimation(frameFunc) {
  let lastTime = null;
  function frame(time) {
    if (lastTime != null) {
      let timeStep = Math.min(time - lastTime, 100) / 1000;
      if (frameFunc(timeStep) === false) return;
    }
```

```
      lastTime = time;
      requestAnimationFrame(frame);
    }
    requestAnimationFrame(frame);
  }
```

Als maximalen Einzelbildschritt habe ich 100 ms festgelegt (also eine zehntel Sekunde). Wenn der Browsertab oder das Fenster mit unserer Seite nicht sichtbar ist, werden Aufrufe von `requestAnimationFrame` ausgesetzt, bis der Tab oder das Fenster wieder angezeigt wird. In einem solchen Fall ist der Unterschied zwischen `lastTime` und `time` die gesamte Zeit, während der die Seite verborgen war. Das Spiel in einem einzigen Schritt so weit fortzusetzen, würde jedoch komisch aussehen und könnte merkwürdige Auswirkungen haben, etwa dass die Figur durch den Boden fällt. Die Funktion wandelt die Zeitschritte in Sekunden um – eine Einheit, die besser vorstellbar ist als Millisekunden.

Die Funktion `runLevel` nimmt ein `Level`-Objekt und einen Anzeigekonstruktor entgegen und gibt ein Promise zurück. Sie zeigt das Level an (in `document.body`) und lässt den Benutzer darin spielen. Wenn das Level abgeschlossen ist (gewonnen oder verloren), wartet `runLevel` eine weitere Sekunde (damit der Benutzer erkennen kann, was passiert ist), löscht dann die Anzeige, hält die Animation an und löst das Promise zum Endstatus des Spiels auf.

```
function runLevel(level, Display) {
  let display = new Display(document.body, level);
  let state = State.start(level);
  let ending = 1;
  return new Promise(resolve => {
    runAnimation(time => {
      state = state.update(time, arrowKeys);
      display.syncState(state);
      if (state.status == "playing") {
        return true;
      } else if (ending > 0) {
        ending -= time;
        return true;
      } else {
        display.clear();
        resolve(state.status);
        return false;
      }
    });
  });
}
```

Ein Spiel setzt sich aus einer Folge von Levels zusammen. Wenn die Figur stirbt, wird das aktuelle Level neu gestartet. Ist ein Level siegreich abgeschlossen, gehen wir zum nächsten Level über. Das können wir mit der folgenden Funktion ausdrücken, die ein Array aus Levelplänen (Strings) und einen Anzeigekonstruktor entgegennimmt:

```
async function runGame(plans, Display) {
  for (let level = 0; level < plans.length;) {
  let status = await runLevel(new Level(plans[level]),
                              Display);
    if (status == "won") level++;
  }
  console.log("You've won!");
}
```

Da runLevel ein Promise zurückgibt, können wir runGame mit einer Async-Funktion schreiben (siehe Kapitel 11). Sie gibt ein weiteres Promise zurück, das aufgelöst wird, wenn der Benutzer das Spiel beendet.

Unter der Bindung GAME_LEVELS in der Sandbox zu diesem Kapitel (*https://eloquentjavascript.net/code#16*) finden Sie eine Reihe von Levelplänen. Die folgende HTML-Seite speist sie in runGame ein und startet ein Spiel:

```
<link rel="stylesheet" href="css/game.css">

<body>
  <script>
    runGame(GAME_LEVELS, DOMDisplay);
  </script>
</body>
```

## 16.12 Übungen

### Game over

In Jump'n'Run-Spielen ist es üblich, dass der Spieler mit einer begrenzten Anzahl von *Leben* beginnt, die jedes Mal um eins verringert wird, wenn die Figur stirbt. Wenn dem Spieler keine Leben mehr zur Verfügung stehen, beginnt das Spiel wieder von vorn.

Passen Sie runGame an, sodass in dem Spiel Leben verwendet werden können. Zu Anfang soll der Spieler über drei verfügen. Geben Sie zu Anfang jedes Levels die aktuelle Anzahl der verfügbaren Leben aus (mit console.log).

### Spiel anhalten

Machen Sie es möglich, das Spiel mit der Taste [Esc] anzuhalten und wieder fortzusetzen.

Dazu können Sie die Funktion runLevel so ändern, dass Sie einen weiteren Tastatur-Ereignis-Handler verwendet und die Animation beim Drücken der [Esc]-Taste unterbricht bzw. wieder aufnimmt. Die Schnittstelle von runAnimation sieht auf den ersten Blick nicht so aus, als wäre sie dafür geeignet. Sie ist es aber, wenn Sie die Art und Weise ändern, wie runLevel sie aufruft.

Wenn das funktioniert, können Sie noch etwas anderes ausprobieren. Die Art und Weise, in der wir Tastatur-Ereignis-Handler registrieren, ist etwas problematisch. Das Objekt `arrowKeys` ist zurzeit eine globale Bindung. Seine Ereignis-Handler werden aufbewahrt, auch wenn kein Spiel läuft. Man könnte sagen, dass sie durch ein *Leck* aus dem System austreten. Erweitern Sie `trackKeys`, um eine Möglichkeit bereitzustellen, die Registrierung der Handler aufzuheben, und ändern Sie `runLevel`, sodass die Handler zu Beginn ihrer Ausführung registriert und diese Registrierung am Ende aufgehoben wird.

### Monster

In Jump'n'Run-Spielen gibt es oft Gegner, die Sie dadurch besiegt werden können, indem die Spielfigur auf sie springt. In dieser Übung sollen Sie einen solchen Akteur – ein Monster – zu dem Spiel hinzufügen.

Monster bewegen sich horizontal. Sie können sie so anlegen, dass sie in Richtung des Spielers gehen, wie horizontale Lava hin- und herpendeln oder sich nach einem beliebigen anderen Muster bewegen. Die Klasse muss keine Möglichkeiten für Fallbewegungen vorsehen, aber dafür sorgen, dass ein Monster nicht durch Wände laufen kann.

Was geschieht, wenn ein Monster die Figur berührt, hängt davon ab, ob sie auf das Monster springt oder nicht. Das können Sie bestimmen, indem Sie prüfen, ob sich die Unterkante der Figur in der Nähe der Oberkante des Monsters befindet. Wenn ja, verschwindet das Monster, wenn nein, ist das Spiel verloren.

»Zeichnen ist Täuschung.«

– M. C. Escher, zitiert nach Bruno Ernst in *The Magic Mirror of M. C. Escher* (auf Deutsch erschienen als *Der Zauberspiegel des M. C. Escher*)

# 17 Zeichnen auf Leinwand

Browser bieten verschiedene Möglichkeiten, um Grafiken anzuzeigen. Die einfachste besteht darin, reguläre DOM-Elemente mithilfe von Formaten zu positionieren und zu färben. Wie das Spiel aus dem vorherigen Kapitel zeigt, können Sie damit schon sehr weit kommen. Den Knoten können wir jedes gewünschte Aussehen verleihen, indem wir ihnen teilweise transparente Hintergrundbilder hinzufügen. Mit dem Format `transform` ist es sogar möglich, Knoten zu drehen und zu verzerren.

Dabei aber verwenden wir das DOM für etwas, wofür es ursprünglich gar nicht gedacht war. Einige Aufgaben, z.B. eine Linie zwischen zwei beliebigen Punkten zu zeichnen, lassen sich mit regulären HTML-Elementen nur äußerst schwer erledigen.

Es gibt jedoch zwei Alternativen. Die erste stützt sich ebenfalls auf das DOM, nutzt statt HTML aber SVG (Scalable Vector Graphics), einen Markup-Dialekt, bei dem es mehr um Formen als um Text geht. Ein SVG-Dokument können Sie unmittelbar in ein HTML-Dokument aufnehmen oder mit einem `<img>`-Tag einschließen.

Als zweite Möglichkeit können Sie eine *Leinwand* (»canvas«) nutzen. Dabei handelt es sich um ein DOM-Element, das ein Bild kapselt und eine Programmierschnittstelle bereitstellt, um Formen in dem Bereich zu zeichnen, den der Knoten einnimmt. Der Hauptunterschied zwischen einer Leinwand und einem SVG-Bild besteht darin, dass bei SVG die ursprüngliche Beschreibung der Formen erhalten bleibt, sodass sie jederzeit verschoben oder in der Größe geändert werden können. Eine Leinwand dagegen wandelt die Formen in Pixel um (farbige Punkte auf dem Raster), sobald sie gezeichnet werden, und merkt sich nicht, was diese Pixel eigentlich darstellen. Die einzige Möglichkeit, eine Form auf einer Leinwand zu verschieben, besteht darin, die Leinwand zu löschen (zumindest den Teil der Leinwand, auf dem sich die Form befindet) und dann mit der betreffenden Form in der neuen Position neu zu zeichnen.

## 17.1 SVG

In diesem Buch werde ich SVG nicht ausführlich beschreiben, sondern nur kurz zeigen, wie es funktioniert. Im Abschnitt »***Auswahl einer Grafikschnittstelle***« auf *S. 318* gehe ich noch einmal kurz auf die Dinge ein, die Sie abwägen müssen, um zu entscheiden, welcher Zeichenmechanismus für eine gegebene Anwendung am besten geeignet ist.

Das folgende HTML-Dokument enthält ein einfaches SVG-Bild:

```
<p>Normal HTML here.</p>
<svg xmlns="http://www.w3.org/2000/svg">
  <circle r="50" cx="50" cy="50" fill="red"/>
  <rect x="120" y="5" width="90" height="90"
        stroke="blue" fill="none"/>
</svg>
```

Das Attribut `xmlns` überführt ein Element (und dessen Kinder) in einen anderen *XML-Namensraum*, der durch den URL angegeben wird und besagt, welchen Dialekt wir verwenden wollen. Die Tags `<circle>` und `<rect>` gibt es in HTML nicht, aber in SVG dienen sie dazu, Formen mit dem Format und an der Position zu zeichnen, die durch ihre Attribute angegeben werden.

Das Dokument wird wie folgt angezeigt:

Normal HTML here.

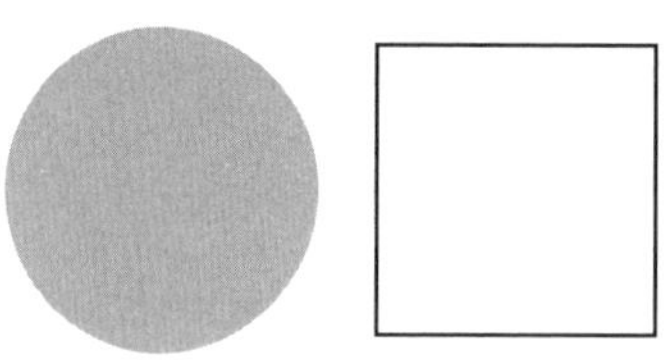

Ebenso wie HTML-Tags erstellen auch diese SVG-Tags DOM-Elemente, mit denen Skripte arbeiten können. Beispielsweise ändert der folgende Code das `<circle>`-Element so, dass es in Zyan dargestellt wird:

```
let circle = document.querySelector("circle");
circle.setAttribute("fill", "cyan");
```

## 17.2 Das Canvas-Element

Leinwandgrafiken werden auf ein `<canvas>`-Element gezeichnet, dessen Größe in Pixel Sie mit den Elementen `width` und `height` bestimmen.

Eine neue Leinwand ist leer, also völlig transparent, sodass sie im Dokument als freier Raum angezeigt wird.

Das `<canvas>`-Tag erlaubt die Nutzung verschiedener Zeichenmechanismen. Als Erstes müssen wir einen *Kontext* erstellen, also ein Objekt, dessen Methoden eine Zeichenschnittstelle bereitstellen. Zurzeit gibt es zwei weiträumig unterstützte

Zeichenmechanismen, nämlich "2d" für zweidimensionale Grafiken und "webgl" zum Anlegen von dreidimensionalen Grafiken mithilfe einer OpenGL-Schnittstelle.

In diesem Buch werden wir WebGL nicht besprechen, sondern uns auf zwei Dimensionen beschränken. Wenn Sie an dreidimensionaler Grafik interessiert sind, sollten Sie sich mit WebGL beschäftigen. Sie bietet eine direkte Schnittstelle zur Grafikhardware und ermöglicht ein effizientes Rendering auch komplizierter Szenen unter Verwendung von JavaScript.

Um einen Kontext zu erstellen, verwenden Sie die Methode getContext für das DOM-Element <canvas>:

```
<p>Before canvas.</p>
<canvas width="120" height="60"></canvas>
<p>After canvas.</p>
<script>
  let canvas = document.querySelector("canvas");
  let context = canvas.getContext("2d");
  context.fillStyle = "red";
  context.fillRect(10, 10, 100, 50);
</script>
```

Nach dem Erstellen des Kontextobjekts zeichnet dieser Code ein rotes Rechteck von 100 Pixeln Breite und 50 Pixeln Höhe, dessen obere linke Ecke an der Position (10,10) liegt:

Before canvas.

After canvas.

Ebenso wie in HTML und SVG liegt auch auf der Leinwand der Ursprung (0, 0) des Koordinatensystems in der oberen linken Ecke, wobei die positive $y$-Achse von dort aus nach unten verläuft. Der Punkt (10,10) liegt daher 10 Pixel unterhalb und rechts von der oberen linken Ecke.

## 17.3 Linien und Flächen

Formen auf der Leinwand können *gefüllt* sein (fill), was bedeutet, dass ihre Fläche eine Farbe oder ein Muster aufweist, oder sie können *umrissen* (stroke) sein, wobei nur ihr Rand dargestellt wird. Die gleiche Terminologie gilt auch für SVG.

Die Methode fillRectangle zeichnet ein gefülltes Rechteck. Als Argumente nimmt sie die $x$- und $y$-Koordinaten, die Breite und die Höhe des Rechtecks entgegen. Die ähnliche Methode strokeRect zeichnet nur die Umrisse des Rechtecks.

Keine dieser Methoden akzeptiert weitere Parameter. Die Farbe der Füllung, die Dicke der Umrisslinie usw. werden nicht durch Argumente dieser Methoden bestimmt (wie man erwarten sollte), sondern durch Eigenschaften des Kontextobjekts.

Dabei legt die Eigenschaft `fillStyle` fest, wie Formen gefüllt werden. Sie kann auf einen String zur Angabe einer Farbe gesetzt werden, wobei das CSS-System zur Bezeichnung von Farben benutzt wird.

Die ähnliche Eigenschaft `strokeStyle` bestimmt die Farbe für eine Umrisslinie. Die Breite dieser Linie wiederum wird durch die Eigenschaft `lineWidth` festgelegt, die eine beliebige positive Zahl enthalten kann.

```
<canvas></canvas>
<script>
  let cx = document.querySelector("canvas").getContext("2d");
  cx.strokeStyle = "blue";
  cx.strokeRect(5, 5, 50, 50);
  cx.lineWidth = 5;
  cx.strokeRect(135, 5, 50, 50);
</script>
```

Dieser Code zeichnet zwei Quadrate, von denen das zweite eine dickere Umrisslinie aufweist:

Wenn wie in diesem Beispiel kein `width`- oder `height`-Attribut angegeben ist, erhält das Leinwandelement die Standardbreite von 300 Pixeln und die Standardhöhe von 150 Pixeln.

## 17.4 Pfade

Ein Pfad ist eine Folge von Linien. Die 2-D-Leinwandschnittstelle geht bei der Beschreibung von Pfaden jedoch einen ziemlich eigenartigen Weg, nämlich komplett über Seiteneffekte. Pfade sind hier keine Werte, die gespeichert und weitergegeben werden können. Wenn Sie mit einem Pfad arbeiten wollen, müssen Sie zur Beschreibung seiner Form eine Folge von Methodenaufrufen vornehmen.

```
<canvas></canvas>
<script>
  let cx = document.querySelector("canvas").getContext("2d");
  cx.beginPath();
  for (let y = 10; y < 100; y += 10) {
    cx.moveTo(10, y);
    cx.lineTo(90, y);
  }
  cx.stroke();
```

```
</script>
```

Dieser Beispielcode erstellt einen Pfad aus mehreren horizontalen Liniensegmenten und umreißt ihn dann mit der Methode `stroke`. Jedes mit `lineTo` erstellte Segment beginnt jeweils an der *aktuellen* Position des Pfads. Dabei handelt es sich gewöhnlich um das Ende des letzten Segments, es sei denn, dass `moveTo` aufgerufen wurde. In diesem Fall beginnt das nächste Segment an der Position, die an `moveTo` übergeben wurde.

Der im vorigen Programm beschriebene Pfad sieht wie folgt aus:

Beim Füllen eines Pfades (mit der Methode `fill`) wird jede Form für sich selbst gefüllt. Ein Pfad kann mehrere Formen umfassen – jede Bewegung mit `moveTo` führt zur Bildung einer neuen. Bevor ein Pfad gefüllt werden kann, muss er jedoch erst *geschlossen* werden, d.h., sein Anfang und sein Ende müssen sich an derselben Position befinden. Ist der Pfad noch nicht geschlossen, wird eine Linie von seinem Anfang zu seinem Ende hinzugefügt und die von dem nun vervollständigten Pfad umgebene Form gefüllt.

```
<canvas></canvas>
<script>
  let cx = document.querySelector("canvas").getContext("2d");
  cx.beginPath();
  cx.moveTo(50, 10);
  cx.lineTo(10, 70);
  cx.lineTo(90, 70);
  cx.fill();
</script>
```

Dieser Code erstellt ein gefülltes Dreieck. Nur zwei seiner drei Seiten werden explizit gezeichnet. Die dritte, die von der unteren rechten Ecke zur Spitze verläuft, wird implizit ergänzt. Wenn Sie den Pfad nur umreißen, erscheint sie nicht.

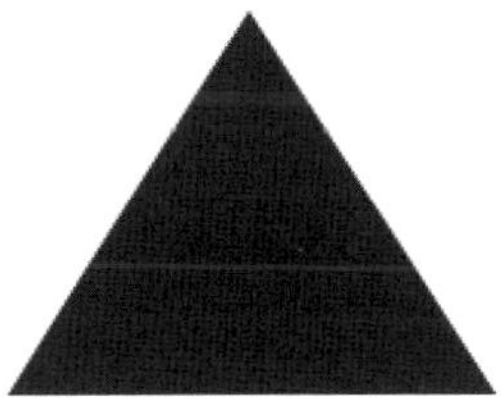

Um einen Pfad ausdrücklich zu schließen, können Sie die Methode `closePath` verwenden, die ein Liniensegment vom Ende des Pfades zurück zu seinem Anfang zeichnet. Dieses Segment wird beim Umreißen des Pfades dargestellt.

## 17.5 Kurven

Ein Pfad kann auch gekrümmte Linien enthalten. Sie zu zeichnen, ist leider ein bisschen komplizierter. Die Methode `quadraticCurve` zeichnet eine Kurve, die zu einem gegebenen Punkt führt. Um die Krümmung dieser Kurve zu bestimmen, wird der Methode neben dem Zielpunkt auch ein Steuerpunkt übergeben. Stellen Sie sich vor, dass dieser Steuerpunkt die Linie *anzieht*, sodass sie sich ihm entgegenkrümmt. Die Linie läuft nicht durch den Steuerpunkt, aber sie verläuft an ihrem Anfangs- und Endpunkt so, dass eine in dieselbe Richtung gezeichnete Gerade zu dem Steuerpunkt führen würde. Das können Sie am folgenden Beispiel erkennen:

```
<canvas></canvas>
<script>
  let cx = document.querySelector("canvas").getContext("2d");
  cx.beginPath();
  cx.moveTo(10, 90);
  // control=(60,10) goal=(90,90)
  cx.quadraticCurveTo(60, 10, 90, 90);
  cx.lineTo(60, 10);
  cx.closePath();
  cx.stroke();
</script>
```

Dadurch entsteht folgender Pfad:

Hier zeichnen wir eine quadratische Kurve von links nach rechts mit `(60,10)` als Steuerpunkt und anschließend zwei Liniensegmente, die vom Ende der Kurve zum Steuerpunkt und von dort zurück zum Anfang der Kurve führen. Das Ergebnis ähnelt einem Sternenflottenabzeichen aus *Star Trek*. Hier können Sie die Auswirkung des Steuerpunkts erkennen: Die Kurve verläuft von den unteren Punkten ausgehend zunächst in Richtung des Steuerpunkts und krümmt sich dann dem Zielpunkt entgegen.

Die Methode bezierCurveTo zeichnet eine ähnliche Art von Kurve. Anstatt eines einzigen Steuerpunkts hat sie jedoch zwei, nämlich einen für jeden Endpunkt der Linie. Der folgende Code veranschaulicht das Verhalten dieser Methode:

```
<canvas></canvas>
<script>
  let cx = document.querySelector("canvas").getContext("2d");
  cx.beginPath();
  cx.moveTo(10, 90);
  // control1=(10,10) control2=(90,10) goal=(50,90)
  cx.bezierCurveTo(10, 10, 90, 10, 50, 90);
  cx.lineTo(90, 10);
  cx.lineTo(10, 10);
  cx.closePath();
  cx.stroke();
</script>
```

Die beiden Steuerpunkte bestimmen die Richtung, die die Kurve an ihren beiden Enden nimmt. Je weiter entfernt sie jeweils von ihrem korrespondierenden Punkt liegen, umso stärker ist die Kurve in die entsprechende Richtung ausgebeult:

Die Arbeit mit solchen Kurven kann sehr schwer sein. Es ist nicht immer klar, wo Sie die Steuerpunkte platzieren müssen, um der Kurve die gewünschte Form zu geben. Manchmal können Sie ihre Positionen berechnen, aber manchmal bleibt Ihnen auch nichts anderes übrig, als die geeigneten Werte durch Ausprobieren zu finden.

Mit der Methode arc können Sie Kurven zeichnen, die einem Kreisbogen folgen. Sie nimmt das Koordinatenpaar für den Mittelpunkt des Kreises, den Radius sowie einen Anfangs- und Endwinkel entgegen.

Die beiden letzten Parameter ermöglichen es, nur einen Teilkreis zu zeichnen. Die Winkel werden dabei nicht in Grad, sondern in Radiant angegeben. Ein Vollkreis hat also einen Winkel von $2\pi$ oder `2 * Math.PI`, was etwa 6,28 ist. Die Winkelgröße wird ausgehend von dem Punkt rechts vom Kreismittelpunkt gemessen und wächst im Uhrzeigersinn. Mit einem Startwert von 0 und einem Endwert größer als $2\pi$ (z.B. 7) können Sie einen Vollkreis zeichnen.

```
<canvas></canvas>
<script>
  let cx = document.querySelector("canvas").getContext("2d");
```

```
  cx.beginPath();
  // center=(50,50) radius=40 angle=0 to 7
  cx.arc(50, 50, 40, 0, 7);
  // center=(150,50) radius=40 angle=0 to 1/2 pi
  cx.arc(150, 50, 40, 0, 0.5 * Math.PI);
  cx.stroke();
</script>
```

Das resultierende Bild enthält eine Linie, die vom rechten Rand des Kreises (erster Aufruf von `arc`) nach rechts zu einem Viertelkreis führt (zweiter Aufruf). Wie bei anderen Methoden zum Zeichnen von Pfaden wird auch eine mit `arc` gezeichnete Linie an das vorherige Pfadsegment angeschlossen. Um das zu verhindern, rufen Sie `moveTo` auf oder beginnen einen neuen Pfad.

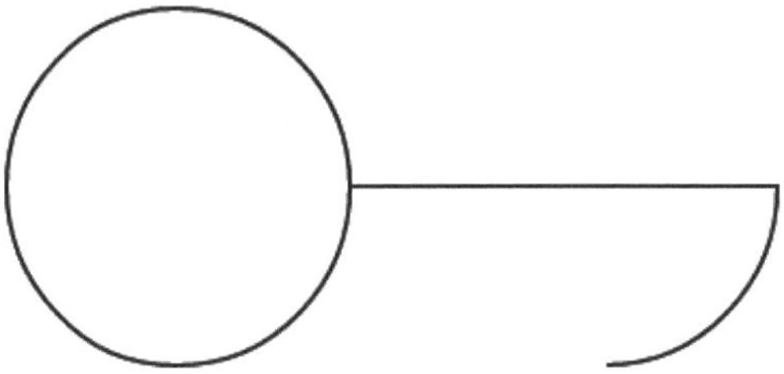

## 17.6 Ein Tortendiagramm zeichnen

Stellen Sie sich vor, Sie wurden gerade bei der EconomiCorp Inc. eingestellt und sollen dort als erste Aufgabe ein Tortendiagramm mit den Ergebnissen der Umfragen zur Kundenzufriedenheit zeichnen.

Die Bindung `results` enthält ein Array aus Objekten, die die Umfrageergebnisse darstellen:

```
const results = [
  {name: "Satisfied", count: 1043, color: "lightblue"},
  {name: "Neutral", count: 563, color: "lightgreen"},
  {name: "Unsatisfied", count: 510, color: "pink"},
  {name: "No comment", count: 175, color: "silver"}
];
```

Um das Diagramm zu erstellen, müssen wir mehrere Tortenstücke zeichnen, die jeweils aus einem Kreisbogensegment und zwei Linien zum Mittelpunkt des Kreises bestehen. Die Winkel der einzelnen Segmente können wir berechnen, indem wir den Vollkreis ($2\pi$) durch die Gesamtzahl der Antworten dividieren und das Ergebnis (den Winkel pro Antwort) mit der Anzahl der Personen multiplizieren, die eine bestimmte Antwort gegeben haben.

```
<canvas width="200" height="200"></canvas>
<script>
  let cx = document.querySelector("canvas").getContext("2d");
```

```
  let total = results
    .reduce((sum, {count}) => sum + count, 0);
  // Beginnt oben
  let currentAngle = -0.5 * Math.PI;
  for (let result of results) {
    let sliceAngle = (result.count / total) * 2 * Math.PI;
    cx.beginPath();
    // center=100,100, radius=100
    // Vom aktuellen Winkel, im Uhrzeigersinn um den Winkel des Tortenstücks
    cx.arc(100, 100, 100,
           currentAngle, currentAngle + sliceAngle);
    currentAngle += sliceAngle;
    cx.lineTo(100, 100);
    cx.fillStyle = result.color;
    cx.fill();
  }
</script>
```

Dadurch entsteht das folgende Diagramm:

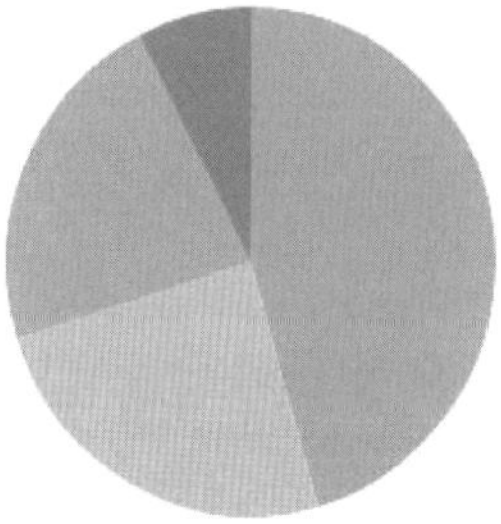

Ein Diagramm, das uns nicht sagt, was die einzelnen Tortenstücke bedeuten, ist jedoch nicht sehr hilfreich. Wir brauchen daher eine Möglichkeit, um Text auf die Leinwand zu zeichnen.

## 17.7 Text

Ein 2-D-Zeichenkontext stellt die Methoden `fillText` und `strokeText` bereit. Mit Letzterer können Sie die Umrisse von Buchstaben zeichnen. Aber gewöhnlich werden Sie `fillText` verwenden, die die Umrisse des übergebenen Textes auf die in `fillStyle` festgelegte Weise füllt.

```
<canvas></canvas>
<script>
  let cx = document.querySelector("canvas").getContext("2d");
  cx.font = "28px Georgia";
  cx.fillStyle = "fuchsia";
  cx.fillText("I can draw text, too!", 10, 50);
</script>
```

Mit der Eigenschaft `font` können Sie Größe, Schriftschnitt und Schriftart des Textes festlegen. In diesem Beispiel sind lediglich eine Schriftgröße und der Name der Schriftfamilie angegeben. Es ist aber auch möglich, am Anfang des Strings `italic` oder `bold` anzugeben, um einen Schriftschnitt auszuwählen.

Die beiden letzten Argumente von `fillText` und `strokeText` bestimmen die Position, an der der Text gezeichnet wird. Standardmäßig wird damit die Position der Grundlinie des Textes festgelegt, also der Linie, auf der die Buchstaben stehen. Dabei werden Unterlängen wie in *j* oder *p* nicht berücksichtigt. Sie können die vertikale Position jedoch ändern, indem Sie `textBaseline` auf `"top"`, `"middle"` oder `"bottom"` setzen. Um die horizontale Position anzupassen, stellen Sie die Eigenschaft `textAlign` auf `"end"` oder `"center"` ein.

In den Übungen am Ende des Kapitels kehren wir noch einmal zu unserem Tortendiagramm und zur Beschriftung der einzelnen Stücke zurück.

## 17.8 Bilder

Bei Computergrafiken wird gewöhnlich zwischen *Vektor-* und *Bitmapgrafiken* unterschieden. Zum ersten Typ gehören die Bilder, die wir bis jetzt in diesem Kapitel verwendet haben und die durch eine logische Beschreibung der Formen definiert sind. Bei Bitmapbildern dagegen werden keine einzelnen Formen angegeben, sondern Pixeldaten (farbige Rasterpunkte).

Mit der Methode `drawImage` können wir Pixeldaten auf eine Leinwand zeichnen, wobei diese Daten aus einem `<img>`-Element oder einer anderen Leinwand stammen können. Im folgenden Beispiel wird ein separates `<img>`-Element erstellt und darin eine Bilddatei geladen. Es ist jedoch nicht sofort möglich, Daten aus diesem Bild zu zeichnen, da der Browser es unter Umständen noch nicht geladen hat. Zur Lösung dieses Problems registrieren wir einen `"load"`-Ereignis-Handler und zeichnen erst, wenn das Bild geladen wurde.

```
<canvas></canvas>
<script>
  let cx = document.querySelector("canvas").getContext("2d");
  let img = document.createElement("img");
  img.src = "img/hat.png";
  img.addEventListener("load", () => {
    for (let x = 10; x < 200; x += 30) {
      cx.drawImage(img, x, 10);
    }
  });
</script>
```

Standardmäßig zeichnet `drawImage` das Bild in seiner Originalgröße, allerdings können Sie auch zwei zusätzliche Argumente übergeben, um eine andere Breite und Höhe festzulegen.

Wenn Sie `drawImage` *neun* Argumente übergeben, können Sie dafür sorgen, dass nur ein Teil des Originalbildes gezeichnet wird. Mit dem zweiten bis fünften Argument wird das Rechteck im Quellbild beschrieben (*x*, *y*, Breite und Höhe), das kopiert werden soll, und mit dem sechsten bis neunten das Rechteck auf der Leinwand, in das es kopiert werden soll.

Damit können Sie mehrere *Sprites* (Bildelemente) in eine einzige Bilddatei packen und dann jeweils nur den Teil zeichnen lassen, den Sie brauchen. Beispielsweise könnte ein Bild wie folgt mehrere Varianten einer Spielfigur in verschiedenen Körperhaltungen enthalten:

Wenn wir nacheinander die verschiedenen Stellungen der Figur zeichnen, können wir die Animation einer gehenden Figur zeigen.

Um ein Bild auf der Leinwand zu animieren, ist die Methode `clearRect` praktisch. Sie ähnelt `fillRect`, färbt das gegebene Rechteck aber nicht, sondern macht es durchsichtig, indem sie die zuvor gezeichneten Pixel entfernt.

Wir wissen, dass jedes unserer Teilbilder, also jeder *Sprite*, 24 Pixel breit und 30 Pixel hoch ist. Der folgende Code lädt das Bild und legt dann mit einem Wiederholungstimer ein Intervall fest, nach dem das nächste Einzelbild gezeichnet werden soll:

```
<canvas></canvas>
<script>
  let cx = document.querySelector("canvas").getContext("2d");
  let img = document.createElement("img");
  img.src = "img/player.png";
  let spriteW = 24, spriteH = 30;
  img.addEventListener("load", () => {
    let cycle = 0;
    setInterval(() => {
      cx.clearRect(0, 0, spriteW, spriteH);
      cx.drawImage(img,
                   // Quellrechteck
                   cycle * spriteW, 0, spriteW, spriteH,
                   // Zielrechteck
                   0, 0, spriteW, spriteH);
      cycle = (cycle + 1) % 8;
    }, 120);
  });
</script>
```

Mit der Bindung `cycle` verfolgen wir die Position des Auswahlrechtecks im Gesamtbild. Für jedes Einzelbild wird sie inkrementiert und dann mit dem Restoperator so gestutzt, dass sie in den Bereich von 0 bis 7 fällt. Anschließend wird diese Bindung herangezogen, um die *x*-Koordinate zu berechnen, die der Sprite für die aktuelle Körperhaltung in dem Bild hat.

## 17.9 Transformationen

Was aber machen wir, wenn die Figur nicht nach rechts, sondern nach links laufen soll? Natürlich könnten wir einen neuen Satz von Sprites dafür zeichnen. Aber es ist auch möglich, die Leinwand anzuweisen, die Bilder andersherum zu zeichnen.

Der Aufruf der Methode `scale` bewirkt eine Skalierung aller Formen, die danach gezeichnet werden. Sie nimmt zwei Parameter für den horizontalen und den vertikalen Größenmaßstab entgegen.

```
<canvas></canvas>
<script>
  let cx = document.querySelector("canvas").getContext("2d");
  cx.scale(3, .5);
  cx.beginPath();
  cx.arc(50, 50, 40, 0, 7);
  cx.lineWidth = 3;
  cx.stroke();
</script>
```

Wegen des Aufrufs von `scale` wird der Kreis dreimal so breit und halb so hoch gezeichnet wie angegeben.

Bei der Skalierung werden alle Aspekte des gezeichneten Bildes, also auch die Linienbreiten, wie verlangt gestreckt oder gestaucht. Durch die Skalierung um einen negativen Betrag wird das Bild um den Punkt `(0, 0)` gespiegelt. Dabei wird auch die Richtung der Koordinatenachsen umgekehrt. Wenn Sie eine Figur an der $x$-Position 100 mit –1 skalieren, erscheint sie daher an der Position –100.

Um ein Bild umzukehren, können wir daher nicht einfach `cx.scale(-1, 1)` vor den Aufruf von `drawImage` stellen. Denn dadurch würde unser Bild außerhalb der Leinwand landen und nicht mehr sichtbar sein. Es wäre zwar möglich, als Ausgleich die an `drawImage` übergebenen Koordinaten zu ändern und das Bild an der $x$-Position –50 statt 0 zu zeichnen. Eine andere Lösung, bei der der Zeichencode nichts über die Skalierung wissen muss, besteht darin, die Achsen anzupassen, an denen die Skalierung erfolgt.

Neben `scale` gibt es noch andere Methoden, die sich auf das Koordinatensystem für die Leinwand auswirken. Mit `rotate` können Sie die nachfolgend gezeichneten Formen drehen und mit `translate` verschieben, wobei jede dieser Transformationen relativ zur vorhergehenden erfolgt, was sehr praktisch, aber auch sehr verwirrend sein kann.

Wenn wir also zweimal einen horizontalen Versatz um 10 Pixel durchführen, wird alles um 20 Pixel verschoben. Verschieben wir den Ursprung des Koordinatensystems zu `(50, 50)` und drehen es dann um 20° (ca. $0{,}1\pi$), erfolgt die Rotation um den Punkt `(50, 50)`.

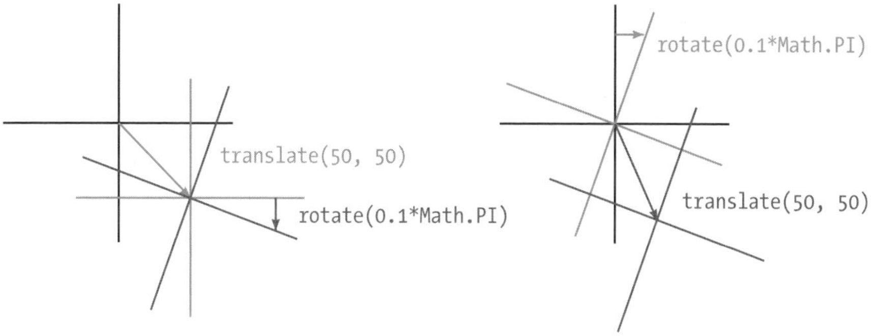


Falls wir aber *erst* die Drehung um 20° und *dann* den Versatz um `(50, 50)` durchführen, erfolgt die Verschiebung im gedrehten Koordinatensystem, was zu einem anderen Ergebnis führt. Die Reihenfolge, in der die Transformationen angewendet werden, spielt daher eine wichtige Rolle.

Um ein Bild an einer gegebenen $x$-Position an der vertikalen Achse zu spiegeln, können wir Folgendes tun:

```
function flipHorizontally(context, around) {
  context.translate(around, 0);
  context.scale(-1, 1);
  context.translate(-around, 0);
}
```

Wir verschieben die $y$-Achse an die Stelle, wo die Spiegelung auftreten soll, führen dann die Spiegelung durch und bringen die $y$-Achse anschließend in dem Spiegeluniversum an ihre normale Stelle zurück, wie das folgende Bild zeigt:

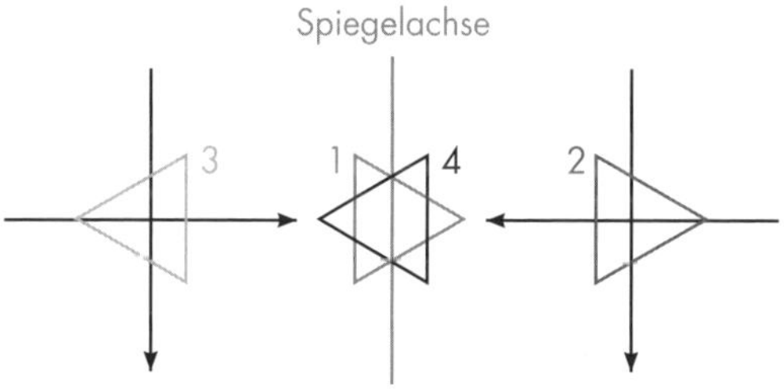


Hier sehen Sie die Koordinatensysteme vor und nach der Spiegelung um die Mittellinie. Die Dreiecke sind in der Reihenfolge der einzelnen Schritte nummeriert. Nehmen wir an, wir zeichnen ein Dreieck an einer positiven $x$-Position, sodass es an der Stelle erscheint, an der sich Dreieck 1 befindet. Bei einem Aufruf von `flipHorizontally` erfolgt erst eine Verschiebung nach rechts, sodass wir Dreieck 2 erhalten. Durch die Skalierung wird das Dreieck dann an die Position 3 gespiegelt. Dort wollen wir es jedoch nicht haben. Der zweite Aufruf von `translate` korrigiert dies, indem er die erste Verschiebung aufhebt, sodass Dreieck 4 genau dort steht, wo es sein soll.

Damit können wir nun eine gespiegelte Funktion an Position `(100,0)` zeichnen, indem wir die Welt um die vertikale Mittelachse dieser Figur spiegeln:

```
<canvas></canvas>
<script>
  let cx = document.querySelector("canvas").getContext("2d");
  let img = document.createElement("img");
  img.src = "img/player.png";
  let spriteW = 24, spriteH = 30;
  img.addEventListener("load", () => {
    flipHorizontally(cx, 100 + spriteW / 2);
    cx.drawImage(img, 0, 0, spriteW, spriteH,
                 100, 0, spriteW, spriteH);
  });
</script>
```

## 17.10 Transformationen speichern und löschen

Transformationen haben bleibende Auswirkungen: Alles, was Sie nach der gespiegelten Figur zeichnen, wird ebenfalls gespiegelt. Das kann ziemlich unpraktisch sein. Es ist möglich, die aktuelle Transformation zu speichern, dann irgendwelche Zeichen- und Transformationsvorgänge durchzuführen und die alte Transformation anschließend wiederherzustellen. Das ist gewöhnlich die richtige Vorgehensweise für eine Funktion, die vorübergehend das Koordinatensystem transformieren muss. Als Erstes speichern wir dabei die Transformation, die der Aufrufer der Funktion verwendet hat. Anschließend erledigt die Funktion ihre Aufgaben, wobei sie weitere Transformationen hinzufügt. Schließlich kehren wir wieder zu der Transformation zurück, von der wir ausgegangen sind.

Die Transformationsverwaltung erledigen die Methoden `save` und `restore` des 2-D-Kontextes. Sie unterhalten einen Stack von Transformationszuständen. Beim Aufruf von `save` wird der aktuelle Status auf den Stack gelegt, beim Aufruf von `restore` wird der Status an der Spitze des Stacks weggenommen und als aktuelle Transformation des Kontextes verwendet. Mit `resetTransform` ist es auch möglich, die Transformation komplett zurückzusetzen.

Die `branch`-Funktion im folgenden Beispiel veranschaulicht, was Sie mit einer Funktion machen können, die die Transformation ändert und dann eine Funktion aufruft (in diesem Fall sich selbst), die mit der gegebenen Transformation weiterzeichnet. Die Funktion `branch` in dem Beispiel erstellt eine baumartige Form, indem sie eine Linie zeichnet, dann den Mittelpunkt des Koordinatensystems zum Ende der Linie verschiebt und sich anschließend zweimal selbst aufruft – das erste Mal nach links und das zweite Mal nach rechts gedreht. Bei jedem Aufruf wird die Länge des gezeichneten Zweigs verringert und die Rekursion hält an, wenn die Länge unter 8 fällt.

```
<canvas width="600" height="300"></canvas>
<script>
  let cx = document.querySelector("canvas").getContext("2d");
  function branch(length, angle, scale) {
    cx.fillRect(0, 0, 1, length);
```

```
        if (length < 8) return;
        cx.save();
        cx.translate(0, length);
        cx.rotate(-angle);
        branch(length * scale, angle, scale);
        cx.rotate(2 * angle);
        branch(length * scale, angle, scale);
        cx.restore();
      }
      cx.translate(300, 0);
      branch(60, 0.5, 0.8);
    </script>
```

Das Ergebnis ist ein einfaches Fraktal:

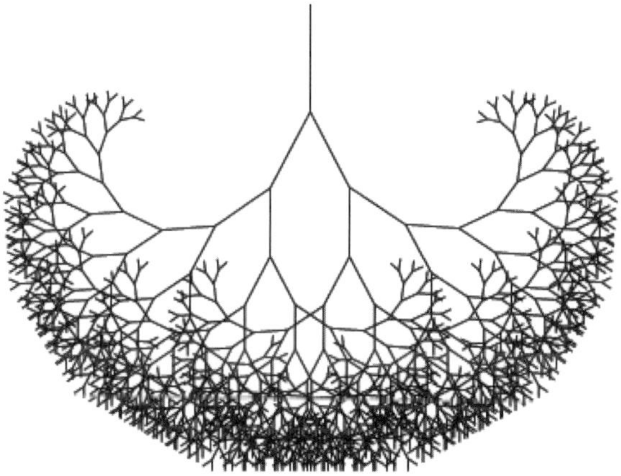

Ohne die Aufrufe von `save` und `restore` würde der zweite rekursive Aufruf von `branch` an der Stelle und mit der Rotation weiterzeichnen, die der erste Aufruf festgelegt hat. Die dadurch entstehende Linie wäre nicht mit dem aktuellen Zweig verbunden, sondern mit dem inneren rechten Zweig, der beim ersten Aufruf gezeichnet wurde. Die resultierende Form ist sicher auch interessant, aber mit Sicherheit kein Baum.

## 17.11 Zurück zu unserem Spiel

Wir wissen jetzt genug über das Zeichnen auf einer Leinwand, um ein darauf gestütztes Anzeigesystem für das Spiel aus dem vorigen Kapitel zu entwickeln. Es soll nicht mehr lediglich farbige Kästen anzeigen, sondern mithilfe von `drawImage` Bilder zeichnen, die die verschiedenen Spielelemente darstellen.

Dazu definieren wir mit `CanvasDisplay` einen weiteren Typ für Anzeigeobjekte, der die gleiche Schnittstelle unterstützt wie `DOMDisplay` aus dem Abschnitt »***Zeichnen***« auf *S. 283*, nämlich die Methoden `syncState` und `clear`.

`CanvasDisplay`-Objekte enthalten etwas mehr Informationen als `DOMDisplay`-Objekte. Anstatt sich an der Scrollposition ihres DOM-Elements zu orientieren, verfolgen sie ihren eigenen Viewport, der besagt, welchen Teil des Levels wir gerade betrachten. Außerdem verfügen sie über die Eigenschaft flip Player, damit auch eine stehende Figur in die Richtung blickt, in die sie sich zuletzt bewegt hat.

```
class CanvasDisplay {
  constructor(parent, level) {
    this.canvas = document.createElement("canvas");
    this.canvas.width = Math.min(600, level.width * scale);
    this.canvas.height = Math.min(450, level.height * scale);
    parent.appendChild(this.canvas);
    this.cx = this.canvas.getContext("2d");

    this.flipPlayer = false;

    this.viewport = {
      left: 0,
      top: 0,
      width: this.canvas.width / scale,
      height: this.canvas.height / scale
    };
  }

  clear() {
    this.canvas.remove();
  }
}
```

Die Methode syncState berechnet zunächst einen neuen Viewport und zeichnet dann die Spielszene an die passende Stelle:

```
CanvasDisplay.prototype.syncState = function(state) {
  this.updateViewport(state);
  this.clearDisplay(state.status);
  this.drawBackground(state.level);
  this.drawActors(state.actors);
};
```

Anders als bei DOMDisplay ist es bei dieser Anzeige erforderlich, den Hintergrund bei jeder Aktualisierung neu zu zeichnen. Da Formen auf einer Leinwand lediglich Ansammlungen von Pixeln sind, gibt es keine praktikable Möglichkeit, sie zu verschieben oder zu entfernen, wenn sie erst einmal gezeichnet sind. Die einzige Möglichkeit, die Leinwandanzeige zu aktualisieren, besteht darin, sie zu löschen und die Szene neu zu zeichnen. Da es zwischendurch zu einem Scrollvorgang gekommen sein kann, ist es auch möglich, dass sich der Hintergrund in einer neuen Position befinden muss.

Die Methode updateViewport ähnelt der Methode scrollPlayerIntoView von DOMDisplay. Sie prüft, ob sich die Figur zu nah am Bildschirmrand befindet, und verschiebt ggf. den Viewport:

```
CanvasDisplay.prototype.updateViewport = function(state) {
  let view = this.viewport, margin = view.width / 3;
  let player = state.player;
  let center = player.pos.plus(player.size.times(0.5));

  if (center.x < view.left + margin) {
    view.left = Math.max(center.x - margin, 0);
  } else if (center.x > view.left + view.width - margin) {
    view.left = Math.min(center.x + margin - view.width,
                         state.level.width - view.width);
  }
  if (center.y < view.top + margin) {
    view.top = Math.max(center.y - margin, 0);
  } else if (center.y > view.top + view.height - margin) {
    view.top = Math.min(center.y + margin - view.height,
                        state.level.height - view.height);
  }
};
```

Durch die Aufrufe von `Math.max` und `Math.min` wird sichergestellt, dass der Viewport niemals Flächen außerhalb des Levels anzeigt. `Math.max(x, 0)` sorgt dabei dafür, dass die resultierende Zahl nicht kleiner als 0 ist, während `Math.min` garantiert, dass der Wert unter einem gegebenen Grenzwert bleibt.

Beim Löschen der Anzeige verwenden wir je nachdem, ob das Spiel gewonnen oder verloren wurde, eine andere Farbnuance: heller bei einem Sieg, dunkler bei einer Niederlage.

```
CanvasDisplay.prototype.clearDisplay = function(status) {
  if (status == "won") {
    this.cx.fillStyle = "rgb(68, 191, 255)";
  } else if (status == "lost") {
    this.cx.fillStyle = "rgb(44, 136, 214)";
  } else {
    this.cx.fillStyle = "rgb(52, 166, 251)";
  }
  this.cx.fillRect(0, 0,
                   this.canvas.width, this.canvas.height);
};
```

Um den Hintergrund zu zeichnen, durchlaufen wir die im aktuellen Viewport sichtbaren Kacheln (`tile`) mit dem gleichen Trick wie in der Methode touches aus dem letzten Kapitel:

```
let otherSprites = document.createElement("img");
otherSprites.src = "img/sprites.png";

CanvasDisplay.prototype.drawBackground = function(level) {
  let {left, top, width, height} = this.viewport;
  let xStart = Math.floor(left);
  let xEnd = Math.ceil(left + width);
```

```
    let yStart = Math.floor(top);
    let yEnd = Math.ceil(top + height);

    for (let y = yStart; y < yEnd; y++) {
      for (let x = xStart; x < xEnd; x++) {
        let tile = level.rows[y][x];
        if (tile == "empty") continue;
        let screenX = (x - left) * scale;
        let screenY = (y - top) * scale;
        let tileX = tile == "lava" ? scale : 0;
        this.cx.drawImage(otherSprites,
                          tileX, 0, scale, scale,
                          screenX, screenY, scale, scale);
      }
    }
  };
```

Nichtleere Kacheln werden mit drawImage gezeichnet. Das Bild otherSprites enthält die Bilder für die verschiedenen Elemente außer der Spielfigur, von links nach rechts eine Wandkachel, eine Lavakachel und eine Münze.

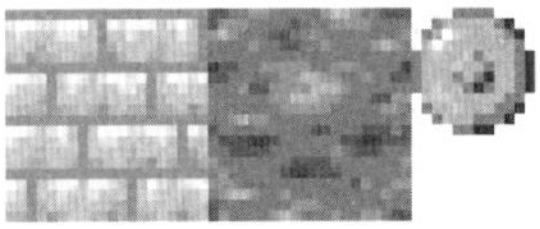

Da wir den gleichen Maßstab verwenden wollen wie in DOMDisplay, haben die Hintergrundkacheln eine Größe von 20 × 20 Pixeln. Der erforderliche Versatz für die Lavakachel beträgt daher 20 (der Wert der Bindung scale) und der für die Wand 0.

Wir kümmern uns hier nicht darum, ob das Sprite-Bild schon geladen ist oder nicht. Wenn wir drawImage mit einem Bild aufrufen, das nicht vorhanden ist, geschieht einfach gar nichts. Daher kann es sein, dass das Spiel während der ersten Einzelbilder nicht richtig gezeichnet wird, da der Ladevorgang noch läuft, aber das ist kein Problem. Da wir den Bildschirm immer wieder aktualisieren, wird die Szene schließlich erscheinen, sobald der Ladevorgang abgeschlossen ist.

Als Spielfigur verwenden wir das zuvor gezeigte animierte Männchen. Der Code, der die Spielfigur zeichnet, muss den richtigen Sprite und die richtige Richtung entsprechend der aktuellen Bewegung auswählen. Die ersten acht Sprites enthalten die Gehanimation. Wenn sich die Figur auf dem Boden bewegt, durchlaufen wir diese Sprites anhand der Uhrzeit. Da wir die Einzelbilder alle 60 ms wechseln wollen, dividieren wir die Zeitangabe zunächst durch 60. Steht die Figur still, nehmen wir den neunten Sprite. Springt sie, was wir daran erkennen können, dass die vertikale Geschwindigkeit ungleich 0 ist, verwenden wir den zehnten Sprite ganz rechts.

Da die Sprites etwas breiter sind als das Objekt für die Figur – nämlich 24 statt 16 Pixel, um Platz für Füße und Arme zu haben –, muss die Methode auch die *x*-Koordinate und die Breite um einen bestimmten Betrag anpassen (playerX Overlap).

```
let playerSprites = document.createElement("img");
playerSprites.src = "img/player.png";
const playerXOverlap = 4;

CanvasDisplay.prototype.drawPlayer = function(player, x, y,
                                               width, height){
  width += playerXOverlap * 2;
  x -= playerXOverlap;
  if (player.speed.x != 0) {
    this.flipPlayer = player.speed.x < 0;
  }

  let tile = 8;
  if (player.speed.y != 0) {
    tile = 9;
  } else if (player.speed.x != 0) {
    tile = Math.floor(Date.now() / 60) % 8;
  }

  this.cx.save();
  if (this.flipPlayer) {
    flipHorizontally(this.cx, x + width / 2);
  }
  let tileX = tile * width;
  this.cx.drawImage(playerSprites, tileX, 0, width, height,
                                   x,     y, width, height);
  this.cx.restore();
};
```

Aufgerufen wird drawPlayer von der Methode drawActors, die dafür zuständig ist, alle Akteure im Spiel zu zeichnen:

```
CanvasDisplay.prototype.drawActors = function(actors) {
  for (let actor of actors) {
    let width = actor.size.x * scale;
    let height = actor.size.y * scale;
    let x = (actor.pos.x - this.viewport.left) * scale;
    let y = (actor.pos.y - this.viewport.top) * scale;
    if (actor.type == "player") {
      this.drawPlayer(actor, x, y, width, height);
    } else {
      let tileX = (actor.type == "coin" ? 2 : 1) * scale;
      this.cx.drawImage(otherSprites,
                        tileX, 0, width, height,
                        x,     y, width, height);
    }
  }
};
```

Wenn wir irgendetwas anderes als die Spielfigur zeichnen, müssen wir anhand des Typs den Versatz für den richtigen Sprite ermitteln. Die Lavakachel ist beim Versatz 20 zu finden, der Münz-Sprite bei 40 (das Doppelte des Werts von `scale`).

Da der Punkt `(0, 0)` der Leinwand der oberen linken Ecke des Viewports und nicht des Levels entspricht, müssen wir die Position des Viewports subtrahieren, wenn wir die Position eines Akteurs berechnen. Alternativ können wir auch `translate` verwenden. Beides funktioniert.

Damit ist unser neues Anzeigesystem fertig. Das Spiel sieht darin wie folgt aus:

## 17.12 Auswahl einer Grafikschnittstelle

Wenn Sie im Browser Grafiken erstellen müssen, haben Sie die Wahl zwischen einfachem HTML, SVG und dem Leinwandelement. Die ideale Lösung für sämtliche Situationen gibt es nicht. Jede der drei Möglichkeiten weist ihre eigenen Stärken und Schwächen auf.

Einfaches HTML bietet den Vorteil der Einfachheit und eignet sich auch sehr gut für Text. Auch in SVG und auf einer Leinwand können Sie Text zeichnen, allerdings gibt es darin keine Unterstützung, um Text zu positionieren oder in mehr als eine Zeile umzubrechen. In einem HTML-gestützten Bild ist es viel einfacher, Textblöcke einzufügen.

Mit SVG können Sie scharfe Grafiken erzeugen, die auf jeder Vergrößerungsstufe gut aussehen. Anders als HTML wurde SVG zum Zeichnen entworfen und ist daher für diesen Zweck auch besser geeignet.

Sowohl SVG als auch HTML bauen eine Datenstruktur (das DOM) zur Darstellung des Bildes auf. Dadurch ist es möglich, Elemente nach dem Zeichnen zu ändern. Wenn Sie wiederholt einen kleinen Teil eines großen Bildes als Reaktion auf Benutzeraktionen oder im Rahmen einer Animation ändern wollen, kann das auf der Leinwand äußerst aufwendig werden. Im DOM können Sie auch Maus-Ereignis-Handler für jedes Element im Bild registrieren (auch für Formen, die mit SVG gezeichnet wurden). Das ist auf der Leinwand nicht möglich.

Die pixelgestützte Vorgehensweise auf der Leinwand ist jedoch von Vorteil, wenn Sie viele kleine Elemente zeichnen müssen. Da Sie hier keine Datenstruktur aufbauen, sondern lediglich wiederholt auf derselben Pixeloberfläche zeichnen, sind die Kosten pro Form geringer.

Manche Effekte, etwa das pixelweise Rendern einer Szene (z.B. mit einem Raytracer) oder die nachträgliche Verarbeitung eines Bildes mit JavaScript (Unschärfe oder Verzerrungen), lassen sich nur bei der pixelgestützten Vorgehensweise praktisch umsetzen.

In einigen Fällen können Sie die verschiedenen Techniken auch kombinieren. Beispielsweise können Sie eine Grafik mit SVG oder auf der Leinwand zeichnen, die Textinformationen aber durch die Platzierung von HTML-Elementen oberhalb des Bildes hinzufügen.

Für anspruchslose Anwendungen spielt es kaum eine Rolle, welche Schnittstelle Sie wählen. Die Anzeige für unser Spiel hätten wir mit jeder der drei Grafiktechnologien implementieren können, da wir hier weder Text zeichnen noch Mausereignisse verarbeiten oder mit extrem vielen Elementen arbeiten müssen.

## 17.13 Zusammenfassung

In diesem Kapitel haben wir Techniken zum Zeichnen von Grafiken im Browser besprochen und uns dabei auf das `<canvas>`-Element konzentriert.

Ein Leinwandknoten steht für einen Bereich in einem Dokument, in dem unser Programm zeichnen kann. Der Zeichenvorgang erfolgt dabei über ein Kontextobjekt, das mit der Methode `getContext` erstellt wird.

In der 2-D-Zeichenschnittstelle können wir gefüllte und umrissene Formen verschiedener Art erstellen. Die Eigenschaft `fillStyle` des Kontexts legt dabei fest, wie die Formen gefüllt werden, während `strokeStyle` und `lineWidth` die Gestaltung von Linien bestimmen.

Rechtecke und Text können mit einem einzigen Methodenaufruf gezeichnet werden. Die Methoden `fillRect` und `strokeRect` erstellen Rechtecke, `fillText` und `strokeText` dagegen Text. Um eigene Formen zu gestalten, müssen wir sie aus einem Pfad aufbauen.

Mit dem Aufruf von `beginPath` beginnen wir einen neuen Pfad. Es gibt eine Reihe von Methoden, die Linien und Kurven zum aktuellen Pfad hinzufügen, beispielsweise `lineTo`, die eine gerade Linie erstellt. Den fertigen Pfad können wir anschließend mit `fill` oder `stroke` füllen bzw. umreißen.

Um Pixel von einem anderen Bild oder einer anderen Leinwand auf unsere Leinwand zu überführen, verwenden wir die Methode `drawImage`. Standardmäßig zeichnet sie das komplette Quellbild. Aber mit zusätzlichen Parametern können wir auch nur einen Ausschnitt des Bildes kopieren. Wir haben dies für unser Spiel genutzt, indem wir einzelne Posen des Spielcharakters aus einem Bild kopiert haben, das viele solcher Posen enthielt.

Mit Transformationen können wir die Ausrichtung einer Form ändern. Die jeweils aktuelle Transformation eines 2-D-Zeichenkontexts lässt sich mit den Methoden `translate`, `scale` und `rotate` ändern, die sich auf alle nachfolgenden Zeichenoperationen auswirken. Mit der Methode `save` ist es möglich, den Transformationsstatus zu speichern, um ihn später mit `restore` wiederherzustellen.

Bei der Anzeige einer Animation auf der Leinwand können wir mit der Methode `clearRect` einen Teil der Leinwand löschen, bevor er neu gezeichnet wird.

## 17.14 Übungen

### Formen

Schreiben Sie ein Programm, das die folgenden Formen auf eine Leinwand zeichnet:

1. Ein Trapez (ein Viereck, bei dem eine Seite länger ist als die gegenüberliegende)
2. Ein rotes, um 45° bzw. 1/4 π gedrehtes Quadrat
3. Eine Zickzacklinie
4. Eine Spirale aus 100 geraden Liniensegmenten
5. Einen gelben Stern

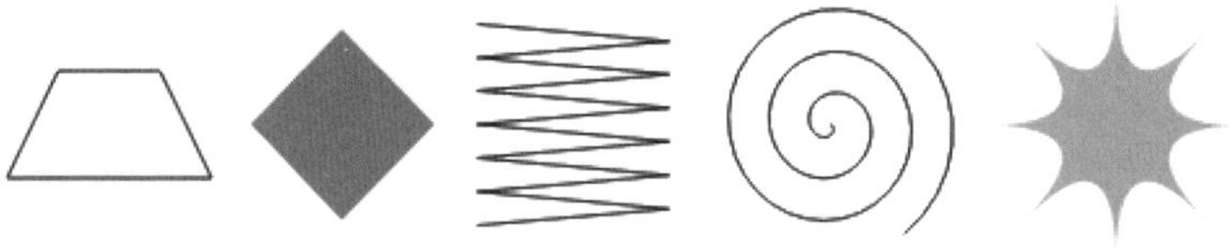

Zum Zeichnen der beiden letzten Figuren kann es hilfreich sein, sich die Erklärung von `Math.cos` und `Math.sin` aus »***Positionierung und Animation***« auf ***S. 251*** noch einmal anzusehen. Dort erfahren Sie, wie Sie mithilfe dieser Funktionen Koordinaten von Punkten auf einem Kreis bestimmen können.

Ich empfehle Ihnen, für jede dieser Formen eine Funktion zu schreiben, der Sie die Position und optional andere Eigenschaften wie die Größe oder die Anzahl der Punkte als Parameter übergeben. Die Alternative besteht darin, hartkodierte Zahlen zu verwenden, was den Code unnötig schwer zu lesen und zu ändern macht.

### Das Tortendiagramm

Im Abschnitt »***Ein Tortendiagramm zeichnen***« auf ***S. 306*** haben Sie ein Beispielprogramm gesehen, das ein Tortendiagramm zeichnet. Ändern Sie es so, dass neben jedem Tortenstück jeweils der Name der Kategorie ausgegeben wird, für den es steht. Versuchen Sie den Text automatisch auf eine attraktive Weise zu positionieren, die auch für andere Datenmengen geeignet ist. Dabei können Sie annehmen, dass die Kategorien jeweils groß genug sind, um Platz für die jeweiligen Bezeichnungen zu lassen.

Unter Umständen müssen Sie auch hier die Funktionen `Math.sin` und `Math.cos` verwenden, die im Abschnitt »*Positionierung und Animation*« auf *S. 251* beschrieben werden.

### Ein rollender Ball

Verwenden Sie die Technik mit `requestAnimationFrame`, die in Kapitel 14 und 16 zum Einsatz kam, um einen Kasten mit einem rollenden Ball darin zu zeichnen. Der Ball soll sich mit konstanter Geschwindigkeit bewegen und von den Seitenwänden abprallen, sobald er sie erreicht.

### Vorausberechnete Spiegelung

Ein Nachteil von Transformationen besteht darin, dass sie das Zeichnen von Bitmaps messbar verlangsamen, da jeweils die Position und Größe jedes einzelnen Pixels transformiert werden muss. Da wir in unserem Spiel nur einen einzigen transformierten Sprite zeichnen, ist das für uns kein Problem. Aber stellen Sie sich vor, wir wollten Hunderte von Figuren oder Tausende von rotierenden Trümmerteilen zeichnen, die von einer Explosion davongeschleudert werden!

Überlegen Sie sich eine Möglichkeit, um eine gespiegelte Figur zu zeichnen, ohne zusätzliche Bilddateien zu laden und ohne für jedes Einzelbild `drawImage` mit Transformationen aufzurufen.

»Kommunikation muss von Natur aus statuslos sein [...], sodass jede Anfrage vom Client zum Server sämtliche Informationen enthält, die erforderlich sind, um die Anfrage zu verstehen, und nicht auf irgendeinen auf dem Server gespeicherten Kontext zurückgreift.«

– Roy Fielding, *Architectural Styles and the Design of Network-based Software Architectures*

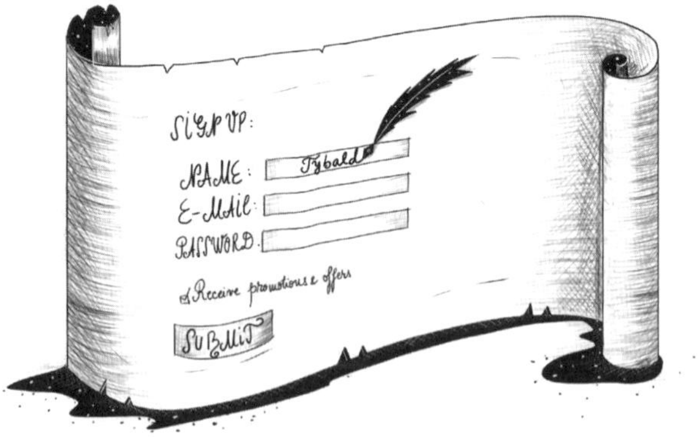

# 18 HTTP und Formulare

Das Protokoll *HTTP* (*Hyptertext Transfer Protocol*), das Sie bereits in Kapitel 13 kennengelernt haben, ist der Mechanismus, durch den Daten im World Wide Web angefordert und bereitgestellt werden. In diesem Kapitel wird es ausführlicher beschrieben und außerdem erklärt, wie JavaScript im Browser darauf zugreift.

## 18.1 Das Protokoll

Wenn Sie in die Adressleiste eines Browsers *eloquentjavascript.net/18_http.html* eingeben, schlagt der Browser zunächst die Adresse des Servers nach, der mit *eloquentjavascript.net* verknüpft ist, und versucht dann eine TCP-Verbindung über Port 80 zu ihm einzurichten, dem Standardport für HTTP-Datenverkehr. Falls der Server existiert und die Verbindung akzeptiert, sendet der Browser ihm eine Nachricht wie die folgende:

```
GET /18_http.html HTTP/1.1
Host: eloquentjavascript.net
User-Agent: Your browser's name
```

Darauf antwortet der Server über dieselbe Verbindung:

```
HTTP/1.1 200 OK
Content-Length: 65585
Content-Type: text/html
Last-Modified: Mon, 07 Jan 2019 10:29:45 GMT

<!doctype html>
... der Rest des Dokuments
```

Der Browser nimmt den Teil der Antwort hinter der Leerzeile, also ihren *Rumpf* (nicht zu verwechseln mit dem Rumpf eines HTML-Dokuments, der durch das Tag <body> gekennzeichnet ist), und zeigt ihn als HTML-Dokument an.

Die vom Client gesendete Information ist eine *Anfrage*. Sie beginnt mit der folgenden Zeile:

```
GET /18_http.html HTTP/1.1
```

Das erste Wort gibt die *Methode* der Anfrage an. `GET` bedeutet, dass wir eine bestimmte Ressource abrufen möchten. Andere häufig verwendete Methoden sind `DELETE` zum Löschen einer Ressource, `PUT`, um eine Ressource zu erstellen oder zu ersetzen, und `POST`, um Informationen zu senden. Beachten Sie, dass der Server nicht verpflichtet ist, jede eingehende Anfrage zu erfüllen. Wenn Sie etwa verlangen, die Hauptseite einer Website zu löschen, wird sich der Server wahrscheinlich weigern.

Auf den Methodennamen folgt der Pfad der *Ressource*, auf die sich die Anfrage bezieht. Im einfachsten Fall ist eine Ressource eine Datei auf dem Server, aber das Protokoll ist nicht darauf beschränkt. Eine Ressource kann alles Mögliche sein, was sich so übertragen lässt, als wäre es eine Datei. Viele Server generieren ihre Antworten im laufenden Betrieb. Wenn Sie beispielsweise *https://github.com/marijnh* öffnen, sucht der Server in seiner Datenbank nach dem Benutzer *marijnh* und erstellt eine Profilseite für diesen Benutzer, wenn er ihn findet.

Hinter dem Ressourcenpfad steht in der ersten Zeile der Anfrage noch `HTTP/1.1`, was die verwendete Version von HTTP angibt. Tatsächlich wird auf vielen Webseiten die HTTP-Version 2 verwendet, mit der die gleichen Dinge möglich sind wie mit Version 1.1, die aber viel komplizierter und dafür auch schneller ist. Bei der Kommunikation mit einem Server schalten Browser automatisch zu der geeigneten Version des Protokolls um. Das Ergebnis ist unabhängig von der verwendeten Version dasselbe. Da Version 1.1 einfacher und leichter zu verwenden ist, werden wir uns hier auf diese konzentrieren.

Mit der Protokollversion beginnt auch die Antwort des Servers. Darauf folgt der Status der Antwort, zunächst in Form eines dreistelligen Zifferncodes und dann als für Menschen lesbarer String:

```
HTTP/1.1 200 OK
```

Statuscodes, die mit 2 beginnen, stehen für eine erfolgreiche Anforderung. Fängt der Code dagegen mit einer 4 an, ist irgendetwas schiefgelaufen. Der wahrscheinlich bekannteste HTTP-Statuscode ist 404, was bedeutet, dass die Ressource nicht gefunden werden konnte. Bei Codes, die mit 5 beginnen, ist ein Fehler auf dem Server aufgetreten, an dem die Anfrage selbst nicht schuld ist.

Auf die erste Zeile einer Anfrage oder Antwort können beliebig viele *Header* folgen. Sie haben die Form `name: value` und liefern zusätzliche Informationen über die Anfrage bzw. Antwort. In unserer Beispielantwort waren die folgenden Header vorhanden:

```
Content-Length: 65585
Content-Type: text/html
Last-Modified: Thu, 04 Jan 2018 14:05:30 GMT
```

Sie nennen die Größe und den Typ des Antwortdokuments, in diesem Fall ein HTML-Dokument von 65.585 Bytes, sowie das Datum der letzten Änderung.

Bei den meisten Headern können der Client und der Server selbst entscheiden, ob sie sie in ihre Anfrage bzw. Antwort aufnehmen wollen oder nicht. Einige aber sind unbedingt erforderlich. So sollte beispielsweise der Header `Host`, der den Hostnamen enthält, in einer Anfrage immer enthalten sein, da der Server unter einer einzigen IP-Adresse mehrere Hosts mit unterschiedlichen Namen betreiben kann. Ohne den Header wüsste der Server nicht, mit welchem Host der Client sprechen möchte.

Hinter den Headern kann sowohl in Anfragen als auch in Antworten eine Leerzeile stehen, auf die der Rumpf mit den zu sendenden Daten folgt. Bei `GET`- und `DELETE`-Anfragen werden keine Daten gesendet, aber bei `PUT`- und `POST`-Anfragen. Auch einige Arten von Antworten, etwa Fehlermeldungen, enthalten keinen Rumpf.

## 18.2 Browser und HTTP

Wie wir im Beispiel gesehen haben, stellt ein Browser eine Anfrage, wenn wir einen URL in seine Adressleiste eingeben. Wenn die resultierende HTML-Seite wiederum auf weitere Dateien verweist, z. B. auf Bilder oder JavaScript-Dateien, werden diese ebenfalls abgerufen. Eine mäßig komplizierte Website kann sehr leicht zehn bis 200 Ressourcen umfassen. Um sie schnell abrufen zu können, führen Browser mehrere `GET`-Anforderungen gleichzeitig aus.

HTML-Seiten können *Formulare* enthalten, die der Benutzer ausfüllen und dann an den Server senden kann. Das folgende Beispiel zeigt ein solches Formular:

```
<form method="GET" action="example/message.html">
  <p>Name: <input type="text" name="name"></p>
  <p>Message:<br><textarea name="message"></textarea></p>
  <p><button type="submit">Send</button></p>
</form>
```

Dieser Code beschreibt ein Formular mit zwei Feldern, einem kleinen zur Angabe des Namens und einem großen für eine Nachricht. Wenn der Benutzer auf den Senden-Knopf klickt, wird das Formular *eingereicht*, was bedeutet, dass der Inhalt seiner Felder in eine HTTP-Anfrage eingeschlossen wird und der Browser zum Ergebnis dieser Anfrage wechselt.

Wenn das Attribut `method` des `<form>`-Elements den Wert `GET` hat (oder weggelassen wurde), werden die Informationen in dem Formular als *Abfrage-String* ans Ende des unter `action` festgelegten URLs angehängt. Der Browser kann dann eine Anfrage an diesen URL stellen:

```
GET /example/message.html?name=Jean&message=Yes%3F HTTP/1.1
```

Das Fragezeichen kennzeichnet das Ende des Pfades im URL und den Beginn der Abfrage. Darauf folgen Name-Wert-Paare, die jeweils aus dem Namen eines Formularelements (laut dessen name-Attribut) und dessen Inhalt bestehen. Die einzelnen Paare werden mit einem kaufmännischen Und (&) voneinander abgesetzt.

Die eigentliche Nachricht, die in diesem URL codiert ist, lautet Yes?, wobei anstelle des Fragezeichens aber ein merkwürdiger Code steht. Einige Zeichen in Abfrage-Strings müssen maskiert werden, unter anderem das Fragezeichen, das dabei als %3F wiedergegeben wird. Es scheint ein ungeschriebenes Gesetz zu sein, dass jedes Format seine eigene Art und Weise zur Maskierung von Zeichen mitbringt. In diesem Fall, also bei der sogenannten *URL-Codierung*, wird ein Prozentzeichen, gefolgt von zwei Hexadezimalziffern, verwendet. Für das Fragezeichen wird 3F verwendet, was dezimal 63 bedeutet. Die JavaScript-Funktionen encodeURIComponent und decodeURIComponent ermöglichen eine Umwandlung in dieses Format bzw. umgekehrt:

```
console.log(encodeURIComponent("Yes?"));
// → Yes%3F
console.log(decodeURIComponent("Yes%3F"));
// → Yes?
```

Wenn wir das Attribut method des HTML-Formulars aus dem zuvor gezeigten Beispiel in POST ändern, wird der Abfrage-String nicht zum URL hinzugefügt, sondern in den Rumpf der HTTP-Anfrage zum Einreichen des Formulars gestellt:

```
POST /example/message.html HTTP/1.1
Content-length: 24
Content-type: application/x-www-form-urlencoded

name=Jean&message=Yes%3F
```

GET-Anfragen sind für Anfragen da, die keine Seiteneffekte hervorrufen, sondern lediglich nach Informationen fragen. Anfragen, die irgendetwas auf dem Server ändern, indem sie etwa ein neues Konto anlegen oder eine Nachricht posten, müssen dagegen mit anderen Methoden vorgenommen werden, z. B. POST. Clientseitiger Software, also unter anderem auch Browsern, ist klar, dass sie nicht einfach blind POST-Anforderungen senden soll. Allerdings stellt sie oft implizit GET-Anfragen, etwa um eine Ressource abzurufen, von der sie glaubt, dass der Benutzer sie bald benötigen wird.

Auf Formulare und ihre Verwendung in JavaScript kommen wir im Abschnitt *»Formularfelder«* auf *S. 330* noch einmal zurück.

## 18.3 Fetch

Fetch ist die Schnittstelle, über die JavaScript im Browser HTTP-Anfragen stellen kann. Da sie relativ neu ist, verwendet sie praktischerweise Promises (was Browserschnittstellen nur selten tun).

```
fetch("example/data.txt").then(response => {
  console.log(response.status);
```

```
  // → 200
  console.log(response.headers.get("Content-Type"));
  // → text/plain
});
```

Beim Aufruf von `fetch` wird ein Promise zurückgegeben, das zu einem `Response`-Objekt mit Informationen über die Antwort des Servers aufgelöst wird, z. B. dem Statuscode und den Headern. Die Header sind dabei in ein `Map`-artiges Objekt eingeschlossen, das bei seinen Schlüsseln (den Header-Namen) nicht auf Groß- und Kleinschreibung achtet, wie es für Headernamen ja auch erforderlich ist. So geben beispielsweise `headers.get("Content-Type")` und `headers.get("content-TYPE")` denselben Wert zurück.

Das von `fetch` zurückgegebene Promise wird auch dann erfolgreich aufgelöst, wenn der Server mit einem Fehlercode geantwortet hat. Es *kann* abgelehnt werden, wenn ein Netzwerkfehler vorliegt oder wenn der Server, an den die Anfrage gerichtet war, nicht zu finden ist.

Das erste Argument von `fetch` ist der URL, an den die Anfrage gehen soll. Wenn er nicht mit einem Protokollnamen (wie *http:*) beginnt, wird er als *relativ* zum aktuellen Dokument angesehen. Beginnt er mit einem Schrägstrich, so ersetzt er den aktuellen Pfad, also den Teil hinter dem Servernamen. Anderenfalls wird der Teil des aktuellen Pfads einschließlich seines letzten Schrägstrichs vor den relativen URL gestellt.

Mit der Methode `text` können Sie an den eigentlichen Inhalt der Antwort kommen. Da das ursprüngliche Promise aufgelöst wird, sobald die Header der Antwort eingehen, und da das Lesen des Rumpfes dieser Antwort etwas länger dauern kann, gibt diese Methode wiederum ein Promise zurück.

```
fetch("example/data.txt")
  .then(resp => resp.text())
  .then(text => console.log(text));
// → Inhalt von data.txt
```

Die Methode `json` ist ähnlich. Das von ihr zurückgegebene Promise wird zu dem Wert aufgelöst, den Sie erhalten, wenn Sie einen Rumpf im JSON-Format analysieren. Ist der Rumpf kein gültiger JSON-Code, wird das Promise dagegen abgelehnt.

Standardmäßig verwendet `fetch` für Anfragen die Methode `GET` und schließt keinen Rumpf in die Anfrage ein. Dieses Verhalten können Sie jedoch ändern, indem Sie ein Objekt mit zusätzlichen Optionen als zweites Argument übergeben. Beispielsweise versucht folgende Anfrage die Datei `example/data.txt` zu löschen:

```
fetch("example/data.txt", {method: "DELETE"}).then(resp => {
  console.log(resp.status);
  // → 405
});
```

Der Statuscode 405 bedeutet »Methode nicht zulässig«. Damit drückt ein HTTP-Server aus, dass er etwas nicht tun kann.

Um einen Rumpf zu der Anfrage hinzuzufügen, verwenden Sie die Option `body`, und zur Einrichtung von Headern gibt es die Option `headers`. Beispielsweise enthält die folgende Anfrage den Header `Range`, der den Server anweist, nur einen Teil der Antwort zurückzugeben:

```
fetch("example/data.txt", {headers: {Range: "bytes=8-19"}})
  .then(resp => resp.text())
  .then(console.log);
// → der Inhalt
```

Der Browser fügt automatisch einige Anfrage-Header hinzu, darunter `Host` sowie diejenigen, die der Server braucht, um die Größe des Rumpfes zu bestimmen. Es ist jedoch oft praktisch, die Anfrage um eigene Header zu ergänzen, etwa um Authentifizierungsinformationen zu geben oder dem Server mitzuteilen, in welchem Format Sie die Datei gern empfangen möchten.

## 18.4 HTTP-Sandboxing

Wenn Webseitenskripte HTTP-Anfragen stellen können, ist dies für die Sicherheit bedenklich. Die Interessen der Person, die hinter dem Skript steht, können den Interessen derjenigen, auf deren Computer es ausgeführt wird, zuwiderlaufen. Wenn ich beispielsweise *die_mafia.org* besuche, dann möchte ich bestimmt nicht, dass die Skripte auf dieser Website Anfragen an *meine_bank.com* stellen und dabei die Identifizierungsinformationen aus meinem Browser nutzen, um die Anweisung zu geben, all mein Geld an irgendein unbekanntes Konto zu überweisen. Um uns zu schützen, verbieten Browser Skripten daher, HTTP-Anfragen an andere Domänen zu stellen (also an Namen wie *die_mafia.org* und *meine_bank.com*).

Das kann jedoch zu einem Problem führen, wenn wir ein System erstellen, das aus legitimen Gründen auf andere Domänen zugreifen soll. Zum Glück können Server den folgenden Header in ihre Antwort einfügen, um dem Browser ausdrücklich mitzuteilen, dass es in Ordnung ist, wenn die Anfrage aus einer anderen Domäne kommt:

```
Access-Control-Allow-Origin: *
```

## 18.5 Die Möglichkeiten von HTTP nutzen

Wenn wir ein System erstellen, in dem ein clientseitiges JavaScript-Programm (also eines im Browser) mit einem serverseitigen Skript kommunizieren muss, haben wir verschiedene Möglichkeit, um diesen Vorgang zu modellieren. Oft werden dafür *Remote Procedure Calls* (RPCs) verwendet. Die Kommunikation folgt dabei dem Muster regulärer Funktionsaufrufe, allerdings wird die Funktion auf dem anderen Rechner ausgeführt. Bei einem Aufruf wird eine Anfrage an den Server gestellt, die den Namen der Funktion und die Argumente erhält. Die Antwort auf diese Anfrage wiederum enthält den Rückgabewert.

Für RPCs ist HTTP lediglich ein Kommunikationsmittel. Sehr wahrscheinlich werden Sie eine Abstraktionsebene dafür schreiben, die die HTTP-Kommunikation vollständig verbirgt.

Ein weiterer Ansatz ist es, Ihre Kommunikation auf das Konzept der Ressourcen und HTTP-Methoden aufzubauen. Dabei verwenden Sie beispielsweise anstelle eines Aufrufs namens `addUser` eine `PUT`-Anfrage an `/users/larry`. Anstatt die Eigenschaften des Benutzers als Funktionsargumente zu codieren, definieren Sie ein JSON-Dokumentformat (oder verwenden ein vorhandenes Format) zur Darstellung eines Benutzers. Der Rumpf der `PUT`-Anfrage zum Anlegen einer neuen Ressource ist ein solches Dokument. Abgerufen wird eine Ressource durch eine `GET`-Anfrage an ihren URL (z.B. `/user/larry`), woraufhin ein Dokument zurückgegeben wird, das diese Ressource darstellt.

Bei dieser zweiten Vorgehensweise ist es einfacher, die Möglichkeiten von HTTP auszuschöpfen, z.B. die Unterstützung zum Zwischenspeichern von Ressourcen (wobei auf dem Client eine Kopie aufbewahrt wird, um einen schnellen Zugriff zu ermöglichen). Die sorgfältig gestalteten Funktionsprinzipien von HTTP können Ihnen dabei helfen, Ihre Serverschnittstelle aufzubauen.

## 18.6 Sicherheit durch HTTPS

Daten, die über das Internet reisen, folgen einem langen und gefährlichen Weg. Um ans Ziel zu gelangen, müssen sie unterschiedliche Stellen passieren, von WLAN-Hotspots in Internetcafés bis zu Netzwerken, die der Kontrolle von Unternehmen oder Regierungen unterliegen. An jedem Punkt auf diesem Weg können sie untersucht und sogar verändert werden.

Wenn es wichtig ist, dass die Daten geheim bleiben (etwa das Kennwort für Ihr E-Mail-Konto) oder unverändert am Ziel angekommen (die Kontonummer, auf die Sie Geld über die Webseite Ihrer Bank überweisen), reicht einfaches HTTP nicht aus.

Für URLs, die mit *https://* beginnen, wird Secure HTTP (sicheres HTTP) verwendet. Dieses Protokoll schließt den HTTP-Datenverkehr so ein, dass er schwerer zu lesen und zu manipulieren ist. Vor dem Austausch von Daten vergewissert sich der Client, dass der Server auch derjenige ist, der er zu sein vorgibt. Dazu fordert er ihn auf, zu beweisen, dass er über ein kryptografisches Zertifikat verfügt, das von einer vom Browser anerkannten Zertifizierungsstelle stammt. Anschließend werden alle Daten, die über die Verbindung gesendet werden, auf eine Weise verschlüsselt, die gegen Lauschangriffe und Manipulationen schützen soll.

Dadurch verhindert HTTPS, dass jemand die Identität der Webseite vorspiegelt, mit der Sie Verbindung aufnehmen möchten, und Ihre Kommunikation ausspioniert. Das Protokoll ist nicht perfekt und es hat schon Fälle gegeben, in denen HTTPS aufgrund von gefälschten oder gestohlenen Zertifikaten oder aufgrund von fehlerhafter Software versagt hat, aber es ist trotzdem *viel* sicherer als einfaches HTTP.

## 18.7 Formularfelder

Formulare wurden vor dem Aufkommen von JavaScript entwickelt, um es zu ermöglichen, auf Webseiten vom Benutzer angegebene Informationen in einer HTTP-Anfrage zu senden. Dabei wurde vorausgesetzt, dass die Interaktion mit dem Server immer durch den Wechsel zu einer neuen Seite erfolgt.

Ebenso wie der Rest der Seite gehören die Formularelemente zum DOM, verfügen aber über eine Reihe von Eigenschaften und Ereignissen, die es in anderen Elementen nicht gibt. Damit ist es möglich, die zugehörigen Eingabefelder in JavaScript-Programmen zu untersuchen, zu steuern und z.B. einem Formular neue Funktionalität hinzuzufügen oder Formulare und Felder als Bausteine für JavaScript-Anwendungen zu nutzen.

Ein Webformular besteht aus einer beliebigen Anzahl von Eingabefeldern, die unter einem `<form>`-Tag zusammengefasst sind. In HTML gibt es verschiedene Arten von Feldern, von einfachen Ein/Aus-Kontrollkästchen über Texteingaben bis zu Dropdown-Menüs. Ich werde hier nicht alle Feldtypen ausführlich besprechen, Ihnen aber einen groben Überblick geben.

Für viele der Felder wird das Tag `<input>` verwendet, wobei die Art des Eingabefelds durch das Attribut `type` bestimmt wird. Zu den gebräuchlichsten Typen von `<input>`-Feldern gehören die folgenden:

| | |
|---|---|
| `text` | Ein einzeiliges Texteingabefeld |
| `password` | Ein einzeiliges Texteingabefeld, bei dem der eingegebene Text aber verborgen wird |
| `checkbox` | Ein/Aus-Schalter (Kontrollkästchen) |
| `radio` | (Teil eines) Feldes zur Auswahl unter mehreren Optionen (Optionsschalter) |
| `file` | Ein Feld zur Auswahl einer Datei vom lokalen Computer |

Formularfelder müssen nicht unbedingt in einem `<form>`-Tag stehen, sondern können auch an beliebiger Stelle auf einer Seite platziert werden. Allerdings können Felder außerhalb eines Formulars nicht eingereicht werden (das ist nur für ein Formular als Ganzes möglich). Wenn wir mit JavaScript auf Eingaben reagieren, wollen wir die Felder aber auch meistens gar nicht einreichen.

```
<p><input type="text" value="abc"> (text)</p>
<p><input type="password" value="abc"> (password)</p>
<p><input type="checkbox" checked> (checkbox)</p>
<p><input type="radio" value="A" name="choice">
   <input type="radio" value="B" name="choice" checked>
   <input type="radio" value="C" name="choice"> (radio)</p>
<p><input type="file"> (file)</p>
```

Der vorige HTML-Code erstellt die folgenden Formularfelder:

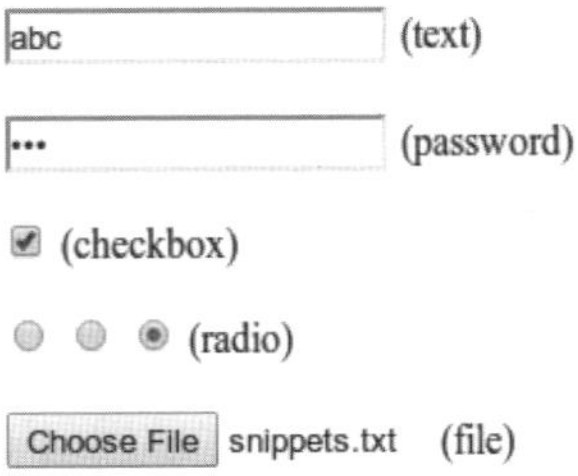


Die JavaScript-Schnittstelle sieht für die einzelnen Arten von Elementen jeweils unterschiedlich aus.

Da es ziemlich umständlich wäre, ein `value`-Attribut zur Angabe eines mehrzeiligen Ausgangswerts zu verwenden, gibt es für mehrzeilige Textfelder ein eigenes Tag, nämlich `<textarea>`. Es erfordert ein zugehöriges schließendes `</textarea>`-Tag. Der Ausgangstext des Elements wird zwischen diesen beiden Tags angegeben:

```
<textarea>
one
two
three
</textarea>
```

Mit dem Tag `<select>` wird ein Feld erstellt, in dem die Benutzer eine Auswahl zwischen mehreren vordefinierten Optionen treffen können:

```
<select>
  <option>Pancakes</option>
  <option>Pudding</option>
  <option>Ice cream</option>
</select>
```

Ein solches Feld sieht wie folgt aus:

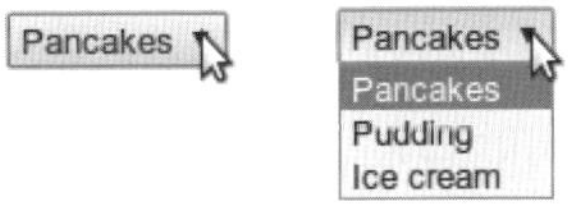


Wenn sich der Wert eines Formularfeldes ändert, wird ein `"change"`-Ereignis ausgelöst.

## 18.8 Fokus

Im Gegensatz zu den meisten anderen Elementen von HTML-Dokumenten können Formularfelder den *Tastaturfokus* erhalten. Klickt der Benutzer darauf oder werden sie auf irgendeine andere Weise aktiviert, verändern sie sich zum aktiven Element und können Tastatureingaben empfangen. Beispielsweise versucht ein `<select>`-Menü zu der Option mit dem Text zu wechseln, den der Benutzer eingibt, und reagiert auf die Pfeiltasten, indem es die Optionen nach oben bzw. unten durchläuft.

Mit den Methoden focus und blur können wir den Fokus in JavaScript steuern. Die erste Methode legt den Fokus auf das DOM-Element, für das sie aufgerufen wurde, die zweite dagegen hebt den Fokus auf. Der Wert in document.activeElement gibt das Element an, das zurzeit den Fokus hat.

```
<input type="text">
<script>
  document.querySelector("input").focus();
  console.log(document.activeElement.tagName);
  // → INPUT
  document.querySelector("input").blur();
  console.log(document.activeElement.tagName);
  // → BODY
</script>
```

Auf manchen Seiten soll der Benutzer sofort mit der Eingabe in ein Formularfeld beginnen. JavaScript kann dazu verwendet werden, diesem Feld den Fokus zu geben, wenn das Dokument geladen wird. Allerdings gibt es in HTML das Attribut autofocus, das sich genauso auswirkt und dem Browser außerdem mitteilt, was wir tun wollen. Dadurch bekommt der Browser Gelegenheit, das Verhalten zu deaktivieren, wenn es ungeeignet ist, etwa wenn der Benutzer den Fokus auf etwas anderes gelegt hat.

Browser bieten dem Benutzer traditionell auch die Möglichkeit, den Fokus mit der Taste Tab immer ein Element weiter zu verschieben. Die Reihenfolge, in der dies geschieht, können wir mit dem Attribut tabindex beeinflussen. Im folgenden Beispieldokument kann der Benutzer mit dieser Taste den Fokus vom Texteingabefeld unmittelbar auf die OK-Schaltfläche verlegen, ohne erst den Umweg über den Hilfelink zu gehen:

```
<input type="text" tabindex=1> <a href=".">(help)</a>
<button onclick="console.log('ok')" tabindex=2>OK</button>
```

Standardmäßig können die meisten Arten von HTML-Elementen keinen Fokus bekommen. Allerdings lässt sich jedem Element das Attribut tabindex hinzufügen, um es fokussierbar zu machen. Ein Wert von -1 für tabindex sorgt dafür, dass ein normalerweise fokussierbares Element bei der Betätigung der Tab-Taste übersprungen wird.

## 18.9 Deaktivierte Felder

Alle Formularfelder können durch ihr Attribut disabled deaktiviert werden. Dieses Attribut kann ohne Wert angegeben werden. Allein seine Anwesenheit sorgt schon dafür, dass das betreffende Element ausgeschaltet wird.

```
<button>I'm all right</button>
<button disabled>I'm out</button>
```

Deaktivierte Felder können weder den Fokus erhalten noch geändert werden. Im Browser werden sie grau und blass dargestellt.

Eine Aktion, die von einer Schaltfläche oder einem anderen Steuerelement ausgelöst wird und eine Kommunikation mit dem Server erfordert, kann eine Weile in Anspruch nehmen. In solchen Fällen kann es sinnvoll sein, das betreffende Steuerelement zu deaktivieren, bis die Aktion komplett abgeschlossen ist. Dies verhindert, dass die Aktion wiederholt ausgeführt wird, wenn der Benutzer ungeduldig wird und erneut auf das Element klickt.

## 18.10 Das Formular als Ganzes

Wenn ein Feld in ein <form>-Element eingebettet ist, verfügt sein DOM-Element über die Eigenschaft form, die es mit dem DOM-Element seines Formulars verknüpft. Das <form>-Element wiederum hat die Eigenschaft elements mit einer Array-artigen Zusammenstellung der in ihm enthaltenen Felder.

Das Attribut name eines Formularfelds bestimmt, wie dessen Wert beim Einreichen des Formulars ermittelt wird. Sie können es auch als Eigenschaftenname verwenden, wenn Sie auf die Eigenschaft elements des Formulars zugreifen, die sich sowohl wie ein Array-artiges Objekt (Zugriff mithilfe einer Zahl) als auch wie eine Map (Zugriff mithilfe eines Namens) verhält.

```
<form action="example/submit.html">
  Name: <input type="text" name="name"><br>
  Password: <input type="password" name="password"><br>
  <button type="submit">Log in</button>
</form>
<script>
  let form = document.querySelector("form");
  console.log(form.elements[1].type);
  // → password
  console.log(form.elements.password.type);
  // → password
  console.log(form.elements.name.form == form);
  // → true
</script>
```

Um das Formular einzureichen, muss der Benutzer auf die Schaltfläche klicken, deren type-Attribut den Wert submit aufweist, oder die Eingabetaste drücken, während ein Formularfeld den Fokus hat.

Beim Einreichen eines Formulars wechselt der Browser normalerweise mithilfe einer GET- oder POST-Anforderung zu der Seite, die im action-Attribut des Formulars angegeben ist. Bevor das geschieht, wird ein "submit"-Ereignis ausgelöst, das Sie in JavaScript verarbeiten können. Dabei ist es auch möglich, das Standardverhalten zu verhindern, indem Sie preventDefault für das Ereignisobjekt aufrufen.

```
<form action="example/submit.html">
  Value: <input type="text" name="value">
  <button type="submit">Save</button>
</form>
<script>
  let form = document.querySelector("form");
  form.addEventListener("submit", event => {
    console.log("Saving value", form.elements.value.value);
    event.preventDefault();
  });
</script>
```

Es gibt verschiedene Gründe dafür, "submit"-Ereignisse in JavaScript abzufangen. Wir können Code schreiben, der prüft, ob die eingegebenen Werte sinnvoll sind, und bei Fehleingaben eine Fehlermeldung anzeigt, anstatt das Formular einzureichen. Es ist auch möglich, wie in dem vorstehenden Beispiel den regulären Einreichungsvorgang komplett auszuschalten und die Eingaben stattdessen von unserem Programm verarbeiten zu lassen, etwa um sie mit fetch an den Server zu senden, ohne die Seite neu zu laden.

## 18.11 Textfelder

Felder, die mit <textarea>-Tags oder mit <input>-Tags und dem Typ text oder password angelegt werden, haben eine gemeinsame Schnittstelle. Ihre DOM-Elemente verfügen über die Eigenschaft value mit dem aktuellen Inhalt als String-Wert. Wird diese Eigenschaft auf einen anderen String gesetzt, ändert sich der Inhalt des Feldes.

Die Eigenschaften selectionStart und selectionEnd von Textfeldern geben uns Informationen über den Cursor und die Markierung im Text. Wenn nichts markiert ist, enthalten beide Eigenschaften dieselbe Zahl, nämlich die Position des Cursors. Dabei steht 0 für den Anfang des Textes und 10 für die Position hinter dem zehnten Zeichen. Wenn ein Teil des Feldes markiert ist, unterscheiden sich die Werte der beiden Eigenschaften und geben den Anfang und das Ende des markierten Textes an. Ebenso wie in value kann auch in diese Eigenschaften geschrieben werden.

Nehmen wir an, Sie schreiben einen Artikel über Pharao Khasekhemwy, haben aber Schwierigkeiten, den Namen richtig zu schreiben. Der folgende Code verknüpft ein <textarea>-Tag mit einem Ereignis-Handler, der bei der Betätigung von F2 den String "Khasekhemwy" einfügt.

```
<textarea></textarea>
<script>
  let textarea = document.querySelector("textarea");
  textarea.addEventListener("keydown", event => {
    // Der Tastencode für F2 ist 113
    if (event.keyCode == 113) {
      replaceSelection(textarea, "Khasekhemwy");
```

```
      event.preventDefault();
    }
  });
  function replaceSelection(field, word) {
    let from = field.selectionStart, to = field.selectionEnd;
    field.value = field.value.slice(0, from) + word +
                  field.value.slice(to);
    // Stellt den Cursor hinter das Wort
    field.selectionStart = from + word.length;
    field.selectionEnd = from + word.length;
  }
</script>
```

Die Funktion replaceSelection ersetzt den zurzeit markierten Teil des Textfeldinhalts durch das gegebene Wort und setzt den Cursor anschließend hinter dieses Wort, sodass der Benutzer weiterschreiben kann.

Das "change"-Ereignis für ein Textfeld wird nicht ständig ausgelöst, während der Benutzer etwas tippt, sondern nur dann, wenn das Feld den Fokus verliert, nachdem sein Inhalt geändert wurde. Um sofort auf Änderungen in einem Textfeld zu reagieren, müssen Sie stattdessen einen Handler für das "input"-Ereignis registrieren, das jedes Mal ausgelöst wird, wenn der Benutzer ein Zeichen eingibt, Text löscht oder den Inhalt des Feldes auf irgendeine andere Weise bearbeitet.

Das folgende Beispiel zeigt ein Textfeld und einen Zähler, der die aktuelle Länge des darin enthaltenen Textes angibt:

```
<input type="text"> length: <span id="length">0</span>
<script>
  let text = document.querySelector("input");
  let output = document.querySelector("#length");
  text.addEventListener("input", () => {
    output.textContent = text.value.length;
  });
</script>
```

## 18.12 Kontrollkästchen und Optionsschalter

Ein Kontrollkästchen ist ein binärer Umschalter. Sein Wert kann über seine Eigenschaft checked abgerufen und geändert werden, die einen booleschen Wert festhält.

```
<label>
  <input type="checkbox" id="purple"> Make this page purple
</label>
<script>
  let checkbox = document.querySelector("#purple");
  checkbox.addEventListener("change", () => {
    document.body.style.background =
      checkbox.checked ? "mediumpurple" : "";
  });
</script>
```

Das Tag `<label>` verknüpft einen Teil des Dokuments mit einem Eingabefeld. Wenn der Benutzer irgendwo auf dieses Label klickt, um das Feld zu aktivieren, erhält dieses den Fokus. Wenn es sich dabei um ein Kontrollkästchen oder einen Optionsschalter handelt, wird dessen Wert umgeschaltet.

Ein Optionsschalter ähnelt einem Kontrollkästchen, ist aber implizit mit anderen Optionsschaltern verknüpft, deren `name`-Attribute denselben Wert haben, sodass immer nur einer von ihnen auf einmal aktiviert sein kann.

```
Color:
<label>
  <input type="radio" name="color" value="orange"> Orange
</label>
<label>
  <input type="radio" name="color" value="lightgreen"> Green
</label>
<label>
  <input type="radio" name="color" value="lightblue"> Blue
</label>
<script>
  let buttons = document.querySelectorAll("[name=color]");
  for (let button of Array.from(buttons)) {
    button.addEventListener("change", () => {
      document.body.style.background = button.value;
    });
  }
</script>
```

Die eckigen Klammern in den an `querySelectorAll` übergebenen CSS-Abfragen dienen zur Suche nach bestimmten Attributen. Hier werden die Elemente ausgewählt, deren `name`-Attribut den Wert `"color"` hat.

## 18.13 Auswahlfelder

Auswahlfelder ähneln Optionsschaltern darin, dass auch sie dem Benutzer erlauben, aus einer Reihe von Optionen auszuwählen. Während das Layout der angebotenen Möglichkeiten bei Optionsschaltern unter unserer Kontrolle steht, wird das Erscheinungsbild des `<select>`-Elements vom Browser bestimmt.

Es gibt auch eine Variante von Auswahlfeldern, die eher einer Folge von Kontrollkästchen als einem Satz von Optionsschaltern ähnelt. Ist bei einem `<select>`-Tag das Attribut `multiple` angegeben, kann der Benutzer nicht nur eine Option auswählen, sondern beliebig viele, indem er die Taste `Strg` (bzw. `Befehl` auf dem Mac) gedrückt hält. In den meisten Browsern wird ein solches Element anders angezeigt als ein reguläres Auswahlfeld, das gewöhnlich als *Drop-down-Menü* dargestellt wird, in dem die Optionen nur sichtbar sind, wenn es geöffnet wird.

Jedes `<option>`-Tag hat einen Wert, der über das Attribut `value` definiert werden kann. Ist es nicht angegeben, gilt der Text in der Option als deren Wert. Die Eigenschaft `value` des `<select>`-Elements gibt die zurzeit ausgewählte Option an. Bei einem Feld mit Mehrfachauswahl ist das jedoch eher bedeutungslos, da die Eigenschaft hier nur den Wert *einer* der gewählten Optionen nennt.

Die `<option>`-Tags eines `<select>`-Feldes sind über dessen Eigenschaft `options` in Form eines Array-ähnlichen Objekts zugänglich. Jede Option verfügt über die Eigenschaft `selected`, die angibt, ob sie zurzeit ausgewählt ist. Es ist auch möglich, in diese Eigenschaft zu schreiben, um die Option aus- oder abzuwählen.

In dem folgenden Beispiel werden die in einem Mehrfachauswahlfeld ausgewählten Werte abgerufen, um dann aus den einzelnen Bits eine Binärzahl zusammenzusetzen.

```
<select multiple>
  <option value="1">0001</option>
  <option value="2">0010</option>
  <option value="4">0100</option>
  <option value="8">1000</option>
</select> = <span id="output">0</span>
<script>
  let select = document.querySelector("select");
  let output = document.querySelector("#output");
  select.addEventListener("change", () => {
    let number = 0;
    for (let option of Array.from(select.options)) {
      if (option.selected) {
        number += Number(option.value);
      }
    }
    output.textContent = number;
  });
</script>
```

## 18.14 Dateifelder

Ursprünglich waren Dateifelder dafür gedacht, Dateien vom Computer des Benutzers mithilfe eines Formulars hochzuladen. In modernen Browsern bieten sie jedoch auch eine Möglichkeit, um solche Dateien in JavaScript-Programmen zu lesen. Das Feld fungiert dabei als eine Art Türhüter. Das Skript kann nicht einfach private Dateien auf dem Computer des Benutzers lesen. Nur wenn der Benutzer eine Datei in einem solchen Feld auswählt, geht der Browser davon aus, dass das Skript die Datei lesen darf.

Ein Dateifeld sieht gewöhnlich wie eine Schaltfläche mit einer Beschriftung wie »Datei auswählen« oder »Durchsuchen« aus, wobei daneben Angaben zu der ausgewählten Datei erscheinen.

```
<input type="file">
<script>
  let input = document.querySelector("input");
  input.addEventListener("change", () => {
```

```
      if (input.files.length > 0) {
        let file = input.files[0];
        console.log("You chose", file.name);
        if (file.type) console.log("It has type", file.type);
      }
    });
  </script>
```

Die Eigenschaft `files` eines Dateifeldelements ist wiederum ein Array-artiges Objekt (also kein echtes Array) mit den ausgewählten Dateien. Zu Anfang ist es leer. Der Grund dafür, dass hier nicht eine einfache Eigenschaft namens `file` verwendet wird, besteht darin, dass es auch für Dateifelder das Attribut `multiple` gibt, was es ermöglicht, mehrere Dateien zugleich auszuwählen.

Die Objekte im `files`-Objekt haben u.a. die Eigenschaften `name` (der Dateiname), `size` (die Dateigröße in Byte) und `type` (der Medientyp der Datei, z.B. `text/plain` oder `image/jpeg`).

Es gibt jedoch keine Eigenschaft für den Inhalt der Datei. An ihn heranzukommen, ist etwas schwieriger. Da das Lesen von der Festplatte einige Zeit in Anspruch nehmen kann, muss die Schnittstelle asynchron sein, damit das Dokument nicht einfriert.

```
<input type="file" multiple>
<script>
  let input = document.querySelector("input");
  input.addEventListener("change", () => {
    for (let file of Array.from(input.files)) {
      let reader = new FileReader();
      reader.addEventListener("load", () => {
        console.log("File", file.name, "starts with",
                    reader.result.slice(0, 20));
      });
      reader.readAsText(file);
    }
  });
</script>
```

Um die Datei zu lesen, müssen wir ein `FileReader`-Objekt erstellen, ein `"load"`-Ereignis-Handler dafür registrieren und seine Methode `readAsText` aufrufen, der wir die zu lesende Datei übergeben. Wenn der Ladevorgang abgeschlossen ist, enthält die Eigenschaft `result` des Readers den Inhalt der Datei.

`FileReader`-Objekte können ihrerseits ein `"error"`-Objekt auslösen, wenn das Lesen der Datei aus irgendeinem Grund fehlschlägt, wobei das Fehlerobjekt in der Eigenschaft `error` angegeben wird. Diese Schnittstelle wurde entworfen, bevor Promises in die Sprache eingeführt wurden. Sie könnten diese wie folgt in ein Promise einschließen:

```
function readFileText(file) {
  return new Promise((resolve, reject) => {
```

```
    let reader = new FileReader();
    reader.addEventListener(
      "load", () => resolve(reader.result));
    reader.addEventListener(
      "error", () => reject(reader.error));
    reader.readAsText(file);
  });
}
```

## 18.15 Clientseitige Datenspeicherung

Einfache HTML-Seiten mit einem bisschen JavaScript bilden eine hervorragende Möglichkeit, Minianwendungen zu schreiben, also kleine Hilfsprogramme zur Automatisierung grundlegender Aufgaben. Durch die Verknüpfung einiger weniger Formularfelder mit Ereignis-Handlern können Sie beliebige Aufgaben erledigen – von der Umrechnung zwischen Zoll und Zentimeter bis zum Generieren von Passwörtern aus einem Masterpasswort und dem Namen einer Website.

Wenn eine solche Anwendung sich etwas von einer Sitzung zur nächsten merken muss, können Sie dazu keine JavaScript-Bindungen verwenden, da diese beim Schließen der Seite verworfen werden. Sie könnten einen Server einrichten, ihn mit dem Internet verbinden und Ihre Anwendung darauf die Informationen speichern lassen (womit wir uns in Kapitel 20 beschäftigen werden), doch das würde eine Menge zusätzlicher Arbeit bedeuten und die Sache übermäßig kompliziert machen. Manchmal reicht es aus, die Daten einfach im Browser festzuhalten.

Mit dem Objekt `localStorage` können Sie Daten so speichern, dass sie auch beim erneuten Laden der Seite erhalten bleiben. Das folgende Objekt etwa dient dazu, Datei-String-Werte unter einem Namen zu speichern:

```
localStorage.setItem("username", "marijn");
console.log(localStorage.getItem("username"));
// → marijn
localStorage.removeItem("username");
```

Werte in `localStorage` bleiben erhalten, bis sie überschrieben, mit `removeItem` entfernt werden oder der Benutzer die lokalen Daten löscht.

Webseiten aus verschiedenen Domänen erhalten dabei unterschiedliche Speicherbereiche. Daten, die von einer bestimmten Webseite in `localStorage` gespeichert werden, können daher im Prinzip nur von Skripten derselben Webseite gelesen (und überschrieben) werden.

Browser begrenzen die Menge der Daten, die eine Webseite in `localStorage` speichern kann. Diese Einschränkung und die Tatsache, dass es nicht profitabel ist, die Festplatten anderer Leute mit überflüssigen Daten zuzumüllen, verhindert, dass diese Einrichtung zu viel Platz verbraucht.

Der folgende Code implementiert eine primitive Notizenfunktion. Sie pflegt einen Satz benannter Notizen und erlaubt dem Benutzer, diese Notizen zu bearbeiten und neue zu erstellen.

```
Notes: <select></select> <button>Add</button><br>
<textarea style="width: 100%"></textarea>

<script>
  let list = document.querySelector("select");
  let note = document.querySelector("textarea");

  let state;
  function setState(newState) {
    list.textContent = "";
    for (let name of Object.keys(newState.notes)) {
      let option = document.createElement("option");
      option.textContent = name;
      if (newState.selected == name) option.selected = true;
      list.appendChild(option);
    }
    note.value = newState.notes[newState.selected];

    localStorage.setItem("Notes", JSON.stringify(newState));
    state = newState;
  }
  setState(JSON.parse(localStorage.getItem("Notes")) || {
    notes: {"shopping list": "Carrots\nRaisins"},
    selected: "shopping list"
  });

  list.addEventListener("change", () => {
    setState({notes: state.notes, selected: list.value});
  });

  note.addEventListener("change", () => {
    setState({
      notes: Object.assign({}, state.notes,
                           {[state.selected]: note.value}),
      selected: state.selected
    });
  });
  document.querySelector("button")
    .addEventListener("click", () => {
      let name = prompt("Note name");
      if (name) setState({
        notes: Object.assign({}, state.notes, {[name]: ""}),
        selected: name
      });
    });
</script>
```

Seinen Anfangszustand bekommt das Skript von dem in `localStorage` gespeicherten `"Notes"`-Wert. Ist keiner vorhanden, erstellt es einen Beispielstatus, in dem sich nur eine Einkaufsliste befindet. Der Versuch, in `localStorage` ein Feld zu lesen, das gar nicht existiert, ergibt `null`, und wenn wir `null` an `JSON.parse` übergeben, wird der String `"null"` analysiert und `null` zurückgegeben. Daher kann der Operator `||` verwendet werden, um für eine Situation wie diese einen Standardwert bereitzustellen.

Die Methode `setState` vergewissert sich, dass das DOM einen gegebenen Status aufweist, und speichert den neuen Status in `localStorage`. Ereignis-Handler rufen diese Funktion auf, um zu einem neuen Status überzugehen.

Die Verwendung von `Object.assign` im Beispielcode dient dazu, ein neues Objekt zu erstellen, das zwar ein Klon des alten `state.notes` ist, bei dem aber eine Eigenschaft hinzugefügt oder überschrieben wurde. `Object.assign` fügt seinem ersten Argument alle Eigenschaften aus den weiteren Argumenten hinzu. Wenn wir dieser Methode ein leeres Objekt übergeben, füllt sie ein frisches Objekt. Die Schreibweise mit eckigen Klammern im dritten Argument dient dazu, eine Eigenschaft zu erstellen, deren Name auf einem dynamischen Wert beruht.

Neben `localStorage` gibt es noch das ähnliche Objekt `sessionStorage`. Der Unterschied besteht darin, dass der Inhalt von `sessionStorage` am Ende der *Sitzung* verloren geht, also bei den meisten Browsern dann, wenn sie geschlossen werden.

## 18.16 Zusammenfassung

In diesem Kapitel haben wir uns mit der Funktionsweise des Protokolls HTTP befasst. Ein *Client* sendet eine Anfrage, in der eine Methode (gewöhnlich `GET`) und ein Pfad zur Bezeichnung einer Ressource angegeben sind. Der *Server* entscheidet dann, wie er darauf reagiert, und antwortet mit einem Statuscode und einem Antwortrumpf. Sowohl Anfragen als auch Antworten können Header enthalten, um zusätzliche Informationen zu übermitteln.

Als Schnittstelle, über die JavaScript im Browser HTTP-Anforderungen stellen kann, dient `fetch`. Eine Anforderung sieht darin wie folgt aus:

```
fetch("/18_http.html").then(r => r.text()).then(text => {
  console.log(`The page starts with ${text.slice(0, 15)}`);
});
```

Browser senden `GET`-Anforderungen, um die Ressourcen abzurufen, die sie zur Darstellung einer Webseite benötigen. Eine Seite kann auch Formulare enthalten. Damit ist es möglich, die vom Benutzer eingegebene Information zur Anforderung einer neuen Seite zu verwenden.

HTML kann verschiedene Arten von Formularfeldern darstellen, darunter Textfelder, Kontrollkästchen, Mehrfach- und Dateiauswahlfelder.

Solche Felder können mit JavaScript untersucht und bearbeitet werden. Sie lösen bei einer Änderung das Ereignis `"change"` und bei Texteingaben das Ereignis `"input"` aus. Wenn sie den Tastaturfokus haben, können sie Tastaturereignisse empfangen. Eigenschaften wie `value` (für Text- und Auswahlfelder) und `checked` (für Kontrollkästchen und Optionsschalter) dienen dazu, den Inhalt eines Feldes zu lesen oder festzulegen.

Beim Einreichen eines Formulars wird dafür das Ereignis `"submit"` ausgelöst. Ein JavaScript-Handler kann `preventDefault` für das Ereignis aufrufen, um das Standardverhalten des Browsers zu unterbinden. Formularfeldelemente können auch außerhalb des `<form>`-Tags stehen.

Wenn der Benutzer in einem Dateifeld eine Datei seines lokalen Dateisystems ausgewählt hat, ist deren Inhalt über die Schnittstelle `FileReader` von einem JavaScript-Programm aus zugänglich.

Die Objekte `localStorage` und `sessionStorage` können verwendet werden, um Informationen so zu speichern, dass sie auch beim erneuten Laden der Seite erhalten bleiben. Das erste Objekt speichert die Daten dauerhaft (zumindest bis der Benutzer sie ausdrücklich löscht), die zweite bis zum Schließen des Browsers.

## 18.17 Übungen

### Inhaltsverhandlung

Eine der Aufgaben, um die sich HTTP kümmern kann, ist die *Inhaltsverhandlung* (*Content Negotiation*). Der Anfrage-Header `Accept` dient dazu, dem Server mitzuteilen, welche Art von Dokument der Client gerne hätte. Viele Server ignorieren diesen Header, aber wenn ein Server verschiedene Arten zur Codierung einer Ressource kennt, kann er darin nachschlagen, um dem Client die bevorzugte Version zu senden.

Der URL *https://eloquentjavascript.net/author* kann, je nachdem, worum der Client bittet, mit Klartext, HTML oder JSON antworten. Diese Formate werden durch die genormten *Medientypen* `text/plain`, `text/html` bzw. `application/json` gekennzeichnet.

Senden Sie eine Anfrage, um die Ressource in allen drei Formaten abzurufen. Verwenden Sie die Eigenschaft `headers` in dem an `fetch` übergebenen Optionenobjekt, um den Header `Accept` auf den gewünschten Medientyp zu setzen.

Versuchen Sie abschließend, den Server um den Medientyp `application/rainbows+unicorns` zu bitten, um zu sehen, mit welchem Statuscode er darauf antwortet.

### Eine JavaScript-Eingabemaske

Erstellen Sie eine Benutzeroberfläche, die es erlaubt, JavaScript-Code einzugeben und auszuführen.

Platzieren Sie neben einem `<textarea>`-Feld eine Schaltfläche, die beim Anklicken den Konstruktor `Function` aus »*Daten als Code auswerten*« auf *S. 176* verwendet, um den Text in eine Funktion einzuschließen und diese aufzurufen. Wandeln Sie den Rückgabewert der Funktion oder die Fehlermeldung in einen String um und zeigen Sie diesen unter dem Textfeld an.

### Conways »Spiel des Lebens«

Conways »Spiel des Lebens« (»Game of Life«) ist eine einfache Simulation, die künstliches Leben auf einem Raster erzeugt, in dem jede Zelle entweder lebendig oder tot ist. In jeder Generation (Runde) werden die folgenden Regeln angewendet:

- Alle lebenden Zellen mit weniger als zwei oder mehr als drei Nachbarzellen sterben.
- Alle lebenden Zellen mit zwei oder drei Nachbarzellen leben bis zur nächsten Generation weiter.
- Alle toten Zellen mit genau drei lebenden Nachbarn werden lebendig.

Ein *Nachbar* ist dabei jede unmittelbar angrenzende Zelle, auch in diagonaler Richtung.

Die Regeln werden auf das ganze Raster gleichzeitig angewendet, nicht Feld für Feld. Die Mengen der Nachbarn werden also jeweils zu Beginn einer Generation ermittelt. Änderungen, die während der Generation erfolgen, haben keinen Einfluss auf den neuen Zustand einer Zelle.

Implementieren Sie dieses Spiel mit einer beliebigen Datenstruktur, die Sie für geeignet halten. Um das Raster zu Anfang mit einer zufälligen Population zu füllen, verwenden Sie `Math.random`. Zeigen Sie die Spielwelt als Raster aus Kontrollkästchen an und platzieren Sie daneben eine Schaltfläche, über die Sie die nächste Generation aufrufen können. Wenn der Benutzer einzelne Kontrollkästchen aktiviert oder deaktiviert, müssen diese Änderungen bei der Berechnung der nächsten Generation berücksichtigt werden.

»Ich schaue mir die vielen Farben vor mir an. Ich schaue mir meine leere Leinwand an. Dann versuche ich Farben aufzutragen wie Wörter, die ein Gedicht formen, oder wie Töne, die Musik bilden.«

– Joan Miró

# 19 Projekt: Editor für Pixelgrafiken

Mit dem Stoff aus den vorherigen Kapiteln haben Sie alles zur Hand, das Sie brauchen, um eine einfache Webanwendung zu erstellen. Genau das werden wir in diesem Kapitel tun. Bei unserer Anwendung handelt es sich um ein pixelgestütztes Malprogramm, in dem Sie ein Bild Pixel für Pixel ändern können, indem sie eine vergrößerte Ansicht bearbeiten, die als Raster farbiger Vierecke angezeigt wird. Mit dem Programm können Sie Bilddateien öffnen, mit der Maus oder einem anderen Zeigegerät darin herummalen und sie wieder schließen. Die Oberfläche sieht wie folgt aus:

Malen auf dem Computer ist eine tolle Sache. Sie müssen sich keine Gedanken über das Material, Ihre Fähigkeiten oder Ihr Talent machen, sondern können einfach draufloskritzeln.

## 19.1 Komponenten

Die Oberfläche der Anwendung zeigt oben ein großes `<canvas>`-Element und darunter eine Reihe von Formularfeldern an. Um auf der Leinwand zu zeichnen, wählt der Benutzer ein Werkzeug aus dem `<select>`-Feld aus und klickt oder zieht es dann auf der Leinwand bzw. berührt sie. Es gibt Werkzeuge zum Zeichnen einzelner Pixel oder Rechtecke, zum Füllen von Bereichen und zur Auswahl einer Farbe aus dem vorhandenen Bild.

Die Oberfläche des Editors wird in eine Reihe von *Komponenten* gegliedert. Diese Objekte sind jeweils für einen Teil des DOM zuständig und können wiederum andere Komponenten enthalten.

Der Status der Anwendung besteht aus dem aktuellen Bild, dem ausgewählten Werkzeug und der ausgewählten Farbe. Wir sorgen dafür, dass der Status in einem einzigen Wert festgehalten wird und sich das Aussehen der Komponenten der Oberfläche stets nach dem aktuellen Status richtet.

Um zu verstehen, warum das wichtig ist, betrachten wir die Alternative, nämlich die Verteilung des Status auf verschiedene Teile der Oberfläche. Bis zu einem gewissen Punkt lässt sich das leichter programmieren. So können wir einfach ein Farbauswahlfeld einbauen und dessen Wert lesen, wenn wir die aktuelle Farbe kennen müssen.

Aber dann fügen wir ein Pipettenwerkzeug hinzu, mit dem Sie auf das Bild klicken können, um die Farbe eines bestimmten Pixels auszuwählen. Damit das Farbauswahlfeld dabei die richtige Farbe anzeigt, muss das Pipettenwerkzeug wissen, dass dieses Feld existiert, und es aktualisieren, sobald es eine neue Farbe auswählt. Wenn Sie jetzt noch eine weitere Stelle hinzufügen, an der die Farbe angezeigt wird (z.B. könnte der Mauszeiger sie widerspiegeln), müssen Sie den Farbänderungscode anpassen, um all diese Anzeigen zu synchronisieren.

Das führt letzten Endes dazu, dass jeder Teil der Oberfläche die anderen Teile kennen muss, was nicht gerade zu einem modularen Aufbau beiträgt. Bei kleinen Anwendungen wie der aus diesem Kapitel mag das kein Problem sein, doch bei umfangreicheren kann es sich zu einem Albtraum auswachsen.

Um diesen Albtraum aus Prinzip zu vermeiden, handhaben wir den *Datenfluss* auf strikte Weise. Es gibt einen einzigen Status, auf dessen Grundlage die Oberfläche gezeichnet wird. Eine Komponente der Oberfläche kann auf Benutzeraktionen reagieren, indem sie diesen Status ändert. Dabei erhalten die anderen Komponenten die Gelegenheit, sich mit dem neuen Status zu synchronisieren.

In der Praxis werden die einzelnen Komponenten so gestaltet, dass sie, wenn ihnen ein neuer Status übergeben wird, auch ihre Kindkomponenten benachrichtigen, soweit diese aktualisiert werden müssen. Es kann jedoch ziemlich knifflig sein, so etwas einzurichten. Das Hauptverkaufsargument für viele Browserprogrammierbibliotheken lautet, dass sie diesen Vorgang vereinfachen. Für eine kleine Anwendung wie unsere kommen wir jedoch ohne eine solche Infrastruktur aus.

Aktualisierungen des Status werden als Objekte dargestellt, die wir als *Aktionen* bezeichnen. Komponenten können solche Aktionen erstellen und *abfertigen*, also einer zentralen Statusverwaltungsfunktion übergeben, die den nächsten Status berechnet. Danach aktualisieren sich die Komponenten der Oberfläche auf diesen neuen Status.

Eine Benutzeroberfläche auszuführen und ihr ein wenig Struktur zu verleihen, ist eine ziemlich mühselige Aufgabe, aber wir wollen uns trotzdem daran versuchen. Die Bestandteile, die mit dem DOM in Verbindung stehen, stecken zwar immer noch voller Seiteneffekte, aber sie werden immerhin durch ein einfaches Konzept zusammengehalten, nämlich den Zyklus der Statusaktualisierung. Der Status bestimmt, wie das DOM aussieht, und die einzige Möglichkeit, um für DOM-Ereignisse den Status ändern können, besteht darin, Aktionen für den Status abzufertigen.

Es gibt viele Varianten dieser Vorgehensweise, die jeweils ihre eigenen Vor- und Nachteile mit sich bringen, aber die Kernidee ist immer dieselbe: Statusänderungen sollen über einen einzigen wohldefinierten Kanal erfolgen und nicht wild verteilt.

Unsere Komponenten sind Klassen, die eine Schnittstelle erfüllen. Ihr Konstruktor ist ein gegebener Status, bei dem es sich um den der gesamten Anwendung, aber auch um einen kleineren Wert handeln kann, wenn wir nicht auf alles auf einmal zugreifen müssen. Die Komponenten verwenden diesen Konstruktor, um die Eigenschaft `dom` einzurichten. Dies ist das DOM-Element, das für die Komponente steht. Die meisten Konstruktoren nehmen auch noch einige andere Werte entgegen, die sich nicht mit der Zeit ändern, etwa die Funktion zum Abfertigen einer Aktion.

Jede Komponente verfügt über die Methode `syncState`, mit der sie sich mit dem neuen Statuswert synchronisieren kann. Die Methode nimmt ein Argument entgegen, nämlich den Status, der vom selben Typ ist wie das erste Argument ihres Konstruktors.

## 19.2 Der Status

Der Anwendungsstatus ist ein Objekt mit den Eigenschaften `picture`, `tool` und `color`. Das Bild wird ebenfalls als Objekt dargestellt, in dem seine Breite, seine Höhe und sein Pixelinhalt gespeichert sind. Die Pixel werden ebenso wie in der Matrixklasse aus Kapitel 6 in einem Array abgelegt, zeilenweise von oben nach unten.

```
class Picture {
  constructor(width, height, pixels) {
    this.width = width;
    this.height = height;
    this.pixels = pixels;
  }
  static empty(width, height, color) {
    let pixels = new Array(width * height).fill(color);
    return new Picture(width, height, pixels);
  }
  pixel(x, y) {
    return this.pixels[x + y * this.width];
  }
  draw(pixels) {
    let copy = this.pixels.slice();
    for (let {x, y, color} of pixels) {
      copy[x + y * this.width] = color;
    }
```

```
    return new Picture(this.width, this.height, copy);
  }
}
```

Aus Gründen, die weiter hinten in diesem Kapitel noch klar werden, wollen wir in der Lage sein, ein Bild als unveränderbaren Wert zu behandeln. Manchmal aber müssen wir auch viele Pixel auf einmal aktualisieren können. Dazu verfügt die Klasse über die Methode `draw`, die ein Array aktualisierter Pixel erwartet – Objekte mit den Eigenschaften `x`, `y` und `color` – und ein neues Bild erstellt, in dem die entsprechenden Pixel überschrieben werden. Diese Methode verwendet `slice` ohne Argumente, um das gesamte Pixel-Array zu kopieren. Sind keine Argumente angegeben, wird der Anfang des Ausschnitts auf die Position 0 gesetzt und das Ende auf das Ende des Arrays.

Die Methode `empty` nutzt zwei Möglichkeiten von Arrays, die wir bisher noch nicht kennengelernt haben. Der Konstruktor `Array` kann mit einer Zahl aufgerufen werden, um ein leeres Array zu erstellen, dessen Länge dieser Zahl entspricht, und mit der Methode `fill` lässt sich dieses Array mit einem gegebenen Wert füllen. Damit wird hier ein Array erstellt, in dem alle Pixel dieselbe Farbe haben.

Die Farben werden durch Strings in Form der CSS-Farbcodes ausgedrückt, die aus einem Nummernzeichen (`#`) gefolgt von sechs Hexadezimalziffern bestehen – zwei für den roten Anteil, zwei für den grünen und zwei für den blauen. Diese Art der Beschreibung von Farben ist etwas kryptisch und umständlich, aber es ist das Format, das in den HTML-Farbeingabefeldern verwendet wird und das die Eigenschaft `fillColor` des Zeichenkontexts für eine Leinwand nutzen kann. Deshalb ist es für unsere Zwecke in diesem Programm gut geeignet.

Schwarz, bei dem alle Anteile 0 sind, wird als `"000000"` geschrieben. Ein helles Rosa wird als `"#ff00ff"` angegeben, da die rote und die blaue Komponente hier den Maximalwert von 255 haben, was in der Hexadezimalschreibweise (in der Buchstaben *a* bis *f* für die Zahlen 10 bis 15 stehen) als `ff` ausgedrückt wird.

Die Oberfläche kann Aktionen als Objekte abfertigen, deren Eigenschaften die des vorherigen Status überschreiben. Wenn der Benutzer das Farbauswahlfeld ändert, wird ein Objekt der Form `{color: field.value}` abgefertigt, aus der die folgende Aktualisierungsfunktion den neuen Status berechnet:

```
function updateState(state, action) {
  return Object.assign({}, state, action);
}
```

Diese ziemlich umständliche Vorgehensweise, in der wir zunächst mit `Object.assign` einem leeren Objekt die Eigenschaften von `state` zuweisen und dann einige davon mit denen aus `action` überschreiben, ist in JavaScript-Code für unveränderbare Objekte üblich. Die Standardisierung einer etwas komfortableren Schreibweise steht kurz vor dem Abschluss. Bei dieser wird der Drei-Punkte-Operator eingesetzt, um in einen Objektausdruck alle Eigenschaften eines anderen Objekts aufzunehmen. Mit dieser Ergänzung könnten wir einfach `{...state, ...action}` schreiben. Zurzeit funktioniert dies jedoch noch nicht in allen Browsern.

## 19.3 Aufbau des DOM

Eine der Hauptaufgaben der Oberflächenkomponenten besteht darin, die DOM-Struktur aufzubauen. Da wir auch hier nicht unmittelbar die ausführlichen DOM-Methoden verwenden, greifen wir auf die folgende, leicht erweiterte Version der Funktion `elt` zurück:

```
function elt(type, props, ...children) {
  let dom = document.createElement(type);
  if (props) Object.assign(dom, props);
  for (let child of children) {
    if (typeof child != "string") dom.appendChild(child);
    else dom.appendChild(document.createTextNode(child));
  }
  return dom;
}
```

Der Hauptunterschied zwischen dieser Version und derjenigen aus »***Zeichnen***« auf *S. 283* besteht darin, dass wir den DOM-Knoten hier *Eigenschaften* zuweisen und keine *Attribute*. Damit können wir keine willkürlichen Attribute festlegen, aber dafür Eigenschaften, deren Wert kein String ist. Beispielsweise können wir `onclick` auf eine Funktion setzen, die einen Klick-Ereignis-Handler registriert.

Das ermöglicht die Registrierung von Ereignis-Handlern auf folgende Weise:

```
<body>
  <script>
    document.body.appendChild(elt("button", {
      onclick: () => console.log("click")
    }, "The button"));
  </script>
</body>
```

## 19.4 Die Leinwand

Die erste Komponente, die wir definieren, ist der Teil der Oberfläche, die das Bild als Raster farbiger Vierecke darstellt. Sie ist für zwei Dinge zuständig, nämlich ein Bild anzuzeigen und Zeigerereignisse auf diesem Bild an den Rest der Anwendung zu übermitteln.

Daher können wir sie so definieren, dass sie nur das aktuelle Bild kennt und nicht den gesamten Status der Anwendung. Da sie nicht weiß, wie die Anwendung im Ganzen funktioniert, ist sie nicht in der Lage, Aktionen direkt abzufertigen. Als Reaktion auf Zeigerereignisse ruft sie stattdessen eine vom Code bereitgestellte Callback-Funktion auf, die die Komponente angelegt hat. Diese Callback-Funktion kümmert sich dann um die anwendungsspezifischen Aufgaben.

```
const scale = 10;

class PictureCanvas {
```

```
  constructor(picture, pointerDown) {
    this.dom = elt("canvas", {
      onmousedown: event => this.mouse(event, pointerDown),
      ontouchstart: event => this.touch(event, pointerDown)
    });
    this.syncState(picture);
  }
  syncState(picture) {
    if (this.picture == picture) return;
    this.picture = picture;
    drawPicture(this.picture, this.dom, scale);
  }
}
```

Wir zeichnen jedes Pixel als Viereck mit den Abmessungen 10 × 10, also nach dem von der Konstante `scale` angegebenen Maßstab. Um unnötige Arbeit zu vermeiden, merkt sich die Komponente das aktuelle Bild und zeichnet es nur neu, wenn `syncState` ein neues Bild übergeben wird.

Die eigentliche Zeichenfunktion dimensioniert die Leinwand anhand des Maßstabs und der Bildgröße und füllt sie mit Vierecken, und zwar einem pro Pixel:

```
function drawPicture(picture, canvas, scale) {
  canvas.width = picture.width * scale;
  canvas.height = picture.height * scale;
  let cx = canvas.getContext("2d");

  for (let y = 0; y < picture.height; y++) {
    for (let x = 0; x < picture.width; x++) {
      cx.fillStyle = picture.pixel(x, y);
      cx.fillRect(x * scale, y * scale, scale, scale);
    }
  }
}
```

Wird die linke Maustaste gedrückt, während sich der Mauszeiger über der Leinwand des Bildes befindet, ruft die Komponente den Callback `pointerDown` auf und übergibt ihm die Position des Pixels, auf das geklickt wurde, in Bildkoordinaten. Diese Informationen werden genutzt, um die Mausinteraktion mit dem Bild zu implementieren. Der Callback kann eine weitere Callback-Funktion zurückgeben, die benachrichtigt werden muss, wenn der Mauszeiger bei gedrückter Maustaste zu einem anderen Pixel verschoben wird.

```
PictureCanvas.prototype.mouse = function(downEvent, onDown) {
  if (downEvent.button != 0) return;
  let pos = pointerPosition(downEvent, this.dom);
  let onMove = onDown(pos);
  if (!onMove) return;
  let move = moveEvent => {
    if (moveEvent.buttons == 0) {
      this.dom.removeEventListener("mousemove", move);
```

```
      } else {
        let newPos = pointerPosition(moveEvent, this.dom);
        if (newPos.x == pos.x && newPos.y == pos.y) return;
        pos = newPos;
        onMove(newPos);
      }
    };
    this.dom.addEventListener("mousemove", move);
  };
  function pointerPosition(pos, domNode) {
    let rect = domNode.getBoundingClientRect();
    return {x: Math.floor((pos.clientX - rect.left) / scale),
    y: Math.floor((pos.clientY - rect.top) / scale)};
  }
```

Da wir die Größe der Pixel kennen und mit `getBoundingClientRect` die Position der Leinwand auf dem Bildschirm herausfinden können, ist es möglich, aus den Koordinaten des Mausereignisses (`clientX` und `clientY`) die Bildkoordinaten zu berechnen. Das Ergebnis wird immer nach unten gerundet, damit die Koordinaten auf ein bestimmtes Pixel verweisen.

Bei Touch-Ereignissen gehen wir ähnlich vor, allerdings müssen wir andere Ereignisse verwenden und für `"touchstart"` die Methode `preventDefault` aufrufen, um zu verhindern, dass das Bild gedreht wird.

```
PictureCanvas.prototype.touch = function(startEvent,
                                         onDown) {
  let pos = pointerPosition(startEvent.touches[0], this.dom);
  let onMove = onDown(pos);
  startEvent.preventDefault();
  if (!onMove) return;
  let move = moveEvent => {
    let newPos = pointerPosition(moveEvent.touches[0],
                                 this.dom);
    if (newPos.x == pos.x && newPos.y == pos.y) return;
    pos = newPos;
    onMove(newPos);
  };
  let end = () => {
    this.dom.removeEventListener("touchmove", move);
    this.dom.removeEventListener("touchend", end);
  };
  this.dom.addEventListener("touchmove", move);
  this.dom.addEventListener("touchend", end);
};
```

Bei Touch-Ereignissen stehen `clientX` und `clientY` nicht unmittelbar im Ereignisobjekt zur Verfügung. Stattdessen können wir die Koordinaten des ersten Touch-Objekts in der Eigenschaft `touches` verwenden.

## 19.5 Die Anwendung

Um die Anwendung Stück für Stück aufbauen zu können, implementieren wir die Hauptkomponente in Form einer Shell um eine Leinwand und eines dynamischen Satzes von Werkzeugen und Steuerelementen, die wir an ihren Konstruktor übergeben.

Die *Steuerelemente* sind die Teile der Oberfläche, die unter dem Bild erscheinen. Sie werden als Array von Komponentenkonstruktoren bereitgestellt.

Die *Werkzeuge* erfüllen Aufgaben wie Pixel zu zeichnen oder eine Fläche zu füllen. Die Anwendung zeigt die verfügbaren Werkzeuge in einem `<select>`-Feld an. Das jeweils ausgewählte Werkzeug bestimmt, was geschieht, wenn der Benutzer über sein Zeigegerät mit dem Bild interagiert. Die verfügbaren Werkzeuge werden als Objekt bereitgestellt, das die Namen in dem Dropdown-Menü den Funktionen zuordnet, die die Werkzeuge implementieren. Diese Funktionen erhalten als Argumente eine Position im Bild, den aktuellen Anwendungsstatus und eine `dispatch`-Funktion. In dem Fall, dass der Zeiger zu einem anderen Pixel verlegt wird, geben diese Funktionen eine Bewegungs-Handler-Funktion zurück, die mit einer neuen Position und dem aktuellen Status aufgerufen wird.

```
class PixelEditor {
  constructor(state, config) {
    let {tools, controls, dispatch} = config;
    this.state = state;

    this.canvas = new PictureCanvas(state.picture, pos => {
      let tool = tools[this.state.tool];
      let onMove = tool(pos, this.state, dispatch);
      if (onMove) return pos => onMove(pos, this.state);
    });
    this.controls = controls.map(
      Control => new Control(state, config));
    this.dom = elt("div", {}, this.canvas.dom, elt("br"),
                   ...this.controls.reduce(
                     (a, c) => a.concat(" ", c.dom), []));
  }
  syncState(state) {
    this.state = state;
    this.canvas.syncState(state.picture);
    for (let ctrl of this.controls) ctrl.syncState(state);
  }
}
```

Der an `PictureCanvas` übergebene Zeiger-Handler ruft das gerade ausgewählte Werkzeug mit den geeigneten Argumenten auf. Falls es einen Bewegungs-Handler zurückgibt, passt er diesen so an, dass er ebenfalls den Status empfängt.

Alle Steuerelemente werden erstellt und in `this.controls` gespeichert, sodass sie bei einer Änderung des Anwendungsstatus aktualisiert werden können. Der

Aufruf von reduce fügt Leerraum zwischen die DOM-Elemente der Steuerelemente ein, damit sie nicht zu dicht aneinandergedrängt aussehen.

Das erste Steuerelement ist das Menü zur Werkzeugauswahl. Es erstellt ein <select>-Element mit den Werkzeugen als Optionen und richtet einen Ereignis-Handler für "change" ein, der den Anwendungsstatus ändert, wenn der Benutzer ein anderes Werkzeug auswählt.

```
class ToolSelect {
  constructor(state, {tools, dispatch}) {
    this.select = elt("select", {
      onchange: () => dispatch({tool: this.select.value})
    }, ...Object.keys(tools).map(name => elt("option", {
      selected: name == state.tool
    }, name)));
    this.dom = elt("label", null, "🖌 Tool: ", this.select);
  }
  syncState(state) { this.select.value = state.tool; }
}
```

Wir schließen den Text der Beschriftung und das Feld zusammen in ein <label>-Element ein, um dem Browser mitzuteilen, dass die Beschriftung zu dem Feld gehört. Dadurch können Sie z.B. auf die Beschriftung klicken, um dem Feld den Fokus zu geben.

Wir brauchen auch ein Steuerelement, um die Farbe zu ändern. Ein <input>-Element mit dem type-Attribut color zeigt ein Formularfeld zur Farbauswahl an. Der Wert eines solchen Feldes ist immer ein CSS-Farbcode im Format "##RRGGBB" (mit je zwei Ziffern für den Rot-, Grün- und Blauanteil). Wenn der Benutzer auf dieses Feld klickt, zeigt der Browser ein Element zur Farbauswahl an, wobei das Aussehen vom jeweiligen Browser abhängt. Das folgende Bild zeigt eine mögliche Variante:

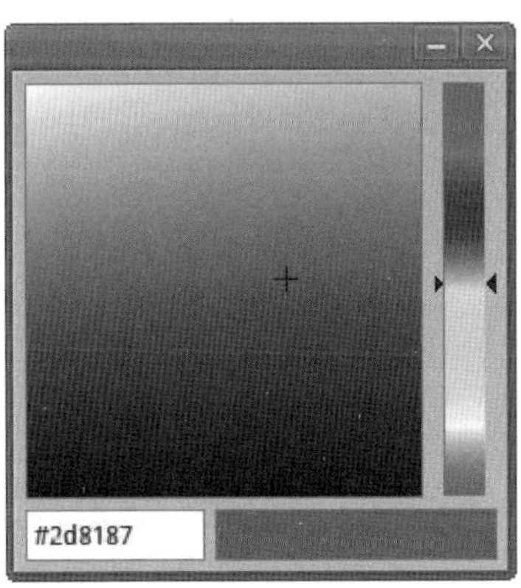


Der folgende Code erstellt ein solches Feld und richtet es so ein, dass es stets mit der Eigenschaft color des Anwendungsstatus synchronisiert wird:

```
class ColorSelect {
  constructor(state, {dispatch}) {
    this.input = elt("input", {
      type: "color",
      value: state.color,
      onchange: () => dispatch({color: this.input.value})
    });
    this.dom = elt("label", null, "🎨 Color: ", this.input);
  }
  syncState(state) { this.input.value = state.color; }
}
```

## 19.6 Zeichenwerkzeuge

Bevor wir irgendetwas zeichnen können, müssen wir die Werkzeuge implementieren, die bestimmen, wie sich die Maus- oder Touch-Ereignisse auf der Leinwand auswirken. Das grundlegendste Zeichenwerkzeug ändert jedes Pixel, auf das der Benutzer klickt oder tippt, in die zurzeit ausgewählte Farbe. Dazu fertigt es eine Aktion ab, die das Bild zu einer Version aktualisiert, in der die Pixel, auf die der Benutzer zeigt, die aktuelle Farbe haben.

```
function draw(pos, state, dispatch) {
  function drawPixel({x, y}, state) {
    let drawn = {x, y, color: state.color};
    dispatch({picture: state.picture.draw([drawn])});
  }
  drawPixel(pos, state);
  return drawPixel;
}
```

Diese Funktion ruft sofort `drawPixel` auf, gibt diese Funktion aber auch zurück, sodass sie für die nächsten berührten Pixel aufgerufen werden kann, wenn der Benutzer über das Bild wischt oder den Mauszeiger darüberzieht.

Zur Gestaltung größerer Formen ist es praktisch, Rechtecke zeichnen zu können. Das Werkzeug `rectangle` erstellt ein Rechteck zwischen dem Punkt, an dem Sie mit der Maus zu ziehen beginnen, und dem Punkt, an dem dieser Vorgang endet:

```
function rectangle(start, state, dispatch) {
  function drawRectangle(pos) {
    let xStart = Math.min(start.x, pos.x);
    let yStart = Math.min(start.y, pos.y);
    let xEnd = Math.max(start.x, pos.x);
    let yEnd = Math.max(start.y, pos.y);
    let drawn = [];
    for (let y = yStart; y <= yEnd; y++) {
      for (let x = xStart; x <= xEnd; x++) {
        drawn.push({x, y, color: state.color});
      }
```

```
    }
    dispatch({picture: state.picture.draw(drawn)});
  }
  drawRectangle(start);
  return drawRectangle;
}
```

Ein wichtiger Aspekt dieser Implementierung besteht darin, dass das Rechteck beim Ziehen auf das Bild aus dem *ursprünglichen Status* neu gezeichnet wird. Dadurch ist es möglich, es noch beim Zeichnen größer oder kleiner zu machen, ohne dass die Zwischenstadien im endgültigen Bild verbleiben. Das ist einer der Gründe dafür, unveränderliche Bildobjekte zu verwenden. Einen weiteren werden wir weiter hinten kennenlernen.

Eine Fläche zu füllen, ist eine etwas anspruchsvollere Aufgabe. Das entsprechende Werkzeug füllt das Pixel unter dem Mauszeiger sowie alle Pixel derselben Farbe, die direkt oder indirekt damit verbunden sind. Dabei werden jedoch nur horizontale und vertikale Verbindungen berücksichtigt, keine diagonalen. Die folgende Abbildung zeigt die Pixel, die gefärbt werden, wenn das Füllwerkzeug auf dem markierten Pixel eingesetzt wird:

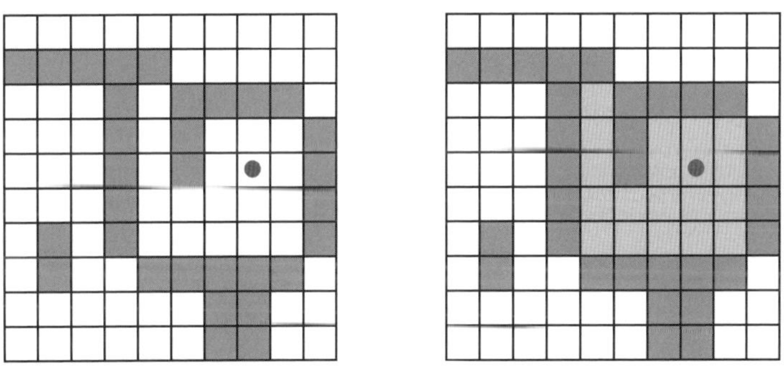

Die Vorgehensweise dafür ähnelt ein bisschen dem Code zum Finden von Wegen aus Kapitel 7. Dort haben wir einen Graphen untersucht, um eine Route zu bestimmen, während wir hier ein Raster durchlaufen, um alle verbundenen Pixel zu finden. Das Prinzip, mögliche Routen über Verzweigungen hinweg zu verfolgen, ist jedoch in beiden Fällen gleich.

```
const around = [{dx: -1, dy: 0}, {dx: 1, dy: 0},
                {dx: 0, dy: -1}, {dx: 0, dy: 1}];

function fill({x, y}, state, dispatch) {
  let targetColor = state.picture.pixel(x, y);
  let drawn = [{x, y, color: state.color}];
  for (let done = 0; done < drawn.length; done++) {
    for (let {dx, dy} of around) {
      let x = drawn[done].x + dx, y = drawn[done].y + dy;
      if (x >= 0 && x < state.picture.width &&
          y >= 0 && y < state.picture.height &&
          state.picture.pixel(x, y) == targetColor &&
```

```
          !drawn.some(p => p.x == x && p.y == y)) {
        drawn.push({x, y, color: state.color});
      }
    }
  }
  dispatch({picture: state.picture.draw(drawn)});
}
```

Das Array der gezeichneten Pixel dient auch gleichzeitig als Aufgabenliste der Funktion. Bei jedem erreichten Pixel müssen wir prüfen, ob benachbarte Pixel die gleiche Farbe haben und noch nicht übermalt wurden. Der Schleifenzähler hinkt hinter der Länge des Arrays `drawn` zurück, wenn neue Pixel hinzugefügt werden. Alle vorausliegenden Pixel müssen immer noch untersucht werden. Wenn der Zähler mit der Länge aufschließt, gibt es keine Pixel mehr, die noch nicht geprüft wurden, sodass die Funktion abgeschlossen ist.

Das letzte Werkzeug ist eine Pipette, mit der Sie auf eine Farbe im Bild zeigen können, um sie als aktuelle Farbe für die Zeichenwerkzeuge auszuwählen:

```
function pick(pos, state, dispatch) {
  dispatch({color: state.picture.pixel(pos.x, pos.y)});
}
```

## 19.7 Speichern und Laden

Wenn wir unser Meisterwerk gezeichnet haben, wollen wir es natürlich speichern. Dazu fügen wir eine Schaltfläche hinzu, um das aktuelle Bild als Datei herunterzuladen:

```
class SaveButton {
  constructor(state) {
    this.picture = state.picture;
    this.dom = elt("button", {
      onclick: () => this.save()
    }, "💾 Save");
  }
  save() {
    let canvas = elt("canvas");
    drawPicture(this.picture, canvas, 1);
    let link = elt("a", {
      href: canvas.toDataURL(),
      download: "pixelart.png"
    });
    document.body.appendChild(link);
    link.click();
    link.remove();
  }
  syncState(state) { this.picture = state.picture; }
}
```

Diese Komponente hält sich über das aktuelle Bild informiert, sodass sie beim Speichern darauf zugreifen kann. Um die Bilddatei zu erstellen, zeichnet sie das Bild in einem Maßstab von einem Pixel pro Pixel auf ein <canvas>-Element.

Die Methode toDataURL eines Leinwandelements erstellt einen URL, der mit *data:* beginnt. Anders als HTTP- und HTTPS-URLs enthalten Daten-URLs die gesamte Ressource. Dadurch sind sie gewöhnlich sehr lang, allerdings ist es damit möglich, funktionierende Links zu beliebigen Bildern direkt im Browser zu erstellen.

Um den Browser dazu zu bringen, das Bild herunterzuladen, erstellen wir ein Linkelement, das auf diesen URL zeigt und über das Attribut download verfügt. Beim Klick auf einen solchen Link zeigt der Browser ein Speichern-Dialogfeld an. Hier fügen wir den Link zu dem Dokument hinzu, simulieren einen Klick darauf und entfernen ihn wieder. Mit Browsertechnologie können Sie vieles erreichen, aber manchmal ist die Vorgehensweise etwas merkwürdig.

Es kommt noch schlimmer. Wir wollen auch in der Lage sein, eine bereits vorhandene Bilddatei in unsere Anwendung zu laden. Dazu definieren wir eine weitere Schaltflächenkomponente:

```
class LoadButton {
  constructor(_, {dispatch}) {
    this.dom = elt("button", {
      onclick: () => startLoad(dispatch)
    }, "📁 Load");
  }
  syncState() {}
}

function startLoad(dispatch) {
  let input = elt("input", {
    type: "file",
    onchange: () => finishLoad(input.files[0], dispatch)
  });
  document.body.appendChild(input);
  input.click();
  input.remove();
}
```

Um auf eine Datei auf dem Computer des Benutzers zugreifen zu können, müssen wir sie von dem Benutzer in einem Dateifeld auswählen lassen. Da die Ladeschaltfläche aber nicht wie ein Dateifeld aussehen soll, erstellen wir dieses Feld, wenn der Benutzer auf die Schaltfläche klickt, und tun so, als wäre der Klick auf dieses Feld erfolgt.

Nachdem der Benutzer eine Datei ausgewählt hat, können wir mit FileReader auf ihren Inhalt zugreifen. Auch dazu verwenden wir wieder einen Daten-URL. Wir können damit zwar ein <img>-Element anlegen, aber da wir keinen unmittelbaren Zugriff auf die Pixel in dem Bild erhalten, ist es nicht möglich, ein Picture-Objekt daraus zu erstellen.

```
function finishLoad(file, dispatch) {
  if (file == null) return;
  let reader = new FileReader();
  reader.addEventListener("load", () => {
    let image = elt("img", {
      onload: () => dispatch({
        picture: pictureFromImage(image)
      }),
      src: reader.result
    });
  });
  reader.readAsDataURL(file);
}
```

Um Zugang zu den Pixeln zu erhalten, müssen wir das Bild erst auf ein `<canvas>`-Element zeichnen. Der Kontext der Leinwand verfügt über die Methode `getImageData`, mit der ein Skript seine Pixel lesen kann. Sobald sich das Bild auf der Leinwand befindet, können wir also darauf zugreifen und ein `Picture`-Objekt erstellen:

```
function pictureFromImage(image) {
  let width = Math.min(100, image.width);
  let height = Math.min(100, image.height);
  let canvas = elt("canvas", {width, height});
  let cx = canvas.getContext("2d");
  cx.drawImage(image, 0, 0);
  let pixels = [];
  let {data} = cx.getImageData(0, 0, width, height);

  function hex(n) {
    return n.toString(16).padStart(2, "0");
  }
  for (let i = 0; i < data.length; i += 4) {
    let [r, g, b] = data.slice(i, i + 3);
    pixels.push("#" + hex(r) + hex(g) + hex(b));
  }
  return new Picture(width, height, pixels);
}
```

Wir beschränken die Bildgröße hier auf 100 × 100 Pixel, da größere Bilder auf unserer Anzeige riesig wirken würden und die Anwendung verlangsamen könnten.

Die Eigenschaft `data` des von `getImageData` zurückgegebenen Objekts ist ein Array aus Farbkomponenten. Für jedes Pixel im dem von den Argumenten festgelegten Rechteck hat es vier Werte, nämlich den Rot-, Grün- und Blauanteil sowie den *Alphawert* der Pixelfarbe, die als Zahlen von 0 bis 255 angegeben sind. Der Alphawert steht für die Deckkraft. Bei 0 ist das Pixel völlig transparent und bei 255 völlig opak. Für unsere Zwecke können wir diesen Wert ignorieren.

Zwei Hexadezimalziffern können $16^2 = 256$ Zahlen ausdrücken und damit den gesamten Bereich von 0 bis 256 abdecken. Die Methode `toString` für Zahlen nimmt auch eine Basis als Argument entgegen, wobei `n.toString(16)` eine String-Darstellung in Hexadezimalschreibweise ergibt. Um sicherzustellen, dass jede Zahl aus Ziffern besteht, ruft die Hilfsfunktion `hex` die Funktion `padStart` auf, die ggf. eine führende Null hinzufügt.

Jetzt können wir Bilder laden und speichern. Damit müssen wir nur noch ein weiteres Feature hinzufügen, um die Anwendung fertigzustellen.

## 19.8 Der Undo-Verlauf

Bildbearbeitung besteht zur Hälfte darin, kleine Fehler zu machen und zu korrigieren. Ein wichtiges Merkmal für ein Zeichenprogramm ist daher ein Undo-Verlauf. Um Änderungen rückgängig machen zu können, müssen wir die vorherigen Versionen des Bildes speichern. Da es sich dabei um einen unveränderbaren Wert handelt, ist das einfach. Allerdings brauchen wir dazu ein weiteres Feld im Anwendungsstatus.

Wir fügen das Array `done` hinzu, um die früheren Versionen des Bildes aufzubewahren. Die Pflege dieser Eigenschaft erfordert eine etwas komplizierte Statusaktualisierungsfunktion, denn sie muss Bilder zu diesem Array hinzufügen.

Allerdings wollen wir nicht *jede* Änderung festhalten, sondern solche, zwischen denen ein bestimmter Zeitraum liegt. Dazu brauchen wir die zweite Eigenschaft `doneAt`, die sich merkt, wann wir zuletzt ein Bild im Verlauf gespeichert haben.

```
function historyUpdateState(state, action) {
  if (action.undo == true) {
    if (state.done.length == 0) return state;
    return Object.assign({}, state, {
      picture: state.done[0],
      done: state.done.slice(1),
      doneAt: 0
    });
  } else if (action.picture &&
             state.doneAt < Date.now() - 1000) {
    return Object.assign({}, state, action, {
      done: [state.picture, ...state.done],
      doneAt: Date.now()
    });
  } else {
    return Object.assign({}, state, action);
  }
}
```

Wenn es sich bei der Aktion um ein Undo handelt, nimmt die Funktion das jüngste Bild aus dem Verlauf und macht es zum aktuellen Bild. Außerdem setzt sie `doneAt` auf 0, damit das Bild bei der nächsten Änderung garantiert wieder gespeichert wird, sodass Sie bei Bedarf erneut dahin zurückkehren können.

Enthält die Aktion dagegen ein neues Bild und liegt der Zeitpunkt der letzten Speicherung mehr als eine Sekunde (1000 ms) zurück, werden die Eigenschaften done und doneAt aktualisiert, um das vorhergehende Bild zu speichern.

Die Komponente für die Rückgängig-Schaltfläche muss nicht viel tun. Sie fertigt Undo-Aktionen ab, wenn der Benutzer auf sie klickt, und deaktiviert sich selbst, wenn nichts rückgängig gemacht werden kann.

```
class UndoButton {
  constructor(state, {dispatch}) {
    this.dom = elt("button", {
      onclick: () => dispatch({undo: true}),
      disabled: state.done.length == 0
    }, "⮪ Undo");
  }
  syncState(state) {
    this.dom.disabled = state.done.length == 0;
  }
}
```

## 19.9 Die Anwendung einrichten

Um die Anwendung einzurichten, müssen wir einen Status, einen Satz Werkzeuge, einen Satz Steuerelemente sowie eine Abfertigungsfunktion erstellen. Wir übergeben sie an den Konstruktor PixelEditor, um die Hauptkomponente zu erstellen. Da Sie in den Übungen mehrere Editoren anlegen müssen, definieren wir zunächst einige Bindungen.

```
const startState = {
  tool: "draw",
  color: "#000000",
  picture: Picture.empty(60, 30, "#f0f0f0"),
  done: [],
  doneAt: 0
};

const baseTools = {draw, fill, rectangle, pick};

const baseControls = [
  ToolSelect, ColorSelect, SaveButton, LoadButton, UndoButton
];

function startPixelEditor({state = startState,
                           tools = baseTools,
                           controls = baseControls}) {
  let app = new PixelEditor(state, {
    tools,
    controls,
    dispatch(action) {
      state = historyUpdateState(state, action);
```

```
      app.syncState(state);
    }
  });
  return app.dom;
}
```

Beim Zerlegen eines Objekts oder Arrays können Sie hinter einem Bindungsnamen mit dem Operator = einen Standardwert angeben, der verwendet wird, wenn die Eigenschaft fehlt oder auf `undefined` verweist. Die Funktion `startPixelEditor` nutzt diese Möglichkeit, damit sie auch ein Objekt mit optionalen Eigenschaften als Argumenten entgegennehmen kann. Wenn Sie beispielsweise die Eigenschaft `tools` nicht bereitstellen, wird `tools` an `baseTools` gebunden.

```
<div></div>
<script>
  document.querySelector("div")
    .appendChild(startPixelEditor({}));
</script>
```

## 19.10 Warum ist das so schwer?

Browsertechnologie ist eine faszinierende Sache. Sie bietet eine Menge vielseitiger Bausteine für Benutzeroberflächen sowie Möglichkeiten, um diese Bausteine zu gestalten und zu bearbeiten, und Werkzeuge, um Anwendungen zu untersuchen und zu debuggen. Software, die Sie für Browser schreiben, kann auf fast jedem Computer und Smartphone der Welt ausgeführt werden.

Allerdings ist Browsertechnologie auch ziemlich absurd. Sie müssen eine Menge seltsamer Tricks und wirrer Fakten lernen, um sie zu beherrschen, und das Standardprogrammiermodell ist so problematisch, dass die meisten Programmierer es lieber unter mehreren Abstraktionsschichten verstecken, anstatt direkt damit zu arbeiten.

Zwar verbessert sich die Lage allmählich, allerdings meistens in Form zusätzlicher Elemente, die hinzugefügt werden, um Mängel zu beseitigen. Das macht die Sache noch komplizierter. Ein Merkmal, das auf Millionen Websites verwendet wird, kann man nicht so einfach ersetzen. Und selbst wenn, so wäre es immer noch schwer zu entscheiden, wodurch es ersetzt werden sollte.

Technologie schwebt nicht im luftleeren Raum. Wir sind durch unsere Werkzeuge und durch die sozialen, ökonomischen und historischen Einflüsse beschränkt, die sie hervorgerufen haben. Das kann ärgerlich sein, aber es ist im Allgemeinen produktiver, sich ein gutes Verständnis darüber anzueignen, wie die *vorhandene* technische Realität funktioniert und warum sie ist, wie sie ist, anstatt sich darüber aufzuregen oder auf eine andere Realität zu warten.

Neue Abstraktionen *können* hilfreich sein. Das Komponentenmodell und die Handhabung des Datenflusses, die ich in diesem Kapitel verwendet habe, sind grobe Formen solcher Abstraktionen. Wir bereits erwähnt, gibt es Bibliotheken, die die Programmierung von Benutzeroberflächen angenehmer machen. Zurzeit sind React und Angular sehr beliebt, aber es gibt eine ganze Breite kleiner Anbieter, die solche Frameworks herstellen. Wenn Sie sich für die Programmierung von Webanwendungen interessieren, sollten Sie sich einige davon genauer anschauen, um zu sehen, wie sie funktionieren und welche Vorteile sie bieten.

## 19.11 Übungen

Unser Programm ist sicherlich verbesserungsfähig. Als Übungen fügen Sie ihm einige neue Fähigkeiten hinzu.

### Tastaturbindungen

Fügen Sie der Anwendung Tastenkürzel hinzu. Damit soll es möglich sein, ein Werkzeug mit dem Anfangsbuchstaben seines Namens auszuwählen und den letzten Vorgang mit [Strg] + [Z] bzw. [Befehl] + [Z] rückgängig zu machen.

Ändern Sie dazu die Komponente `PixelEditor`. Fügen Sie dem umgebenden `<div>`-Element die Eigenschaft `tabIndex` mit dem Wert 0 hinzu, sodass sie den Tastaturfokus erhalten kann. Beachten Sie, dass die *Eigenschaft*, die dem *Attribut* `tabindex` entspricht, `tabIndex` lautet (mit großem `I`), und dass unsere `elt`-Funktion Eigenschaftennamen erwartet. Registrieren Sie die Handler für Tastaturereignisse unmittelbar in diesem Element. Das bedeutet, dass der Benutzer der Anwendung erst mit einem Mausklick, einer Berührung oder dem Tabulator den Fokus geben muss, bevor er die Tastenkürzel nutzen kann.

Denken Sie daran, dass Tastaturereignisse die Eigenschaften `ctrlKey` und `metaKey` (für die [Befehl]-Taste auf dem Mac) haben, über die Sie erkennen können, ob die entsprechenden Tasten gedrückt gehalten werden.

### Effizientes Zeichnen

Der Großteil der Arbeit, die unsere Anwendung beim Zeichnen ausführt, fällt in `drawPicture` an. Es ist zwar nicht sehr aufwendig, einen neuen Status zu erstellen und den Rest des DOM zu aktualisieren, aber das Neuzeichnen aller Pixel auf der Leinwand erfordert einiges an Arbeit.

Finden Sie eine Möglichkeit, um die Methode `syncState` von `PictureCanvas` nur die tatsächlich geänderten Pixel neu zeichnen zu lassen und sie dadurch schneller zu machen.

Da `drawPicture` auch von der Schaltfläche zum Speichern verwendet wird, müssen Sie entweder darauf achten, dass Ihre Änderungen den Speichervorgang nicht beeinträchtigen, oder eine neue Version der Funktion mit einem anderen Namen schreiben.

Beachten Sie auch, dass das `<canvas>`-Element geleert, also komplett transparent gemacht wird, wenn Sie seine Größe ändern (über seine Eigenschaften `width` und `height`).

### Kreise

Definieren Sie ein Werkzeug namens `circle`, das beim Ziehen einen gefüllten Kreis zeichnet. Der Mittelpunkt des Kreises soll dabei an dem Punkt liegen, wo der Zieh- oder Berührungsvorgang begann. Sein Radius wird durch die Strecke bestimmt, um die der Benutzer den Mauszeiger zieht.

### Durchgezogene Linien

Diese Übung ist etwas anspruchsvoller als die vorherigen beiden und verlangt von Ihnen die Lösung eines nichttrivialen Problems. Nehmen Sie sich genügend Zeit, bevor Sie mit der Arbeit an dieser Übung beginnen, und lassen Sie sich durch erste Fehlschläge nicht entmutigen.

Wenn Sie das Zeichenwerkzeug schnell über das Bild ziehen, erhalten Sie in den meisten Browsern keine durchgezogene Linie, sondern eine Reihe von Punkten mit Lücken dazwischen. Das liegt daran, dass die `"mousemove"`- bzw. `"touchmove"`-Ereignisse nicht schnell genug ausgelöst werden, um alle Pixel zu berücksichtigen.

Verbessern Sie das Werkzeug `draw` so, dass es eine durchgezogene Linie zeichnet. Dazu müssen Sie dafür sorgen, dass sich die Handler-Funktion für die Verschiebung die vorherige Position merkt und mit der aktuellen verbindet. Da die Pixel einen willkürlichen Abstand aufweisen können, ist es dazu erforderlich, eine allgemeine Funktion zum Zeichnen von Linien zu schreiben.

Eine Linie zwischen zwei Pixeln ist eine Kette miteinander verbundener Pixel, die so gerade wie möglich verläuft. Diagonal angrenzende Pixel gelten dabei als verbunden. Eine schräge Linie sollte daher so aussehen wie in dem linken Bild, nicht wie in dem rechten:

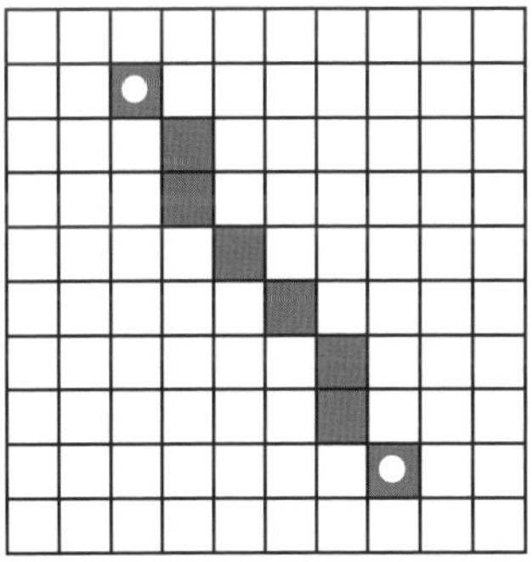

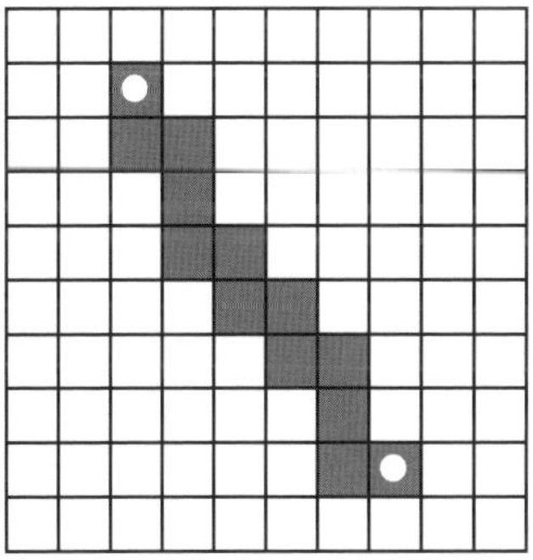

Wenn Sie Code entwickelt haben, der eine Linie zwischen zwei willkürlich gewählten Punkten zeichnet, können Sie damit auch ein Linienwerkzeug definieren, das eine gerade Linie zwischen dem Start- und dem Endpunkt eines Ziehvorgangs zeichnet.

# Teil III

## Node.js

»Ein Schüler fragte: ›Die Programmierer früherer Zeiten verwendeten nur einfache Computer und keine Programmiersprachen, und doch schrieben sie wunderschöne Programme. Warum verwenden wir komplizierte Computer und Programmiersprachen?‹

Darauf antwortete Fu-tse: ›Die Baumeister früherer Zeiten verwendeten nur Äste und Lehm, und doch errichteten sie wunderschöne Hütten.‹«

– Meister Yuan-Ma, *The Book of Programming*

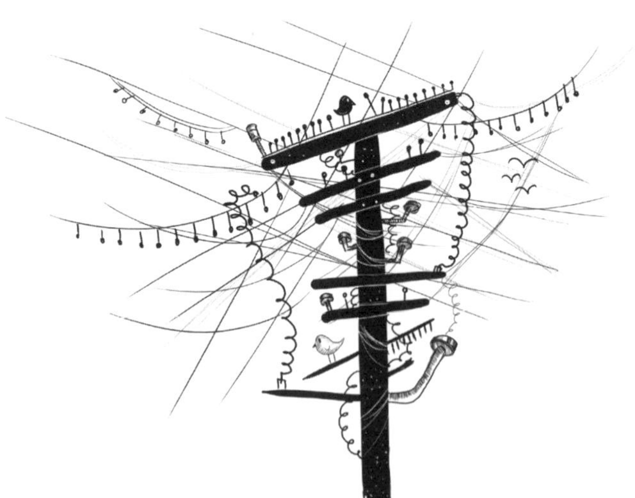

# 20 Einführung in Node.js

Bis jetzt haben wir JavaScript nur in einer einzigen Umgebung eingesetzt, nämlich dem Browser. In diesem und dem nächsten Kapitel erhalten Sie eine kurze Einführung in Node.js – ein Programm, das es ermöglicht, Ihre JavaScript-Programme auch außerhalb eines Browsers anzuwenden. Mit Node.js können Sie alle möglichen Anwendungen von kleinen Befehlszeilenwerkzeugen bis zu HTTP-Servern für dynamische Webseiten erstellen.

In diesen Kapiteln lernen Sie die Grundprinzipien von Node.js kennen und erhalten ausreichend Kenntnisse, um nützliche Programme dafür zu schreiben. Eine vollständige oder zumindest gründliche Darstellung dieser Plattform erhalten Sie hier jedoch nicht.

Wenn Sie die Erklärungen nachvollziehen und den Code in diesem Kapitel ausführen möchten, müssen Sie Node.js Version 10.1 oder höher installieren. Suchen Sie dazu *https://nodejs.org* auf und folgen Sie den Installationsanweisungen für Ihr Betriebssystem. Sie finden dort auch eine weitergehende Dokumentation zu Node.js.

## 20.1 Hintergrund

Wenn Sie ein System schreiben, das über das Netzwerk kommuniziert, besteht eines der kniffligeren Probleme darin, die Ein- und Ausgabe zu verwalten, also Daten im Netzwerk und auf der Festplatte zu lesen und zu schreiben. Daten zu übertragen kostet Zeit, und eine geschickte zeitliche Planung kann einen großen Einfluss darauf haben, wie schnell das System auf Benutzer- oder Netzwerkanforderungen reagiert.

Für solche Systeme ist eine asynchrone Programmierung oft hilfreich. Dadurch kann das Programm gleichzeitig Daten an mehrere Geräte senden und von ihnen empfangen, ohne eine komplizierte Thread-Verwaltung und Synchronisierung durchführen zu müssen.

Node.js wurde ursprünglich entwickelt, um die asynchrone Programmierung einfacher und komfortabler zu gestalten. Für dieses System bot sich JavaScript an, da es eine der wenigen Programmiersprachen ohne eine eingebaute Möglichkeit zur Handhabung von Ein- und Ausgaben ist. Daher konnte JavaScript in den ziemlich ungewöhnlichen Ansatz von Node.js zur Ein- und Ausgabe eingepasst werden, ohne am Ende mit zwei verschiedenen und unvereinbaren Schnittstellen für diesen Zweck dazustehen. Als Node.js 2009 entworfen wurde, nutzten manche Entwickler bereits Callbacks für die Programmierung im Browser, weshalb die Community rund um die Sprache an einen asynchronen Programmierstil gewöhnt war.

## 20.2 Der Befehl node

Node.js stellt ein Programm namens node bereit, das JavaScript-Dateien ausführen kann. Nehmen wir an, Sie haben eine Datei namens hello.js mit dem folgenden Code:

```
let message = "Hello world";
console.log(message);
```

Um dieses Programm auszuführen, können Sie wie folgt node an der Befehlszeile ausführen:

```
$ node hello.js
Hello world
```

In Node.js gibt die Methode console.log ebenso wie im Browser Text aus, allerdings nicht an die JavaScript-Konsole des Browsers, sondern an den Standardausgabestream des Prozesses. Wenn Sie node an der Befehlszeile ausführen, können Sie die protokollierten Werte daher im Terminal einsehen.

Führen Sie node aus, ohne eine Datei zu übergeben, wird eine Eingabeaufforderung angezeigt, an der Sie JavaScript-Code eingeben und sofort das Ergebnis sehen können:

```
$ node
> 1 + 1
2
> [-1, -2, -3].map(Math.abs)
[1, 2, 3]
> process.exit(0)
$
```

Die Bindung process ist in Node.js ebenso wie die Bindung console global verfügbar. Sie bietet verschiedene Möglichkeiten, um das aktuelle Programm zu untersuchen und zu beeinflussen. Die Methode exit beendet den Prozess. Sie kann einen Beendigungscode entgegennehmen, der dem Programm, das node gestartet hat (in diesem Fall der Befehlszeilen-Shell), mitteilt, ob das Programm erfolgreich abgeschlossen wurde (Code 0) oder ein Fehler aufgetreten ist (jeder andere Code).

Um die an Ihr Skript übergebenen Befehlszeilenargumente zu finden, können Sie `process.argv` lesen, ein Array aus Strings. Darin sind auch der Name des Befehls `node` und der Name Ihres Skripts enthalten. Die eigentlichen Argumente beginnen erst am Index 2. Wenn das Skript `showargv.js` die Anweisung `console.log(process.argv)` enthält, können Sie es wie folgt ausführen:

```
$ node showargv.js one --and two
["node", "/tmp/showargv.js", "one", "--and", "two"]
```

Alle globalen Standardbindungen von JavaScript, z. B. `Array`, `Math` und `JSON`, sind auch in der Node.js-Umgebung vorhanden, browserbezogene wie `document` oder `prompt` dagegen nicht.

## 20.3 Module

Außer den bereits erwähnten Bindungen wie `console` und `process` fügt Node.js dem globalen Gültigkeitsbereich auch einige weitere Bindungen hinzu. Wenn Sie auf solche eingebaute Funktionalität zugreifen möchten, müssen Sie das Modulsystem danach fragen.

Das Modulsystem CommonJS, das auf der Funktion `require` basiert, haben Sie bereits im gleichnamigen Abschnitt auf *S. 177* kennengelernt. Es ist in Node.js eingebaut und wird genutzt, um alles zu laden, was geladen werden muss: von eingebauten Modulen über heruntergeladene Pakete bis zu den Dateien, die zu Ihrem eigenen Programm gehören.

Beim Aufruf von `require` muss Node.js den übergebenen String zu einer Datei auflösen, die es laden kann. Pfadnamen, die mit `/`, `./` oder `../` beginnen, werden relativ zum Pfad des vorliegenden Moduls aufgelöst. Dabei steht `./` für das aktuelle Verzeichnis, `../` für das nächsthöhere Verzeichnis und `/` für die Wurzel des Dateisystems. Wenn Sie also von der Datei `/tmp/robot/robot.js` nach `"./graph"` fragen, versucht Node.js die Datei `/tmp/robot/graph.js` zu laden.

Die Endung `.js` kann weggelassen werden. Node.js fügt sie hinzu, wenn eine entsprechende Datei vorhanden ist. Verweist der angegebene Pfad auf ein Verzeichnis, versucht Node.js die Datei `index.js` aus diesem Verzeichnis zu laden.

Wird `require` ein String übergeben, der weder wie ein relativer noch wie ein absoluter Pfad aussieht, wird angenommen, dass er sich auf ein eingebautes Modul oder auf eines im Verzeichnis `node_modules` bezieht. Beispielsweise gibt `require("fs")` das eingebaute Dateisystemmodul von Node.js. zurück. `require("robot")` versucht, die in `node_modules/robot/` gefundene Bibliothek zu laden. Zur Installation solcher Bibliotheken wird häufig NPM verwendet, worauf wir im nächsten Abschnitt näher eingehen werden.

Zunächst aber wollen wir ein kleines Projekt einrichten, das aus zwei Dateien besteht. Die erste hat den Namen `main.js` und definiert ein Skript, das an der Befehlszeile aufgerufen werden kann und einen String umkehrt:

```
const {reverse} = require("./reverse");

// In Index 2 befindet sich das erste Befehlszeilenargument
let argument = process.argv[2];

console.log(reverse(argument));
```

Die Datei `reverse.js` definiert eine Bibliothek zum Umkehren von Strings und kann nicht nur von diesem Befehlszeilenwerkzeug, sondern auch von allen anderen Skripten genutzt werden, die unmittelbaren Zugriff auf eine Funktion zur String-Umkehr benötigen.

```
exports.reverse = function(string) {
  return Array.from(string).reverse().join("");
};
```

Wenn Sie Eigenschaften zu `exports` hinzufügen, werden diese in die Schnittstelle des Moduls aufgenommen. Da Node.js Dateien als CommonJS-Module behandelt, kann `main.js` die exportierte Funktion `reverse` von `reverse.js` übernehmen.

Damit können wir unser Werkzeug nun wie folgt aufrufen:

```
$ node main.js JavaScript
tpircSavaJ
```

## 20.4 Installation mit NPM

Bei NPM, das Sie bereits in Kapitel 10 kennengelernt haben, handelt es sich um ein Online-Repository für JavaScript-Module, von denen viele eigens für Node.js geschrieben wurden. Wenn Sie Node.js auf Ihrem Computer installiert haben, steht Ihnen auch ein gleichnamiges Programm in Form des Befehls `npm` zur Verfügung, das Sie für den Zugriff auf dieses Repository nutzen können.

Der Hauptzweck des Programms NPM besteht darin, Pakete herunterzuladen. In Kapitel 10 haben Sie unter anderem das Paket `ini` gesehen. Mit NPM können wir es abrufen und auf unserem Computer installieren:

```
$ npm install ini
npm WARN enoent ENOENT: no such file or directory,
         open '/tmp/package.json'
+ ini@1.3.5
added 1 package in 0.552s

$ node
> const {parse} = require("ini");
> parse("x = 1\ny = 2");
{ x: '1', y: '2' }
```

Bei der Ausführung von `npm install` wird auch das Verzeichnis `node_modules` erstellt. Darin befindet sich nun das Verzeichnis `ini`, das die Bibliothek enthält. Sie können es öffnen und sich den Code ansehen. Wenn wir `require("ini")` aufrufen, wird die Bibliothek geladen, sodass wir ihre Eigenschaft `parse` aufrufen können, um eine Konfigurationsdatei zu analysieren.

Standardmäßig installiert NPM Pakete jeweils im aktuellen Verzeichnis und nicht an einer zentralen Stelle. Wenn Sie an andere Paketmanager gewöhnt sind, kann das etwas eigenartig erscheinen, allerdings hat es durchaus seine Vorteile. Denn das gibt jeder Anwendung die volle Kontrolle über die Pakete, die sie installiert, und erleichtert die Versionsverwaltung sowie das Aufräumen nach dem Entfernen einer Anwendung.

### Paketdateien

In dem Beispiel zu `npm install` erschien eine Warnung, dass die Datei `package.json` noch nicht existiert. Es wird empfohlen, eine solche Datei für jedes Projekt zu erstellen, entweder manuell oder mit `npm init`. Sie enthält einige Informationen über das Projekt, etwa den Namen und die Version, und führt seine Abhängigkeiten auf.

Die Robotersimulation aus Kapitel 7 kann in der modularisierten Version aus der Übung »*Modularer Roboter*« von *S. 184* die folgende `package.json`-Datei haben:

```
{
  "author": "Marijn Haverbeke",
  "name": "eloquent-javascript-robot",
  "description": "Simulation of a package-delivery robot",
  "version": "1.0.0",
  "main": "run.js",
  "dependencies": {
    "dijkstrajs": "^1.0.1",
    "random-item": "^1.0.0"
  },
  "license": "ISC"
}
```

Wenn Sie `npm install` ohne Angabe eines zu installierenden Pakets ausführen, werden die in `package.json` aufgeführten Abhängigkeiten installiert. Falls Sie ein Paket installieren, das nicht bereits als Abhängigkeit aufgeführt ist, fügt NPM es zu `package.json` hinzu.

### Versionen

In einer `package.json`-Datei sind sowohl die Version des Programms selbst als auch die Versionen seiner Abhängigkeiten aufgeführt. Die Versionsverwaltung ist eine Möglichkeit damit umzugehen, dass sich die einzelnen Pakete unabhängig voneinander entwickeln und dass Code, der einmal für ein Paket geschrieben wurde, bei einer späteren, veränderten Version desselben Pakets möglicherweise nicht mehr funktioniert.

NPM verlangt, dass Pakete *semantische Versionsbezeichnungen* tragen, bei denen die Nummern angeben, ob die Version noch mit der alten Schnittstelle *kompatibel* ist. Eine solche Bezeichnung besteht aus drei Zahlen, die durch Punkte getrennt sind, also etwa `2.3.0`. Jedes Mal, wenn neue Funktionalität hinzukommt, wird die mittlere Zahl heraufgesetzt. Wird die Kompatibilität aufgehoben, sodass bereits vorhandener Code, der das Paket nutzt, mit der neuen Version möglicherweise nicht mehr funktioniert, muss auch die erste Zahl erhöht werden.

Ein Zirkumflex vor der Versionsnummer einer Abhängigkeit in `package.json` besagt, dass eine beliebige Version installiert werden kann, die mit der gegebenen Nummer kompatibel ist. So ist beispielsweise bei der Angabe `"^2.3.0"` jegliche Version mit einer Nummer größer oder gleich `2.3.0` und kleiner als `3.0.0` zulässig.

Mit dem Befehl `npm` ist es auch möglich, neue Pakete oder neue Versionen von Paketen zu veröffentlichen. Wenn Sie `npm publish` in einem Verzeichnis ausführen, in dem sich eine `package.json`-Datei befindet, wird ein Paket mit dem Namen und der Version, die in dieser Datei aufgeführt sind, in dem Repository veröffentlicht. Jeder kann Pakete in NPM einstellen, allerdings nur mit einem Paketnamen, der noch nicht bereits verwendet wird. Es wäre auch ziemlich beunruhigend, wenn einfach irgendwelche Leute bereits vorhandene Pakete aktualisieren könnten.

Da das Programm `npm` mit einem offenen System kommuniziert, nämlich dem Paket-Repository, ist nichts von dem, was es tut, etwas Besonderes. Ein anderes Programm, etwa `yarn`, das Sie von NPM herunterladen und installieren können, erfüllt den gleichen Zweck, allerdings mit einer etwas anderen Schnittstelle und Installationsstrategie.

Wir werden in diesem Buch nicht weiter auf die Einzelheiten von NPM eingehen. Besuchen Sie *https://npmjs.org*, um eine weiterführende Dokumentation zu erhalten und nach Paketen zu suchen.

## 20.5 Das Dateisystemmodul

Zu den am häufigsten verwendeten eingebauten Modulen von Node.js zählt `fs`, dessen Bezeichnung für *file system*, also *Dateisystem*, steht. Es exportiert Funktionen für den Umgang mit Dateien und Verzeichnissen.

Beispielsweise liest die Funktion `readFile` eine Datei und ruft dann einen Callback mit deren Inhalt auf:

```
let {readFile} = require("fs");
readFile("file.txt", "utf8", (error, text) => {
  if (error) throw error;
  console.log("The file contains:", text);
});
```

Das zweite Argument von `readFile` gibt die *Zeichencodierung* an, die zum Decodieren der Datei in einen String benutzt wurde. Es gibt verschiedene Möglichkeiten, um Text als Binärdaten zu codieren, wobei die meisten modernen Systeme UTF-8 verwenden. Sofern Sie also keinen Grund zu der Annahme haben, dass eine andere Codierung verwendet wurde, sollten Sie beim Lesen einer Textdatei "utf8" übergeben. Wenn Sie ganz auf die Angabe einer Codierung verzichten, geht Node.js davon aus, dass Sie an den Binärdaten interessiert sind, und gibt statt eines Strings ein Buffer-Objekt zurück. Dabei handelt es sich um ein Array-artiges Objekt mit den Zahlen, die die Bytes in der Datei darstellen.

```
const {readFile} = require("fs");
readFile("file.txt", (error, buffer) => {
  if (error) throw error;
  console.log("The file contained", buffer.length, "bytes.",
              "The first byte is:", buffer[0]);
});
```

Eine ähnliche Funktion, writeFile, wird verwendet, um eine Datei auf die Festplatte zu schreiben:

```
const {writeFile} = require("fs");
writeFile("graffiti.txt", "Node was here", err => {
  if (err) console.log(`Failed to write file: ${err}`);
  else console.log("File written.");
});
```

Hier ist es nicht nötig, die Codierung anzugeben. Wenn Sie writeFile kein Buffer-Objekt übergeben, sondern einen String, geht die Funktion davon aus, dass sie ihn als Text schreiben soll, und verwendet dafür die Standardcodierung UTF-8.

Das Modul fs enthält noch viele weitere nützliche Funktionen: readdir gibt die Dateien in einem Verzeichnis als ein Array aus Strings zurück, stat ruft Informationen über eine Datei ab, rename benennt eine Datei um, unlink entfernt eine Datei usw. Näheres erfahren Sie in der Dokumentation auf *https://nodejs.org*.

Die meisten dieser Funktionen nehmen als letzten Parameter eine Callback-Funktion entgegen, die Sie entweder mit einem Fehler (erstes Argument) oder einem Ergebnis (zweites Argument) aufrufen. Wie wir in Kapitel 11 gesehen haben, hat diese Art der Programmierung gewisse Nachteile. Vor allem wird dadurch die Fehlerbehandlung sehr wortreich und fehleranfällig.

Promises werden zwar schon eine Weile in JavaScript verwendet, aber ihre Integration in Node.js ist immer noch im Gange. Seit Version 10.1 exportiert das Paket fs auch das Objekt promises, das die meisten der Funktionen von fs enthält, darin aber Promises statt Callback-Funktionen verwendet.

```
const {readFile} = require("fs").promises;
readFile("file.txt", "utf8")
  .then(text => console.log("The file contains:", text));
```

Manchmal ist Asynchronität nicht notwendig, sondern eher störend. Von vielen Funktionen in fs gibt es auch eine synchrone Variante, bei der hinten an den Namen Sync angehängt ist. So trägt beispielsweise die synchrone Variante von readFile den Namen readFileSync:

```
const {readFileSync} = require("fs");
console.log("The file contains:",
            readFileSync("file.txt", "utf8"));
```

Beachten Sie, dass das Programm bei der Durchführung einer synchronen Operation komplett angehalten wird. Solche Verzögerungen durch synchrone Aktionen können sehr unangenehm sein, wenn das Programm auf Benutzer oder auf andere Geräte im Netzwerk reagieren muss.

## 20.6 Das HTTP-Modul

Ein weiteres wichtiges Modul ist `http`. Es bietet Möglichkeiten, um HTTP-Server auszuführen und HTTP-Anforderungen zu stellen.

Um einen HTTP-Server zu starten, ist nicht mehr erforderlich als Folgendes:

```
const {createServer} = require("http");
let server = createServer((request, response) => {
  response.writeHead(200, {"Content-Type": "text/html"});
  response.write(`
    <h1>Hello!</h1>
    <p>You asked for <code>${request.url}</code></p>`);
  response.end();
});
server.listen(8000);
console.log("Listening! (port 8000)");
```

Wenn Sie dieses Skript auf Ihrem eigenen Computer ausführen, können Sie in Ihren Browser *http://localhost:8000/hello* eingeben, um eine Anforderung an diesen Server zu stellen. Darauf antwortet er mit einer kleinen HTML-Seite.

Die als Argument an `createServer` übergebene Funktion wird jedes Mal aufgerufen, wenn ein Client Verbindung mit dem Server aufnimmt. Bei den Bindungen `request` und `response` handelt es sich um Objekte, die die ein- und ausgehenden Daten darstellen. Die erste enthält Informationen über die Anforderung. So besagt z.B. ihre Eigenschaft `url`, an welchen URL die Anforderung gerichtet war.

Wenn Sie die Seite in Ihrem Browser öffnen, sendet sie also eine Anforderung an Ihren eigenen Rechner. Dadurch wird die Serverfunktion ausgeführt und sendet eine Antwort zurück, die Sie im Browser sehen können.

Um etwas zurückzusenden, rufen Sie Methoden des `response`-Objekts auf. Die erste, `writeHead`, schreibt die Antwort-Header (siehe Kapitel 18). Sie übergeben ihr den Statuscode (in diesem Fall 200 für »OK«) und ein Objekt mit den Header-Werten. In dem Beispiel wird der Header `Content-Type` festgelegt, um den Client darüber zu informieren, dass wir ihm ein HTML-Dokument zurücksenden.

Als Nächstes wird der Rumpf der Antwort (das Dokument selbst) mit `response.write` gesendet. Diese Methode können Sie auch mehrere Male aufrufen, wenn Sie die Antwort stückweise übermitteln wollen, etwa um Daten als Stream an einen Client zu senden, sobald sie verfügbar werden. Schließlich signalisiert `response.end` das Ende der Antwort.

Der Aufruf von `server.listen` veranlasst den Server dazu, auf Verbindungen über Port 8000 zu warten. Aus diesem Grund müssen Sie eine Verbindung mit *localhost:8000* aufnehmen, um mit dem Server zu kommunizieren, und nicht einfach mit *localhost*, denn dabei würde der Standardport 80 verwendet.

Wenn Sie das Skript ausführen, wartet der Prozess einfach. Bei einem Skript, das auf Ereignisse lauscht – wie hier auf eine Netzwerkverbindung –, beendet `node` die Ausführung nicht automatisch, wenn das Ende des Skripts erreicht ist. Um es zu schließen, müssen Sie `Strg` + `C` drücken.

Ein echter Webserver macht gewöhnlich mehr als der in unserem Beispiel. Unter anderem schaut er sich die Methode der Anforderung an (in der Eigenschaft `method`), um zu ermitteln, was für eine Aktion der Client ausführen möchte, und untersucht den URL in der Anfrage, um herauszufinden, an welcher Ressource diese Aktion erfolgen soll. Einen anspruchsvolleren Server werden wir uns im Abschnitt »***Ein Dateiserver***« auf *S. 377* ansehen.

Für einen HTTP-*Client* verwenden wir die Funktion `request` aus dem Modul `http`:

```
const {request} = require("http");
let requestStream = request({
  hostname: "eloquentjavascript.net",
  path: "/20_node.html",
  method: "GET",
  headers: {Accept: "text/html"}
}, response => {
  console.log("Server responded with status code",
              response.statusCode);
});
requestStream.end();
```

Das erste Argument von `request` richtet die Anfrage ein und teilt Node.js mit, mit welchem Server kommuniziert werden soll, welcher Pfad von diesem Server anzufordern ist, welche Methode verwendet werden soll usw. Das zweite Argument ist die Funktion, die aufgerufen werden soll, wenn eine Antwort eingeht. Ihr wird ein Objekt übergeben, das es uns ermöglicht, die Antwort zu untersuchen, z.B. um den Statuscode herauszufinden.

Ebenso wie das zuvor betrachtete `response`-Objekt erlaubt uns auch das von `request` zurückgegebene Objekt, Daten mit der Methode `write` als Stream in die Anfrage aufzunehmen und die Anfrage mit der Methode `end` abzuschließen. In dem Beispiel wird `write` jedoch nicht verwendet, da `GET`-Anfragen gewöhnlich keine Daten im Rumpf enthalten. Im Modul `https` gibt es eine ähnliche `request`-Funktion, die zur Anfrage von HTTPS-URLs verwendet werden kann.

Anfragen mit der rohen Funktionalität von Node.js zu stellen, ist ziemlich umständlich. Auf NPM stehen viel komfortablere Wrapper-Pakete zur Verfügung. So stellt etwa `node-fetch` die `fetch`-Schnittstelle auf der Grundlage von Promises bereit, die wir schon von der Programmierung in der Browserumgebung her kennen.

## 20.7 Streams

In den HTTP-Beispielen haben wir schon zwei Beispiele für schreibbare Streams gesehen, nämlich das Antwortobjekt, in dem der Server schreiben kann, und das von request zurückgegebene Anfrageobjekt. *Schreibbare Streams* bilden ein häufig genutztes Funktionsprinzip von Node.js. Diese Objekte haben eine write-Methode, der Sie einen String oder ein Buffer-Objekt übergeben können, um etwas in den Stream zu schreiben. Ihre Methode end schließt den Stream und nimmt optional einen Wert entgegen, der vor dem Beenden in den Stream geschrieben werden soll. Beide Argumente akzeptieren als zusätzliches Argument auch eine Callback-Funktion, die sie aufrufen, wenn sie das Schreiben bzw. Schließen abgeschlossen haben.

Mit der Funktion createWriteStream aus dem Modul fs können Sie einen schreibbaren Stream erstellen, der auf eine Datei zeigt. Anschließend können Sie die Methode write für das resultierende Objekt aufrufen, um die Datei Stück für Stück zu schreiben, also nicht komplett auf einmal wie mit writeFile.

Lesbare Streams sind etwas anspruchsvoller. Die Bindungen request und response, die an den Callback des HTTP-Servers bzw. -Clients übergeben werden, sind lesbare Streams. Der Server liest Anfragen und schreibt Antworten, der Client schreibt erst eine Anfrage und liest dann die Antwort. Zum Lesen in einem Stream werden keine Methoden verwendet, sondern Ereignis-Handler.

In Node.js haben Objekte, die Ereignisse ausgeben, eine Methode namens on, die der Methode addEventListener im Browser ähnelt. Wenn Sie ihr einen Ereignisnamen und eine Funktion übergeben, registriert sie die Funktion, damit diese aufgerufen wird, wenn das Ereignis eintritt.

Für lesbare Streams gibt es die Ereignisse "data" und "end". Das erste wird jedes Mal ausgelöst, wenn Daten eingehen, und das zweite, wenn der Stream am Ende angelangt ist. Dieses Modell ist vor allem für Stream-Daten geeignet, die sofort verarbeitet können, auch wenn das Dokument noch nicht vollständig zur Verfügung steht. Um eine Datei als Stream zu lesen, verwenden Sie die Funktion createReadStream von fs.

Der folgende Code erstellt einen Server, der Anfragerümpfe liest und als Stream in Text in Großbuchstaben an den Client zurücksendet:

```
const {createServer} = require("http");
createServer((request, response) => {
  response.writeHead(200, {"Content-Type": "text/plain"});
  request.on("data", chunk =>
    response.write(chunk.toString().toUpperCase()));
  request.on("end", () => response.end());
}).listen(8000);
```

Bei dem Wert von chunk, der an den Daten-Handler übergeben wird, handelt es sich um einen binären Puffer, den wir mit der Methode toString als UTF-8-Zeichen decodieren und damit in einen String umwandeln können.

Wenn der folgende Code ausgeführt wird, während der Server zur Umwandlung in Großbuchstaben aktiv ist, sendet er eine Anfrage an diesen Server und gibt die erhaltene Antwort aus:

```
const {request} = require("http");
request({
  hostname: "localhost",
  port: 8000,
  method: "POST"
}, response => {
  response.on("data", chunk =>
    process.stdout.write(chunk.toString()));
}).end("Hello server");
// → HELLO SERVER
```

Dieser Code schreibt nicht in `console.log`, sondern in `process.stdout`, also die Standardausgabe des Prozesses, bei der es sich um einen schreibbaren Stream handelt. Wir können `console.log` hier nicht verwenden, da dort hinter jeden geschriebenen Text ein Zeichenumbruch eingefügt wird. Das wäre hier, wo der Text in mehreren Teilen eingehen kann, ungünstig.

## 20.8 Ein Dateiserver

Wir wollen nun unsere neuen Kenntnisse über HTTP-Server und das Dateisystem kombinieren, um einen HTTP-Server zu erstellen, der einen Fernzugriff auf ein Dateisystem ermöglicht. Ein solcher Server ist für viele Zwecke geeignet. Webanwendungen können damit Daten speichern und gemeinsam nutzen, und mehrere Benutzer können damit gemeinsamen Zugriff auf eine Reihe von Dateien erhalten.

Wenn wir Dateien als HTTP-Ressourcen behandeln, können wir sie mit den HTTP-Methoden `GET`, `PUT` und `DELETE` lesen, schreiben bzw. löschen. Den Pfad in der Anfrage deuten wir als den Pfad zu der gewünschten Datei.

Um nicht unser gesamtes Dateisystem mit anderen zu teilen, behandeln wir die Pfade als relativ zum Arbeitsverzeichnis des Servers, also dem Verzeichnis, in dem er gestartet wurde. Wenn wir den Server in `/temp/public/` ausführen (bzw. `C:\tmp\public\` in Windows), verweist eine Anforderung für `/file.text` daher auf `/tmp/public/file.text` (bzw. `C:\tmp\public\file.txt`).

Im Folgenden werden wir das Programm schrittweise aufbauen. Dabei verwenden wir das Objekt `methods`, um die Funktionen zu speichern, die die verschiedenen HTTP-Methoden handhaben. Die Methoden-Handler sind Async-Funktionen, die das Anfrageobjekt als Argument entgegennehmen. Das von ihnen zurückgegebene Promise wird zu einem Objekt aufgelöst, das die Antwort beschreibt.

```
const {createServer} = require("http");

const methods = Object.create(null);

createServer((request, response) => {
```

```
    let handler = methods[request.method] || notAllowed;
    handler(request)
      .catch(error => {
        if (error.status != null) return error;
        return {body: String(error), status: 500};
      })
      .then(({body, status = 200, type = "text/plain"}) => {
        response.writeHead(status, {"Content-Type": type});
        if (body && body.pipe) body.pipe(response);
        else response.end(body);
      });
  }).listen(8000);

  async function notAllowed(request) {
    return {
      status: 405,
      body: `Method ${request.method} not allowed.`
    };
  }
```

Dieser Code startet einen Server, der als Antwort ausschließlich den Fehlercode 405 zurückgibt, was bedeutet, dass der Server die Ausführung der gegebenen Methode verweigert.

Wird das Promise eines Anfrage-Handlers abgelehnt, wandelt der Aufruf von `catch` diesen Fehler in ein Antwortobjekt um, falls er das noch nicht sein sollte. Dadurch kann der Server eine Fehlerantwort zurücksenden, um den Client darüber zu informieren, dass die Verarbeitung der Anfrage fehlgeschlagen ist.

Das Feld `status` in der Beschreibung der Antwort kann auch weggelassen werden. In diesem Fall wird der Standardwert 200 (OK) verwendet. Auch der in der Eigenschaft `type` angegebene Inhaltstyp kann fehlen. Dabei wird angenommen, dass es sich bei der Antwort um Klartext handelt.

Wenn der Wert von `body` ein lesbarer Stream ist, verfügt er über die Methode `pipe`, mit der der gesamte Inhalt eines lesbaren Streams an einen schreibbaren weitergeleitet werden kann. Anderenfalls wird angenommen, dass dieser Wert entweder `null` (kein Rumpf), ein String oder ein Puffer ist. In diesem Fall wird er unmittelbar an die Methode `end` der Antwort übergeben.

Um den Dateipfad zu ermitteln, der dem URL in der Anforderung entspricht, nutzt die Funktion `urlPath` das Node.js-Modul `url`, um den URL zu analysieren. Sie decodiert den Pfadnamen, der einen Aufbau wie `"/file.txt"` hat, um Maskierungszeichen wie `%20` loszuwerden, und löst ihn relativ zum Arbeitsverzeichnis des Programms auf.

```
const {parse} = require("url");
const {resolve, sep} = require("path");

const baseDirectory = process.cwd();

function urlPath(url) {
```

```
  let {pathname} = parse(url);
  let path = resolve(decodeURIComponent(pathname).slice(1));
  if (path != baseDirectory &&
      !path.startsWith(baseDirectory + sep)) {
    throw {status: 403, body: "Forbidden"};
  }
  return path;
}
```

Wenn Sie ein Programm schreiben, das Netzwerkanforderungen akzeptiert, müssen Sie sich Gedanken über die Sicherheit machen. Wenn wir in unserem Beispiel nicht vorsichtig sind, ist es gut möglich, dass wir versehentlich unser ganzes Dateisystem im Netzwerk offenlegen.

In Node.js sind Dateipfade Strings. Um einen solchen String einer Datei zuzuordnen, wird eine Reihe nichttrivialer Annahmen getroffen. Beispielsweise können Pfade die Zeichenfolge `../` enthalten, um auf das Elternverzeichnis zu verweisen. Anforderungen für Pfade wie `/../secret_file` können daher Probleme verursachen.

Um solche Schwierigkeiten zu vermeiden, verwendet `urlPath` die Funktion `resolve` aus dem Modul `path`, die relative Pfade auflöst und sich dann vergewissert, dass sich das Ergebnis *innerhalb* des Arbeitsverzeichnisses befindet. Die Funktion `process.cwd` (was für *currrent working directory* steht, also »aktuelles Arbeitsverzeichnis«) kann verwendet werden, um dieses Verzeichnis zu finden. Die Bindung `sep` aus dem Paket `path` ist der Pfadseparator des Systems – ein Backslash auf Windows und ein normaler Schrägstrich auf den meisten anderen Systemen. Wenn der Pfad nicht mit dem Basisverzeichnis beginnt, löst die Funktion ein Fehlerantwortobjekt mit dem HTTP-Statuscode dafür aus, dass der Zugriff auf die Ressource verboten ist.

Wir wollen die Methode `GET` so einrichten, dass sie beim Lesen eines Verzeichnisses eine Liste von Dateien zurückgibt und beim Lesen einer regulären Datei deren Inhalt.

Eine knifflige Frage lautet, welchen Wert der Header `Content-Type` haben soll, wenn wir den Inhalt einer Datei zurückgeben. Da diese Dateien alles Mögliche enthalten können, kann unser Server nicht einfach für alle von ihnen denselben Inhaltstyp angeben. Hier kommt uns NPM zu Hilfe. Das Paket `mime` (Inhaltstypen wie `text/plain` werden auch *MIME-Typen* genannt) kennt die richtigen Typen für eine große Menge von Dateierweiterungen.

Führen Sie den folgenden npm-Befehl in dem Verzeichnis aus, in dem sich das Serverskript befindet, um `mime` in der gegebenen Version zu installieren:

```
$ npm install mime@2.2.0
```

Wenn es die angeforderte Datei nicht gibt, wird der Statuscode 404 zurückgegeben. Wir verwenden die Funktion `stat`, die Informationen über eine Datei nachschlägt und herausfindet, ob die Datei existiert und ob es sich dabei um ein Verzeichnis handelt.

```
const {createReadStream} = require("fs");
const {stat, readdir} = require("fs").promises;
const mime = require("mime");

methods.GET = async function(request) {
  let path = urlPath(request.url);
  let stats;
  try {
    stats = await stat(path);
  } catch (error) {
    if (error.code != "ENOENT") throw error;
    else return {status: 404, body: "File not found"};
  }
  if (stats.isDirectory()) {
    return {body: (await readdir(path)).join("\n")};
  } else {
    return {body: createReadStream(path),
            type: mime.getType(path)};
  }
};
```

Die Funktion `stat` muss auf die Festplatte zugreifen. Das kann eine Weile dauern. Deshalb wird sie asynchron ausgeführt. Da wir hier Promises statt Callbacks verwenden, müssen wir die Funktion aus `promises` importieren und nicht direkt aus `fs`.

Wenn es die Datei nicht gibt, löst `stat` ein Fehlerobjekt aus, dessen Eigenschaft code den Wert `"ENOENT"` hat. In Node.js werden Fehler mit solchen obskuren, von Unix inspirierten Codes gekennzeichnet. Das von `stat` zurückgegebene `stats`-Objekt liefert uns viele Informationen über die Datei, z.B. ihre Größe (in der Eigenschaft `size`) und ihr Änderungsdatum (`mtime`). Hier sind wir daran interessiert, ob wir es mit einem Verzeichnis oder einer regulären Datei zu tun haben. Das kann uns die Methode `isDirectory` mitteilen.

In einem Verzeichnis lesen wir mit `readdir` das Array der darin vorhandenen Dateien und geben es an den Client zurück. Bei normalen Dateien erstellen wir mit `createReadStream` einen lesbaren Stream, den wir zusammen mit dem von `mime` für den Dateinamen ermittelten Inhaltstyp als Rumpf zurückgeben.

Der Code zur Handhabung von `DELETE`-Anfragen ist etwas einfacher:

```
const {rmdir, unlink} = require("fs").promises;

methods.DELETE = async function(request) {
  let path = urlPath(request.url);
  let stats;
  try {
    stats = await stat(path);
  } catch (error) {
    if (error.code != "ENOENT") throw error;
    else return {status: 204};
  }
```

```
    if (stats.isDirectory()) await rmdir(path);
    else await unlink(path);
    return {status: 204};
  };
```

Wenn eine HTTP-Antwort keine Daten enthält, kann dies mit dem Statuscode 204 (»kein Inhalt«) angezeigt werden. Da die Antwort auf eine Löschanforderung keine Informationen außer der Angabe übermitteln muss, ob die Operation erfolgreich verlief, ist das hier eine sinnvolle Vorgehensweise.

Vielleicht fragen Sie sich, warum der Versuch, eine nicht existierende Datei zu löschen, einen Erfolgs- und keinen Fehlercode hervorruft. Wenn die Datei, die entfernt werden soll, nicht da ist, so ist der Zweck der Anfrage durchaus erfüllt. Der HTTP-Standard fördert *idempotente* Anfragen, was bedeutet, dass die wiederholte Ausführung einer Anfrage zum selben Ergebnis führt wie eine einzige. Wenn Sie versuchen, etwas zu löschen, das gar nicht da ist, dann ist die gewünschte Wirkung bereits erzielt – die Sache ist nicht mehr da.

Der Handler für PUT-Anfragen sieht wie folgt aus:

```
const {createWriteStream} = require("fs");

function pipeStream(from, to) {
  return new Promise((resolve, reject) => {
    from.on("error", reject);
    to.on("error", reject);
    to.on("finish", resolve);
    from.pipe(to);
  });
}

methods.PUT = async function(request) {
  let path = urlPath(request.url);
  await pipeStream(request, createWriteStream(path));
  return {status: 204};
};
```

Hier müssen wir nicht erst prüfen, ob die Datei bereits vorhanden ist. Denn wenn das der Fall ist, überschreiben wir sie einfach. Auch hier verwenden wir pipe, um Daten von einem lesbaren Stream in einen schreibbaren zu überführen, in diesem Fall von der Anfrage zur Datei. Da pipe aber kein Promise zurückgibt, müssen wir den Wrapper pipeStream schreiben, der ein Promise für das Ergebnis des Aufrufs von pipe erstellt.

Wenn beim Öffnen der Datei etwas schiefgeht, gibt createWriteStream zwar immer noch einen Stream zurück, der aber ein "error"-Ereignis auslöst. Auch der Ausgabe-Stream der Anfrage kann fehlschlagen, etwa wenn das Netzwerk ausfällt. Daher richten wir die "error"-Ereignisse beider Streams so ein, dass sie das Promise ablehnen. Wenn pipe ihre Aufgaben erledigt hat, schließt sie den Ausgabe-Stream, wodurch das Ereignis "finish" ausgelöst wird. An dieser Stelle können wir das Promise erfolgreich auflösen (und nichts zurückgeben).

Das vollständige Skript für den Server steht auf *https://eloquentjavascript.net/code/file_server.js* zur Verfügung. Sie können ihn herunterladen und nach der Installation der Abhängigkeiten mit Node.js ausführen, um Ihren eigenen Dateiserver zu starten. Natürlich können Sie den Code auch abwandeln und erweitern, um die Aufgaben am Ende des Kapitels zu lösen oder zu experimentieren.

Das Befehlszeilenwerkzeug `curl`, das auf vielen Unix-artigen Systemen zur Verfügung steht (z. B. auf macOS und Linux), kann verwendet werden, um HTTP-Anfragen zu stellen. Im folgenden Beispiel prüfen wir damit unseren Server. Mit der Option `-X` wird die Anfragemethode festgelegt und mit `-d` ein Rumpf in die Anfrage eingeschlossen.

```
$ curl http://localhost:8000/file.txt
File not found
$ curl -X PUT -d hello http://localhost:8000/file.txt
$ curl http://localhost:8000/file.txt
hello
$ curl -X DELETE http://localhost:8000/file.txt
$ curl http://localhost:8000/file.txt
File not found
```

Die erste Anfrage von `file.txt` schlägt fehl, da es die Datei noch nicht gibt. Die `PUT`-Anfrage erstellt diese Datei, sodass sie bei der nächsten Anfrage tatsächlich abgerufen werden kann. Nach dem Löschen mit `DELETE` ist sie wiederum nicht zu finden.

## 20.9 Zusammenfassung

Node.js ist ein praktisches kleines System, mit dem wir JavaScript in einem Kontext außerhalb eines Browsers ausführen können. Ursprünglich war es für Netzwerkaufgaben gedacht, wo es die Rolle eines *Knotens* (englisch »node«) in dem Netzwerk spielte. Allerdings bot es sich für alle möglichen skriptgestützten Aufgaben an. Wenn Sie JavaScript gern benutzen, dann ist Node.js für Sie sehr gut geeignet, um Aufgaben zu automatisieren.

NPM stellt Pakete für so ziemlich alles bereit, was Sie sich vorstellen können (und auch für eine Reihe von Dingen, die Ihnen nicht im Traum einfallen würden), und ermöglicht es Ihnen, diese Pakete mit `npm` abzurufen und zu installieren. Node.js enthält eine Reihe von eingebauten Modulen, darunter `fs` für die Arbeit im Dateisystem und `http`, um HTTP-Server auszuführen und HTTP-Anfragen zu stellen.

Die gesamte Ein- und Ausgabe erfolgt in Node.js asynchron, sofern Sie nicht ausdrücklich die synchrone Variante einer Funktion verwenden, z. B. `readFileSync`. Beim Aufruf einer asynchronen Funktion geben Sie eine Callback-Funktion an, die Node.js schließlich mit einem Fehlerwert und ggf. einem Ergebnis aufruft.

## 20.10 Übungen

### Suchwerkzeug

Auf Unix-Systemen gibt es das Befehlszeilenwerkzeug `grep`, mit dem sich Dateien rasch nach regulären Ausdrücken durchsuchen lassen.

Schreiben Sie ein Node.js-Skript, das an der Befehlszeile ausgeführt werden kann und sich ähnlich verhält wie `grep`. Es soll das erste Befehlszeilenargument als regulären Ausdruck behandeln und alle weiteren als zu durchsuchende Dateien und die Namen aller Dateien ausgeben, deren Inhalt mit dem regulären Ausdruck übereinstimmt.

Wenn das funktioniert, erweitern Sie das Skript, damit es in dem Fall, dass eines der Argumente ein Verzeichnis ist, alle Dateien in diesem Verzeichnis und dessen Unterverzeichnissen durchsucht.

Verwenden Sie asynchrone oder synchrone Dateisystemfunktionen je nachdem, was Ihnen geeigneter erscheint. Das Skript so zu gestalten, dass mehrere asynchrone Aktionen gleichzeitig angefordert werden, kann die Ausführung beschleunigen, allerdings nicht sehr stark, da die meisten Dateisysteme immer nur eine Sache auf einmal lesen können.

### Verzeichnisse erstellen

Die Methode `DELETE` unseres Dateiservers kann zwar Verzeichnisse löschen (mit `rmdir`), allerdings bietet der Server zurzeit noch keine Möglichkeit, ein Verzeichnis zu *erstellen*.

Fügen Sie Unterstützung für die Methode `MKCOL` (»make collection«, also »Sammlung erstellen«) hinzu, die `mkdir` im Modul `fs` aufruft, um ein Verzeichnis zu erstellen. Die HTTP-Methode `MKCOL` ist nicht weit verbreitet, wird aber für denselben Zweck im *WebDAV*-Standard verwendet, der HTTP erweitert, damit es auch zum Erstellen von Dokumenten eingesetzt werden kann.

### Öffentlicher Speicherbereich im Web

Da der Dateiserver beliebige Arten von Dateien zurückgibt und jeweils den passenden `Content-Type`-Header angibt, kann er auch eine Website bereitstellen. Allerdings wäre das eine ziemlich interessante Art von Webseite, da der Server jedem Benutzer erlaubt, Dateien zu löschen und zu ersetzen: Sie kann von jedem, der sich die Zeit nimmt, eine entsprechende HTTP-Anfrage zu stellen, verändert, verbessert und vandalisiert werden.

Schreiben Sie eine einfache HTML-Seite, die eine einfache JavaScript-Datei enthält, stellen Sie diese Dateien in ein Verzeichnis, das der Dateiserver bereitstellen kann, und öffnen Sie sie im Browser.

Erstellen Sie anschließend als Übung für Fortgeschrittene oder vielleicht sogar als Wochenendprojekt mithilfe der Kenntnisse, die Sie in diesem Buch gewonnen haben, eine benutzerfreundlichere Oberfläche, um die Webseite *aus der Webseite heraus* ändern zu können.

Erstellen Sie ein HTML-Formular, um den Benutzern zu erlauben, den Inhalt der Dateien dieser Webseite zu bearbeiten und mithilfe von HTTP-Anfragen auf dem Server zu aktualisieren (siehe Kapitel 18).

Machen Sie als ersten Schritt eine einzige Datei editierbar. Sorgen Sie dann dafür, dass der Benutzer die zu bearbeitende Datei auswählen kann. Nutzen Sie dabei den Umstand, dass der Dateiserver beim Lesen eines Verzeichnisses eine Liste der Dateien zurückgibt.

Arbeiten Sie nicht unmittelbar in dem Code, den der Dateiserver bereitstellt. Denn wenn Sie einen Fehler machen, können Sie dabei die Dateien beschädigen. Schreiben Sie Ihren Code stattdessen außerhalb des öffentlich zugänglichen Verzeichnisses und kopieren Sie ihn erst dorthin, um ihn zu testen.

»Wenn du Wissen hast, so lass andere
ihre Kerzen daran anzünden.«

– Margaret Fuller

# 21 Projekt: Eine Website zur Wissensvermittlung

Es gibt Veranstaltungen, bei denen Personen mit gemeinsamen Interessen zusammenkommen, um in kurzen Vorträgen und Vorführungen ihre Kenntnisse vorzustellen (eine Form der Wissensvermittlung, die auf Neudeutsch auch »Skill Sharing« genannt wird). Beispielsweise kann in einem Gartenverein jemand erklären, wie man Sellerie anbaut. In einer Entwicklergruppe können Sie den Anwesenden etwas über Node.js erzählen.

Treffen solcher Interessengruppen – die, wenn es um Computer geht, auch oft *User Groups* genannt werden – sind eine großartige Möglichkeit, um seinen Horizont zu erweitern, etwas über die neuesten Entwicklungen zu erfahren oder einfach mit Gleichgesinnten zusammen zu sein. In vielen großen Städten gibt es auch JavaScript-Treffen. Die Teilnahme ist gewöhnlich kostenlos, und bei denen, die ich besucht habe, herrschte immer eine freundliche und einladende Atmosphäre.

In diesem letzten Projektkapitel wollen wir eine Webseite zur Verwaltung der Vorträge auf einer Veranstaltung zur Wissensvermittlung einrichten. Stellen Sie sich eine kleine Gruppe von Personen vor, die sich regelmäßig im Büro eines der Mitglieder treffen, um sich über das Einradfahren auszutauschen. Der ehemalige Organisator dieser Treffen ist in eine andere Stadt gezogen, und niemand hat sich bis jetzt bereit erklärt, dessen Aufgabe zu übernehmen. Wir brauchen daher ein System, in dem die Teilnehmer unter sich, also ohne einen Organisator, Vortragsthemen vorschlagen und besprechen können.

Den vollständigen Code zu diesem Projekt können Sie von der Webseite zu diesem Buch auf *https://eloquentjavascript.net/code/skillsharing.zip* herunterladen.

## 21.1 Design

Das Projekt besteht aus einem für Node.js geschriebenen *Server* und einem für den Browser geschriebenen *Client*. Der Server speichert die Systemdaten und stellt sie dem Client zur Verfügung. Außerdem stellt er die Dateien bereit, die das clientseitige System implementieren.

Der Server führt eine Liste der für das nächste Treffen vorgeschlagenen Vortragsthemen. Der Client zeigt diese Liste an. Mit jedem Thema sind der Name des Redners, der Titel, eine Zusammenfassung und ein Array von damit verbundenen Kommentaren verknüpft. Der Client ermöglicht den Benutzern, neue Themen vorzuschlagen (also zu der Liste hinzuzufügen), Themen zu löschen und bestehende Vorschläge zu kommentieren. Immer wenn ein Benutzer eine solche Änderung vornimmt, stellt der Client eine HTTP-Anfrage, um den Server darüber zu informieren.

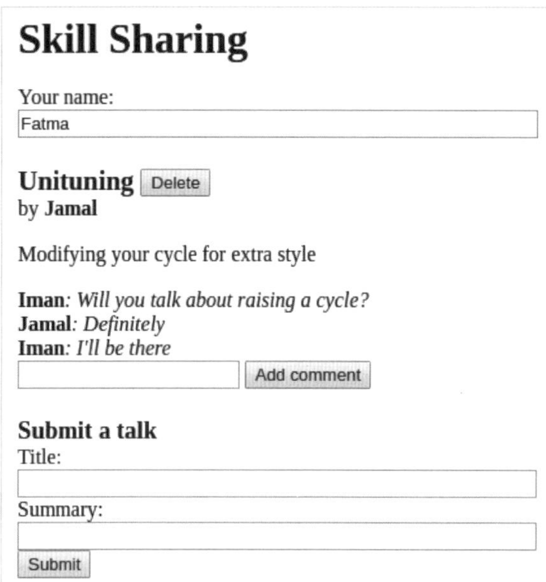


Die Anwendung soll eine *Live-Ansicht* der zurzeit vorgeschlagenen Themen und der zugehörigen Kommentare zeigen. Sobald irgendjemand irgendwo einen neuen Vorschlag macht oder einen Kommentar hinzufügt, können das sofort alle Personen sehen, die die Seite in ihrem Browser geöffnet haben. Das hinzubekommen, ist jedoch eine ziemliche Herausforderung. Ein Webserver kann keine Verbindung zu einem Client aufbauen und es gibt auch keine gute Möglichkeit, um zu ermitteln, welche Clients sich gerade eine Webseite anschauen.

Als gebräuchliche Lösung für dieses Problem wird eine Technik namens *Long Polling* verwendet. Sie war auch einer der Gründe für das Design von Node.js.

## 21.2 Long Polling

Um einen Client unmittelbar über eine Änderung informieren zu können, brauchen wir eine Verbindung zu ihm. Da Webbrowser seit jeher keine Verbindungen annehmen und Clients sich oft hinter Routern befinden, die solche Verbindungen ohnehin blockieren würden, ist es nicht machbar, diese Verbindung vom Server auslösen zu lassen. Wir können jedoch dafür sorgen, dass der Client die Verbindung aufbaut und offenhält, sodass der Server ihm darüber Informationen senden kann, wenn er das tun muss.

Eine HTTP-Anfrage erlaubt aber nur einen einfachen Informationsfluss: Der Client sendet die Anfrage, der Server schickt eine einzige Antwort zurück, und das war es. Moderne Browser können eine Technologie namens *WebSockets* nutzen, mit der es möglich ist, Verbindungen für einen beliebigen Datenaustausch zu nutzen. Allerdings ist es ziemlich knifflig, sie einzusetzen.

In diesem Kapitel verwenden wir eine einfache Technik, nämlich das *Long Polling*. Dabei fragt der Client den Server mit regulären HTTP-Anfragen fortlaufend nach neuen Informationen, wobei der Server die Antwort anhält, wenn er nichts Neues zu berichten hat.

Solange der Client dafür sorgt, dass ständig eine Polling-Anfrage geöffnet ist, kann er Informationen vom Server erhalten, sobald sie verfügbar werden. Nehmen wir an, Fatma hat unsere Anwendung geöffnet. Ihr Browser sendet eine Anfrage für Aktualisierungen und wartet dann auf eine Antwort darauf. Wenn nun Iman das Thema »Extreme Bergfahrt mit dem Einrad« einstellt, bemerkt der Server, dass Fatma auf Aktualisierungen wartet, und sendet ihr auf ihre ausstehende Anfrage eine Antwort mit Informationen über das neue Thema. Fatmas Browser empfängt die Daten und aktualisiert den Bildschirm, um das neue Thema anzuzeigen.

Um zu verhindern, dass die Verbindungen aufgrund mangelnder Aktivität durch eine Zeitüberschreitung (Timeout) abgebrochen werden, wird beim Long Polling gewöhnlich eine Höchstdauer für jede Anfrage angegeben, nach deren Ablauf der Client eine neue Anfrage stellt. Durch den regelmäßigen Neustart der Anfrage wird die Technik auch stabiler, da sich die Clients von vorübergehenden Verbindungsfehlern und Serverproblemen erholen können.

Auf einem stark beschäftigten Server können beim Long Polling Tausende von Anfragen ausstehen und damit TCP-Verbindungen geöffnet sein. In Node.js ist es möglich, eine Vielzahl von Verbindungen zu verwalten, ohne für jede einen eigenen Steuer-Thread einzurichten. Daher ist Node.js eine gute Wahl für ein solches System.

## 21.3 Die HTTP-Schnittstelle

Bevor wir mit dem Design des Servers oder des Clients beginnen, müssen wir uns mit dem Punkt beschäftigen, an dem sie einander berühren, nämlich der HTTP-Schnittstelle, über die sie kommunizieren. Als Format für den Anforderungs- und Antwortrumpf verwenden wir JSON. Wie bei dem Dateiserver aus Kapitel 20 versuchen wir die HTTP-Methoden und -Header gut zu nutzen. Im Mittelpunkt der Schnittstelle steht der Pfad /talks. Pfade, die nicht mit /talks beginnen, dienen zur Bereitstellung von statischen Dateien, also dem HTML- und JavaScript-Code für das clientseitige System.

Auf eine GET-Anforderung an /talks wird ein JSON-Dokument der folgenden Form zurückgegeben:

```
[{"title": "Unituning",
  "presenter": "Jamal",
  "summary": "Modifying your cycle for extra style",
  "comments": []}]}
```

Ein neues Thema wird durch eine PUT-Anfrage an einen URL wie /talks/Unituning erstellt. Dabei ist der Teil hinter dem zweiten Schrägstrich der Titel. Der Rumpf der PUT-Anfrage muss ein JSON-Objekt mit den Eigenschaften presenter und summary enthalten.

Da die Vortragstitel Leerzeichen und andere Zeichen enthalten können, die in einem URL nicht zugelassen sind, müssen die Titel-Strings bei der Zusammenstellung des URL mit der Funktion encodeURIComponent codiert werden:

```
console.log("/talks/" + encodeURIComponent("How to Idle"));
// → /talks/How%20to%20Idle
```

Eine Anfrage, um ein Thema zu erstellen, kann wie folgt aussehen:

```
PUT /talks/How%20to%20Idle HTTP/1.1
Content-Type: application/json
Content-Length: 92

{"presenter": "Maureen",
 "summary": "Standing still on a unicycle"}
```

Bei solchen URLs sind auch GET-Anfragen möglich, um die JSON-Darstellung des Themas abzurufen, und DELETE-Anfragen, um sie zu löschen.

Um einen Kommentar hinzuzufügen, wird eine POST-Anfrage, deren JSON-Rumpf über die Eigenschaften author und message verfügt, an einen URL wie /talks/Unituning/comments gestellt.

```
POST /talks/Unituning/comments HTTP/1.1
Content-Type: application/json
Content-Length: 72

{"author": "Iman",
 "message": "Will you talk about raising a cycle?"}
```

Um Long Polling zu unterstützen, können GET-Anfragen an /talks zusätzliche Header enthalten, die den Server anweisen, die Antwort zu verzögern, wenn keine neuen Informationen vorliegen. Dazu verwenden wir zwei Header, die normalerweise zur Zwischenspeicherung von Nachrichten dienen, nämlich ETag und If-None-Match.

Server können in ihre Antwort ein `ETag` (»Entitäts-Tag«) aufnehmen. Sein Wert ist ein String, der die aktuelle Version der Ressource bezeichnet. Wenn Clients später erneut nach dieser Ressource fragen, können sie eine *bedingte Anfrage* stellen, indem sie den Header `If-None-Match` mit demselben String als Wert einfügen. Hat sich die Ressource nicht geändert, antwortet der Server mit dem Statuscode 304, was »nicht geändert« bedeutet. Dadurch erfährt der Client, dass seine zwischengespeicherte Version immer noch aktuell ist. Stimmen die Tags nicht überein, antwortet der Server dagegen auf die normale Weise.

Wir brauchen einen ähnlichen Mechanismus, bei dem der Client dem Server die Version der Themenliste übermittelt, die er selbst hat, und der Server nur antwortet, wenn sich die Liste geändert hat. Anstatt aber sofort den Code 304 zurückzugeben, soll der Server die Antwort zurückhalten und erst dann senden, wenn neue Informationen zur Verfügung stehen oder eine bestimmte Zeit verstrichen ist. Um Long-Polling-Anfragen von normalen bedingten Anfragen zu unterscheiden, geben wir ihnen einen weiteren Header mit, nämlich `Prefer: wait=90`, der dem Server mitteilt, dass der Client bereit ist, bis zu 90 Sekunden auf die Antwort zu warten.

Der Server führt eine Versionsnummer, die er bei jeder Änderung aktualisiert und als `ETag`-Wert verwendet. Clients können wie folgt Anfragen stellen, um benachrichtigt zu werden, wenn es Änderungen bei den Themen gibt:

```
GET /talks HTTP/1.1
If-None-Match: "4"
Prefer: wait=90

(Zeit vergeht)

HTTP/1.1 200 OK
Content-Type: application/json
ETag: "5"
Content-Length: 295

[...]
```

Das hier beschriebene Protokoll prüft keine Zugriffsrechte. Jeder kann Themen kommentieren, ändern und sogar löschen. Da das Internet voller Vandalen steckt, wird es nicht gut ausgehen, wenn Sie ein solches System ohne jeden weiteren Schutz online stellen.

## 21.4 Der Server

Beginnen wir nun damit, den serverseitigen Teil des Programms zu schreiben. Der Code für diesen Abschnitt läuft auf Node.js.

## Routing

Unser Server startet mit `createServer` einen HTTP-Server. In der Funktion, die eine neue Anfrage verarbeitet, müssen wir zwischen den verschiedenen Arten der von uns unterstützten Anfragen unterscheiden (nach Methode und Pfad). Dazu könnten wir eine lange Kette von `if`-Anweisungen verwenden, es geht jedoch auch eleganter.

Ein *Router* ist eine Komponente, die uns dabei hilft, eine Anfrage zu der Funktion zu schicken, die damit umgehen kann. Beispielsweise können Sie dem Router mitteilen, dass `PUT`-Anfragen mit einem Pfad, der dem regulären Ausdruck `/^\/talks\/([^\/]+)$/` (gefolgt von `/talks/`) entspricht, von einer bestimmten Funktion gehandhabt werden können. Des Weiteren kann ein Router dabei helfen, den aussagekräftigen Teil des Pfades (in diesem Fall den Titel des Vortrags), der in dem regulären Ausdruck in Klammern eingeschlossen ist, zu extrahieren und an die Handler-Funktion zu übergeben. Auf NPM ist eine Reihe guter Routerpakete zu finden, allerdings werden wir hier unseren eigenen schreiben, um die Funktionsweise deutlich zu machen.

Die Datei `router.js`, die wir später mit `require` von unserem Servermodul anfordern, enthält den folgenden Code:

```
const {parse} = require("url");

module.exports = class Router {
  constructor() {
    this.routes = [];
  }
  add(method, url, handler) {
    this.routes.push({method, url, handler});
  }
  resolve(context, request) {
    let path = parse(request.url).pathname;

    for (let {method, url, handler} of this.routes) {
      let match = url.exec(path);
      if (!match || request.method != method) continue;
      let urlParts = match.slice(1).map(decodeURIComponent);
      return handler(context, ...urlParts, request);
    }
    return null;
  }
};
```

Dieses Modul exportiert die Klasse `Router`. Ein Routerobjekt ermöglicht es, neue Handler mit der Methode `add` zu registrieren, und kann Anfragen mit der Methode `resolve` auflösen. Letztere gibt eine Antwort zurück, wenn ein Handler gefunden wurde, und sonst `null`. Sie probiert die Routen eine nach der anderen aus (in der Reihenfolge, in der sie definiert sind), bis sie eine passende gefunden hat.

Die Handler-Funktionen werden mit dem context-Wert (in unserem Fall der Serverinstanz), den Strings, die mit allen in dem regulären Ausdruck definierten Gruppen übereinstimmen, und dem Anfrageobjekt aufgerufen. Da der Roh-URL %20-Codes enthalten kann, müssen die Strings URL-decodiert werden.

## Dateien bereitstellen

Wenn eine Anfrage mit keinem der in unserem Router definierten Anfragetypen übereinstimmt, muss der Server sie als Anfrage für eine Datei im Verzeichnis public deuten. Es wäre möglich, den in Kapitel 20 erstellten Dateiserver zu verwenden, um solche Dateien zurückzugeben, allerdings wollen wir keine PUT- und DELETE-Anfrage für Dateien unterstützen. Wir hätten aber gern anspruchsvolle Funktionen wie eine Zwischenspeicherung. Daher verwenden wir stattdessen einen soliden, gründlich getesteten Server für statische Dateien von NPM.

Ich habe mich dabei für ecstatic entschieden. Er ist nicht der einzige Server dieser Art auf NPM, aber er funktioniert gut und ist für unsere Zwecke geeignet. Das Paket ecstatic exportiert eine Funktion, die mit einem Konfigurationsobjekt aufgerufen werden kann, um eine Handler-Funktion für Anfragen zu produzieren. Wir verwenden die Option root, um dem Server mitzuteilen, wo er nach Dateien suchen soll. Die Handler-Funktion nimmt die Parameter request und response entgegen und kann ihrerseits direkt an createServer übergeben werden, um einen Server zu erstellen, der *ausschließlich* Dateien bereitstellt. Wir wollen jedoch als Erstes prüfen, ob eine Anfrage vorliegt, die besonderer Behandlung bedarf, weshalb wir die Funktion in eine andere einschließen:

```
const {createServer} = require("http");
const Router = require("./router");

const ecstatic = require("ecstatic");

const router = new Router();
const defaultHeaders = {"Content-Type": "text/plain"};

class SkillShareServer {
  constructor(talks) {
    this.talks = talks;
    this.version = 0;
    this.waiting = [];

    let fileServer = ecstatic({root: "./public"});
    this.server = createServer((request, response) => {
      let resolved = router.resolve(this, request);
      if (resolved) {
        resolved.catch(error => {
          if (error.status != null) return error;
          return {body: String(error), status: 500};
        }).then(({body,
                  status = 200,
```

```
                    headers = defaultHeaders}) => {
            response.writeHead(status, headers);
            response.end(body);
          });
        } else {
          fileServer(request, response);
        }
      });
    }
    start(port) {
      this.server.listen(port);
    }
    stop() {
      this.server.close();
    }
  }
```

Hier verwenden wir eine ähnliche Vereinbarung wie bei dem Dateiserver aus dem vorherigen Kapitel: Handler geben Promises zurück, die zu den in der Antwort beschriebenen Objekten aufgelöst werden. Der Server wird hier in ein Objekt eingeschlossen, das auch seinen Zustand festhält.

## Themen als Ressourcen

Die vorgeschlagenen Vortragsthemen werden in der Eigenschaft `talks` des Servers gespeichert, einem Objekt, dessen Eigenschaftennamen die Vortragstitel sind. Sie stehen als HTTP-Ressourcen unter `/talks/[title]` zur Verfügung. Daher können wir unserem Router neue Handler hinzufügen, die die verschiedenen Methoden für Clients implementieren, um mit diesen Ressourcen zu arbeiten.

Der Handler für `GET`-Anfragen eines einzelnen Themas muss das gegebene Thema nachschlagen und antwortet entweder mit dessen JSON-Daten oder der Fehlermeldung 404.

```
const talkPath = /^\/talks\/([^\/]+)$/;

router.add("GET", talkPath, async (server, title) => {
  if (title in server.talks) {
    return {body: JSON.stringify(server.talks[title]),
            headers: {"Content-Type": "application/json"}};
  } else {
    return {status: 404, body: `No talk '${title}' found`};
  }
});
```

Um ein Thema zu löschen, wird es aus dem `talks`-Objekt entfernt:

```
router.add("DELETE", talkPath, async (server, title) => {
  if (title in server.talks) {
    delete server.talks[title];
    server.updated();
```

```
  }
  return {status: 204};
});
```

Die Methode updated, die wir im nächsten Abschnitt definieren, benachrichtigt wartende Long-Polling-Anfragen über die Änderung.

Um den Inhalt eines Anfragerumpfs abzurufen, definieren wir die Funktion readStream. Sie liest den gesamten Inhalt eines lesbaren Streams und gibt ein Promise zurück, das zu einem String aufgelöst wird:

```
function readStream(stream) {
  return new Promise((resolve, reject) => {
    let data = "";
    stream.on("error", reject);
    stream.on("data", chunk => data += chunk.toString());
    stream.on("end", () => resolve(data));
  });
}
```

Einer der Handler, die Anfragerümpfe lesen können müssen, ist der PUT-Handler, der dazu dient, neue Themen zu erstellen. Er muss prüfen, ob die ihm übergebenen Daten über die Eigenschaften presenter und summary verfügen, bei denen es sich um Strings handelt. Von außerhalb des Systems können auch unsinnige Daten kommen, und wir wollen in einem solchen Fall nicht, dass unser internes Datenmodell beschädigt wird oder die Anwendung abstürzt.

Wenn die Daten gültig aussehen, speichert der Handler ein Objekt für das neue Thema im Objekt talks. Dabei überschreibt er möglicherweise ein vorhandenes Thema mit demselben Titel und ruft erneut updated auf.

```
router.add("PUT", talkPath,
           async (server, title, request) => {
  let requestBody = await readStream(request);
  let talk;
  try { talk = JSON.parse(requestBody); }
  catch (_) { return {status: 400, body: "Invalid JSON"}; }

  if (!talk ||
      typeof talk.presenter != "string" ||
      typeof talk.summary != "string") {
    return {status: 400, body: "Bad talk data"};
  }
  server.talks[title] = {title,
                         presenter: talk.presenter,
                         summary: talk.summary,
                         comments: []};
  server.updated();
  return {status: 204};
});
```

Das Hinzufügen eines Kommentars zu einem Thema funktioniert ähnlich. Wir verwenden readStream, um den Inhalt der Anfrage abzurufen, validieren die resultierenden Daten und speichern sie als Kommentar, wenn sie gültig aussehen:

```
router.add("POST", /^\/talks\/([^\/]+)\/comments$/,
           async (server, title, request) => {
  let requestBody = await readStream(request);
  let comment;
  try { comment = JSON.parse(requestBody); }
  catch (_) { return {status: 400, body: "Invalid JSON"}; }

  if (!comment ||
      typeof comment.author != "string" ||
      typeof comment.message != "string") {
    return {status: 400, body: "Bad comment data"};
  } else if (title in server.talks) {
    server.talks[title].comments.push(comment);
    server.updated();
    return {status: 204};
  } else {
    return {status: 404, body: `No talk '${title}' found`};
  }
});
```

Bei dem Versuch, einen Kommentar zu einem Thema hinzuzufügen, das es gar nicht gibt, wird der Fehler 404 zurückgegeben.

## Unterstützung für Long Polling

Der interessanteste Aspekt des Servers ist der Teil, der sich um das Long Polling kümmert. Wenn eine GET-Anfrage für /talks eingeht, kann es sich dabei um eine reguläre oder um eine Long-Polling-Anfrage handeln.

Da wir an mehreren Stellen ein Array der Themen an den Client senden müssen, definieren wir zunächst eine Hilfsmethode, die ein solches Array aufbaut und einen ETag-Header in die Antwort einschließt:

```
SkillShareServer.prototype.talkResponse = function() {
  let talks = [];
  for (let title of Object.keys(this.talks)) {
    talks.push(this.talks[title]);
  }
  return {
    body: JSON.stringify(talks),
    headers: {"Content-Type": "application/json",
              "ETag": `"${this.version}"`}
  };
};
```

Der Handler selbst muss sich die Anfrage-Header ansehen, um zu erkennen, ob If-None-Match und Prefer vorhanden sind. Node.js speichert Header, bei deren

Namen spezifikationsgemäß nicht zwischen Groß- und Kleinschreibung unterschieden wird, unter ihrem kleingeschriebenen Namen.

```
router.add("GET", /^\/talks$/, async (server, request) => {
  let tag = /"(.*)"/.exec(request.headers["if-none-match"]);
  let wait = /\bwait=(\d+)/.exec(request.headers["prefer"]);
  if (!tag || tag[1] != server.version) {
    return server.talkResponse();
  } else if (!wait) {
    return {status: 304};
  } else {
    return server.waitForChanges(Number(wait[1]));
  }
});
```

Wenn kein Tag angegeben war oder das übergebene Tag nicht mit der aktuellen Version des Servers übereinstimmt, antwortet der Handler mit der Liste der Themen. War die Anfrage bedingt und haben sich die Themen nicht geändert, untersuchen wir den Header `Prefer`, um zu entscheiden, ob wir die Antwort hinauszögern oder sofort senden sollen.

Callback-Funktionen für verzögerte Anfragen werden im Array `waiting` des Servers gespeichert, sodass diese Anfragen benachrichtigt werden können, wenn etwas geschieht. Die Methode `waitForChanges` richtet auch sofort einen Timer ein, damit der Server mit dem Statuscode 304 antwortet, wenn die Anfrage lange genug gewartet hat.

```
SkillShareServer.prototype.waitForChanges = function(time) {
  return new Promise(resolve => {
    this.waiting.push(resolve);
    setTimeout(() => {
      if (!this.waiting.includes(resolve)) return;
      this.waiting = this.waiting.filter(r => r != resolve);
      resolve({status: 304});
    }, time * 1000);
  });
};
```

Bei der Registrierung einer Änderung mit `updated` wird die Eigenschaft `version` heraufgesetzt und alle wartenden Anfragen werden geweckt.

```
SkillShareServer.prototype.updated = function() {
  this.version++;
  let response = this.talkResponse();
  this.waiting.forEach(resolve => resolve(response));
  this.waiting = [];
};
```

Damit ist der Servercode fertig gestellt. Wenn wir eine Instanz von `SkillShare Server` erstellen und an Port 8000 starten, stellt der resultierende HTTP-Server neben der Themenverwaltungsschnittstelle unter dem URL `/talks` auch Dateien aus dem Unterverzeichnis `public` bereit.

```
new SkillShareServer(Object.create(null)).start(8000);
```

## 21.5 Der Client

Der clientseitige Teil unserer Webseite zur Wissensvermittlung besteht aus drei Dateien, nämlich einer winzigen HTML-Seite, einem Stylesheet und einer JavaScript-Datei.

### Die HTML-Seite

Nach einer weit verbreiteten Übereinkunft stellen Webserver bei der Anforderung eines Pfades, der einem Verzeichnis entspricht, eine Datei namens `index.html` bereit. Auch das von uns verwendete Dateiservermodul `ecstatic` folgt dieser Vereinbarung. Geht eine Anforderung für den Pfad / ein, sucht der Server nach der Datei `./public/index.html` (wobei `./public` die von uns angegebene Wurzel ist) und gibt sie zurück.

Wollen wir also eine Seite anzeigen lassen, wenn die Serveradresse in den Browser eingegeben wird, so müssen wir sie in die Datei `public/index.html` stellen. Unsere »Index«-Datei sieht wie folgt aus:

```
<!doctype html>
<meta charset="utf-8">
<title>Skill Sharing</title>
<link rel="stylesheet" href="skillsharing.css">
<h1>Skill Sharing</h1>

<script src="skillsharing_client.js"></script>
```

Sie legt den Titel des Dokuments fest und schließt ein Stylesheet ein, das einige Formate definiert, z. B. um dafür zu sorgen, dass zwischen den Themen etwas Weißraum steht.

Die letzten Zeilen der Datei fügen eine Überschrift im Kopf der Seite hinzu und laden das Skript mit der clientseitigen Anwendung.

### Aktionen

Der Anwendungszustand besteht aus der Liste der Themen und dem Namen des Benutzers und wird in einem Objekt in der Form `{talks, user}` gespeichert. Weder die Bearbeitung des Status noch das Senden der HTTP-Anfragen soll die Benutzerschnittstelle direkt erledigen. Stattdessen soll sie *Aktionen* ausgeben, die beschreiben, was der Benutzer zu tun versucht.

Die Funktion `handleAction` nimmt eine solche Aktion entgegen und lässt sie geschehen. Da unsere Statusaktualisierungen so einfach sind, erledigen wir sie unmittelbar in derselben Funktion.

```
function handleAction(state, action) {
  if (action.type == "setUser") {
    localStorage.setItem("userName", action.user);
    return Object.assign({}, state, {user: action.user});
  } else if (action.type == "setTalks") {
    return Object.assign({}, state, {talks: action.talks});
  } else if (action.type == "newTalk") {
    fetchOK(talkURL(action.title), {
      method: "PUT",
      headers: {"Content-Type": "application/json"},
      body: JSON.stringify({
        presenter: state.user,
        summary: action.summary
      })
    }).catch(reportError);
  } else if (action.type == "deleteTalk") {
    fetchOK(talkURL(action.talk), {method: "DELETE"})
      .catch(reportError);
  } else if (action.type == "newComment") {
    fetchOK(talkURL(action.talk) + "/comments", {
      method: "POST",
      headers: {"Content-Type": "application/json"},
      body: JSON.stringify({
        author: state.user,
        message: action.message
      })
    }).catch(reportError);
  }
  return state;
}
```

Den Namen des Benutzers speichern wir in `localStorage`, sodass er beim Laden der Seite wiederhergestellt werden kann.

Die Aktionen, die den Server einbeziehen müssen, stellen mit `fetch` Netzwerkanforderungen an die zuvor beschriebene HTTP-Schnittstelle. Mit der Wrapper-Funktion `fetchOK` sorgen wir dafür, dass das zurückgegebene Promise abgelehnt wird, wenn der Server einen Fehlercode zurückgibt.

```
function fetchOK(url, options) {
  return fetch(url, options).then(response => {
    if (response.status < 400) return response;
    else throw new Error(response.statusText);
  });
}
```

Die folgende Hilfsfunktion dient dazu, einen URL für ein Thema mit einem gegebenen Titel zusammenzustellen:

```
function talkURL(title) {
  return "talks/" + encodeURIComponent(title);
}
```

Schlägt die Anfrage fehl, soll die Seite nicht einfach nichts tun, ohne eine Erklärung zu liefern. Daher definieren wir die Funktion `reportError`, die dem Benutzer wenigstens ein Dialogfeld anzeigt, um darauf hinzuweisen, dass etwas schiefgegangen ist:

```
function reportError(error) {
  alert(String(error));
}
```

## Die Komponenten

Wir werden hier ähnlich vorgehen wie in Kapitel 19 und die Anwendung in Komponenten aufteilen. Da einige jedoch niemals aktualisiert werden oder bei einer Aktualisierung komplett neu gezeichnet werden, definieren wir sie nicht als Klassen, sondern als Funktionen, die unmittelbar einen DOM-Knoten zurückgeben. Die folgende Beispielkomponente zeigt das Feld an, in dem Benutzer ihren Namen eingeben können:

```
function renderUserField(name, dispatch) {
  return elt("label", {}, "Your name: ", elt("input", {
    type: "text",
    value: name,
    onchange(event) {
      dispatch({type: "setUser", user: event.target.value});
    }
  }));
}
```

Die Funktion `elt` zur Konstruktion von DOM-Elementen ist diejenige, die wir bereits in Kapitel 19 verwendet haben.

Eine ähnliche Funktion wird verwendet, um die Themen mit einer Liste von Kommentaren und einem Formular zum Hinzufügen eines neuen Kommentars darzustellen:

```
function renderTalk(talk, dispatch) {
  return elt(
    "section", {className: "talk"},
    elt("h2", null, talk.title, " ", elt("button", {
      type: "button",
      onclick() {
        dispatch({type: "deleteTalk", talk: talk.title});
      }
    }, "Delete")),
    elt("div", null, "by ",
        elt("strong", null, talk.presenter)),
    elt("p", null, talk.summary),
    ...talk.comments.map(renderComment),
    elt("form", {
      onsubmit(event) {
```

```
        event.preventDefault();
        let form = event.target;
        dispatch({type: "newComment",
                  talk: talk.title,
                  message: form.elements.comment.value});
        form.reset();
      }
    }, elt("input", {type: "text", name: "comment"}), " ",
       elt("button", {type: "submit"}, "Add comment")));
}
```

Der Handler für das Ereignis `"submit"` ruft `form.reset` auf, um den Inhalt des Formulars nach dem Erstellen einer `"newComment"`-Aktion zu löschen.

Wenn die DOM-Struktur auch nur mäßig kompliziert ist, wird diese Art der Programmierung schon ziemlich unübersichtlich. Es gibt eine weit verbreitete (aber nicht im Standard enthaltene) JavaScript-Erweiterung namens *JSX*, mit der Sie direkt in Ihren Skripten HTML schreiben können, was den Code schöner macht (wobei es darauf ankommt, was Sie unter »schön« verstehen). Bevor Sie solchen Code ausführen können, müssen Sie jedoch ein Programm an Ihrem Skript ausführen, um das Pseudo-HTML in JavaScript-Funktionsaufrufe ähnlich den hier verwendeten umzuwandeln.

Kommentare lassen sich einfacher ausgeben:

```
function renderComment(comment) {
  return elt("p", {className: "comment"},
             elt("strong", null, comment.author),
             ": ", comment.message);
}
```

Das Formular, mit dem ein Benutzer ein neues Thema anlegen kann, wird wie folgt dargestellt:

```
function renderTalkForm(dispatch) {
  let title = elt("input", {type: "text"});
  let summary = elt("input", {type: "text"});
  return elt("form", {
    onsubmit(event) {
      event.preventDefault();
      dispatch({type: "newTalk",
                title: title.value,
                summary: summary.value});
      event.target.reset();
    }
  }, elt("h3", null, "Submit a Talk"),
    elt("label", null, "Title: ", title),
    elt("label", null, "Summary: ", summary),
    elt("button", {type: "submit"}, "Submit"));
}
```

## Polling

Um die App zu starten, brauchen wir die aktuelle Themenliste. Da der erste Ladevorgang eng mit dem Long-Polling-Prozess in Verbindung steht – das `ETag` aus diesem Ladevorgang muss beim Polling verwendet werden –, schreiben wir eine Funktion, die vom Server fortlaufend `/talks` abruft und eine Callback-Funktion aufruft, wenn ein neuer Satz von Themen zur Verfügung steht.

```
async function pollTalks(update) {
  let tag = undefined;
  for (;;) {
    let response;

    try {
      response = await fetchOK("/talks", {
        headers: tag && {"If-None-Match": tag,
                         "Prefer": "wait=90"}
      });
    } catch (e) {
      console.log("Request failed: " + e);
      await new Promise(resolve => setTimeout(resolve, 500));
      continue;
    }
    if (response.status == 304) continue;
    tag = response.headers.get("ETag");
    update(await response.json());
  }
}
```

Wir verwenden hier eine Async-Funktion, um den Schleifendurchlauf und das Warten auf die Antwort zu vereinfachen. Die Funktion führt eine Endlosschleife aus, die bei jeder Iteration die Liste der Themen abruft – entweder regulär oder, falls es sich nicht um die erste Anfrage handelt, mit den Headern, die daraus eine Long-Polling-Anfrage machen.

Schlägt eine Anfrage fehl, wartet die Funktion kurz und versucht es dann erneut. Dadurch kann sich die Anwendung nach einem vorübergehenden Ausfall der Netzwerkverbindung erholen und mit der Aktualisierung fortfahren. Das durch `setTimeout` aufgelöste Promise zwingt die Async-Funktion zu warten.

Wenn der Server die Antwort 304 gibt, ist bei der Long-Polling-Anfrage ein Timeout aufgetreten, sodass die Funktion sofort die nächste Anfrage stellt. Handelt es sich bei der Antwort um den Code 200, wird der Rumpf als JSON gelesen und an die Callback-Funktion übergeben. Außerdem wird der Wert des `ETag`-Headers für die nächste Iteration gespeichert.

## Die Anwendung

Die folgende Komponente verknüpft die einzelnen Teile der Benutzerschnittstelle:

```
class SkillShareApp {
  constructor(state, dispatch) {
    this.dispatch = dispatch;
    this.talkDOM = elt("div", {className: "talks"});
    this.dom = elt("div", null,
                   renderUserField(state.user, dispatch),
                   this.talkDOM,
                   renderTalkForm(dispatch));
    this.syncState(state);
  }

  syncState(state) {
    if (state.talks != this.talks) {
      this.talkDOM.textContent = "";
      for (let talk of state.talks) {
        this.talkDOM.appendChild(
          renderTalk(talk, this.dispatch));
      }
      this.talks = state.talks;
    }
  }
}
```

Wenn sich Themen ändern, zeichnet diese Komponente sie alle neu. Das ist zwar einfach, aber auch verschwenderisch. Dieses Problem werden wir in den Übungen erneut angehen.

Die Anwendung können wir wie folgt starten:

```
function runApp() {
  let user = localStorage.getItem("userName") || "Anon";
  let state, app;
  function dispatch(action) {
    state = handleAction(state, action);
    app.syncState(state);
  }

  pollTalks(talks => {
    if (!app) {
      state = {user, talks};
      app = new SkillShareApp(state, dispatch);
      document.body.appendChild(app.dom);
    } else {
      dispatch({type: "setTalks", talks});
    }
  }).catch(reportError);
}

runApp();
```

Wenn Sie den Server starten und nebeneinander zwei Browserfenster für *http://localhost:8000* öffnen, können Sie sehen, dass die Änderungen, die Sie in dem einen Fenster vornehmen, sofort in dem anderen angezeigt werden.

## 21.6 Übungen

In den folgenden Übungen müssen Sie das in diesem Kapitel definierte System ändern. Um damit arbeiten zu können, müssen Sie zunächst den vollständigen Code von *https://eloquentjavascript.net/code/skillsharing.zip* herunterladen und sowohl Node.js (*https://nodejs.org*) als auch (mit `npm install`) die Abhängigkeiten des Projekts installieren.

### Dauerhafte Speicherung auf der Festplatte

Unser Server hält die Daten nur im Arbeitsspeicher fest. Wenn er abstürzt oder aus irgendeinem Grund neu gestartet wird, sind alle Themen und Kommentare verloren.

Erweitern Sie den Server so, dass er die Daten zu den Themen auf der Festplatte speichert und bei einem Neustart automatisch neu lädt. Machen Sie sich dabei keine Gedanken über die Effizienz, sondern wählen Sie die einfachste Vorgehensweise, die funktioniert.

### Zurücksetzen von Kommentarfeldern

Das pauschale Neuzeichnen der Themen funktioniert ziemlich gut, da gewöhnlich kein Unterschied zwischen einem DOM-Knoten und seinem identischen Ersatzknoten zu erkennen ist. Es gibt jedoch Ausnahmen. Wenn Sie zum Beispiel in einem Browserfenster beginnen, etwas in das Kommentarfeld zu einem Thema einzugeben, und dann in einem anderen Fenster einen Kommentar zu demselben Thema hinzufügen, wird das Feld im ersten Fenster neu gezeichnet und verliert sowohl seinen Inhalt als auch seinen Fokus.

Bei einer hitzigen Diskussion, in der mehrere Personen zugleich Kommentare hinzufügen, kann dieses Verhalten sehr störend sein. Fällt Ihnen eine Lösung ein?

»Die bedeutenden Optimierungen entstehen durch eine Verbesserung des grundlegenden Designs, nicht der einzelnen Routinen.«

– Steve McConnell, *Code Complete*

# 22 Leistung

Um ein Computerprogramm ausführen zu können, ist es erforderlich, die Kluft zwischen der Programmiersprache und dem Befehlsformat des Rechners zu überbrücken. Dazu kann man ein Programm schreiben, das andere Programme *interpretiert*, wie wir es in Kapitel 12 getan haben. Die übliche Vorgehensweise besteht jedoch darin, das Programm in Maschinencode zu übersetzen, also zu *kompilieren*.

Einige Programmiersprachen, etwa C und Rust, sind so gestaltet, dass sie genau die Dinge ausdrücken, die der Computer gut beherrscht. Dadurch können sie auf einfache und effiziente Weise kompiliert werden. JavaScript ist jedoch anders aufgebaut. Hier liegt der Schwerpunkt auf Einfachheit und leichter Verwendbarkeit. Fast keines der Merkmale dieser Sprache entspricht direkt einem Feature des Computers. Deshalb ist die Kompilierung von JavaScript schwieriger.

Trotzdem schaffen es moderne JavaScript-*Engines* (also die Programme, die JavaScript kompilieren und ausführen), Skripte mit einer überraschend hohen Geschwindigkeit auszuführen. Es ist möglich, JavaScript-Programme zu schreiben, die mit etwa 10 % der Geschwindigkeit eines C- oder Rust-Programms ausgeführt werden können. Das mag zwar immer noch nach einem enormen Geschwindigkeitsunterschied klingen, doch ältere JavaScript-Engines (sowie aktuelle Implementierungen von Sprachen mit einem ähnlichen Design wie Python und Ruby) bringen es nur auf eine Leistung, die eher bei 1 % der Geschwindigkeit von C liegt. Im Vergleich dazu ist modernes JavaScript erstaunlich schnell. So schnell, dass Sie nur selten gezwungen sein werden, aufgrund von Leistungsproblemen zu einer anderen Sprache zu wechseln.

Trotzdem kann es hin und wieder notwendig sein, Code umzuschreiben, um die langsameren Aspekte von JavaScript zu vermeiden. Um Ihnen ein Beispiel dafür zu geben, arbeiten wir in diesem Kapitel ein Programm durch, um es schneller zu machen. Dabei werden wir auch besprechen, wie JavaScript-Engines Programme kompilieren.

## 22.1 Stufenweise Kompilierung

Als Erstes müssen Sie sich darüber im Klaren sein, dass JavaScript-Compiler ein Programm nicht wie ihre klassischen Gegenstücke nur einmal kompilieren. Stattdessen wird der Code, während das Programm läuft, kompiliert und nach Bedarf neu kompiliert.

Bei den meisten Sprachen dauert die Kompilierung eines umfangreichen Programms ihre Zeit. Das ist gewöhnlich akzeptabel, da die Programme vorab kompiliert werden und dann in kompilierter Form ablaufen.

Bei JavaScript liegt jedoch eine andere Situation vor. Eine Webseite kann eine Menge Code aufweisen, der bei jedem Zugriff auf die Webseite in Textform abgerufen wird und kompiliert werden muss. Wenn das jedes Mal fünf Minuten dauern würde, wären die Benutzer alles andere als zufrieden. Ein JavaScript-Compiler muss in der Lage sein, ein Programm – auch ein umfangreiches! – praktisch sofort auszuführen.

Dazu wenden JavaScript-Compiler verschiedene Kompilierungsverfahren an. Wird eine Webseite geöffnet, werden die Skripte zunächst auf eine wenig aufwendige, oberflächliche Weise kompiliert. Das führt zwar nicht zu einer hohen Ausführungsgeschwindigkeit, ermöglicht es aber, das Skript schnell starten zu können. Es kann dabei auch vorkommen, dass Funktionen nicht vor ihrem ersten Aufruf kompiliert werden.

Der meiste Code in einem typischen Programm wird nur wenige Male (oder überhaupt nicht) ausgeführt. Für diese Teile des Programms reicht die unaufwendige Kompilierung aus, da ihre Ausführung ohnehin nicht viel Zeit in Anspruch nimmt. Funktionen, die häufig aufgerufen werden oder arbeitsintensive Schleifen enthalten, müssen dagegen anders behandelt werden. Bei der Ausführung eines Programms beobachtet die JavaScript-Engine, wie oft jeder Codeteil läuft. Wenn es so aussieht, als ob bestimmter Code viel Zeit in Anspruch nimmt (sogenannter »heißer Code«), wird er mit einem anspruchsvolleren, aber langsameren Compiler neu kompiliert, der mehr *Optimierungen* vornimmt, um schnelleren Code zu produzieren. Es kann sogar noch mehr als zwei Kompilierungsverfahren geben. Noch aufwendigere Optimierungen werden auf *sehr* heißen Code angewendet.

Diese Verzahnung von Ausführung und Kompilierung bedeutet, dass ein Codeteil zu dem Zeitpunkt, wenn der clevere Compiler ihn zu verarbeiten beginnt, bereits mehrere Male gelaufen ist. Dadurch ist es möglich, den Code bei der Ausführung zu *beobachten* und Informationen darüber zu gewinnen. Weiter hinten in diesem Kapitel werden wir uns noch ansehen, wie dies dem Compiler ermöglicht, effizienteren Code zu produzieren.

## 22.2 Graphzeichnen

In dem Beispielprojekt in diesem Kapitel geht es wieder um Graphen. Bildliche Darstellungen von Graphen sind praktisch, um Straßennetze, Computernetzwerke, den Ablauf eines Programms usw. zu beschreiben. Das folgende Bild zeigt eine

Graphendarstellung einiger Länder im Nahen Osten, wobei die Kanten zwischen ihnen für gemeinsame Grenzen (an Land) stehen:

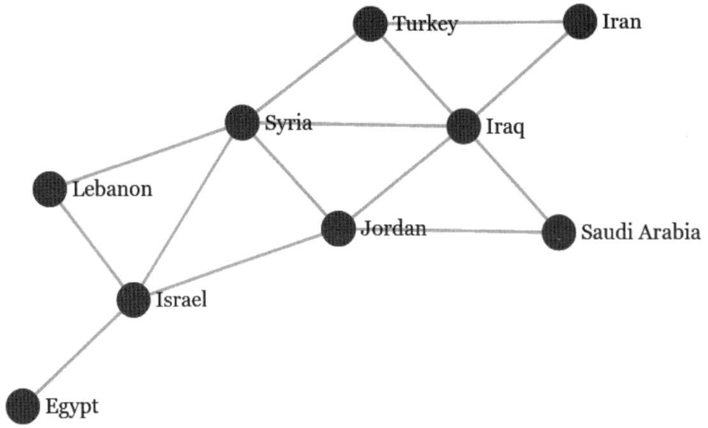


Eine solche bildliche Darstellung aus der Definition eines Graphen abzuleiten, wird *Graphzeichnen* genannt. Dabei muss jedem Knoten ein Platz zugewiesen werden, sodass die miteinander verbundenen Knoten nah beieinanderliegen, aber nicht zu dicht gedrängt sind. Eine bildliche Darstellung desselben Graphen mit zufälliger Anordnung lässt sich sehr viel schwerer deuten.

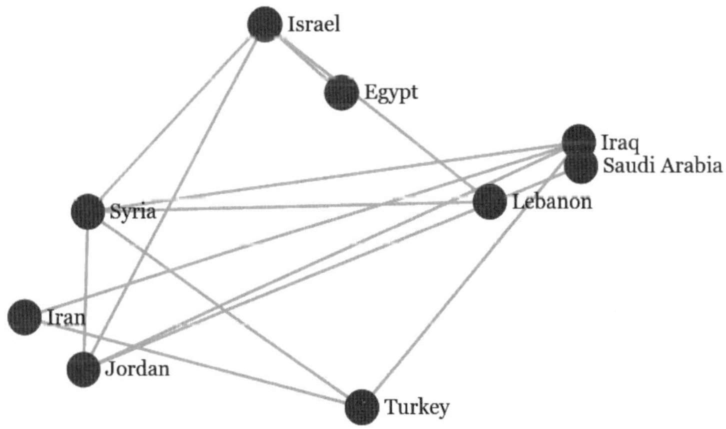


Das Problem, eine übersichtliche bildliche Darstellung zu einem gegebenen Graphen zu finden, ist für seine Kniffligkeit berüchtigt. Es gibt keine bekannte Lösung, die zuverlässig bei beliebigen Graphen funktioniert. Insbesondere bei umfangreichen Graphen mit hoher Verbindungsdichte ist das Zeichnen schwer. Für einige besondere Arten von Graphen, etwa *planare Graphen* (die gezeichnet werden können, ohne dass sich Kanten kreuzen), gibt es jedoch praktische Vorgehensweisen.

Um einen kleinen Graphen (von bis zu 200 Knoten) zu zeichnen, der nicht allzu verwickelt ist, können wir das *Force-Directed Graph Layout* (etwa: »kräftebasiertes Graphzeichnen«) anwenden. Dabei wird an den Knoten des Graphen eine vereinfache physikalische Simulation ausgeführt, bei der die Kanten wie Federn behandelt werden und die Knoten einander abstoßen, als wären sie elektrisch geladen.

In diesem Kapitel implementieren wir ein System für Force-Directed Graph Layout und untersuchen seine Leistung. Um eine solche Simulation auszuführen, berechnen wir wiederholt die Kräfte, die auf die einzelnen Knoten wirken, und verschieben die Knoten in Reaktion auf diese Kräfte. Da es viele Iterationen erfordern kann, um eine übersichtliche Darstellung zu erreichen, und in jeder Iteration viele Kräfte berechnet werden, ist die Leistung für ein solches Programm von entscheidender Bedeutung.

## 22.3 Definition eines Graphen

Eine Graphzeichnung können wir als Array aus `GraphNode`-Objekten darstellen, die jeweils über die Angabe ihrer aktuellen Position und ein Array der Knoten verfügen, mit denen sie über Kanten verbunden sind. Die Anfangspositionen werden zufällig ausgewählt.

```
class GraphNode {
  constructor() {
    this.pos = new Vec(Math.random() * 1000,
                       Math.random() * 1000);
    this.edges = [];
  }
  connect(other) {
    this.edges.push(other);
    other.edges.push(this);
  }
  hasEdge(other) {
    return this.edges.includes(other);
  }
}
```

Zur Darstellung der Positionen und Kräfte verwenden wir wieder die aus früheren Kapiteln bekannte Klasse `Vec`.

Die Methode `connect` dient dazu, beim Aufbau eines Graphen einen Knoten mit einem anderen zu verbinden. Um herauszufinden, ob zwei Knoten miteinander verbunden sind, rufen wir die Methode `hasEdge` auf.

Um Graphen für den Test unserer Programme aufzubauen, verwenden wir die Funktion `treeGraph`. Sie nimmt zwei Parameter entgegen, die die Tiefe des Baumes und die Anzahl der neuen Zweige bei jeder Gabelung angeben, und konstruiert rekursiv einen baumförmigen Graphen der angegebenen Form.

```
function treeGraph(depth, branches) {
  let graph = [new GraphNode()];
  if (depth > 1) {
    for (let i = 0; i < branches; i++) {
      let subGraph = treeGraph(depth - 1, branches);
      graph[0].connect(subGraph[0]);
```

```
        graph = graph.concat(subGraph);
      }
    }
    return graph;
  }
```

Baumförmige Graphen enthalten keine zyklischen Verbindungen, weshalb sie relativ leicht zu zeichnen sind. Selbst das anspruchslose Programm, das wir in diesem Kapitel erstellen, kann sie in übersichtliche Darstellungen überführen.

Der von `treeGraph(3, 5)` erstellte Graph ist ein Baum mit einer Tiefe von 3 und Fünffach-Verzweigungen:

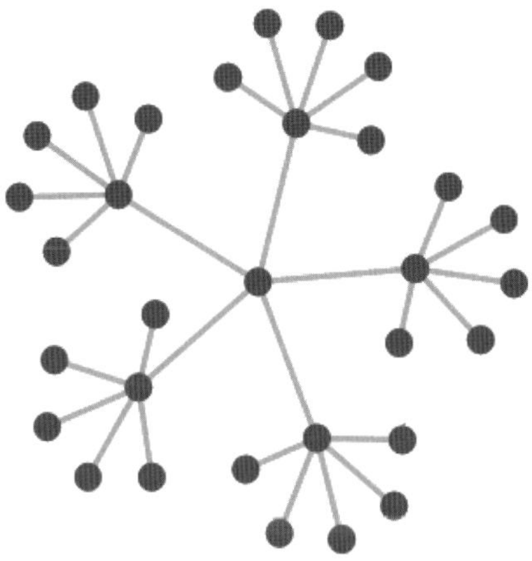

Um die von unserem Code hervorgerufenen Graphzeichnungen untersuchen zu können, habe ich die Funktion `drawGraph` geschrieben, die den Graphen auf eine Leinwand zeichnet. Sie ist in dem Code in *eloquentjavascript.net/code/draw_layout.js* definiert und steht in der Online-Sandbox zur Verfügung.

## 22.4 Kräftebasiertes Graphzeichnen

Wir verschieben die Knoten einen nach dem anderen. Dabei berechnen wir jeweils die Kräfte, die auf den aktuellen Knoten wirken, und verschieben diesen sofort in Richtung der resultierenden Kraft.

Die Kraft, die eine (ideale) Feder ausübt, kann mit dem Hookeschen Gesetz angenähert werden, nach dem Kraft proportional zu der Differenz zwischen der Ruhlänge der Feder und ihrer aktuellen Länge ist. Die Bindung `springLength` definiert die Ruhlänge unserer Kantenfedern. Die Steifigkeit der Feder (also die Federkonstante) wird durch `springStrength` festgelegt. Um die resultierende Kraft zu berechnen, müssen wir sie mit der Längendifferenz multiplizieren.

```
const springLength = 40;
const springStrength = 0.1;
```

Um die Abstoßung zwischen den Knoten zu modellieren, greifen wir auf eine weitere physikalische Formel zurück, nämlich das Coulombsche Gesetz, nach dem die Abstoßung zwischen zwei elektrisch geladenen Teilchen umgekehrt proportional zum Quadrat ihres Abstands ist. Liegen zwei Knoten fast übereinander, so ist das Quadrat ihres Abstandes winzig und die resultierende Kraft daher enorm. Wenn sich die Knoten voneinander entfernen, nimmt das Quadrat der Entfernung rasch zu, sodass die Abstoßungskraft ebenfalls schnell schwächer wird.

Auch hier führen wir wieder eine Multiplikation mit einer experimentell bestimmten Konstante durch, nämlich `repulsionStrength`, die angibt, wie stark sich die Knoten gegenseitig abstoßen.

```
const repulsionStrength = 1500;
```

Um die Kraft zu berechnen, die auf einen gegebenen Knoten wirkt, durchlaufen wir alle anderen Knoten und wenden jeweils die von ihnen ausgeübte Abstoßungskraft an. Für Knoten, die eine gemeinsame Kante mit dem gegebenen Knoten haben, berücksichtigen wir auch die von der Feder ausgeübte Kraft.

Beide Kräfte hängen vom Abstand zwischen den beiden Knoten ab. Für jedes Knotenpaar berechnet unsere Funktion den Vektor `apart`, der den Pfad vom gegebenen Knoten zu dem anderen darstellt. Die Funktion ermittelt dann aus der Länge des Vektors den Abstand. Ist der Abstand kleiner als 1, setzen wir ihn auf 1, um die Division durch null oder sehr kleine Zahlen zu verhindern, die `NaN` ergeben bzw. so extrem große Kräfte ergeben würde, dass diese unseren Knoten in den Weltraum schießen würden.

Aus dem Abstand können wir die Stärke der Kraft zwischen zwei gegebenen Knoten berechnen. Um aus dieser Stärke einen Kraftvektor zu berechnen, müssen wir sie mit einer normalisierten Version des Vektors `apart` multiplizieren. Bei der *Normalisierung* eines Vektors wird ein Vektor mit derselben Richtung, aber der Länge 1 erstellt. Dazu dividieren wir den Vektor durch seine Länge.

```
function forceDirected_simple(graph) {
  for (let node of graph) {
    for (let other of graph) {
      if (other == node) continue;
      let apart = other.pos.minus(node.pos);
      let distance = Math.max(1, apart.length);
      let forceSize = -repulsionStrength / (distance * distance);
      if (node.hasEdge(other)) {
        forceSize += (distance - springLength) * springStrength;
      }
      let normalized = apart.times(1 / distance);
      node.pos = node.pos.plus(normalized.times(forceSize));
    }
  }
}
```

Mit der folgenden Funktion prüfen wir eine gegebene Implementierung unseres Systems zum Graphzeichnen. Sie führt das Modell 4000 Schritte lang aus und misst die dafür erforderliche Zeit. Damit wir in der Zwischenzeit etwas haben, das wir uns ansehen können, gibt sie nach je 100 Schritten die aktuelle Zeichnung des Graphen aus.

```
function runLayout(implementation, graph) {
  function run(steps, time) {
    let startTime = Date.now();
    for (let i = 0; i < 100; i++) {
      implementation(graph);
    }
    time += Date.now() - startTime;
    drawGraph(graph);
    if (steps == 0) console.log(time);
    else requestAnimationFrame(() => run(steps - 100, time));
  }
  run(4000, 0);
}
```

Wir können jetzt diese erste Implementierung ausführen und uns ansehen, wie viel Zeit sie in Anspruch nimmt.

```
<script>
  runLayout(forceDirected_simple, treeGraph(4, 4));
</script>
```

Auf meinem Computer mit der Firefox-Version 58 haben diese 4000 Iterationen etwas mehr als zwei Sekunden benötigt. Es wurden also zwei Iterationen pro Millisekunde geschafft. Können wir ein besseres Ergebnis erzielen?

## 22.5 Arbeit vermeiden

Die schnellste Möglichkeit, etwas zu tun, besteht darin, es ganz oder zumindest teilweise nicht zu tun. Wenn Sie sich genau überlegen, was der Code macht, können Sie oft unnötige Redundanzen und Vorgänge erkennen, die sich schneller ausführen ließen.

In unserem Beispielprojekt gibt es eine solche Gelegenheit für weniger Arbeit. Für je zwei Knoten werden die zwischen ihnen wirkenden Kräfte zweimal berechnet, nämlich einmal beim Verschieben des ersten und dann erneut beim Verschieben des zweiten Knotens. Da die Kraft, die Knoten *X* auf Knoten *Y* ausübt, den gleichen Betrag, aber nur die entgegengesetzte Richtung der Kraft von *Y* auf *X* hat, müssen wir sie nicht abermals berechnen.

In der nächsten Version der Funktion ändern wir die innere Schleife, sodass sie nur die Knoten durchläuft, die nach dem gegebenen Knoten kamen. Dadurch wird jedes mögliche Knotenpaar genau ein Mal betrachtet. Nach der Berechnung der Kraft zwischen zwei Knoten aktualisiert die Funktion die Position von beiden.

```
function forceDirected_noRepeat(graph) {
  for (let i = 0; i < graph.length; i++) {
```

```
      let node = graph[i];
      for (let j = i + 1; j < graph.length; j++) {
        let other = graph[j];
        let apart = other.pos.minus(node.pos);
        let distance = Math.max(1, apart.length);
        let forceSize = -repulsionStrength / (distance * distance);
        if (node.hasEdge(other)) {
          forceSize += (distance - springLength) * springStrength;
        }
        let applied = apart.times(forceSize / distance);
        node.pos = node.pos.plus(applied);
        other.pos = other.pos.minus(applied);
      }
    }
  }
```

Die Messung dieses Codes zeigt eine erhebliche Geschwindigkeitssteigerung. In Firefox 58 ist er doppelt so schnell, in Chrome 63 um 30 % schneller und in Edge 6 um 75 %.

Die starke Verbesserung in Firefox und Edge geht nur teilweise auf unsere Optimierung zurück. Da die innere Schleife nur noch einen Teil des Arrays durchgehen muss, ersetzt die neue Funktion die `for/or`-Schleifen durch reguläre `for`-Schleifen. In Chrome hat das keine messbare Auswirkung auf die Geschwindigkeit des Programms, aber in Firefox macht der Verzicht auf Iteratoren den Code um 20 % schneller und in Edge um 50 %.

Die verschiedenen JavaScript-Engines funktionieren jeweils anders und können Programme in unterschiedlicher Geschwindigkeit ausführen. Eine Änderung, die in einer Engine für schnellen Code sorgt, kann in einer anderen Engine (oder sogar einer anderen Version derselben Engine) nichts nützen oder sogar schädlich sein.

Die Engine von Chrome, die als V8 bezeichnet und auch von Node.js genutzt wird, kann `for/of`-Schleifen über Arrays so optimieren, dass der Code nicht langsamer ist als beim Durchlaufen des Index. Die Iteratorschnittstelle enthält eine Methode, die für jedes Element im Iterator ein Objekt zurückgibt. Irgendwie schafft es V8 jedoch, dies zum Großteil wegzuoptimieren.

Sehen wir noch einmal genauer hin, was unser Programm macht. Wenn wir `console.log` aufrufen, um `forceSize` auszugeben, wird deutlich, dass die zwischen den meisten Knotenpaaren auftretenden Kräfte so klein sind, dass sie die bildliche Darstellung praktisch nicht beeinflussen. Insbesondere zwischen Knoten, die nicht miteinander verbunden sind und weit voneinander entfernt liegen, sind die Kräfte sehr klein. Trotzdem berechnen wir Vektoren für sie und bewegen die Knoten ein winziges Stückchen. Was würde passieren, wenn wir das nicht täten?

In der nächsten Version legen wir einen Abstand fest, ab dem die Kräfte zwischen den (nicht miteinander verbundenen) Knotens nicht mehr berechnet werden. Wenn wir diesen Abstand auf 175 setzen, werden Kräfte unter 0,05 ignoriert.

```
const skipDistance = 175;

function forceDirected_skip(graph) {
  for (let i = 0; i < graph.length; i++) {
    let node = graph[i];
    for (let j = i + 1; j < graph.length; j++) {
      let other = graph[j];
      let apart = other.pos.minus(node.pos);
      let distance = Math.max(1, apart.length);
      let hasEdge = node.hasEdge(other);
      if (!hasEdge && distance > skipDistance) continue;
      let forceSize = -repulsionStrength / (distance * distance);
      if (hasEdge) {
        forceSize += (distance - springLength) * springStrength;
      }
      let applied = apart.times(forceSize / distance);
      node.pos = node.pos.plus(applied);
      other.pos = other.pos.minus(applied);
    }
  }
}
```

Dadurch erhalten wir eine Geschwindigkeitssteigerung um weitere 50 %, ohne die bildliche Darstellung zu beeinträchtigen. Wir konnten hier ohne Schaden eine Vereinfachung vornehmen.

## 22.6 Profiling

Durch einige Überlegungen über die internen Vorgänge konnten wir unser Programm ein bisschen beschleunigen. Bei der *Mikrooptimierung* dagegen, also bei dem Versuch, einige Abläufe etwas anders zu gestalten, um sie schneller zu machen, lässt es sich gewöhnlich schwer vorhersagen, welche Änderungen nützlich sind und welche nicht. In diesen Fällen können wir uns nicht einfach auf Überlegungen verlassen, sondern müssen *beobachten.*

Unsere Funktion `runLayout` misst, wie viel Zeit unser Programm in Anspruch nimmt. Das ist schon einmal ein guter Anfang. Um etwas zu verbessern, müssen wir es messen. Ohne Messung können wir nicht herausfinden, ob unsere Änderungen die gewünschte Wirkung zeigen.

Die Entwicklerwerkzeuge in modernen Browsern bieten sogar noch eine bessere Möglichkeit, um die Geschwindigkeit eines Programms zu messen. Das dabei verwendete Werkzeug ist der *Profiler*, der während der Ausführung eines Programms ermittelt, wie viel Zeit die einzelnen Teile dieses Programms jeweils benötigen.

Wenn Ihr Browser über einen Profiler verfügt, ist er in der Oberfläche mit den Entwicklerwerkzeugen zu finden, sehr wahrscheinlich auf einer Registerkarte mit einem Namen wie *Leistung*. Nach 4000 Iterationen unseres Programms in der aktuellen Version gibt der Profiler in Chrome folgende Daten aus:

```
Self time             Total time             Function
 816.6 ms  75.4 %    1030.4 ms  95.2 %      forceDirected_skip
 194.1 ms  17.9 %     199.8 ms  18.5 %      includes
  32.0 ms   3.0 %      32.0 ms   3.0 %      Minor GC
   2.1 ms   0.2 %    1043.6 ms  96.4 %      run
```

Hier werden die Funktionen (und anderen Aufgaben) aufgeführt, die erhebliche Zeit in Anspruch genommen haben. Für jede Funktion wird die zu ihrer Ausführung benötigte Zeit sowohl in Millisekunden als auch in Form des prozentualen Anteils an der Gesamtzeit angegeben. Die erste Spalte zeigt nur die Zeit, in der sich die Ausführung unmittelbar in der Funktion befand, wohingegen die zweite auch die Zeit in den von der betreffenden Funktion aufgerufenen Funktionen einschließt.

Das unser Programm nur wenige Funktionen hat, ist dies ein *sehr* einfaches Beispiel für ein Profil. Bei komplizierteren Programmen ist die Liste sehr viel länger. Da die Funktionen, die die meiste Zeit in Anspruch nehmen, oben angezeigt werden, lassen sich die bedeutenden Informationen trotzdem gewöhnlich leicht finden.

Aus dieser Tabelle können wir ablesen, dass der bei Weitem größte Anteil der Ausführungszeit auf die Funktion zur physikalischen Simulation entfällt. Das war auch nicht anders zu erwarten. An zweiter Stelle aber sehen wir die Array-Methode `includes`, die in `GraphNode.hasEdge` verwendet wird und für 18 % der Ausführungszeit verantwortlich ist.

Das ist mehr, als ich erwartet hatte. Allerdings rufen wir diese Funktion auch sehr oft auf. Bei einem Graphen mit 85 Knoten (den Sie mit `treeGrap(4, 4)` erhalten) gibt es 3570 Knotenpaare. Bei 4000 Iterationen ergeben sich also über 14 Millionen Aufrufe von `hasEdge`.

Was können wir hier besser machen? Wir fügen der Klasse `GraphNode` eine weitere Variante von `hasEdge` namens `hasEdgeFast` hinzu, die wir in einer neuen Version unserer Simulationsfunktion anstelle von `hasEdge` aufrufen.

```
GraphNode.prototype.hasEdgeFast = function(other) {
  for (let i = 0; i < this.edges.length; i++) {
    if (this.edges[i] === other) return true;
  }
  return false;
};
```

In Chrome verringert diese Änderung die Zeit zur Berechnung der Graphzeichnung um 17 Prozentpunkte, also einen Großteil der Zeit, die in dem Profil für `includes` angegeben wurde. In Edge wird das Programm dadurch um 40 % schneller. Dagegen ergibt sich in Firefox eine leichte Verlangsamung (etwa 3 %). In diesem Fall hat also die Engine von Firefox (SpiderMonkey) die Aufrufe von `includes` besser optimiert.

Die mit `Minor GC` bezeichnete Zeile in dem Profil gibt an, wie viel Zeit darauf verwendet wird, Arbeitsspeicher zu bereinigen, der nicht mehr benötigt wird. Angesichts der Tatsache, dass unser Programm sehr viele Vektorobjekte erstellt, ist ein Anteil von 3 % an der Gesamtzeit für die Wiedergewinnung von Arbeitsspeicher erstaunlich wenig. JavaScript-Engines haben gewöhnlich eine sehr wirksame Garbage Collection.

## 22.7 Inline-Ersetzung

In dem Profil wurden keine Vektormethoden (wie `times`) aufgeführt, obwohl sie sehr stark genutzt werden. Das liegt daran, dass der Compiler eine *Inline-Ersetzung* vorgenommen hat. Anstatt den Code in der inneren Funktion eine Methode aufrufen zu lassen, die Vektoren multipliziert, wird der Code zur Vektormultiplikation unmittelbar in die Funktion gestellt, sodass in dem kompilierten Code kein Methodenaufruf mehr auftritt.

Eine solche Inline-Ersetzung kann den Code aus verschiedenen Gründen schneller machen. Auf einer maschinennahen Ebene werden Funktionen und Methoden mithilfe eines Protokolls aufgerufen, das es nötig macht, die Argumente und Rücksprungadressen (also die Stellen, an denen die Ausführung fortgesetzt werden muss, wenn der Teil der Funktion abgeschlossen ist) irgendwo abzulegen, wo die Funktion sie finden kann. Die Art und Weise, in der ein Funktionsaufruf die Kontrolle an einen anderen Teil des Programms übergibt, erfordert ebenfalls, einen Teil des Prozessorstatus zu speichern, damit die aufgerufene Funktion den Prozessor nutzen kann, ohne die Daten zu beeinträchtigen, die der Aufrufer noch benötigt. All dies wird bei der Inline-Ersetzung überflüssig.

Außerdem versucht ein guter Compiler, den von ihm generierten Code so einfach wie möglich zu machen. Wenn eine Funktion als Blackbox behandelt wird, die beliebige Dinge tun darf, dann hat der Compiler nicht viel Arbeit mit ihr. Kann er aber den Funktionsrumpf erkennen und in seine Analyse einbeziehen, können sich ihm zusätzliche Möglichkeiten bieten, den Code zu optimieren.

Beispielsweise kann eine JavaScript-Engine auch ganz darauf verzichten, einige der Vektorobjekte in unserem Code zu erstellen. Wenn wir in dem folgenden Ausdruck die Methoden genau ansehen, wird deutlich, dass die Koordinaten des resultierenden Vektors dadurch zustande kommen, dass die Koordinaten von `force` zum Produkt der Koordinaten von `normalized` und der Bindung `forceSize` addiert werden. Daher gibt es keinen Grund, das von der Methode `times` produzierte Zwischenobjekt zu erstellen.

```
pos.plus(normalized.times(forceSize))
```

JavaScript erlaubt uns jedoch, Methoden jederzeit zu ersetzen. Wie kann der Compiler herausfinden, um welche Funktion es sich bei der Methode `times` wirklich handelt? Was passiert, wenn irgendetwas den in `Vec.prototype.times` gespeicherten Wert später ändert? Bei der nächsten Ausführung von Code mit inline ersetzten Funktionen kann noch die alte Definition verwendet werden, was die Annahmen des Programmierers über das Verhalten des Programms verletzt.

Hier macht sich die Verzahnung von Ausführung und Kompilierung bezahlt. Wenn eine heiße Funktion kompiliert wird, ist sie schon mehrere Male gelaufen.

Hat sie während all dieser Ausführungen immer dieselbe Funktion aufgerufen, dann ist es sinnvoll, eine Inline-Ersetzung dieser Funktion zu versuchen. Der Code wird optimistisch unter der Annahme kompiliert, dass in Zukunft wieder dieselbe Funktion aufgerufen wird.

Für den Fall, dass doch eine andere Funktion aufgerufen wird, vergleicht der Compiler die aufgerufene Funktion mit der inline gestellten. Stimmen die beiden nicht überein, ist der optimistisch kompilierte Code falsch, weshalb die JavaScript-Engine ihn *deoptimieren* muss, was bedeutet, dass sie wieder auf eine weniger stark optimierte Version zurückgreift.

## 22.8 Weniger überflüssige Objekte erzeugen

Manche Engines können zwar einige der von uns erstellten Vektorobjekte wegoptimieren, aber es bleiben wahrscheinlich immer noch Kosten mit dem Erstellen solcher Objekte verbunden. Um die Höhe dieser Kosten abzuschätzen, schreiben wir eine Version des Codes, die diese Vektorberechnungen mithilfe lokaler Bindungen für beide Dimensionen vornimmt:

```
function forceDirected_noVector(graph) {
  for (let i = 0; i < graph.length; i++) {
    let node = graph[i];
    for (let j = i + 1; j < graph.length; j++) {
      let other = graph[j];
      let apartX = other.pos.x - node.pos.x;
      let apartY = other.pos.y - node.pos.y;
      let distance = Math.max(1, Math.sqrt(apartX * apartX +
                                           apartY * apartY));
      let hasEdge = node.hasEdgeFast(other);
      if (!hasEdge && distance > skipDistance) continue;
      let forceSize = -repulsionStrength / (distance * distance);
      if (hasEdge) {
        forceSize += (distance - springLength) * springStrength;
      }
      let forceX = apartX * forceSize / distance;
      let forceY = apartY * forceSize / distance;
      node.pos.x += forceX; node.pos.y += forceY;
      other.pos.x -= forceX; other.pos.y -= forceY;
    }
  }
}
```

Der neue Code ist wortreicher und enthält mehr Wiederholungen. Aber Messungen ergeben, dass die Verbesserungen stark genug sind, um diese Art von manueller Objektreduzierung für Code in Betracht zu ziehen, wenn es auf die Leistung ankommt. Sowohl in Firefox als auch in Chrome läuft die neue Version um etwa 30 % schneller als die alte, in Edge sogar um etwa 60 %.

Mit all diesen Maßnahmen haben wir unser Programm in Chrome und Firefox etwa fünfmal schneller gemacht und in Edge mehr als zwanzigmal. Das ist schon eine starke Verbesserung. Allerdings lohnt sich diese Arbeit nur für Code, dessen Ausführung auch tatsächlich viel Zeit in Anspruch nimmt. Wenn Sie gleich versuchen, alles zu optimieren, bremsen Sie sich damit nur selbst aus und produzieren überflüssig komplizierten Code.

## 22.9 Garbage Collection

Warum ist Code, der weniger Objekte erstellt, schneller? Dafür gibt es mehrere Gründe. Die Engine braucht Platz zum Speichern der Objekte und muss daher herausfinden, wann diese nicht mehr benötigt werden, sodass sie den Speicherplatz zurückfordern kann. Wenn Sie auf die Eigenschaften von Objekten zugreifen, muss die Engine nachschauen, wo sie sich innerhalb des Arbeitsspeichers befinden. JavaScript-Engines können diese Aufgaben gut erledigen, allerdings nicht so gut, als dass sie nicht mit Kosten verbunden wären.

Stellen Sie sich den Arbeitsspeicher als eine sehr lange Reihe von Bits vor. Zu Beginn der Ausführung erhält ein Programm ein leeres Teilstück des Arbeitsspeichers und platziert darin die von ihm erstellten Objekte eines nach dem anderen. Irgendwann aber ist der Platz aufgebraucht. An dieser Stelle muss die JavaScript-Engine herausfinden, welche Objekte nicht mehr gebraucht werden, sodass sie deren Speicherplatz wiederverwenden kann.

Dadurch wird der Arbeitsspeicher des Programms zu einem Durcheinander, in dem zwischen den noch aktiven Objekten freier Platz liegt. Um ein neues Objekt zu erstellen, muss die Engine ausreichend großen freien Platz finden, was einigen Aufwand für die Suche erfordert. Alternativ kann die Engine auch alle aktiven Objekte an den Anfang ihres Arbeitsspeichers verlegen. Dadurch wird zwar das Erstellen neuer Objekte billiger (da sie wieder einfach eines hinter das andere gestellt werden können), allerdings ist zusätzliche Arbeit zum Verschieben der alten Objekte erforderlich.

Um zu ermitteln, welche Objekte noch gebraucht werden, ist es im Prinzip erforderlich, einer Spur durch alle erreichbaren Objekte vom globalen bis zum gerade aktiven lokalen Gültigkeitsbereich zu folgen. Jedes Objekt, auf das in diesen Gültigkeitsbereichen verweisen wird, sei es direkt oder indirekt, ist noch aktiv. Bei einem Programm mit vielen Daten im Arbeitsspeicher erfordert diese Überprüfung viel Arbeit.

Die sogenannte *generationelle Garbage Collection* kann den Aufwand dafür senken. Dabei wird die Tatsache genutzt, dass die meisten Objekte kurzlebig sind. Der für das JavaScript-Programm verfügbare Arbeitsspeicher wird in zwei oder mehr *Generationen* aufgeteilt. Neue Objekte werden in dem Platz für die junge Generation erstellt. Wenn er voll ist, prüft die Engine, welche der darin befindlichen Objekte noch aktiv sind, und verschiebt diese in die nächste Generation. Ist zu diesem Zeitpunkt nur noch ein kleiner Anteil der Objekte der jungen Generation aktiv, muss bei ihrer Verschiebung nur wenig Arbeit aufgewendet werden.

Um zu ermitteln, welche Objekte aktiv sind, ist es natürlich erforderlich, alle Referenzen zu Objekten in der aktiven Generation zu kennen. Der Garbage Collector soll natürlich nicht jedes Mal, wenn er eine Bereinigung für die junge Generation durchführt, alle Objekte der älteren Generation untersuchen müssen. Wird ein Verweis von einem alten Objekt auf ein neues erstellt, muss der Verweis aufgezeichnet werden, damit er bei der nächsten Bereinigung berücksichtigt werden kann. Dadurch wird es etwas aufwendiger, in alte Objekte zu schreiben. Allerdings werden diese Mehrkosten durch die Zeitersparnis bei der Garbage Collection mehr als wettgemacht.

## 22.10 Dynamische Typen

Die Kompilierung von JavaScript-Ausdrücken wie `node.pos`, die eine Eigenschaft von einem Objekt abrufen, ist alles andere als trivial. In vielen Sprachen haben *Bindungen* einen Typ. Wenn Sie eine Operation auf dem Wert durchführen, den eine Bindung festhält, weiß der Compiler daher bereits, was für eine Art von Operation benötigt wird. In JavaScript aber haben nur *Werte* einen Typ. Bindungen dagegen können Werte unterschiedlicher Typen festhalten.

Das bedeutet, dass der Compiler zu Anfang nicht viel über die Eigenschaft weiß, auf die der Code zuzugreifen versucht, und daher Code produzieren muss, der mit allen möglichen Typen umgehen kann. Wenn `node` einen nichtdefinierten Wert festhält, muss der Code eine Ausnahme auslösen. Ist der Wert dagegen ein String, muss `pos` in `String.prototype` nachgeschlagen werden. Bei einem Objekt hängt die Art und Weise, in der die Eigenschaft `pos` abgerufen wird, von seiner Form ab. Die Reihe ließe sich noch fortführen.

Glücklicherweise haben Bindungen in den meisten Programmen einen Typ, auch wenn dies in JavaScript nicht erforderlich ist. Wenn der Compiler diesen Typ kennt, kann er auf dieser Grundlage effizienteren Code produzieren. War `node` bisher immer ein Objekt mit den Eigenschaften `pos` und `edges`, kann der Optimierer des Compilers Code erstellen, der die Eigenschaft von ihrer bekannten Position in einem solchen Objekt abruft, was schnell und einfach geht.

Wenn etwas früher auf eine bestimmte Weise geschah, ist das jedoch keine Garantie dafür, dass es auch in Zukunft so sein wird. Code, der bisher noch nicht ausgeführt wurde, kann immer noch einen Wert mit einem anderen Typ an unsere Funktion übergeben, z. B. eine andere Art von Knotenobjekt, das zusätzlich über die Eigenschaft `id` verfügt.

Daher muss der kompilierte Code *prüfen*, ob die Annahmen zutreffen, und geeignete Maßnahmen ergreifen, wenn das nicht der Fall ist. Eine Engine kann den Code einer Funktion wieder komplett deoptimieren, also auf die nichtoptimierte Version zurückgreifen, oder eine neue Version kompilieren, die auch mit dem hinzugekommenen Typ umgehen kann.

Um die Verlangsamung zu beobachten, die sich einstellt, wenn der Objekttyp nicht vorhersagbar ist, können Sie wie im folgenden Beispiel die Einheitlichkeit der Eingabeobjekte für unsere Graphzeichnungsfunktion absichtlich aufheben:

```
let mangledGraph = treeGraph(4, 4);
for (let node of mangledGraph) {
```

```
    node[`p${Math.floor(Math.random() * 999)}`] = true;
  }

  runLayout(forceDirected_noVector, mangledGraph);
```

Jeder Knoten erhält hier eine zusätzliche Eigenschaft mit einem zufälligen Namen. Wenn wir unseren schnellen Simulationscode für den resultierenden Graphen ausführen, sinkt die Geschwindigkeit in Chrome 63 auf ein Fünftel und in Firefox 58 sogar auf ein Zehntel! Da die Objekttypen jetzt schwanken, muss der Code die Eigenschaften ohne Vorwissen über die Form des Objekts nachschlagen, was sehr viel aufwendiger ist.

Bemerkenswerterweise wird `forceDirected_noVector` nach der Ausführung dieses Codes sogar dann langsamer, wenn er für einen regulären Graphen ohne diese Zusatzeigenschaften ausgeführt wird. Das liegt daran, dass die uneinheitlichen Typen den kompilierten Code verunreinigt haben. Zumindest für eine gewisse Zeit, denn gewöhnlich verwerfen Browser kompilierten Code irgendwann und kompilieren ihn komplett neu, wodurch dieser Effekt wieder aufgehoben wird.

Eine ähnliche Technik wird auch für andere Aktionen als den Zugriff auf Eigenschaften verwendet. Beispielsweise hat der Operator + je nachdem, auf welche Art von Werten er angewendet wird, eine unterschiedliche Bedeutung. Anstatt immer den kompletten Code auszuführen, der sämtliche dieser Bedeutungen abdeckt, nutzt ein intelligenter JavaScript-Compiler frühere Beobachtungen, um zu erraten, auf was für einen Typ der Operator wahrscheinlich angewendet wird. Wird er nur auf Zahlen angewendet, kann dafür sehr viel einfacherer Maschinencode generiert werden. Auch hier müssen die Annahmen jedoch bei jeder Ausführung der Funktion überprüft werden.

Die Moral von der Geschicht' ist, dass Sie die schnelle Ausführung von Code unterstützen können, indem Sie ihm konsistente Typen übergeben. JavaScript-Engines können Fälle, in denen nur wenige verschiedene Typen auftreten, relativ gut handhaben. Sie generieren Code, der für alle diese Typen geeignet ist, und deoptimieren ihn, wenn ein neuer Typ vorkommt. Der resultierende Code ist jedoch trotzdem langsamer als in dem Fall, dass nur ein einziger Typ verwendet wird.

## 22.11 Zusammenfassung

Dank der enormen Geldbeträge, die in das Web gepumpt werden, und der Rivalität zwischen den verschiedenen Browsern sind JavaScript-Engines sehr gut darin, schnellen Code zu produzieren.

Manchmal müssen Sie ihnen jedoch ein bisschen helfen und innere Schleifen umschreiben, um aufwendigere JavaScript-Aktionen zu vermeiden. Oft ist es hilfreich, weniger Objekte (und Arrays und Strings) zu erstellen.

Bevor Sie Code ändern, damit er schneller läuft, sollten Sie jedoch darüber nachdenken, wie Sie ihn dazu bringen können, weniger Arbeit zu verrichten. Die umfangreichsten Optimierungen lassen sich gewöhnlich auf diesem Gebiet erzielen.

JavaScript-Engines kompilieren heißen Code mehrer Male und können Informationen, die sie bei den vorherigen Ausführungen gewonnen haben, dazu nutzen, um effizienteren Code zu kompilieren. Dies können Sie dadurch unterstützen, dass Sie Bindungen einen konsistenten Typ geben.

## 22.12 Übungen

### Pfade finden

Schreiben Sie die Funktion `findPath`, die wie diejenige aus Kapitel 7 versucht, den kürzesten Weg zwischen zwei Knoten in einem Graphen zu finden. Sie soll zwei `GraphNode`-Objekte (wie wir sie in diesem Kapitel verwendet haben) als Argumente entgegennehmen und entweder `null` zurückgeben, wenn kein Pfad zu finden ist, oder ein Array der Knoten, die einen Pfad durch den Graphen darstellen. Knoten, die in diesem Array nebeneinanderstehen, sollen durch eine Kante verbunden sein.

Ein guter Algorithmus, um einen Pfad in einem Graphen zu finden, sieht wie folgt aus:

1. Erstelle eine Arbeitsliste, die einen einzigen Pfad enthält, wobei dieser Pfad wiederum nur aus dem Startknoten besteht.
2. Beginne mit dem ersten Pfad in der Arbeitsliste.
3. Wenn der Knoten am Ende des aktuellen Pfades der Zielknoten ist, gibt den Pfad zurück.
4. Anderenfalls erstelle für jeden noch nicht untersuchten Nachbar des Knotens am Ende des Pfades (also für jeden Nachbar, der bei keinem der Pfade in der Arbeitsliste am Ende steht) einen neuen Pfad. Erweitere dazu den aktuellen Pfad um den Nachbar und füge ihn der Arbeitsliste hinzu.
5. Stehen mehrere Pfade in der Arbeitsliste, gehe zum nächsten Pfad über und fahre mit Schritt 3 fort.
6. Anderenfalls gibt es keinen Pfad.

Durch Auffächern vom Startknoten aus sorgt diese Vorgehensweise dafür, dass der Zielknoten immer über den kürzesten Pfad erreicht wird, da längere Pfade erst berücksichtigt werden, wenn die kürzeren bereits untersucht wurden.

Implementieren Sie dieses Programm und testen Sie es mit einigen einfachen Baumgraphen. Konstruieren Sie einen Graphen mit einer zyklischen Verbindung (z.B. indem Sie mit der Methode `connect` Kanten zu einem Baumgraphen hinzufügen) und prüfen Sie, ob Ihre Funktion den kürzesten Pfad findet, wenn es mehrere Möglichkeiten gibt.

### Zeitmessung

Messen Sie mit `Date.now()`, wie lange Ihre Funktion `findPath` braucht, um in einem komplizierteren Graphen einen Pfad zu finden. Da `treeGraph` die Wurzel an den Anfang des Graphen-Arrays legt und ein Blatt ans Ende, können Sie Ihrer Funktion auf folgende Weise eine nichttriviale Aufgabe erteilen:

```
let graph = treeGraph(6, 6);
console.log(findPath(graph[0], graph[graph.length - 1]).length);
// → 6
```

Konstruieren Sie einen Testfall mit einer Laufzeit von etwa einer halben Sekunde. Seien Sie vorsichtig, wenn Sie größere Zahlen an `treeGraph` übergeben. Da die Größe des Graphen exponentiell zunimmt, können Sie den Graphen dadurch leicht so groß machen, dass es sehr viel Zeit und Arbeitsspeicher erfordert, um darin einen Pfad zu finden.

### Optimierung

Nachdem Ihnen nun Messungen für einen Testfall vorliegen, versuchen Sie Möglichkeiten zu finden, um `findPath` schneller zu machen.

Bedenken Sie dabei sowohl die Makrooptimierung (weniger Arbeit verrichten) als auch die Mikrooptimierung (die gegebene Arbeit auf weniger aufwendige Weise verrichten). Suchen Sie auch nach Möglichkeiten, um weniger Arbeitsspeicher zu verbrauchen und weniger oder kleinere Datenstrukturen zuzuweisen.

# Hinweise zu den Übungen

Die nachfolgenden Hinweise sollen Ihnen helfen, wenn Sie bei den Übungen in diesem Buch nicht weiterkommen. Allerdings erhalten Sie hier nicht die vollständige Lösung, sondern Tipps, um sie selbst zu finden.

## Kapitel 2: Programmstruktur

### Schleifendurchlauf zur Anzeige eines Dreiecks

Sie können mit einem Programm beginnen, das die Zahlen 1 bis 7 ausgibt. Dazu können Sie einige Änderungen an dem Beispiel zur Ausgabe von geraden Zahlen aus dem Abschnitt »*While- und do-Schleifen*« auf *S. 32* vornehmen, in dem die `for`-Schleife eingeführt wurde.

Betrachten Sie nun die Übereinstimmung zwischen Zahlen und Zeichenketten von Hash-Zeichen. Um von 1 zu 2 zu gelangen, addieren Sie 1 (`+= 1`); um von `"#"` zu `"##"` zu gelangen, fügen Sie ein Zeichen hinzu (`+= "#"`). Ihre Lösung können Sie daher eng an dem Programm zur Ausgabe von Zahlen orientieren.

### FizzBuzz

Die Zahlen zu durchlaufen, ist offensichtlich eine Aufgabe für eine Schleife. Und für die Entscheidung, was ausgegeben werden soll, bietet sich die bedingte Ausführung an. Denken Sie an den Trick, bei dem wir den Restoperator (`%`) verwendet haben, um zu prüfen, ob eine Zahl durch eine andere teilbar ist (die Division weist einen Rest von 0 auf).

Da es in der ersten Version für jede Zahl drei Möglichkeiten gibt, müssen Sie eine `if/else if/else`-Kette aufbauen.

Für die zweite Version des Programms gibt es eine offensichtliche und eine geschickte Lösung. Die offensichtliche besteht darin, eine weitere bedingte Verzweigung hinzuzufügen, um die gegebene Bedingung genau zu überprüfen. Für die geschickte Lösung stellen Sie einen String mit dem auszugebenden Wort bzw. den

Wörtern zusammen und geben entweder das Wort oder die Zahl aus, wobei Sie den Operator `||` gut gebrauchen können.

### Schachbrett

Um den String aufzubauen, können Sie mit einem leeren String (`""`) beginnen und dann wiederholt Zeichen hinzufügen. Ein Zeilenumbruch wird als `"\n"` geschrieben.

Zur Arbeit in zwei Dimensionen brauchen Sie eine Schleife innerhalb einer Schleife. Stellen Sie die Rümpfe der beiden Schleifen jeweils in geschweifte Klammern, um besser erkennen zu können, wo sie jeweils beginnen und enden. Rücken Sie die Rümpfe sauber ein. Die Reihenfolge der Schleifen muss derjenigen entsprechen, in der Sie den String aufbauen (Zeile für Zeile, von links nach rechts, von oben nach unten). Die äußere Schleife muss sich also um die Zeilen kümmern und die innere um die Zeichen in einer Zeile.

Zur Verfolgung des Fortschritts brauchen Sie zwei Bindungen. Um zu ermitteln, ob Sie an einer gegebenen Position ein Leerzeichen oder ein Nummernzeichen setzen müssen, können Sie prüfen, ob die Summe der beiden Zähler geradzahlig ist (`% 2`).

Der Abschluss mit einem Zeilenumbruch muss jeweils nach dem Aufbau der Zeile erfolgen, also nach der inneren Schleife, aber noch innerhalb der äußeren.

## Kapitel 3: Funktionen

### Minimum

Wenn Sie Schwierigkeiten dabei haben, die geschweiften und runden Klammern an die richtigen Stellen für eine gültige Funktionsdefinition zu setzen, können Sie als Ausgangspunkt eines der Beispiele aus diesem Kapitel kopieren und ändern.

Eine Funktion kann auch mehrere `return`-Anweisungen enthalten.

### Rekursion

Ihre Funktion wird wahrscheinlich ähnlich wie die innere `find`-Funktion in der rekursiven Version von `findSolution` in Kapitel 3 aussehen, wobei eine `if`/`else-if`/`else`-Kette prüft, welcher der drei Fälle vorliegt. Das letzte `else`, das dem dritten Fall entspricht, nimmt den rekursiven Aufruf vor. Jeder Zweig muss eine `return`-Anweisung enthalten oder auf irgendeine andere Weise dafür sorgen, dass ein bestimmter Wert zurückgegeben wird.

Wird der Funktion eine negative Funktion übergeben, führt sie immer wieder eine Rekursion durch, übergibt immer kleinere negative Zahlen und entfernt sich dabei immer mehr von einem Ergebnis. Irgendwann wird sie abgebrochen, wenn ihr der Stackspeicher ausgeht.

### Bohnen zählen

Ihre Funktion braucht eine Schleife, die jedes Zeichen im String untersucht. Sie kann einen Index von 0 bis zu 1 unterhalb der Länge (`< string.length`) führen. Ist das Zeichen an der aktuellen Position identisch mit dem, nach dem die Funktion sucht, addiert sie 1 zu der Zählervariable. Nach Abschluss der Schleife kann der Zähler zurückgegeben werden.

Achten Sie darauf, alle in der Funktion verwendeten Bindungen *lokal* zu machen, indem Sie sie mit dem Schlüsselwort `let` oder `const` deklarieren.

## Kapitel 4: Datenstrukturen: Objekte und Arrays

### Summe eines Bereichs

Ein Array lässt sich am einfachsten dadurch aufbauen, dass man zunächst eine Bindung an [] (ein neues, leeres Array) initialisiert und dann wiederholt dessen `push`-Methode aufruft, um einen Wert hinzuzufügen. Vergessen Sie nicht, das Array am Ende der Funktion zurückzugeben.

Da der obere Grenzwert in den Bereich eingeschlossen ist, müssen Sie den Operator <= statt < verwenden, um zu prüfen, ob das Ende der Schleife ereicht ist.

Der Schrittparameter kann ein optionaler Parameter sein, dem Sie (mit dem Operator =) den Standardwert 1 geben.

Um dafür zu sorgen, dass `range` auch mit negativen Schrittwerten umgehen kann, ist es wahrscheinlich am besten, zum Hoch- und zum Herunterzählen zwei getrennte Schleifen zu verwenden, da für den die Prüfung, ob das Ende der Schleife erreicht ist, beim Herunterzählen der Operator >= statt <= verwendet werden muss.

Es kann sich auch lohnen, einen anderen Standardschritt zu verwenden, nämlich `-1`, wenn das Ende des Bereichs kleiner ist als der Anfang. Dadurch gibt `range(5, 2)` ein sinnvolles Ergebnis zurück, anstatt in einer Endlosschleife hängen zu bleiben. Es ist möglich, im Standardwert eines Parameters auf die vorhergehenden Parameter zu verweisen.

### Arrays umkehren

Zur Implementierung von `reverseArray` gibt es zwei offensichtliche Möglichkeiten. Die erste besteht darin, einfach das Eingangsarray von vorn nach hinten zu durchlaufen und dann die Methode `unshift` für das neue Array zu verwenden, um jedes Element an dessen Anfang anzufügen. Bei der zweiten Vorgehensweise durchlaufen Sie das Eingangsarray rückwärts und verwenden die Methode `push`. Ein Array von hinten nach vorn zu durchlaufen, erfordert jedoch eine etwas merkwürdige `for`-Spezifikation wie `(let i = array.length - 1; i >= 0; i-)`.

Die direkte Umkehrung eines Arrays ist schwieriger. Sie müssen dabei aufpassen, dass Sie keine Elemente überschreiben, die Sie später noch brauchen. Sie könnten zwar `reverseArray` verwenden oder das gesamte Array kopieren (eine gute Möglichkeit dazu bietet `array.slice(0)`), aber das wäre geschummelt.

Der Trick besteht darin, das erste und das letzte Element *auszutauschen*, dann das zweite und das vorletzte usw. Dazu können Sie die halbe Länge des Arrays durchlaufen (verwenden Sie `Math.floor` zum Abrunden; bei einem Array mit ungerader Anzahl von Elementen ist es nicht nötig, das mittlere Element anzufassen) und das Element an der Position `i` gegen das an der Position `array.length -1 - i` austauschen. Sie können eine lokale Bindung verwenden, um eines der Elemente kurz festzuhalten, es mit seinem Spiegelelement zu überschreiben und dann den Wert der lokalen Bindung dort hinzustellen, wo das Spiegelelement war.

## Listen

Eine Liste lässt sich leichter von hinten nach vorn aufbauen. Die Funktion `arrayToList` kann das Array rückwärts durchlaufen (siehe die vorherige Übung) und für jedes darin enthaltene Element ein Objekt zu der Liste hinzufügen. In einer lokalen Bindung können Sie den Teil der Liste festhalten, der bereits aufgebaut ist. Um ein Element hinzuzufügen, verwenden Sie eine Zuweisung wie `list = {value: X, rest: list}`.

Zum Durchlaufen einer Liste (in `listToArray` und `nth`) können Sie eine `for`-Spezifikation wie die folgende verwenden:

for (let node = list; node; node = node.rest) {}

Können Sie erkennen, wie sie funktioniert? In jeder Iteration der Schleife zeigt `node` auf die aktuelle Teilliste und der Rumpf kann deren Eigenschaft `value` lesen, um an das aktuelle Element zu gelangen. Am Ende der Iteration geht `node` zur nächsten Teilliste über. Wenn sie `null` ist, haben Sie das Ende der Liste erreicht. Damit ist die Schleife abgeschlossen.

Die rekursive Version von `nth` geht ähnlich vor. Sie schaut sich einen noch kleineren Teil der Restliste an und zählt gleichzeitig den Index herunter, bis er 0 erreicht. Wenn das der Fall ist, kann die Funktion die Eigenschaft `value` des Knotens zurückgeben, den sie gerade betrachtet. Um an das nullte Element einer Liste zu gelangen, können Sie einfach die Eigenschaft `value` ihres Kopfknotens abrufen. Für das Element $n + 1$ rufen Sie das $n$-te Element der Liste in ihrer Eigenschaft `rest` ab.

## Tiefer Vergleich

Um zu prüfen, ob Sie es mit einem echten Objekt zu tun haben, verwenden Sie einen Test der Form `typeof x == "object" && x != null`. Achten Sie darauf, Eigenschaften nur dann zu vergleichen, wenn *beide* Argumente Objekte sind. In allen anderen Fällen können Sie sofort das Ergebnis der Anwendung von `===` zurückgeben.

Zum Durchlaufen der Eigenschaften verwenden Sie `Object.keys`. Sie müssen prüfen, ob beide Objekte über den gleichen Satz von Eigenschaftennamen verfügen und ob diese Eigenschaften identische Werte haben. Eine Möglichkeit dazu besteht darin, sich zunächst zu vergewissern, dass beide Objekte über dieselbe Anzahl von Eigenschaften verfügen (dass also die Längen der Eigenschaftenlisten gleich sind), und dann beim Durchlaufen der Eigenschaften eines Objekts für den Vergleich immer zuerst zu prüfen, ob das andere auch wirklich eine Eigenschaft desselben Namens hat. Wenn die Objekte gleich viele Eigenschaften aufweisen und alle Eigenschaften des einen auch in dem anderen vorkommen, dann haben sie den gleichen Satz von Eigenschaftennamen.

Die Rückgabe des korrekten Werts lässt sich am besten dadurch erreichen, bei einer mangelnden Übereinstimmung sofort `false` zurückzugeben und `true` erst am Ende der Funktion.

## Kapitel 5: Funktionen höherer Ordnung

### Every

Ebenso wie der Operator `&&` kann auch die Methode `every` die Auswertung weiterer Elemente unterbringen, sobald sie eines gefunden hat, das keine Übereinstimmung liefert. Die Schleifenversion kann daher mit `break` oder `return` aus der Schleife ausbrechen, sobald sie auf ein Element stößt, für das die Prädikatfunktion `false` zurückgibt. Läuft die Schleife bis zum Ende durch, ohne ein solches Element zu finden, dann wissen wir, dass alle Elemente übereinstimmen, und können `true` zurückgeben.

Um `every` auf `some` zu stützen, können wir die *de Morganschen Regeln* anwenden, nach denen `a && b` mit `!(!a || !b)` gleichwertig ist. Das lässt sich auf Arrays verallgemeinern, wobei alle Elemente im Array übereinstimmen, wenn es in dem Array kein Element gibt, das nicht übereinstimmt.

### Vorherrschende Schreibrichtung

Ihre Lösung kann der ersten Hälfte des Beispiels für `textScripts` sehr ähnlich sehen. Auch hier müssen Sie Zeichen nach einem Kriterium zählen, das auf `characterScript` basiert, und dann den Teil des Ergebnisses herausfiltern, der auf uninteressante Zeichen verweist (solche, die nicht zu einer Schrift gehören).

Die Schreibrichtung mit der höchsten Zeichenanzahl lässt sich mit `reduce` ermitteln. Wenn Ihnen nicht klar ist, wie Sie das machen sollen, schauen Sie sich das Beispiel weiter vorn in dem Kapitel an, in dem `reduce` verwendet wurde, um die Schrift mit den meisten Zeichen zu finden.

## Kapitel 6: Das geheime Leben der Objekte

### Ein Vektortyp

Schauen Sie sich noch einmal das Beispiel mit der Klasse `Rabbit` an, wenn Ihnen nicht ganz klar ist, wie Klassendeklarationen aussehen.

Um einem Konstruktor eine Get-Methode hinzuzufügen, schreiben Sie das Wort `get` vor den Methodennamen. Zur Berechnung der Entfernung von `(0, 0)` bis `(x, y)` können Sie den Satz des Pythagoras heranziehen, nach dem das Quadrat des gesuchten Abstands gleich der Summe aus dem Quadrat der $x$-Koordinate und dem Quadrat der $y$-Koordinate ist. Die Zahl, die Sie brauchen, ist daher $\sqrt{x^2 + y^2}$. In JavaScript wird die Quadratwurzel mit `Math.sqrt` berechnet.

### Gruppen

Die einfachste Möglichkeit, um diese Aufgabe zu erfüllen, besteht darin, ein Array der Gruppenmitglieder in einer Instanzeigenschaft zu speichern. Mit den Methoden `includes` und `indexOf` können Sie prüfen, ob sich ein gegebener Wert in dem Array befindet.

Der Klassenkonstruktor kann die gesammelten Mitglieder einem leeren Array zuweisen. Wird die Methode `add` aufgerufen, muss sie prüfen, ob sich der gegebene Wert in dem Array befindet, und ihn ggf. hinzufügen, z.B. mit `push`.

Das Löschen eines Elements aus einem Array mit `delete` ist nicht so einfach. Sie können `filter` verwenden, um ein neues Array ohne den betreffenden Wert zu erstellen. Denken Sie daran, die Eigenschaft, die die Mitglieder festhält, mit der neuen gefilterten Version des Arrays zu überschreiben.

Die Methode `from` kann mit einer `for/of`-Schleife Werte aus dem iterierbaren Objekt abrufen und sie mit `add` der neu erstellten Gruppe hinzufügen.

### Iterierbare Gruppen

Es lohnt sich wahrscheinlich, eine neue Klasse namens `GroupIterator` zu definieren. Iteratorinstanzen sollten über eine Eigenschaft verfügen, um die aktuelle Position in der Gruppe festzuhalten. Bei jedem Aufruf von `next` wird geprüft, ob die Arbeit erledigt ist. Wenn nicht, bewegt sich die Methode einen Schritt weiter hinter den aktuellen Wert und gibt diesen zurück.

Die Klasse `Group` selbst erhält eine durch `Symbol.iterator` benannte Methode, die eine neue Instanz der Iteratorklasse für diese Gruppe zurückgibt.

### Eine Methode ausborgen

Denken Sie daran, dass Methoden von einfachen Objekten aus `Object.prototype` stammen.

Denken Sie auch daran, dass Sie eine Funktion mit der besonderen Bindung `this` aufrufen können, indem Sie deren Methode `call` verwenden.

## Kapitel 7: Projekt: Ein Roboter

### Die Leistung der Roboter messen

Sie müssen eine Variante der Funktion `runRobot` schreiben, die nicht die Ereignisse in der Konsole protokolliert, sondern die Anzahl der Schritte zurückgibt, die der Roboter gebraucht hat, um die Aufgabe auszuführen.

Die Messfunktion kann dann in einer Schleife neue Zustände generieren und die einzelnen Schritte zählen, die der Roboter ausführt. Wenn sie genügend Messwerte gesammelt hat, kann sie mit `console.log` den Durchschnittswert für jeden Roboter ausgeben, also die Gesamtzahl der Schritte dividiert durch die Anzahl der Messungen.

### Effizienz der Roboter

Die größte Einschränkung der Funktion `goalOrientedRobot` besteht darin, dass sie immer nur ein Paket auf einmal berücksichtigt. Sehr oft lässt sie den Roboter quer durch das Dorf vor- und zurückgehen, weil sich das gerade betrachtete Paket am anderen Ende befindet – obwohl andere Pakete viel näher liegen.

Eine mögliche Lösung besteht darin, Routen für alle Pakete zu berechnen und dann die kürzeste zu wählen. Noch bessere Resultate lassen sich erzielen, wenn der Roboter beim Vorliegen von mehreren kürzesten Routen diejenige wählt, auf der er ein Paket aufnehmen und nicht zustellen kann.

### Persistente Gruppe

Die komfortabelste Möglichkeit, eine Menge von Elementwerten darzustellen, bietet immer noch ein Array, da sich Arrays leicht kopieren lassen.

Wird der Gruppe ein Wert hinzugefügt, können Sie eine neue Gruppe erstellen, indem Sie eine Kopie des ursprünglichen Arrays anfertigen und sie um den neuen Wert ergänzen (z. B. mit `concat`). Um einen Wert zu löschen, filtern Sie ihn aus dem Array heraus.

Der Konstruktor der Klasse kann ein solches Array als Argument entgegennehmen und als (einzige) Eigenschaft der Instanz speichern. Dieses Array wird niemals aktualisiert.

Um einem Konstruktor eine Eigenschaft (`empty`) mitzugeben, die keine Methode ist, können Sie sie ihm nach der Klassendefinition als reguläre Eigenschaft hinzufügen.

Sie brauchen nur eine Instanz von `empty`, da alle leeren Gruppen identisch sind und sich die Instanzen der Klasse nicht ändern. Von einer einzigen leeren Gruppe können Sie viele verschiedene Gruppen erstellen, ohne die leere Gruppe zu beeinträchtigen.

## Kapitel 8: Bugs und Fehler

### Erneuter Versuch

Der Aufruf von `primitiveMultiply` muss auf jeden Fall in einem `try`-Block erfolgen. Der zugehörige `catch`-Block muss die Ausnahme erneut auslösen, wenn es sich bei ihr nicht um eine Instanz von `MultiplicatorUnitFailure` handelt, und anderenfalls dafür sorgen, dass der Aufruf erneut versucht wird.

Für die erneuten Versuche können Sie eine Schleife verwenden, die nur bei einem erfolgreichen Aufruf anhält – wie im Beispiel mit der Funktion `look` im Abschnitt »*Ausnahmen*« auf *S. 139* –, oder eine Rekursion durchführen und hoffen, dass Sie dabei keine so lange Kette von Fehlern erhalten, dass der Stack überläuft (wovon Sie relativ gefahrlos ausgehen können).

### Ein verschlossener Kasten

Für diese Aufgabe ist ein `finally`-Block erforderlich. Ihre Funktion muss als Erstes den Kasten aufschließen und dann die Argumentfunktion in einem `try`-Rumpf aufrufen. Der abschließende `finally`-Block verschließt den Kasten dann wieder.

Damit Sie den Kasten nicht abschließen, wenn er schon abgeschlossen war, müssen Sie das Schloss zu Beginn der Funktion prüfen und nur dann aufschließen und wieder abschließen, wenn sie ursprünglich verschlossen war.

## Kapitel 9: Reguläre Ausdrücke

### Anführungszeichen

Die offensichtlichste Lösung besteht darin, nur Anführungszeichen zu ersetzen, bei denen auf mindestens einer Seite ein Nicht-Wortzeichen steht, also etwa `/\W'|'\W/`. Allerdings müssen Sie auch Anfang und Ende von Zeilen berücksichtigen.

Außerdem müssen Sie dafür sorgen, dass der Ersatz-String auch die Zeichen enthält, die mit dem Muster `\W` übereinstimmen, damit sie nicht verloren gehen. Dazu können Sie sie in Klammern stellen und die zugehörigen Gruppen in den Ersatz-String aufnehmen (`$1`, `$2`). Gruppen, bei denen es keine Übereinstimmung gibt, werden durch nichts ersetzt.

### Zahlen

Denken Sie vor allem an den Backslash vor dem Punkt!

Übereinstimmungen mit dem optionalen Vorzeichen vor der Zahl und vor dem Exponenten können Sie mit `[+\-]?` oder `(\+|-|)` finden (plus, minus oder nichts).

Der kompliziertere Teil der Übung ist das Problem, sowohl `"5."` als auch `".5"` zu finden, aber nicht `"."`. Eine gute Lösung dafür besteht darin, die beiden Fälle mit dem Operator `|` zu trennen – entweder eine oder mehrere Stellen, auf die optional ein Punkt und eine Null oder mehr Zahlen folgen, *oder* ein Punkt gefolgt von einer oder mehreren Stellen.

Damit bei *e* nicht zwischen Groß- und Kleinschreibung unterschieden wird, fügen Sie entweder die Option `i` zu dem regulären Ausdruck hinzu oder verwenden `[eE]`.

## Kapitel 10: Module

### Modularer Roboter

Ich persönlich bevorzuge die folgende Vorgehensweise, wobei es allerdings *die* richtige Lösung zur Gestaltung eines Moduls nicht gibt.

Der Code für den Aufbau des Straßengraphen befindet sich im Modul `graph`. Da ich lieber das auf NPM erhältliche Paket `dijkstrajs` statt unseres eigenen Routenfindercodes verwende, sorge ich dafür, dass unser Modul die Art von Graphdaten produziert, die `dijkstrajs` erwartet. Es exportiert eine einzige Funktion, nämlich `buildGraph`. Ich gestalte die Funktion so, dass sie ein Array aus Zwei-Elemente-Arrays entgegennimmt und keine Strings mit Bindestrichen. Dadurch wird das Modul weniger abhängig vom Eingabeformat.

Das Modul `roads` enthält die Straßenrohdaten (das Array `roads`) und die Bindung `roadGraph`. Es hängt von `./graph` ab und exportiert den Straßengraphen.

Die Klasse `VillageState` befindet sich im Modul `state`, das von `./roads` abhängt, da es überprüfen muss, ob eine gegebene Straße vorhanden ist. Außerdem braucht es `randomPick`. Da diese Funktion lediglich aus drei Zeilen besteht, könnten wir sie einfach als interne Hilfsfunktion in das Modul `state` aufnehmen. Allerdings wird sie auch von `randomRobot` benötigt. Daher müssen wir sie entweder zweimal duplizieren oder in ein eigenes Modul stecken. Da diese Funktion auch in dem Paket `random-item` von NPM vorhanden ist, bietet es sich an, beide Module davon abhängig zu machen. Wir können auch die Funktion `runRobot` zum Modul `state` hinzufügen, da sie klein ist und eng mit der Statusverwaltung zusammenhängt. Das Modul exportiert sowohl die Klasse `VillageState` als auch die Funktion `runRobot`.

Die Roboter können schließlich auch zusammen mit den Werten, von denen sie abhängen, also etwa `mailRoute`, in ein Modul namens `example-robot` gestellt werden, das von `./roads` abhängt und die Roboterfunktionen exportiert. Damit `goalOrientedRobot` in der Lage ist, Routen zu finden, muss dieses Modul auch von `dijkstrajs` abhängen.

Durch Verlagern einiger Aufgaben in NPM-Module wird der Code etwas schlanker. Jedes einzelne Modul macht etwas relativ Einfaches und kann für sich gelesen werden. Die Aufteilung des Codes in Module macht auch Möglichkeiten zur Verbesserung des Programmdesigns deutlich. So erscheint es etwas merkwürdig, dass der Dorfstatus (`VillageState`) und die Roboter von einem bestimmten Straßengraphen abhängen. Es wäre besser, den Graphen zu einem Argument für den Konstruktor des Status zu machen und dafür zu sorgen, dass der Roboter ihn im Statusobjekt liest. Das verringert Abhängigkeiten (was immer eine gute Sache ist) und macht es möglich, Simulationen auf verschiedenen Straßenkarten auszuführen (was noch besser ist).

Ist es sinnvoll, NPM-Module für Dinge zu verwenden, die wir auch selbst schreiben könnten? Im Prinzip ja. Bei nichttrivialen Aufgaben wie der Routenfindefunktion besteht die Gefahr, Fehler zu machen und viel Zeit zu verschwenden, wenn Sie versuchen, sie selbst zu schreiben. Kleine Funktionen wie `random-item` könnten Sie zwar sehr leicht selbst erstellen, allerdings macht es die Module unübersichtlich, wenn Sie sie überall dort hinzufügen, wo sie gebraucht werden.

Allerdings sollten Sie nicht den Aufwand dafür unterschätzen, ein geeignetes NPM-Modul zu *finden*. Selbst wenn Sie eines entdeckt haben, kann es immer noch sein, dass es nicht funktioniert oder dass ihm irgendeine Funktion fehlt, die Sie brauchen. Außerdem müssen Sie bei Abhängigkeiten von NPM-Paketen dafür sorgen, dass sie installiert sind. Das heißt, Sie müssen sie zusammen mit Ihrem Programm ausgeben und unter Umständen auch regelmäßig aktualisieren.

Sie müssen hier selbst abwägen und Ihre Entscheidung je nachdem treffen, wie sehr Ihnen das Paket helfen kann.

### Ein Modul für Straßen

Da es sich um ein CommonJS-Modul handelt, müssen Sie `require` verwenden, um das Graphenmodul zu importieren. Laut der vorherigen Beschreibung exportiert dieses Modul die Funktion `buildGraph`, die Sie mit einer destrukturierenden `const`-Deklaration aus seinem Schnittstellenobjekt entnehmen können.

Um `roadGraph` zu exportieren, fügen Sie dem `exports`-Objekt eine Eigenschaft hinzu. Da `buildGraph` eine Datenstruktur entgegennimmt, die nicht genau mit `roads` übereinstimmt, muss die Aufteilung der Straßen-Strings in Ihrem Modul erfolgen.

### Zyklische Abhängigkeiten

Der Trick besteht darin, dass die Funktion `require` die Module zu ihrem Cache hinzufügt, *bevor* sie mit dem Laden eines Moduls beginnt. Wenn irgendein Aufruf von `require` während der Ausführung eines Moduls versucht, es abermals zu laden, ist es bereits bekannt, sodass die aktuelle Schnittstelle zurückgegeben wird, anstatt es tatsächlich neu zu laden (was schließlich zu einem Stacküberlauf führen würde).

Wenn ein Modul seinen `module.exports`-Wert überschreibt, halten andere Module, die seinen Schnittstellenwert vor dem Abschluss des Ladevorgangs empfangen haben, nicht den beabsichtigten Schnittstellenwert fest, sondern das Standardschnittstellenobjekt (das wahrscheinlich leer ist).

## Kapitel 11: Asynchrone Programmierung

### Das Skalpell finden

Diese Aufgabe lässt sich mit einer einzigen Schleife erledigen, die alle Nester durchsucht und jeweils zum nächsten übergeht, wenn ein Wert gefunden wird, der nicht mit dem Namen des aktuellen Nestes übereinstimmt. Wird der übereinstimmende Wert gefunden, so gibt sie die entsprechenden Namen zurück. In der Async-Funktion kann eine reguläre `for`- oder `while`-Schleife verwendet werden.

In einer einfachen Funktion müssten Sie die Schleife dazu rekursiv aufbauen. Die einfachste Möglichkeit dazu besteht darin, die Funktion ein Promise zurückgeben zu lassen, indem Sie `then` für das Promise aufrufen, das den Speicherwert abruft. Je nachdem, ob der Wert mit dem Namen des aktuellen Nestes übereinstimmt oder nicht, gibt der Handler diesen Wert oder ein weiteres Promise zurück, das durch einen erneuten Aufruf der Schleifenfunktion erstellt wird.

Vergessen Sie nicht, die Schleife zu starten, indem Sie die rekursive Funktion einmal von der Hauptfunktion aus aufrufen.

In der Async-Funktion werden abgelehnte Promises von `await` in Ausnahmen umgewandelt. Wenn eine Async-Funktion eine Ausnahme auslöst, wird ihr Promise abgelehnt. Das funktioniert also.

Wenn Sie die Version ohne Async-Funktion wie zuvor angegeben implementiert haben, sorgt die Funktionsweise von `then` auch dafür, dass ein Fehler automatisch in dem zurückgegebenen Promise landet. Wenn eine Anforderung fehlschlägt, wird der an `then` übergebene Handler nicht aufgerufen und das zurückgegebene Promise mit demselben Grund abgelehnt.

### Promise.all erstellen

Die an den Konstruktor `Promise` übergebene Funktion muss `then` für jedes Promise in dem gegebenen Array aufrufen. Wenn eines davon erfolgreich aufgelöst wird, müssen zwei Dinge geschehen: Der resultierende Wert muss an der richtigen Stelle im Ergebnis-Array gespeichert werden und Sie müssen prüfen, ob dies das letzte ausstehende Promise war, und Ihr eigenes Promise abschließen, wenn das der Fall war.

Letzteres können Sie mit einem Zähler tun, der mit der Länge des Eingangs-Arrays initialisiert und bei jeder erfolgreichen Auflösung eines Promise um 1 verringert wird. Erreicht er 0, sind Sie fertig. Berücksichtigen Sie auch den Fall, dass das Eingangs-Array leer ist (sodass niemals ein Promise aufgelöst wird).

Die Behandlung von Fehlern erfordert einiges an Nachdenken, erweist sich aber als extrem einfach. Übergeben Sie einfach die Funktion `reject` des Wrapper-Promise an jedes der Promises in dem Array als `catch`-Handler oder als zweites Argument für `then`, sodass ein Fehler in einem von ihnen die Ablehnung des gesamten Wrapper Promise auslöst.

## Kapitel 12: Projekt: Eine Programmiersprache

### Arrays

Die einfachste Möglichkeit besteht darin, Egg-Arrays durch JavaScript-Arrays darzustellen.

Bei den zum obersten Gültigkeitsbereich hinzugefügten Werten muss es sich um Funktionen handeln. Durch die Verwendung eines Restarguments (mit der Drei-Punkte-Schreibweise) kann die Definition von `array` *sehr* einfach werden.

### Closures

Auch hier nutzen wir wieder einen JavaScript-Mechanismus, um das entsprechende Merkmal in Egg umzusetzen. Sonderformen wird der lokale Gültigkeitsbereich übergeben, in dem sie ausgewertet werden, sodass sie ihre Unterformen in diesem Bereich auswerten können. Die von `fun` zurückgegebene Funktion hat

Zugriff auf das Argument `scope`, das ihrer einschließenden Funktion übergeben wird, und nutzt es, um ihren lokalen Gültigkeitsbereich zu erstellen, wenn sie aufgerufen wird.

Das bedeutet, dass der Prototyp des lokalen Gültigkeitsbereichs derjenige ist, in dem die Funktion erstellt wurde. Das macht es möglich, von der Funktion aus auf Bindungen in diesem Gültigkeitsbereich zuzugreifen. Das ist auch schon alles, was zur Implementierung von Closures erforderlich ist. (Um dieses Merkmal auf effiziente Weise kompilieren zu können, ist jedoch mehr Arbeit erforderlich.)

### Kommentare

Achten Sie darauf, dass Ihre Lösung auch mehrere Kommentare in einer Zeile handhaben kann, zwischen und hinter denen auch Weißraum stehen kann.

Ein regulärer Ausdruck ist zur Lösung wahrscheinlich am besten geeignet. Schreiben Sie einen Ausdruck für »Weißraum oder Kommentar, null oder mehrere Male«. Verwenden Sie die Methode `exec` oder `match` und schauen Sie sich die Länge des ersten Elements in dem zurückgegebenen Array (der gesamten Übereinstimmung) an, um herauszufinden, wie viele Zeichen abgeschnitten werden müssen.

### Kleine Korrektur für Gültigkeitsbereiche

Sie müssen einen Gültigkeitsbereich nach dem anderen durchlaufen. Um zum nächsten einschließenden Gültigkeitsbereich überzugehen, verwenden Sie `Object.getPrototypeOf`. Finden Sie für jeden Gültigkeitsbereich mit `hasOwnProperty` heraus, ob er die Bindung enthält, die durch die Eigenschaft `name` im ersten Argument von `set` angegeben wird. Wenn ja, legen Sie als Ergebnis der Auswertung ein zweites Argument von `set` fest und geben diesen Wert zurück.

Wenn Sie den äußersten Gültigkeitsbereich erreichen (wenn also `Object.getPrototypeOf` den Wert `null` zurückgibt), ohne die Bindung gefunden zu haben, dann existiert sie nicht. In diesem Fall ist ein Fehler auszugeben.

## Kapitel 14: DOM (Document Object Model)

### Eine Tabelle erstellen

Sie können mit `document.createElement` neue Elementknoten erstellen und mit `document.createTextNode` neue Textknoten, mit der Methode `appendChild` lassen sich Knoten in andere Knoten erstellen.

Durchlaufen Sie die Schlüsselnamen, nachdem Sie die obere Zeile ausgefüllt haben, und dann erneut für jedes Objekt in dem Array, um die Datenzeilen aufzubauen. Um ein Array der Schlüsselnamen aus dem ersten Objekt abzurufen, bietet sich `Object.keys` an.

Damit Sie die Tabelle zum richtigen Elternknoten hinzufügen können, müssen Sie den Knoten mit dem richtigen `id`-Attribut finden. Dazu verwenden Sie `document.getElementById` oder `document.querySelector`.

### Elemente nach Tag-Namen suchen

Am einfachsten lässt sich die Lösung mit einer rekursiven Funktion ähnlich der weiter vorn in diesem Kapitel definierten Funktion `talksAbout` ausdrücken.

Sie können `byTagname` selbst rekursiv aufrufen, und die resultierenden Arrays zu der Ausgabe verketten. Eine andere Möglichkeit besteht darin, eine innere Funktion zu erstellen, die sich selbst rekursiv aufruft und Zugriff auf eine in der äußeren Funktion definierte Array-Bindung hat, zu der sie die gefundenen übereinstimmenden Elemente hinzufügen kann. Denken Sie daran, die innere Funktion einmal von der äußeren aus aufzurufen, um den Vorgang in Gang zu setzen.

Die rekursive Funktion muss den Knotentyp prüfen. Hier sind wir nur an Knoten vom Typ 1 interessiert (`Node.ELEMENT_NODE`). Für solche Knoten müssen wir jeweils ihre Kinder durchlaufen, für jedes Kind prüfen, ob es mit der Abfrage übereinstimmt, und rekursiv auch deren Kinder untersuchen.

### Katze mit Hut

`Math.cos` und `Math.sin` messen Winkel in Radiant, wobei ein Vollkreis $2\pi$ entspricht. Um zu einem gegebenen Winkel den Winkel zu bestimmen, der zum gegenüberliegenden Punkt auf dem Kreis zeigt, addieren Sie zu dem ursprünglichen Winkel die Hälfte des Vollkreises, also `Math.PI`. Das kann nützlich sein, um den Hut immer am entgegengesetzten Ende der Kreisbahn zu halten.

## Kapitel 15: Ereignisbehandlung

### Luftballon

Sie müssen einen Handler für das Ereignis `"keydown"` registrieren und `event.key` untersuchen, um herauszufinden, ob die Taste mit dem Aufwärts- oder dem Abwärtspfeil gedrückt wurde.

Die aktuelle Größe kann in einer Bindung festgehalten werden, sodass Sie die neue Größe daran orientieren können. Es macht die Sache einfacher, wenn Sie eine Funktion definieren, die die Größe aktualisiert, und zwar sowohl die Bindung als auch die Formatierung des Ballons im DOM. Dadurch können Sie sie von dem Ereignis-Handler aus aufrufen – und vielleicht auch zu Anfang, um die ursprüngliche Größe festzulegen.

Um den Ballon in eine Explosion umzuwandeln, können Sie den Textknoten durch einen anderen ersetzen (mit `replaceChild`) oder die Eigenschaft `textContent` seines Elternknotens auf einen neuen String setzen.

### Mausspur

Die Elemente lassen sich am besten mit einer Schleife erstellen. Hängen Sie sie an das Dokument an, um die Elemente anzuzeigen. Um später auf sie zugreifen und ihre Position ändern zu können, sollten Sie sie in einem Array ablegen.

Für das zyklische Durchlaufen der Elemente können Sie eine Zählervariable verwenden, zu der sie bei jedem `"mousemove"`-Ereignis 1 addieren. Mithilfe des Restoperators (`% elements.length`) können Sie einen gültigen Array-Index abrufen, um das Element abzurufen, das Sie bei einem gegebenen Element platzieren möchten.

Einen weiteren bemerkenswerten Effekt können Sie erzielen, indem Sie ein einfaches physikalisches System modellieren. Verwenden Sie das `"mousemove"`-Ereignis nur, um ein Paar von Bindungen zu aktualisieren, die die Mausposition verfolgen. Sorgen Sie dann mit `requestAnimationFrame` dafür, dass die Spurelemente scheinbar von der Position des Mauszeigers angezogen werden. Aktualisieren Sie in jedem Animationsschritt ihre Position auf der Grundlage ihrer Position relativ zum Zeiger (und optional einer Geschwindigkeit, die für jedes Element gespeichert wird). Es bleibt Ihnen überlassen, eine gute Vorgehensweise dafür aufzustellen.

### Registerkarten

Ein möglicher Fallstrick besteht darin, dass Sie die Eigenschaft `childNodes` des Knotens nicht direkt als Sammlung von Registerkartenknoten verwenden können. Erstens werden auch die Schaltflächen, die Sie hinzufügen, zu Kindknoten und landen damit ebenfalls in diesem Objekt, da es sich um eine dynamische Datenstruktur handelt. Zweitens befinden sich auch die Textknoten für den Weißraum zwischen den Knoten in `childNodes`, sollen aber natürlich keine eigenen Registerkarten bekommen. Um die Textknoten zu ignorieren, können Sie `children` anstelle von `childNodes` verwenden.

Als Ausgangspunkt können Sie ein Array aus Registerkarten aufbauen, sodass Sie einen einfachen Zugriff auf sie haben. Zur Formatierung der Schaltflächen ist es möglich, Objekte zu speichern, die sowohl die Registerkartenfläche als auch die Schaltfläche enthalten.

Ich rate dazu, für den Wechsel zwischen den Registerkarten eine eigene Funktion zu schreiben. Sie können entweder die zuvor ausgewählte Registerkarte speichern und nur die Formate ändern, die erforderlich sind, um sie zu verbergen und die neuen anzuzeigen, oder einfach bei der Auswahl einer neuen Registerkarte die Formate aller Karten aktualisieren.

Damit die Oberfläche gleich zu Anfang mit der ersten Registerkarte angezeigt wird, sollten Sie diese Funktion sofort aufrufen.

## Kapitel 16: Projekt: Ein Jump'n'Run-Spiel

### Spiel anhalten

Eine Animation kann unterbrochen werden, wenn die an `runAnimation` übergebene Funktion `false` zurückgibt. Um sie fortzusetzen, muss `runAnimation` erneut aufgerufen werden.

Der Umstand, dass das Spiel angehalten wird, muss also an die an `runAnimation` übergebene Funktion übermittelt werden. Dazu können Sie eine Bindung verwenden, auf die sowohl der Ereignis-Handler als auch die Funktion Zugriff haben.

Wenn Sie die Registrierung von Handlern aufheben, die mit `trackKeys` registriert wurden, müssen Sie daran denken, dass Sie an `removeEventListener` *genau* denselben Funktionswert übergeben müssen, der zuvor an `addEventListener` übergeben wurde. Daher muss der in `trackKeys` erstellte Funktionswert `handler` für den Code zugänglich sein, der die Registrierung der Handler aufhebt.

Sie können dem von `trackKeys` zurückgegebenen Objekt eine Eigenschaft hinzufügen, die entweder diesen Funktionswert oder eine Methode zur direkten Aufhebung der Registrierung enthält.

### Monster

Wenn Sie eine statusbehaftete Bewegung implementieren wollen, z. B. ein Abprallen, müssen Sie den erforderlichen Status im Objekt des Akteurs speichern. Schließen Sie ihn als Konstruktorargument ein und fügen Sie ihn als Eigenschaft hinzu.

Denken Sie daran, dass `update` nicht das alte Objekt ändert, sondern ein *neues* zurückgibt.

Zur Handhabung von Kollisionen suchen Sie die Spielfigur in `state.actors` und vergleichen ihre Position mit der des Monsters. Um den *unteren Rand* des Spielers zu bestimmen, müssen Sie ihre vertikale Größe zu ihrer vertikalen Position addieren. Die Aktualisierung des Status folgt abhängig von der Position der Figur entweder mit der Methode `collide` von `Coin` (der Akteur wird entfernt) oder von `Lava` (der Status wird in `"lost"` geändert).

## Kapitel 17: Zeichnen auf der Leinwand

### Formen

Das Trapez (1) lässt sich am einfachsten mit einem Pfad zeichnen. Wählen Sie geeignete Mittelpunktkoordinaten aus und fügen Sie die vier Ecken um den Mittelpunkt hinzu.

Die Raute (2) können Sie auf einfache Weise mit einem Pfad, aber auch auf ausgeklügeltere Weise mit der Transformation `rotate` zeichnen. Für Letzteres müssen Sie einen ähnlichen Trick anwenden wie bei der Funktion `flipHorizontally`: Da die Drehung nicht um den Punkt `(0, 0)` erfolgen soll, sondern um den Mittelpunkt des Quadrats, müssen Sie erst mit `translate` eine Verschiebung dorthin durchführen, dann die Drehung vornehmen und abschließend die Verschiebung wieder rückgängig machen.

Wenn Sie Formen mithilfe von Transformationen zeichnen, müssen Sie darauf achten, diese Transformationen anschließend wieder zurückzusetzen.

Bei der Zickzacklinie (3) ist es nicht mehr praktikabel, für jedes Liniensegment erneut `lineTo` aufzurufen. Verwenden Sie stattdessen eine Schleife. Sie können bei jeder Iteration entweder zwei Liniensegmente (rechts und dann wieder links) zeichnen lassen oder nur eines. In letzterem Fall müssen Sie prüfen, ob der Schleifenindex geradzahlig ist (`% 2`), um zu bestimmen, ob die Linie nach links oder rechts verlaufen muss.

Auch für die Spirale (4) brauchen Sie eine Schleife. Wenn Sie eine Folge von Punkten zeichnen und jeden Punkt auf dem Kreis um den Mittelpunkt der Spirale ein weniger weiter versetzen, erhalten Sie einen Kreis. Um eine Spirale zu bekommen, müssen Sie während der Ausführung der Schleife den Radius des Kreises, auf dem Sie die Punkte platzieren, immer wieder erweitern und den Mittelpunkt mehr als einmal umlaufen.

Der abgebildete Stern (5) ist aus Linien aufgebaut, die von `quadraticCurveTo` erstellt wurden. Sie können ihn jedoch auch mit geraden Linien zeichnen. Teilen Sie einen Kreis in so viele Teile, wie der Stern Zacken haben soll, für den hier gezeigten achtzackigen Stern also in acht. Zeichnen Sie Linien zwischen diesen Punkten und krümmen Sie sie in Richtung des Mittelpunkts. Bei `quadraticCurveTo` können Sie den Mittelpunkt als Steuerpunkt verwenden.

## Das Tortendiagramm

Sie müssen `fillText` aufrufen und die Eigenschaften `textAlign` und `textBaseline` des Kontextes so einrichten, dass der Text dort erscheint, wo Sie ihn haben wollen.

Eine vernünftige Möglichkeit zur Platzierung der Beschriftungen besteht darin, den Text jeweils an der Linie beginnen zu lassen, die vom Mittelpunkt durch die Mitte des Tortenstücks verläuft. Dabei wollen Sie den Text natürlich nicht unmittelbar an den Rand des Tortenstücks klatschen, sondern um eine gegebene Anzahl von Pixeln nach außen rücken.

Der Winkel dieser Linie beträgt `currentAngle + 0.5 * sliceAngle`. Der folgende Code ermittelt die Position, die auf dieser Linie 120 Pixel vom Mittelpunkt entfernt ist:

```
let middleAngle = currentAngle + 0.5 * sliceAngle;
let textX = Math.cos(middleAngle) * 120 + centerX;
let textY = Math.sin(middleAngle) * 120 + centerY;
```

Bei dieser Vorgehensweise ist der Wert `"middle"` für `textBaseline` wahrscheinlich angemessen. Was Sie für `textAlign` verwenden, hängt davon ab, auf welcher Seite des Kreises sich die Beschriftung befindet. Auf der linken Seite muss der Wert `"right"` lauten und auf der rechten Seite `"left"`, sodass der Text von der Torte wegläuft.

Wenn Ihnen nicht klar ist, wie Sie herausfinden können, auf welcher Seite des Kreises ein gegebener Winkel liegt, schauen Sie sich noch einmal die Erklärung von `Math.cos` in »*Positionierung und Animation*« auf *S. 251* an. Der Kosinus des Winkels teilt uns mit, welcher $x$-Koordinate der Winkel entspricht, und daraus können wir genau ablesen, auf welcher Seite des Kreises wir uns befinden.

### Ein rollender Ball

Ein Kasten lässt sich mit `strokeRect` leicht zeichnen. Definieren Sie eine Bindung für seine Größe bzw. zwei Bindungen, wenn Breite und Höhe des Kastens unterschiedlich sind. Um den Ball zu gestalten, beginnen Sie einen Pfad und rufen `arc(x, y, radius, 0, 7)` auf. Dadurch wird ein Bogen erstellt, der bei 0 beginnt und mehr als einen Vollkreis durchläuft. Füllen Sie anschließend den Pfad.

Um Position und Geschwindigkeit des Balls zu modellieren, können Sie die Klase `Vec` aus dem Abschnitt »*Akteure*« auf *S. 279* verwenden. Geben Sie ihr eine Startgeschwindigkeit mit, vorzugsweise eine, die nicht rein vertikal oder horizontal ist. Multiplizieren Sie diese Geschwindigkeit in jedem Frame mit der verstrichenen Zeit. Wenn der Ball einer vertikalen Wand zu nahe kommt, invertieren Sie die $x$-Komponente der Geschwindigkeit. Trifft er auf eine horizontale Wand, müssen Sie die $y$-Komponente umkehren.

Nach Ermittlung der neuen Position und Geschwindigkeit des Balls löschen Sie mit `clearRect` die Szene und zeichnen sie unter Verwendung der neuen Position erneut.

### Vorausberechnete Spiegelung

Der Schlüssel zur Lösung besteht darin, dass wir in `drawImage` Leinwandelemente als Quellbilder verwenden können. Es ist möglich, ein zusätzliches `<canvas>`-Element zu erstellen, ohne es zu dem Dokument hinzuzufügen, und unsere umgekehrten Sprites einmalig darauf zu zeichnen. Beim Zeichnen des eigentlichen Einzelbilds kopieren wir einfach die bereits umgekehrten Sprites auf die Hauptleinwand.

Da die Bilder nicht sofort geladen werden, ist jedoch Vorsicht erforderlich. Wir zeichnen die umgekehrten Bilder nur einmal. Wenn wir das tun, bevor das Bild geladen ist, wird gar nichts gezeichnet. Um die umgekehrten Bilder auf der zusätzlichen Leinwand zu zeichnen, lässt sich ein `"load"`-Handler für das Bild verwenden. Diese Leinwand kann sofort als Bildquelle genutzt werden (sie ist leer, bis wir etwas darauf zeichnen).

## Kapitel 18: HTTP und Formulare

### Inhaltsverhandlung

Stützen Sie Ihren Code auf die Beispiele mit `fetch` im Abschnitt »*Fetch*« auf *S. 326*.

Wenn Sie nach einem Nonsense-Medientyp fragen, erhalten Sie eine Antwort mit dem Code 406, »Nicht akzeptabel«. Das ist der Code, den ein Server zurückgibt, wenn er den `Accept`-Header nicht erfüllen kann.

## Eine JavaScript-Eingabemaske

Verwenden Sie `document.querySelector` oder `document.getElementById` für den Zugriff auf die in Ihrem HTML-Code definierten Elemente. Ein Ereignis-Handler für `"click"`- oder `"mousedown"`-Ereignisse auf den Schaltflächen kann die Eigenschaft `value` des Textfeldes abrufen und dafür `Function` aufrufen.

Schließen Sie sowohl den Aufruf von `Function` als auch den Aufruf für das Ergebnis in einen `try`-Block ein, damit Sie die hervorgerufenen Ausnahmen abfangen können. In diesem Fall wissen wir nicht, nach was für einer Art von Ausnahme wir Ausschau halten müssen, weshalb wir alle abfangen müssen.

Um das Ausgabeelement mit einer Nachricht in String-Form zu füllen, können Sie seine Eigenschaft `textContent` heranziehen. Wenn Sie den alten Inhalt aufbewahren möchten, können Sie auch mit `document.createTextNode` einen neuen Textkoten erstellen und an das Element anhängen. Denken Sie daran, einen Zeilenumbruch ans Ende zu stellen, damit die Ausgaben nicht komplett in einer einzigen Zeile erscheinen.

## Conways »Spiel des Lebens«

Um das Problem zu lösen, dass die Änderungen prinzipiell gleichzeitig auftreten, versuchen Sie die Berechnung einer Generation als reine Funktion zu betrachten, die ein Raster entgegennimmt und ein neues Raster mit der Darstellung der nächsten Runde ausgibt.

Die Matrix können Sie auf die gleiche Weise darstellen wie in »***Die Iteratorschnittstelle***« auf ***S. 111***. Sie können die lebendigen Nachbarn durch zwei verschachtelte Schleifen zählen und in beiden Dimensionen jeweils die benachbarten Koordinaten durchlaufen. Achten Sie darauf, dass Sie keine Zellen außerdem des Feldes zählen, und ignorieren Sie die Zelle in der Mitte, deren Nachbarn Sie zählen.

Es gibt zwei Möglichkeiten, um dafür zu sorgen, dass die Änderungen an den Kontrollkästchen in der nächsten Generation in Kraft treten. Ein Ereignis-Handler kann diese Änderungen feststellen und das aktuelle Raster entsprechend aktualisieren. Sie können aber auch anhand der Werte in den Kontrollkästchen ein neues Raster generieren, bevor Sie die nächste Runde berechnen.

Wenn Sie sich für die Variante mit den Ereignis-Handlern entscheiden, kann es sinnvoll sein, Attribute hinzuzufügen, die die Positionen der einzelnen Kontrollkästchen angeben. Dadurch wird es einfacher, herauszufinden, welche Zellen geändert werden müssen.

Um das Raster der Kontrollkästchen zu zeichnen, können Sie ein `<table>`-Element verwenden (siehe »***Eine Tabelle erstellen***« auf ***S. 254***) oder die Kästchen einfach alle in dasselbe Element packen und mit `<br>`-Elementen (Zeilenwechseln) auf mehrere Zeilen aufteilen.

## Kapitel 19: Projekt: Editor für Pixelgrafiken

### Tastaturbindungen

Die Eigenschaft `key` von Ereignissen für Buchstabentasten entspricht dem Kleinbuchstaben, wenn die [Umschalt]-Taste nicht gedrückt ist. An Tastaturereignissen mit [Umschalt]-Taste sind wir hier nicht interessiert.

Ein `"keydown"`-Handler kann sein Ereignisobjekt untersuchen, um herauszufinden, ob es mit einem der Tastenkürzel übereinstimmt. Die Liste der Anfangsbuchstaben können Sie automatisch aus dem Objekt `tools` beziehen, sodass Sie sie nicht ausschreiben müssen.

Wenn das Tastaturereignis einem Tastenkürzel entspricht, rufen Sie `preventDefault` dafür auf und fertigen die zugehörige Aktion ab.

### Effizientes Zeichnen

Diese Übung ist ein gutes Beispiel dafür, wie unveränderbare Datenstrukturen den Code *schneller* machen können. Da wir sowohl das alte als auch das neue Bild haben, können wir sie vergleichen und nur die Pixel mit veränderter Farbe neu zeichnen. Das spart in den meisten Fällen 99 % der Zeichenarbeit.

Sie können eine neue Funktion namens `updatePicture` schreiben oder `drawPicture` ein zusätzliches Argument übernehmen lassen, das entweder nicht definiert oder das vorherige Bild ist. Die Funktion prüft dann für jedes Pixel, ob dem vorherigen Bild an dieser Stelle dieselbe Farbe übergeben wurde, und überspringt es, wenn das der Fall war.

Da die Leinwand bei einer Größenänderung gelöscht wird, sollten Sie darauf verzichten, ihre Eigenschaften `width` und `height` anzufassen, sofern das alte und das neue Bild dieselbe Größe aufweisen. Sind sie dagegen unterschiedlich groß – was der Fall ist, wenn Sie ein neues Bild laden –, können Sie die Bindung mit dem alten Bild nach der Änderung der Leinwandgröße auf `null` setzen, da Sie in einem solchen Fall ohnehin keine Pixel überspringen dürfen.

### Kreise

Hier können Sie sich vom Rechteckwerkzeug inspirieren lassen. Ebenso wie dort wollen Sie auch hier auf dem *Ausgangsbild* zeichnen, wenn sich der Zeiger bewegt, und nicht auf dem jeweils aktuellen Bild.

Um zu ermitteln, welche Pixel gefärbt werden müssen, können Sie den Satz des Pythagoras heranziehen. Bestimmen Sie dazu zunächst den Abstand zwischen der aktuellen Zeigerposition und dem Ausgangspunkt, indem Sie die Quadratwurzel (`Math.sqrt`) der Summe der Quadrate der Abstände in $x$-Richtung (`Math.pow(x, 2)`) und in $y$-Richtung bestimmen. Durchlaufen Sie dann ein Quadrat von Pixeln um den Ausgangspunkt, dessen Seiten mindestens zweimal so lang sind wie der Radius, und färben Sie diejenigen, die innerhalb des Kreisradius liegen. Wenden Sie dabei erneut den Satz des Pythagoras an, um den Abstand der Punkte vom Mittelpunkt zu berechnen.

Achten Sie darauf, keine Pixel zu färben, die sich außerhalb der Bildgrenzen befinden.

### Durchgezogene Linien

Bei dem Problem der pixeligen Linien handelt es sich in Wirklichkeit um vier ähnliche, aber leicht unterschiedliche Probleme. Eine horizontale Linie von links nach rechts zu zeichnen, ist einfach: Durchlaufen Sie einfach die $x$-Koordinaten und färben Sie in jedem Schritt ein Pixel. Ist die Linie leicht geneigt (weniger als 45° oder 1/4 $\pi$), können Sie die $y$-Koordinate interpolieren. Sie brauchen immer noch ein Pixel pro $x$-Position, wobei die $y$-Position dieser Pixel durch die Neigung bestimmt wird.

Sobald die Neigung aber 45° übersteigt, müssen Sie die Koordinaten auf eine andere Weise behandeln. Da die Linie stärker nach unten als zur Seite verläuft, brauchen Sie ein Pixel pro $y$-Position. Ab 135° müssen Sie dann wieder die $x$-Koordinaten durchlaufen, diesmal aber von rechts nach links.

Es ist jedoch nicht notwendig, tatsächlich vier Schleifen zu schreiben. Da es keine Rolle spielt, ob Sie die Linie von $A$ nach $B$ oder von $B$ nach $A$ zeichnen, können Sie für Linien von rechts nach links einfach die Anfangs- und Endposition vertauschen und sie genauso behandeln wie die von links nach rechts verlaufenden Linien.

Sie brauchen daher zwei verschiedene Schleifen. Als Erstes muss Ihre Linienfunktion prüfen, ob der Unterschied zwischen den $x$-Koordinaten größer ist als der zwischen den $y$-Koordinaten. Wenn ja, verläuft die Linie eher horizontal, anderenfalls eher vertikal.

Achten Sie darauf, dass Sie die *absoluten* Werte der $x$- und $y$-Differenzen vergleichen, die Sie mit `Math.abs` erhalten.

Wenn Sie wissen, über welcher Achse die Schleifen ausgeführt werden müssen, können Sie prüfen, ob der Anfangspunkt eine größere Koordinate entlang dieser Achse hat als der Endpunkt, und die Punkte bei Bedarf vertauschen. Um in JavaScript die Werte zweier Bindungen zu vertauschen, besteht die Möglichkeit, wie folgt eine destrukturierende Anweisung zu verwenden:

```
[start, end] = [end, start];
```

Anschließend können Sie die Neigung der Linie berechnen, die bestimmt, um welchen Betrag sich die Koordinate der anderen Achse bei jedem Schritt entlang der Hauptachse ändert. Damit können Sie eine Schleife über der Hauptachse ausführen, gleichzeitig die Position auf der anderen Achse verfolgen und bei jeder Iteration Pixel zeichnen. Achten Sie darauf, die Koordinaten auf der zweiten Achse zu runden, da sie wahrscheinlich Bruchzahlen sind, auf die die Methode `draw` nicht sehr gut reagiert.

## Kapitel 20: Node.js

### Suchwerkzeug

Das erste Befehlszeilenargument, der reguläre Ausdruck, ist in `process.argv[2]` zu finden. Darauf folgen die Eingabedateien. Mit dem Konstruktor `RegExp` können Sie von einem String zu einem Objekt für einen regulären Ausdruck übergehen.

Es ist einfacher, dies synchron mit `redFileSync` zu erledigen. Aber wenn Sie `fs.promises` verwenden, sodass die Funktionen Promises zurückgeben, und eine Async-Funktion schreiben, sieht der Code ähnlich aus.

Um herauszufinden, ob etwas ein Verzeichnis ist, können Sie wiederum `stat` (oder `statSync`) und die Methode `isDirectory` des `stats`-Objekts verwenden.

Das Durchsuchen eines Verzeichnisses ist ein Vorgang mit Verzweigungen. Sie können dazu entweder eine rekursive Funktion verwenden oder ein Array der Dateien nutzen, die noch untersucht werden müssen. Um die Dateien in einem Verzeichnis zu finden, rufen Sie `readdir` oder `readdirSync` auf. Die Groß- und Kleinschreibung ist hier etwas merkwürdig. Das liegt daran, dass die Benennung der Dateisystemfunktionen lose auf derjenigen von Unix-Standardfunktionen beruht, die komplett kleingeschrieben werden, also z. B. `readdir`, dann aber `Sync` mit großem Anfangsbuchstaben angehängt wird.

Um aus einem mit `readdir` gelesenen Dateinamen den vollständigen Pfadnamen zu gewinnen, müssen Sie ihn mit dem Namen des Verzeichnisses kombinieren und einen Schrägstrich dazwischensetzen.

### Verzeichnisse erstellen

Sie können die Funktion, die die Methode `DELETE` implementiert, als Vorlage für die Methode `MKCOL` verwenden. Wird keine Datei gefunden, soll mit `mkdir` ein Verzeichnis erstellt werden. Gibt es an dem Pfad bereits ein Verzeichnis, kann die Methode den Code 204 zurückgeben, sodass die Anfragen zur Verzeichniserstellung idempotent sind. Ist an der Stelle eine Datei vorhanden, die kein Verzeichnis ist, lassen Sie einen Fehlercode zurückgeben. Für diesen Fall ist Code 400 (»fehlerhafte Anforderung«) geeignet.

### Öffentlicher Speicherbereich im Web

Sie können ein `<textarea>`-Element erstellen, um den Inhalt der zu bearbeitenden Datei festzuhalten. Eine `GET`-Anfrage mit `fetch` kann den aktuellen Inhalt der Datei abrufen. Um auf Dateien auf demselben Server wie das laufende Skript zu verweisen, können Sie einen relativen URL wie *index.html* statt *http://localhost:8000/index.html* verwenden.

Wenn der Benutzer auf eine Schaltfläche klickt (Sie können hier ein `<form>`-Element und das Ereignis `"submit"` verwenden), stellen Sie eine `PUT`-Anfrage mit dem Inhalt des `<textarea>`-Elements als Rumpf an denselben URL, um die Datei zu speichern.

Anschließend können Sie ein `<select>`-Element hinzufügen, das alle Dateien im obersten Verzeichnis des Servers enthält, indem Sie ein `<option>`-Element mit den von einer `GET`-Anfrage an den URL / zurückgegebenen Zeilen hinzufügen. Wenn der Benutzer eine andere Datei auswählt (wenn also in dem Feld ein `"change"`-Ereignis auftritt), muss das Skript diese Datei abrufen und anzeigen. Zum Speichern der Datei verwenden Sie den zurzeit ausgewählten Dateinamen.

## Kapitel 21: Projekt: Eine Website zur Wissensvermittlung

### Dauerhaftes Speichern auf der Festplatte

Die einfachste Lösung, die mir eingefallen ist, besteht darin, das gesamte `talks`-Objekt im JSON-Format zu codieren und mit `writeFile` in eine Datei zu stellen. Mit `update` gibt es bereits eine Methode, die jedes Mal aufgerufen wird, wenn sich die Daten des Servers ändern. Sie lässt sich erweitern, um neue Daten auf die Festplatte zu schreiben.

Wählen Sie einen Dateinamen aus, z.B. `./talks.json`. Wenn der Server startet, kann er versuchen, diese Datei mit `readFile` zu lesen und ihren Inhalt als Ausgangsdaten zu nutzen.

Seien Sie aber vorsichtig: Das `talks`-Objekt war ursprünglich ein prototypploses Objekt, weshalb der Operator `in` gefahrlos benutzt werden konnte. `JSON.parse` gibt aber reguläre Objekte mit `Object.prototype` als Prototyp zurück. Wenn Sie JSON als Dateiformat nutzen, müssen Sie die Eigenschaften des von `JSON.parse` zurückgegebenen Objekts in ein neues, prototypploses Objekt kopieren.

### Zurücksetzen von Kommentarfeldern

Die beste Möglichkeit, um diese Aufgabe zu lösen, besteht wahrscheinlich darin, mit der Methode `syncState` Komponentenobjekte aus den Themen zu machen, sodass sie aktualisiert werden können, um eine geänderte Version des Themas anzuzeigen. Im Normalbetrieb kann ein Thema durch Hinzufügen weiterer Kommentare geändert werden, weshalb die Methode `syncState` relativ einfach gehalten sein kann.

Der knifflige Teil besteht darin, dass Sie beim Eingang einer geänderten Themenliste die bestehende Liste der DOM-Komponenten an die Themen in der neuen Liste anpassen müssen, indem Sie Komponenten, deren Thema entfernt oder geändert wurde, löschen bzw. aktualisieren.

Dazu kann es hilfreich sein, eine Datenstruktur zu nutzen, die die Themenkomponenten unter den Titeln speichert, sodass Sie leicht herausfinden können, ob es zu einem gegebenen Thema eine Komponente gibt. Sie können das neue Array der Themen in einer Schleife durchlaufen und für jedes davon entweder eine vorhandene Komponente synchronisieren oder eine neue erstellen. Um Komponenten für gelöschte Themen zu entfernen, müssen Sie auch die Komponenten durchlaufen und jeweils prüfen, ob das zugehörige Thema noch existiert.

## Kapitel 22: Leistung

### Pfade finden

Bei der Arbeitsliste kann es sich um ein Array handeln, dem Sie mit der Methode `push` Pfade hinzufügen. Wenn Sie zur Darstellung von Pfaden Arrays verwenden, können Sie sie mit der Methode `concat` erweitern (wie in `path.concat([node])`), sodass der alte Wert erhalten bleibt.

Um herauszufinden, ob ein Knoten bereits untersucht wurde, können Sie die Arbeitsliste durchlaufen oder die Methode `some` verwenden.

### Optimierung

Die bedeutendste Möglichkeit zur Makrooptimierung besteht darin, die innere Schleife loszuwerden, die ermittelt, ob ein Knoten bereits untersucht wurde. Das lässt sich durch Nachschlagen in einer Map schneller herausfinden als dadurch, die Arbeitsliste auf der Suche nach dem Knoten zu durchlaufen. Da unsere Schlüssel Knotenobjekte sind, müssen wir zum Speichern der Menge bereits untersuchter Knoten eine Instanz von `Set` oder `Map` verwenden und kein einfaches Objekt.

Eine weitere Verbesserung lässt sich dadurch erzielen, die Speicherung der Pfade zu verändern. Das Erweitern eines Arrays um ein neues Element ohne Änderung des bestehenden Arrays macht es erforderlich, das ganze Array zu kopieren. Bei einer Datenstruktur wie der *Liste* als Kapitel 4 stellt sich dieses Problem nicht. Dabei können sich mehrere Erweiterungen einer Liste die gemeinsamen Daten teilen.

Sie können dafür sorgen, dass die Funktion Pfade intern als Objekte mit den Eigenschaften `at` und `via` speichert. Dabei ist `at` der letzte Knoten im Pfad und `via` entweder `null` oder ein weiteres Objekt dieser Art mit dem Rest des Pfades. Dadurch ist es zum Erweitern eines Pfades nur erforderlich, ein Objekt mit zwei Eigenschaften zu erstellen, anstatt ein komplettes Array zu kopieren. Achten Sie darauf, die Liste in ein echtes Array umzuwandeln, bevor Sie sie zurückgeben.

# Stichwortverzeichnis

## G

**P**